JN410708

금강경

금강경 - 붓다의 진의를 추적하다

초판 1쇄 인쇄 2014년 8월 5일
초판 1쇄 발행 2014년 8월 10일

지은이 | 승 명
펴낸이 | 金泰奉
펴낸곳 | 한솜미디어
등 록 | 제5-213호

편 집 | 박창서, 김수정
마케팅 | 김명준
홍 보 | 김태일

주 소 | (우143-200) 서울시 광진구 구의동 243-22
전 화 | (02)454-0492
팩 스 | (02)454-0493
이메일 | hansom@hansom.co.kr
홈페이지 | www.hansom.co.kr

값 18,000원
ISBN 978-89-5959-400-9 (03220)

금강경

Diamond Sutra

승 명(S Myung)

【붓다의 진의를 추적하다】

In Pursuit of Buddha's Real Intention

한솜미디어

|서문|

이 책을 아버님께 바친다.
이 땅의 모든 어르신들께 바친다.
자라나는 청소년들에게 바친다.

역사적으로 전 세계의 정신적 유산인 금강경의 내용을 동양권에 살고 있는 우리조차 잘 모르게 된 것은 그것이 한자로 씌어졌다는 것 때문이다. 그리고 그 내용에도 원문과 한자에는 차이가 많다. 이 엄청난 지혜의 보고가 묻힌 채로 있는 것은 과거의 문화와 문자에 익숙하지 않은 현재 교육의 문제이다. 누가 이 책임을 져야 할 것인가. 어르신들이 금강경에 관심은 많으나, 누구 하나 그 내용에 무엇이 있는지를 모른다. 젊은이들은 아예 읽을 생각조차 하지 않는다. 왜 그런가?

금강경을 보통 공부하기 위해서는 한자로 된 구마라집본 금강경을 읽으면서, 혹은 번역해 놓은 것을 읽어야 하는데, 그 번역한 것의 뜻을 알기 위해서 또 사전을 찾아야 하고, 사전에 나오지 않은 것은 또 불교 용어를 익혀야 한다. 그런 과정에 정작 금강경에서 지시하는 본체는 날아가 버리는 것이니…

그래서 무조건 한자본만 계속 읽어보자. 독서백편의자현(책을 백 번 읽으면, 뜻이 저절로 통한다)이니 한자를 암송하자는 단계에 이른다. 그래서 무슨 말인지 모르는 말만 외우는데, 이는 1만 번을 읽어도 모르는 것은 모르는 것이다.

또 한자본이라는 것이 제대로 붓다의 진의가 들어가 있는 것인가. 한자본은 중국인의 정서에 맞고, 중국인의 사고방식에 맞는 것이니 우리네가 읽어도 제대로 된 맛을 알아내기 힘들다. 사용되는 용어도 우리에게 익숙하지 않으므로 또 그런 사용법을 배워야 하는 새로운 과제도 생긴다.

각설하고, 나는 아버님이 생전에라도, 금강경의 내용을 그 뜻과 같이 한 번 읽고 이해하도록 하기 위해 이 책을 준비했다. 또 현대적인 교육을 받은 가까운 분이 절에 가서 한자로 따라 읽어보지만, 그게 무슨 뜻인지 알 수가 없다고 하여, 이 땅의 배운 분들을 위하여도 그 내용을 알도록 쓰고 싶다. 또 쓰는 도중, 이렇게 쉽게 쓴다면 우리의 젊은이들도 이 책을 보기 쉬울 것이 아닌가 하는 생각도 든다.

실제로 이 글의 내용을 관심 있는 청소년들이 읽는다면, 현대의 불안과 실의와 좌절에 잠길 많은 순간들이 해소될 것을 확신한다. 이 책을 쓰면서, 나도 책의 내용에 몰입하여 평안의 심정이 다가오는 것을 느끼게 되었다. 좋은 가문의 아들과 딸이 아니라, 관심 있는 아들과 딸(우리의 청소년들)이 금강경을 읽고, 우리 사회가 건전해지기를 바란다.

저자는 천체사진을 촬영하는 것이 취미다. 밤새 촬영하여 새벽에 해가 뜰 때쯤 졸리는 눈으로 집으로 돌아오곤 하였는데, 밤하늘에서 눈으로 보이지 않는 은하와 성운을 찍었고, 그것이 아름다운 영상으로 표현되는 즐거움은 해보지 않은 사람은 알 수 없을 것이다. 특히 그것이 영하 20도의 온도에서 추위에 떨면서 완성될 경우는 더 그러하다.

그런데 우리가 맨 눈으로 밤하늘을 보면서 특정한 별을 보면 별들은 점으로 보이고, 은하들은 흐릿하고 아주 작은 원형의 덩어리로 보인다. 보통 은하나 성운을 대상으로 촬영하는데, 그냥 촬영하면 우리 눈으로 보이는 수준에 불과하다. 은하나 성운의 빛이 우리 눈이나 망원경에 들어오는 것은 광자(光子) 입자 하나 정도이기 때문에, 그것을 누적시켜 주어야 일정한 형체를 알 수 있다.

우주의 대상이 보내는 빛을 카메라 씨씨디(디지털 카메라)에 누적시켜 주기 위해서는 그것을 카메라로 5분 내지 10분 노출해 주어야 하는데, 노출해 주는 동안 망원경이 별이나 은하를 같은 위치에 있도록 작동해 주어야 한다. 그러기 위해서는 망원경을 돌아가게 하는 적도의라는 장치를 사용하여야 한다. 이 적도의가 지구 자전 속도에 맞추어 돌아가면서 은하나 별을 점상(點狀)으로 붙잡아서 계속 촬영한다. 그러나 주위의 진동이나 공기의 흐름에 따라 적도의가 돌아가는 속도가 조금씩 달라진다. 그래서 돌아가는 속도를 보정하기 위해서 컴퓨터로 돌아가는 속도를 보정해 주는 프로그램을 작동시켜 계속 보정해 준다.

그런데 일정 시간 노출된 카메라의 촬상소자(CCD)의 온도가 낮지 않으면, 누적된 빛 입자들이 흘러넘치고 그것이 사진촬영에서 말하는 노이즈 현상이 된다. 그래서 냉각장치를 이용하여 CCD의 온도를 영하 15도 내지 30도까지 낮추어 빛 입자를 누적시키는 것이다. 이렇게 촬영된 영상도 카메라가 노출하는 동안 우주에서 발생한 각종 우주선이나 인공위성의 빛이 들어가서 그것들이 없을 때의 영상이 아니기 때문에 10장 내지 20장을 더 촬영하여 평균화 작업(그래서 그 궤적들이 소거된다)을 거쳐야 한다.

그렇게 해서 하나의 가공용 원본사진을 가질 수 있다. 이 원본사진을 다시 주변 색깔의 변화를 크게 하는 콘트라스트 조정 등을 하여 우리가 보는 천체사진이 완성된다.

이때 촬영된 사진을 멋있게 보이기 위해서 특정파장대만 통과시키는 필터를 사용하여 그 영역의 색깔을 강조하는 영상도 만들 수 있다. 보통 수소의 원자핵의 궤도를 도는 전자가 3번 궤도에서 2번 궤도로 갈 때 발생하는 파장이 656나노미터(정확히는 656.281) 정도인데, 빨간색으로 아름답다. 이를 H알파선이라고 한다. 사진촬영이 가시광선을 대상으로 400에서 700나노미터를 전체적으로 촬영하고, H알파영역만을 촬영한 사진을 나중에 전체적 사진과 합성하면 보통의 사진 영상에 추가하여 빨간색의 아름다운 영역이 강조되어 보이는 것이다.

저렇게 복잡한 과정을 거쳐 촬영한 사진과 아름다움을 더하기 위한 H알파영역의 별도 사진을 합성해서 나온 사진 중에 진정한 모습은 어느 것인가 하는 의문이 항상 들었다.

이 책도 각종 자료를 취사하여 핵심적인 내용을 전체적으로 통일된 의미체계의 책으로 만들 것인지, 특별히 아름다운 부분을 강조하는 형태의 책으로 만들 것인지 계속 고민하면서 쓸 수밖에 없다.

하나의 대상을 집중해서 보는 것과 그 대상을 이해하기 위한 다른 수단을 사용하는 것의 차이가 여기에 있다. 그래서 금강경을 알기 위해서 여러 가지 보조적 자료를 참고하는 것이 그 대상을 더 정확하게 이해하는 비결이 된다.

밤하늘을 보면 은하수 좌우로 빛나는 별들, 은하들이 있다. 주로 여름밤에 눈에 확연히 들어오는 오리온자리를 필두로, 밝게 빛나는 시리우스, 카펠라, 프로키온 등등. 이것들을 보면서 삼천대천세계를 상상하는 붓다의 범상치 않음에서 명상의 깊이를 알 수 있다. 그 붓다가 보던 밤하늘은 지금도 우리가 밤에 하늘에서 볼 수 있는 것들이다. 지구 시간으로 2,500년이 지났다고 하지만 우주의 시간으로 보면 찰나에 지나지 않는 시간이다. 즉 붓다가 보던 같은 밤하늘을 우리도 지금 보고 있는 것이다. 지구상에는 수많은 건축물과 기후 환경의 변화가 있고, 붓다가 깨달았던 자리는 관광객들로 넘쳐나지만, 밤하늘은 거의 똑같다고 할 수 있다. 그래서 우리도 붓다와 같은 명상을 할 수 있는 것이다.

재미를 위해서 중국의 선사(禪師)들 일화를 삽입하는 것은 유용할 테지만 그런 일화는 금강경 이해에 별 도움이 되지 않고, 또 여러 책에 많이 나와 있으므로 모두 생략한다. 그리고 금강경을 다 보고 나면 그런 일화는 아무런 중요성이 없는 것이었음을 자각하게 될 것이다.

금강경은 지혜를 완성하기 위해 시작하는 책이다. 물론 금강경을 읽고 금강경만으로 끝내는 것도 아무 상관없는 일이다. 인생이 윤택해지고 정신이 고양되며 얼굴에 빛이 날 것이다.

이 책을 준비하는데 집필 환경에 많은 도움을 준 최진호 씨 이하 직원들에게 새삼 감사드린다.

|차례|

참조한 번역본에 대한 소감을 말하자면…

구마라집의 번역은 너무 익숙하게 느꼈고, 그의 번역 구절들도 의미가 귀에 쏙쏙 들어오는 번역을 보였다. 다만 본문에서 나오듯이 많은 부분이 단순한 번역의 차이가 아니고 내용을 바꾼 부분들이 눈에 거슬렸다.

현장의 번역본의 직역 스타일은 어떻게 한자로 소리글자인 산스크리트어를 이렇게 정확하게 번역할 수 있을까 하는 놀라움을 보여주었다. 보리유지는 거의 구마라집을 답습하였기에 많은 참고를 할 필요는 없었다.

진제본은 당나라 과거시험을 보는 유생들이 가장 많이 공부한 자료라고 하여 관심 있게 보았는데, 과연 다른 경전들과 달리 본인의 독보적인 해석이 엿보였다. 즉 참고로 8절에서 모든 번역본들이 앞의 법문이나 경전을 통해 깨달음이 나온다고 보았으나, 진제는 관계대명사가 복덕이라는 부분을 받는다고 번역하였기에 문장의 구조를 다시 유심히 살펴보게 되었던 기억이 난다.

의정(義淨)본은 약간 간략화한 느낌의 번역으로 크게 참고할 필요가 없었다.

콘체본은 콘체 자신이 한자를 전혀 몰랐기에 그 번역을 읽으면서 상당히 신선한 느낌을 받을 수 있었다. 그렇기에 참고 가치가 상당히 많았다. 이는 구마라집이나 현장이 영어를 전혀 모르면서 산스크리트어를 한자로 옮긴 번역본이 신선하다고 하는 느낌과 같다.

뮐러본은 그 자신이 최초의 산스크리트어 경전을 정리한 사람이지만, 언어 전문가였기에 단어 자체의 깊은 뜻을 제대로 살리지는 못하였지만 문장 구조의 골격을 이해하는 데는 많은 참고가 되었다.

레드파인은 한자본까지 참조하여 절충적인 번역을 하여 그 뜻을 크게 빗나가지는 않았지만 우리가 읽기에는 골자를 파악하기 힘들 수도 있게 번역하였다. 또 중국 선사들의 말을 많이 인용하였는데, 서양 사람이 볼 때는 무언가 대단한 것이 있는 말이라고 생각할지 몰라도, 실제로 그 내용은 금강경 이해에 큰 도움이 되지 않는 글들을 인용하였다.

붓다를 생각한다

2500년 전에 이런 생각을 어떻게 할 수 있었을까? 아직도 우리 후대인들이 공부해야 하고 생각해야 될 거리를 던져주는 그 설법의 내용은 어떻게 이루어진 것일까?

카필라국의 왕자로 태어나 왕궁 내의 화려하고 풍요한 생활을 경험하였고, 고행을 하면서 육체를 극도로 피폐화시켜 보았고, 명상을 하면서 정신을 극도로 집중해 보았고, 탁발을 하면서 시주를 하는 많은 사람들의 심리를 직접 대면해 보았고, 제자들을 이끌면서 그 특기와 적성에 맞는 통솔을 해보았고, 2500년 전의 맑은 밤하늘의 은하수와 성운들을 쳐다보면서 우주와 인간을 비교해 보았다. 1604년에 망원경을 직접 만든 갈릴레이는 직경 44밀리미터의 망원경으로 목성의 4대 위성을 확인하였다. 지금의 메시에 목록을 만든 메시에가 사용한 망원경은 1750년대 중반에 직경 100밀리미터, 초점거리 110센티미터의 망원경을 사용했다. 그 뒤로 현재에 이런 성능을 내려면 2배 이상 직경이 커져야 한다. 그러므로 이를 역으로 환산해 보면, 그 2000년 전의 붓다가 본 하늘은 그야말로 찬란한 별빛으로 이루어진 밤하늘이었을 것이다. 즉 우리 눈으로 보는 것은 직경 5밀리미터의 망원경에 해당한다(우리의 눈동자는 5밀리 정도이다). 금강경에 끝없이 나오는 삼천대천세계는 현실적으로 붓다가 목격한 것으로 생각된다. 그 삼천대천세계의 세계마다 거대한 수미산이 있다고 생각하는 불교의 우주관에서 수미산은 우리가 현재의 은하에서 보이는 은하 중심부의 팽대부를 말하는 것이 아닐까? 그렇게 맨 눈으로 그런 것이 보인다면, 그때는 얼마나 은하가 가까이 보이며 인간의 세계와 가까운 것으로 여겨졌을까?

이런 생각으로 붓다를 접해 보면, 붓다가 고민하였던 자아의 관념, 우주에 대한 금강경의 체계를 쉽게 느낄 수 있을 것이다.

일러두기

웬만한 한자는 모두 한글로 표기하기로 한다. 한자를 의무적으로 배우던 세대에 비해 요즘 세대들은 한자를 힘들어 하고, 한자만 나오면 책을 내팽개치는 사람도 많기 때문이다. 한자 때문에 귀중한 가르침을 모르게 된다는 것은, 참으로 안타까운 일일 것이다. 그리고 영어의 경우 발음은 표기하지 않더라도, 뜻은 모두 나타내도록 하였다. 젊은 세대뿐만 아니라 영어를 필수적으로 배우지 않은 우리의 어르신들이 수천 년 동안 유명했던 금강경의 골격이나마 알기 위해서는, 영어로 표시되는 것의 내용은 알아야 하기 때문이다. 이 중요한 책의 내용을 제대로 아는 사람이 없다는 것은, 제일 큰 책임이 불교계에 있다고 생각한다.

경전에 나오는 Buddha는 '붓다'라고 쓰기로 한다. '부처님'이라고 하면, 글을 읽는 사람에게 종교 색을 느끼게 하여 더 이상의 읽기를 중단할 가능성이 있고, 그러면 이런 좋은 내용이 알려지지 않게 될 것을 우려하기 때문이다. 그 외 붓다의 말씀에 대해서도 되도록 경어체를 사용하지 않음으로써 객관적으로 보이도록 한다.

Boddhisattva는 '보리살타'라는 용어도 있지만, '보살'이라는 용어를 사용한다. 보통 절에 가면 웬만한 분들은 모두 '보살'로 호칭한다. 물론 붓다가 되기를 염원하는 의미로 사용하는 것이지만, 금강경에서 말하는 치열한 깨달음의 과정에 있는 Boddhisattva와는 다른 느낌을 준다. 그런데 금강경을 계속 뒤쪽까지 읽다가 보면 어느새 '보살'은 보통 절에서 쓰는 개념과 다른 것임을 금세 알 수 있다.

Subhūti – 수보리(修菩提)라는 용어가 산스크리트어의 원음을 살리고, 이미 구마라집이 사용하여 익숙하기 때문에 그대로 사용하는 것이 좋아 보인다.

구마라집, 구마라지바 – 이분이 중국 사람은 아니지만 워낙 금강경의 한역(漢譯)으로 빛나는 이름을 가지고 계시고 모두 구마라집이라 하면 알기 때문에 그대로 사용한다. 현재 통용되는 한글표기로는 구마라습, 구마라즙 등도 있지만, 구마라지바라는 영문표기와 발음을 맞추기 위해서 구마라집이 좋을 것 같다. 그 다음 보디루찌는 **보리유지**(菩提流支, Bodhiruci), 파라마르타는 **진제**(眞諦)로 한다. 중국인은 아니지만 중국으로 건너와서 번역을 하면서 살았기에 한자 이름을 사용한다. **현장**(玄奘), **의정**(義淨)은 중국인이므로 그대로 한자를 사용한다.

그리고 이제 금강경으로 들어가기 전에, 우리의 정신을 약간 훈련시킬 필요가 있다. 일종의 준비운동으로 아래의 생각들을 읽어보고 생각해 본 후 들어가도록 하자. 우리는 삶의 무게로 짓눌린 현장에 살고 있는데 이러한 무게를 갑자기 벗어버리면, 마치 무거운 수압에서 잠수하다가 급부상하여 잠수병에 걸리는 것과 같은 결과가 올 수도 있다. 금강경 본론으로 들어가기 위한 준비과정이 필요하다.

【생각 1】

세상은 우리 눈에 보이는 것이 모두이다. 아니다, 보이는 것 외에 보이지 않는 세상이 있다.

이런 두 가지 논리가 가능하다. 우리 눈에 보이는 것 외에 다른 감각 기관을 상정한다면, 눈에 보이는 것 외에 소리, 향기, 맛, 촉감, 생각의 세상이 있다. 눈에 보이는 것으로만 한정한다면, 눈에 보이는 것과 눈에 보이지 않는 세상이 있다. 여기서 눈에 보이지 않는 세상이라는 것은 시각적 대상 외에 형체와 본질은 있으나 눈에 보이지 않는 것을 말한다.

우리의 논의는 단순히 여기서 그치는 것이 아니라, 언어가 정의하려는 것과 그 진정한 의미가 말하는 자와 듣는 자에 의해 달리 느껴진다는 것이다. 눈에 보이는 것이 모두라는 의견은 눈으로 보았을 때를 한정해서 말하는 것이지만, 눈에 보이는 것이 모두가 아니라는 의견은 눈 외의 감각기관(귀, 혀, 코, 피부, 머리)에 의해 받아들여지는 것을 염두에 두고 눈에 보이는 것이 모두가 아니라고 주장하는 것이다. 또 우리 눈이 가시광선에 익숙하도록 되어 있기 때문에 자외선 영역이나 적외선 영역, 라디오파장 영역에도 존재하는 파장을 인간의 눈이 읽지 못하기 때문에 눈으로 파악할 수 없는 영역이 있다는 것이다.

결국 한 사람이 어떤 말을 했을 때, 그 말이 무슨 말인지 말 자체만 가지고는 진정한 의미를 찾기 어렵다. 그 사람이 어떤 전제를 가지고 어떤 맥락에서 그런 말을 했는지 알아야 진정한 의미를 찾을 수 있다. 그 사람이 과거에 어떻게 살아왔으며, 평소 어떤 말을 해왔고, 특정 단어는 자기만의 독특한 어감으로 사전적인 의미와는 다르게 사용해 왔는지를 알아야 될 것이다. 그리고 이번에 특히 그때와는 다른 말을 하는 것인지도 알아야 할 것이다.

【생각 2】

물리학자 폴 디랙(Paul Adrien Maurice Dirac)은 모든 물리학자가 소립자라는 실체를 탐구할 때, 반입자 이론을 내세운 선구적인 사람이다. 그 이론이 후에 실증되면서 노벨 물리학상(1933)을 받았는데, 그가 농담으로 한 말 중에 미인효과라는 것이 있다. 예쁜 미인도 아주 먼 거리에서 보면 점과 같이 보일 것이고, 눈에 아주 가까이 대고 보면 괴물처럼 보일 것이다. 그래서 눈을 기준으로 0과 무한대 사이에 미인이 정말 미인처럼 보이는 거리가 있을 것이라는 것이다. 그런 거리가 있을 것이라는 것에 동의한다. 그런데 여기서 말하는 미인이란 얼굴이 가장 예쁘게 보이는 거리를 말하는 것일까, 그런 거리가 있다면 그보다 더 멀리에서는 미인의 형태가 가장 아름답게 보이는 거리도 있을 것이고, 그런 거리보다 더 가까이에서는 얼굴의 피부가 예쁘게 보이는 거리도 있을 것이다. 디랙은 우리가 미인이라고 생각하는 전체적인 모습을 염두에 두고 그런 말을 했을 것이라 보므로, 이렇게 구분해서 생각하는 것까지는 예상하지 못했을 것이다.

또 똑같은 미인이 거리가 멀고 가까움에 따라 달라 보인다 하더라도, 그 미인이라는 것이 어디로 가는 것이 아니고 실재할 것이 아닌가(즉 원래 같은 사람이 아닌가)! 그러면 미인을 거리에 따라 다르게 보는 우리의 관점을 반성해야 하는 것이 아닐까? 여기서 관점이라는 중요한 변수가 등장한다. 세상의 모든 것을 보는 관점은 위와 같이 거리에 따른 물리적 현상에만 좌우되어 변동되는 것이 아니라 시간에 따른 물리적 현상, 그리고 날씨와 같은 변수도 있는데 이것들을 크게 공간과 시간에 따른 변수로 파악하여 그 관점에 따라 내용이 파악되는 것을 다르게 보이도록 한다. 그런 외계의 변수 외에 그것을 보는 자의 내면적 환경도 관점을 좌우한다. 그 사람이 이때까지 받아들인 지식과 경험, 그것을 볼 때의 심리상태 등이 그것이다. 자라 보고 놀란 가슴 솥뚜껑 보고 놀란다는 속담이 그것을 정확하게 대변하거니와 공간과 시간이 똑같을 경우에 같은 사물을 보더라도 보는 자에 따라 대상을 인식하는 것이 다르다는 것은 우리가 상식적으로 다 알고 있는 바이다.

결국 그런 외부적 환경, 내면적 환경을 떠나 불편부당하지 않게 공정하게 대상이나 개념을 평가하는 것이 매우 중요하다.

【생각 3】

개미는 주위의 사물을 인식할 때, 주로 먹이가 될 만한 아주 작은 진드기나 벌레의 죽은 부스러기 등등 자기의 수준에 맞는 것 위주로 사물을 판단한다. 너무 큰 집이나 나무는 단지 기어 다니는 대상으로만 인식되지 생존에 필요한 대상으로는 인식되지 아니한다. 이런 개미가 인간의 크기를 인간으로 인식하고 대등하게 마주치지는 않는다. 개미는 개미 수준에 맞는 정도만 미시 세계를 인식하고 그 속에서만 살게 된다. 개미가 이런 미시 세계를 떠나려면 결국 생존의 문제와 마주치게 된다.

인간은 이런 개미의 세계를 직접적으로 인식하지 못하고, 떼로 몰려다니는 개미를 단지 연구의 대상으로 관찰할 뿐이다. 개미가 인간의 세계에 직접적인 영향을 주지 못하기 때문에 인간의 여러 활동 중에 개미는 완전히 배제되어 있다. 그런 미시 세계를 연구하거나 잘 아는 사람들이 소설을 쓰면 소설에 매료되기도 하지만(베르나르 베르베르의 소설 『개미』), 실제로 그것이 인간 생활에 영향을 주지는 않는다.

잔디밭에 고무호스가 있을 때, 개미는 그것을 장애물로 여기고 타고 넘어가느라 고생하지만, 인간은 쉽게 그것을 지나칠 수 있다. 인간에게 고무호스는 멀리서 보면 1차원의 선으로 보이지만, 가까이 가면 그것은 두께를 가진 물체이다. 고무호스에 개미보다 작은 미생물 세균이 붙어 있다면 그 고무호스는 자신이 살고 있는 2차원의 세상이다. 고무호스가 매끄럽지 못하여 요철이 있다면, 그 요철보다 훨씬 작은 미생물에게 그것은 그 요철을 넘기 위해 극복해야 할 또 다른 3차원의 세상이다. 그러나 그 요철보다 덩치가 훨씬 큰 개미에게는 그 요철은 없는 것이나 마찬가지이고, 그래서 여전히 2차원의 세계인 것이다.

【생각 4】

잔디밭의 고무호스에 작은 구멍이 뚫려서 그 구멍이 너무 크게 보이는 미생물에게는 그 구멍으로 들어가면 고무호스 내부의 세계가 드러나고, 그 고무호스 내부는 또 다른 2차원의 세계이며 밖에서는 보이지 않는 세계이다. 결국 그 미생물에게는 고무호스 자체만으로도 4차원의 세계가 펼쳐지는 것이다. 그 호스의 구멍의 단면이 두껍게 느껴진다면 그 미생물은 고무호스의 세계를 6차원으로 느낄 것이다.

【생각 5】

인간에게 우주는 너무 넓고 먼 곳이다. 그래서 그 커다란 은하들도 점처럼, 혹은 별처럼 보인다. 그런 은하들에서 지구를 보면 지구상의 인간뿐만 아니라 지구 자체도 점으로 보인다. 우리 은하와 가장 가까운 은하인 안드로메다은하만 하더라도 200만 광년 정도 떨어져 있는데, 그 거리라는 것은 200만 년 * 30만 킬로미터 * 60초 * 60분 * 365일에 해당하는 거리이기 때문에 1광년은 대략 9조 5천억 킬로미터이고, 1900만 * 9조 킬로미터에 해당한다. 그래서 각 거리는 거의 0에 수렴하기 때문에 지구조차도 점으로 보인다. 우리에게 먼 곳에 점으로 보이는 물체는 점의 수준에 불과하므로 우리에게 영향을 주는 존재로 생각하지 않는데, 반대로 그곳에서 우리를 보는 존재들도 그들에게 우리와 지구는 점으로 보일 것이고 그들에게 우리는 아무 의미가 없는 존재일 것이다.

【생각 6】

세상에 이런 미시 세계를 미시적인 존재가 느끼듯이 볼 수 있게 되고, 현실의 세계를 우리 인간처럼 볼 수 있고, 거시적인 세계를 거시적인 존재가 보는 것과 같은 시각을 동시에 가질 수 있다면, 그것이 모든 것을 아는 지식(일체지一切智)이고 더 이상 지각에 있어서는 장애가 없는 사람이다.

【마지막 생각】

세상이 우리의 상식과 어긋나게 보이는 이유는 세상이 틀렸기 때문이 아니다. 우리의 상식이 실재를 정확하게 파악하지 못하기 때문이다. 우리는 우주의 일반적인 대상이 아니다. 우리는 온도와 밀도, 그리고 속도가 비교적 적당한 지구라는 특별한 곳에 살고 있다. 그러나 실재의 우주에서는 온도는 별의 중심에서는 격렬하게 뜨겁고, 외계우주에서는 저릴 듯이 춥다. 공간을 뚫고 다니는 아원자들의 속도는 거의 광속에 가깝다. 다른 말로 하면, 우리의 상식은 우주에서 아주 예외적이고 잘 알려져 있지 않는 곳에서 진화되었다. 지구라는 곳은 진정한 우주를 파악하는데 우리의 상식이 실패할 수밖에 없는 곳이다. 실재를 대표하는 우리의 상식의 가정에 문제가 있는 것이다.[1)]

한자로 표현된 것보다 한글로 표현하면 뜻이 명료해진다. 그래서 한글로 정확하게 기재하는 것이 중요하다. 금강경의 유명한 구절인 응무소주이생기심(應無所住而生其心)이 우리에게 특별한 의미로 다가오지는 않는다. 그 뜻인 '응당 머물지 않는 곳에 그 마음이 생긴다'라는 뜻도 특별히 주의를 기울이지 않으면 그냥 무의미한 명제로 들린다. 그러나 그 한자의 뜻을 번역하면서, 짐짓 "마음을 어떤 곳에 집착하거나 의존하지 말고 사물을 그 자체로 바라보면, 그 진정한 의미가 다가올 것이다"라고 이런 식으로 한글로 표시한다면, 말하는 사람이나 듣는 사람이 그것이 사실인지 아닌지 판단할 거리가 생기는 것이다. 위의 한자로 된 8자가 중국인의 마음에는 명료하게 와 닿는지 모르겠지만 그것을 한글로 번역하여도 전혀 와 닿지 않는다. 따라서 독자가 한국인이라면 한국인의 마음에 와 닿게 번역하여야 할 것이다.

1) Michio Kaku, Parallel Worlds, 40p, 여기서 상대성이론이 우리의 상식을 벗어나는 이유를 설명했지만, 실재를 받아들이는 우리의 상식에도 마찬가지로 적용된다고 보인다.

금강경에 대한 간략한 상식들

금강경을 시작하면서

반야바라밀은 반야바라밀이 아니오, 그 이름이 반야바라밀이다(佛說般若波羅密 卽非般若波羅密, 是名般若波羅密).

이 문구를 처음 보았을 때 머리를 꽝 치는 경험을 했다. 마음이 머물지 않는 곳에 진정한 마음이 생긴다(應無所住 而生其心), 만약 모든 모습이, 모습이 아니라는 것을 보면 여래를 보는 것이다(若見諸相非相 卽見如來) 등에서 느낀 것보다 더 강렬한 어떤 생각이 뇌리를 타고 흐르는 것이었다.

응무소주 이생기심은 육조 혜능이 그 말을 듣고 특별히 깨친 바 있는 말이라는데, 한글을 주로 쓰는 우리 입장에서 특별히 직관적으로 떠오르는 생각도 없고, 한글로 번역을 들어보아도 그것이 심리학에서 사용하는 용어처럼 머릿속에 들어왔을 때는 뿌옇게 흐릿해질 뿐이었다.

약견제상비상 즉견여래라니, 세상의 모든 모습을 모습이 아님으로 받아들이면 여래를 본다. 너무 거창하고, 그 한마디로 세상을 재단해 버려 공감하기 힘들었다. 왜냐하면, 세상은 인간 개개인이 현실적으로 살고 있는 무대이고 각자가 세상에서 느끼는 바가 있으므로 과연 그것들이 상이 아님을 본다는 것이 관념적으로는 가능하지만 현실적으로 가능한 이야기인가 하는 것이다. 그 외의 구절들도 그런 느낌을 주었다. 무슨 경전이 이런가, 그냥 붓다와 수보리가 몇 마디 하는 가운데 경전이 끝나다니!

사실 가장 궁금했던 것은 붓다가 깨달았다는 경지가 무엇일까 하는 것이었다. 아마 최고의 경지가 반야바라밀이 아닐까 생각했는데[2] 과연 그런 구절이

2) 나중에 알고 보면(반야심경에 나오는 바와 같이)반야바라밀다에 의존하여 아뇩다라삼먁삼보리(최상의 바른 깨달음)를 얻는 것이 최고의 경지였다.

있는 것이었다. 휘황찬란하고 환희에 차 있는 세계이거나 조용한 정적이 흐르면서 자비의 미소를 띤 붓다들이 있는 장소들이 아닐까 생각했는데, 반야바라밀은 반야바라밀이 아니라니~ 그 이름이 반야바라밀일 뿐이라니 그런 세계가 있지만 반야바라밀이라는 글자가 상징하는 그런 반야바라밀이 아니다. 그것을 이름 지을 때 그런 것뿐이라는 것일까?

하여튼 그 구절을 보고 충격 받았다. 붓다가 한 말들은 과장이 심하면서 클래식한 분위기의 종교를 연출하는 것으로 알았는데, 이렇게 정곡을 콕 찌르는 말을 하다니… 이분의 말에는 여태까지 아무에게서도 느껴보지 못한 진실성이 느껴진다. 도대체 이 경전이라는 게 뭔지 다시 통독해 보자.

금강경 속에서 아상 인상 중생상 수자상을 버리면 깨달을 수 있다는 말을 보고, 아니 깨닫기가 그렇게 쉬울까 아상(我相)은 나라는 생각, 나라고 형성된 상을 말하는 것일까? 하여튼 그렇게 형성된 상을 버리면 되겠구먼. 인상(人相)은 사람이라는 생각일까, 아니면 마틴 부버의 '나와 너' 철학에서 말하는 나에 대한 상대적 존재인 타인을 총칭하는 것일까, 즉 인이란 내가 아닌 타인을 말하니 다른 이가 있다는 생각일까.

중생상(衆生相)은 무얼까? 중생은 예전에 배웠듯이 짐승이 변한 것이니 모든 살아 있는 존재에 대한 관념을 말하는 것일까?

수자상(壽者相)은 무얼까? 한자는 알지만 한 번도 들어보지 못한 표현이라 여기서 막혀버렸다. 그리고 해설을 찾아 읽어보기 시작하였다. 일단 수자상(壽者相)은 수명이란 뜻에 관련되었으니 수명이 있다는 상에 대한 집착을 떠나라는 말이군. 그러면 아상, 인상, 중생상은 점점 대상을 넓혀가거나(점층법), 혹은 공간에 대한 언급이고, 그 공간 속에 사는 시간에 대한 언급으로 그런 존재들에 대한 목숨에 관한 시간적인 표현이 수자상이라는 것이군.

이런 생각을 하였다. '나라는 생각, 인간이라는 생각, 중생이라는 생각에 대한 집착을 버리고 목숨이 있다는 생각을 버려라'라는 말인데, 한글로 풀어서 생각해 보아도 과연 그런 생각이라는 것을 버리면 정말로 보살이 될 수 있다는 말인가? 물론 이때는 보살이 무엇인지 정확하게 개념정립이 서 있지 않았기 때문에 보살이 된다는 것이 깨닫는 것을 의미하는 것이 아닐까 하는 생각 정도만 있었다. 그리고 한동안 금강경은 처음은 쉬운 것 같은데 사실은 어렵구만 하고 내버려두었다.

그런데 금강경은 인도에서 온 것으로 그 내용은 원래 산스크리트어였으며, 걸출한 인물인 구마라집이 번역한 것임을 알게 되었다. 그 과정에서 산스크리트어로 붓다가 설법한 것을 그대로 번역한 것이라고 알았는데, 그 번역 과정이라는 것이 우리가 알듯이 똑같지 않다는 것도 알게 되었다. 또 그 번역을 중국의 유명한 승려들이 몇 명 더 번역한 것도 있다는 것을 알게 되었다. 그러면서 아상 인상 중생상 수자상에 대한 해석이 다르고 의미도 달라진 것을 알게 되었다. 결국 산스크리트어를 보는 것이 정답이라는 결론에 도달했다. 그런데 산스크리트어란 무엇일까?

산스크리트어는 인도아리안 언어(Indo-Aryan language)이고, 힌두교의 의식용 언어이며 불교와 자이나교에서 사용한 문학과 학문용 언어이다. 원래 산스크리트어는 기원전 1500년경부터 나타나는데, 리그베다(Rigveda)라는 문서에서 시작한다. 그 뒤 고전 산스크리트라고 알려진 것이 기원전 4세기에 파니니(Pānini)에 의해 문법으로 정리되었고, 그것이 아직까지 크게 변형되지 않은 채 내려온다. 그리고 이 언어는 회화에서 구어(口語)로 사용되는 것이 아니라 문서에만 사용되는 언어이다. 붓다가 금강경을 설(說)한 언어는 인도 북부의 팔리어라고 한다.

그 외 소소하게 알아낸 내용을 요약하면

금강경의 역사 - 붓다의 사후 첫 500년은 불교의 경전내용이 입으로만 구전되었다. 기독교가 일어날 시기쯤인 기원전후에 처음 문서로 작성되었다. 금강경이 강의된 시기는 기원전 560년경으로써 붓다가 64세일 때로 본다. 붓다가 열반한 기원전 544년경, 그의 가르침과 세부에 대해 이해하는 사람이 여전히 많지 않았다. 그리고 그의 사후 1년 뒤 제자들이 모인 것을 불교의 제1회 결집(First Council)이라고 한다. 그 결집에 참석했던 500명의 제자(disciples)에 의해 왕사성(Rajagriha)에서 몇 달 뒤 공동의 독회가 있었고, 많은 경전을 공인하였는데, 그 동안에도 금강경의 내용은 공인받지 않은 것으로 보인다.

그러나 붓다의 열반 소식이 갠지스 지역으로 퍼지면서 수천 명의 다른 제자들이 왕사성에 모여 들었다. 비록 그들은 제1회 결집에는 늦었지만 이러한 많은 사람들의 그룹은 그 도시 밖에서 자신들만의 공동 독회를 하였다. 지혜의 완성에 대한 가르침이 완성된 것은 두 번째 그룹의 기억을 모은 것으로 생각된다. 이들 중 어떤 것도 문서화되지 않았다. 가르침의 전파는 오직 구술로만 되었다.

에드워드 콘체(Edward Conze)에 따르면, 그 다음의 2세기 동안 원리의 대강, 몇 개의 도덕적 교훈 외에는 전파되지 않는다. 그래서 기원전 2세기까지 지혜의 완성[3]에 대한 아무런 언급이 없는 것이 놀랄 일은 아니다.

대부분의 학자에 의하면, 우리가 가지고 있는 지혜의 완성에 대한 경전은 처음에는 운문의 형태로 기록되었고, 기원전 2세기와 기원후 3세기 사이에 산문으로 기록되었다.

콘체에 의하면 지혜의 완성은 처음 8,000송으로 만들어졌다가 같은 기본 경전의 버전에 따라, 1만송, 18,000송, 25,000송, 10만송으로 변화하였다고 한다.[4] 그리고 2,500송, 700송, 300송(금강경), 150송, 25송(반야심경)으로 줄어들었고, 최종적으로 한 글자인 A(옴)로 되었는데 이것들은 기원후 50년에서 700년 사이에 일어난 일이라고 한다. 그리고 이 모든 경전이 대반야바라밀경이라는 600권 안에 들어가 있다. 즉 위의 10만송은 대반야경 1 내지 400권, 25,000송은 401권 내지 478권, 18,000송은 538권 내지 565권, 700송은 574, 575권에, 300송인 금강경은 577권, 150송은 578권에 기재되어 있다.

물론 콘체의 이론에 반대하는 학자들도 많지만 수많은 경전들을 정확하게 분류하는 것이 후세인들의 몫이 되었다. 그리고 산스크리트어로 남아 있는 경전들은 학파들 간에 약간씩 다른 내용을 기재하여 많은 내용들이 다르게 되었

---

3) 반야바라밀다의 뜻이 '지혜의 완성' 혹은 '저편으로 가는 지혜'라는 두 가지 뜻이 있는데, 여기서는 '지혜의 완성'으로 사용한다.

4) Conze, the Perfection of Wisdom in Eight Thousand Lines & its Verse Summary, 4p, The Ashta.

다. 그러나 금강경만은 산스크리트어의 약간의 변화는 있어도 전체적인 틀은 거의 같다.

구마라집 번역본에 대하여 – (방광창方廣昌, 중국사회과학원)

"범문으로 된 불교경전은 문장 표현이 매우 번잡하다는 특징이 있다. 보통 한 가지 사건을 표현할 때 한 번 한 말을 하고 또 하고 하고 또 하고, 매우 번잡하다. 구마라집은 불력(佛力)도 높았지만 중국에 대한 이해 또한 매우 깊었다. 그는 중국인들이 번잡한 것을 싫어한다는 점을 잘 알고 있었다. 특히 한문은 간결한 표현을 쓰기 좋아하고, 번잡하면 보기 싫어한다는 점도 잘 파악하고 있었다. 그래서 구마라집은 경전 번역에 있어 번잡한 문장을 과감하게 생략하고 고쳐 나갔다."

결국 산스크리트어를 중국어로 번역하는 과정 중 많이 축약되었는데 그 과정에서 의미도 줄어들었을 가능성이 있다. 그래서 같은 소리글자인 한글로 번역하는 것이 진의를 전달하기에 가장 좋은 언어라고 생각한다.

그리고 인터넷을 통하여 많은 자료를 얻을 수 있었다. 특히 이 책을 준비하고 있을 때, 어린 소년의 사례가 소개되어 자신감을 얻게 되었다.

인터넷을 사용하여 새로운 발명을 한 소년의 이야기

1997년생인 잭 안드라카(Jack Andraka)는 미국 동부 메릴랜드 주(州) 크라운스빌에 사는 고등학교 2학년 학생으로, 췌장암의 바이오마커(Biomarker)인 메소텔린(Mesothelin) 검출 방법을 발명했다. 지난해 5월 열린 세계 최대의 과학경진대회 인텔 ISEF(The Intel International Science and Engineering Fair)에서 상금 75,000달러와 함께 최고상인 고든 무어상(Gordon E. Moore Award)을 수상했다.

잭 안드라카는 메소텔린에 대한 항체와 탄소 나노튜브를 혼합하여 여과지(Filter Paper)를 코딩하고, 메소텔린이 항체에 반응할 때 일어나는 전기 전도도의 변화를 측정해 췌장암을 진단할 수 있는 방법을 발명했다. 메소텔린은 췌장암뿐 아니라 폐암 및 난소암이 발병할 때 과발현 되는 단백질이며, 이러한 질병들의 초기증상이 거의 없음을 고려할 때 그의 발명이 갖는 의미는 매우 크다.

15세 소년 잭 안드라카가 개발한 검사지의 가격은 3센트(약 35원)에 불과하며, 전기계측기를 50달러(약 5만5천 원)에 구입하면 검사를 수행할 수 있다. 이는 기존 방법과 비교해 26,000배 이상 저렴한 것이고, 검사에 걸리는 시간도 5분으로 기존보다 168배 빠르다. 이 방법은 특히 과거 800달러(약 87만 원)에 시행되던 검사보다 400배 이상 높은 민감도를 보여 15% 정도에 불과한 췌장암의 조기 발견율을 크게 높일 수 있을 것이라 기대한다.

국제과학경진대회에서 수차례 수상한 바 있는 과학영재 잭 안드라카는 삼촌처럼 여기던 아버지의 친구가 췌장암으로 세상을 떠나자 이 연구에 관심을 갖게 되었다고 한다. 그는 구글을 통해 췌장암의 조기 발견율이 15%에 불과하며, 60년이 넘은 고가의 검사방법에서 30%가 넘는 췌장암 환자를 정상으로 판별한다는 사실을 발견했다.

좀 더 확실한 방법이 있어야 한다고 생각한 잭 안드라카는 15세 소년이 접근할 수 있는 유일한 자원 인터넷을 이용해 췌장암의 바이오마커 메소텔린을 찾았다. 그리고 생물 수업시간에 카본 나노튜브에 대한 논문을 몰래 읽으며 한쪽 귀로 생물 교사의 항체에 대한 설명을 듣고 있었다. 그 순간 갑자기 잭 안드라카의 머릿속에 두 가지 개념이 합쳐져 하나의 아이디어가 되었다.

잭 안드라카는 아이디어를 실현하기 위해 또다시 인터넷을 이용했다. 근처 대학에서 췌장암과 관련된 연구를 하는 200명의 교수를 찾아 메일을 보냈다. 곧 그는 199통의 거절 메일을 받았다. 그런데 그가 좌절하기 직전 존스홉킨스 대학교의 아니르반 마이트라(Anirban Maitra) 교수가 그를 자신의 연구실로 초청한다. 잭 안드라카는 7개월 동안 연구에 매진했다. 그리고 결국 정확도 100%의 검사 방법을 발명했다.

잭 안드라카는 인터넷에서 불가능한 것은 없다고 말한다. 아이디어를 가치 있게 만들기 위해 교수가 될 필요도 없다고 한다. 그는 인터넷에서 중요한 것은 성별, 나이, 인종이 아니라 아이디어라고 강조한다. 잭 안드라카는 인터넷을 이용해 췌장암 진단 방법을 개발했다.

위 소년과 같이 저자도 자료 확보를 위한 검색결과, 금강경을 산스크리트어에서 한문으로 번역한 6명의 한자 번역본을 확보할 수 있었고, 대반야바라밀경 전600권도 미국에 이민 온 중국인들이 만든 사이트에서 다운받을 수 있었다. 오슬로 대학 사이트에서 세계 언어들로 구성된 금강경 버전을 보았다. 그리고 100년이 훨씬 넘은 막스 뮐러의 산스크리트어 문법 강의책뿐만 아니라 최신의 산스크리트어 사전, 콘체의 원문과 영역본들을 찾을 수 있었다. 그리고 아직도 여러 자료들이 서로 참고가 되어 금강경 구절의 뜻을 더욱 명확하게 해주는 것을 발견할 수 있었다.

텍스트의 번역 준비를 위해서 두 개의 산스크리트 판본을 준비했다. Max Müller와 Edward Conze의 것이다.

영문판으로 역시 콘체와 뮐러의 판을 구하였고, 또 레드파인(Red Pine)의 것은 책으로 나와 있어 참조가 많이 되었다. 전 세계 사이트의 여러 학자들에 의한 영문판들도 많았지만, 거의 구마라집 번역을 다시 영문으로 한 것이 대종이라 참조하지 않았다.

금강경을 통독해 보면 붓다는 일정한 가르침을 주기 위해서 분위기를 고조시키는 역할을 하는 것이지 무대설정 자체에 주목하라는 뜻이 아닌 것은 분명하다. 물론 붓다의 일거수일투족에 주목하여 설(說)하고 있는 하나의 토씨라도 놓치지 않으려는 태도는 분명히 본받을 만하지만, 그것이 세부적인 것을 주된 가르침과 동일시하는 오류를 범하게 된다면 금강경의 진의를 놓치는 것이다.

붓다의 말 그대로 하나도 빼거나 더해서는 안 된다는 입장은 붓다는 미래까지도 내다보고, 인간의 변화까지 예견하는 능력이 있으므로 후세에도 원전 그대로 느껴야 한다는 것이므로 이는 불교를 종교로 보는 속성이다.

반대로 당시 상황과 다르므로 현대에 변용해 볼 수 있다는 주장은 붓다의 말을 깨달은 이의 말로 보고, 시대의 변화에 따라 깨달음의 본질을 유지하면서 더 정치하게 변용한다는 의미이다. 그럴 경우, 붓다의 말은 과학적 논리성을 가지는 말로 우리에게 다가올 것이다.

이런 면에서 붓다의 진의를 살피기 위해서 산스크리트어 원전을 우선시하지 않을 수 없다. 그런데 한자본 중에서도 초기의 구마라집 번역본이 너무 통용화되어 있어 한자본이라면 거의 구마라집본을 들고 있는데, 보리유지나 의정본도 구마라집본을 많이 참조한 것으로 보인다. 현장본은 산스크리트어 원문과 유사한 면이 상당히 많지만 이상하게 통독되지 않는 듯하다. 그리고 콘체본도 산스크리트어 원본을 상당히 같도록 번역한 것으로 보인다.

그래서 산스크리트어 원문을 기본으로 콘체와 현장의 번역본을 많이 참고하고, 또 유명한 구절은 구마라집본을 제시하는 것으로 체계를 세우기로 한다. 현장의 한역본은 구마라집본보다 어렵지만 현장이 번역한 대반야경의 700송과 8,000송의 한문을 읽어본 후 현장의 업적을 높이 사게 되었다. 그리고 금강경 해석에 있어서도 반야경 700송과 8,000송의 내용을 참조할 것이다. 이는 콘체의 경우도 마찬가지로 반야경 700송과 8,000송을 영어로 번역했기 때문에 일반인이 참조하기에 아주 편리하다. 이 두 분의 번역본은 금강경을 심층해석하기 위해서 꼭 필요한 것이라 하겠다.

구마라집이 산스크리트어와 한자에 능통하여 산스크리트어의 오의를 한자로 잘 표현하기 위해서 만든 것이라는 전제는 사실이지만, 구마라집의 연륜과 사고방식, 번역본을 만들 때 중국의 문물과 중국인의 사상 등에 능통한 사람이 없으므로 한역본으로만 금강경을 생각하는 것은 잘못된 길로 빠질 가능성이 있다.

그동안 수많은 다큐멘터리 영상을 보았는데 이 책을 위해서 의도적으로 본 영상들이 있다. 그중 이 책에 영향을 끼친 몇 가지를 소개한다.

최완수 님의 불교문화 바로알기 – 인도에서 중국, 한국까지 불상의 변천에 대한 강좌이다. 특히 관세음보살상이 남성상에서 여성상으로 변화하게 된 과정과 신라에서 왜 여왕들을 옹립했으며, 전륜성왕을 자처하는 진흥왕을 둘러싼 신라의 분위기에 대한 강의는 정말 흥미를 돋우는 강의였다.

각묵 스님의 초기 불교의 교학과 수행 – 박력 있는 강의로 항상 유쾌하게 들었던 강좌였으며 초기 불교에 대한 감을 잡을 수 있었다. 물론 스님의 금강경역해는 이 책을 쓰는 데 많은 참고가 되었다.

김종욱 님의 불교와 철학의 만남, 불교로 이해하는 현대철학 – 김종욱 님의 잔잔한 강좌는 불교의 현대적 이해를 돕는 데 많은 도움이 되었다.

김성철 님의 인도불교의 사상과 역사 – 불교의 전반적인 내용을 요약 정리하는 데 큰 도움이 되었다. 또 김성철 님의 산스크리트어 강의는 책으로만 익힌 산스크리트어를 실전적으로 적용하여 해석하는 데 많은 도움이 되었다.

박문호 님의 뇌와 생각 및 137억 년의 우주의 진화 – 이 두 영상을 통해 생물의 뇌가 진화한 과정과 마음의 작용 등을 많은 사진과 함께 도움을 받았다.

물론 이것들 외에도 많은 강의를 들었지만 이 정도만 소개하기로 한다.

금강경의 주요 내용은 집착하지 않기를 강조한다. 응무소주 이생기심(應無所住而生其心), 응당 머무르지 않는 곳에 진정한 마음이 생긴다. 이것은 한자 풀이이지만 6조 혜능으로 가장 주목을 끄는 구절이다. 그러나 산스크리트 원문을 번역하면, 어느 것에도 의존하지 않고 그 마음을 내어야 한다는 뜻으로 한자보다 더 뜻이 쉽게 다가온다. 한자의 축약과 운율을 읽다 보면 그것이 진실일 것 같은 착각에 빠지는 경우가 많은데 우리는 운율을 제거하고 그 뜻을 추스르는 방식으로 산스크리트 원문의 평이한 맛에 길들여져야 한다.

금강경을 해석함에 있어서 먼저 붓다의 진의를 파악해야 한다. 진의를 파악하기 위해서 논의를 지엽적으로 전개하여 숲을 보지 못하고 나무를 보는 우를 범해서는 안 된다. 금강경을 해석하는데 있어서 이해가 되지 않으면 금강경 전후를 모두 살피고 전체를 모두 살펴서 이해하도록 해야 한다. 구절에 집착하지 말고 전체적인 취지에 비추어 해석해야 한다. 이 책을 보면서 느끼겠지만 각 절의 내용들이 모두 내용과 이유로 서로 연결되어 있다. 그래서 각 절을 구분하면서 다른 절의 내용과 관련이 없는지 검토해야 한다.

마지막으로 현대적인 변용이 가능한 부분이 있는지 검토해야 한다. 이는 사상의 변화뿐만 아니라, 현대 과학의 진전에 따라 수정할 부분을 고르는 것이다. 주로 심리적인 부분이 그렇겠지만, 물리학적 진실의 발견에 따른 수정을 염두에 두어야 할 것이다. 물론 금강경과 다른 사실이 밝혀진다고 하더라도 세상의 이치가 그러하듯이 붓다의 가르침이 훼손될 가능성은 거의 없을 것이고, 지금의 예상으로는 오히려 붓다의 위대성이 더해질 것이라는 생각이 든다.

금강경을 배우고 기억하고 이해하게 되면 무엇에도 의존하지 않는 독자적인 생각을 하게 될 것이다. 사람들은 자신의 삶을 살지 못하고, 다른 사람의 삶의 모습을 통해서 자신의 삶을 수정하려고 한다. 그래서 영화를 보거나 소설책을 읽고, 작가나 감독이 만들어준 삶의 모습을 보면서 살아가는 것을 배운다. 분명 일정한 젊은 시절에는 커다란 이점이 있으나, 자신의 경륜이나 지혜가 작가나 감독을 넘어설 때조차도 그 사실을 알지 못한 채 끌려가면서 살게 된다. 결국 다른 사람이 만들어놓은 삶을 살면서 그것을 자각하지 못하는 것이 우리의 현실이다. 금강경의 법문을 배우고 나면 많은 사람들이 대부분의 사람들과는 다른 각자의 고유한 개성을 찾을 것이다.

그리고 금강경에서 많은 것을 얻고자 하는 마음을 버리면 금강경은 어렵지 않을 것이다. 인생도 그렇다. 많은 것을 얻고자 살아가는 사람에게는 인생이 힘들다. 욕심을 버리고 주어진 것을 묵묵히 해결하며 살다 보면 인생이 그렇게 힘들지 않음을 자각하게 될 것이다.

vajracchedikā nāma triśatikā prajñnāpāramitā.

금강을 자르는 것이라 이름 하는 300의 반야바라밀다

(금강경은 반야경 300송이라는 이름도 가지고 있다)

namo bhagavatyā āryaprajñāāamitāyai

세존에게, 고귀한 반야바라밀다에 귀의합니다.

'금강경'이란 '금강반야바라밀경'을 줄여 부르는 말이다. 13절에서 수보리가 붓다에게 법문의 이름을 묻자, 그 대답으로 이름을 말해 주는 구절이 나온다. 번역가들마다 차이가 있는데 구마라집과 보리유지는 금강반야바라밀, 진제는 반야바라밀, 현장은 능단금강반야바라밀다, 의정은 반야바라밀다라고 번역한다. 산스크리트어 원문의 13절 부분에 나오는 쁘라즈나빠라미따prajñnāpār-amitā라는 이름의 구절을 번역한 것이다. 여기서 현장이 다른 사람과 다르게 능단금강반야바라밀이라 번역한 이유를 알아보는 것이 제목에 대한 이해를 높일 것이다.

산스크리트어 원문에는 처음 부분에 경의 제목이 적혀 있지 않았고, 제일 마지막 부분에는 아르야바즈라쩨디까(āryavajracchedikā bhagavatī) 쁘라즈나빠라미따(prajñnāpāramitā) 사맙따(samāptā)라고 되어 있는데, 이 중 vajracchedikā prajñn-āpāramitā 부분을 능단금강반야바라밀다(能斷金剛般若波羅蜜多)라고 한 것이다. 보통 The Diamond Sutra라고 번역되어 소개되는데, 금강(金剛)이라는 말 자체가 다이아몬드를 뜻하기 때문에 그렇게 번역되었을 뿐, 실제의 다이아몬드와는 관련이 없다. 바즈라쩨디까vajracchedikā에서 바즈라vajra는 diamond(금강), thunderbolt(번개)의 뜻이 모두 있고, 쩨디까ccedika는 cut off(잘라내다)의 뜻이 있으므로, 이를 합쳐 '금강을 잘라내는', '번개로 자르는'의 뜻이 모두 가능하다. 그래서 현장은 '금강석마저 잘라내는' 반야바라밀다라고 번역한 것이다. 수트라Sutra는 string의 뜻으로 '함께 엮는 어떤 것'이므로 경전이라는 뜻을 나타낸다.

금강경의 전체 내용을 보면, 번개처럼 단번에 지혜를 습득하라는 것도 아니고, 번개와 같은 번득임으로 깨달음을 얻으라는 것도 아니다. 오히려 금강과 같이 단단한 것도 형체를 가진 물체이므로 그것에 의존하지 말고 깨달음을 얻으라는 뜻이니, 현장의 번역과 같이 금강석마저 자르는 반야바라밀다경이라고 해석하는 것이 정확하다. 그리고 바라미따의 뜻에 대한 다툼이 있지만 이를 완성으로 해석하면 지혜의 완성이 된다. 그러므로 '금강석도 자르는 지혜의 완성에 대한 경전'이라고 한다.

금강경은 원래 끊어짐 없이 죽 이어나가도록 되어 있는 구조를 소명태자가 절을 나누어 절마다 이름을 붙였다. 원문을 중시한다면 그냥 읽는 것이 낫겠지만 분절한 것에 명칭을 달았던 양(梁)의 소명(昭明)태자가 제목을 단 분류도 유명하고 대중들에게 익숙하므로 그와 같이 절을 나누어 그 절에 대해 필자 개인의 제목을 붙이고, 소명이 붙인 제목은 해설에서 소개한다.

귀의합니다 – namo(salutation, 경례)를 번역한 것이다. 남무(南無)는 '나무아미타불'에서의 앞 두 글자이다.

1절
법회가 시작되다

나는 이와 같이 들었다.

한때 세존께서는 '스라바스티'의 '제타' 숲 속 '아나타핀다다' 승원에 머물고 있었다. 1,250인의 비구들과 많은 보살, 마하살들로 이루어진 큰 비구 승가와 함께였다.

그때 오전 중에, 세존께서는 옷을 입고, 발우와 가사를 가지고, 탁발을 하기 위해 큰 도시인 '스라바스티'로 들어갔다. 그리고 세존께서는 '스라바스티' 큰 도시에서 탁발을 하여 식사를 마치었다.

식사를 한 후에 탁발로부터 돌아와서 발우와 가사를 제자리에 놓고, 발을 씻고, 준비된 자리에 앉았다. 그리고 결가부좌를 하고, 몸을 똑바로 세우고, 그의 정면을 향해 주의를 고정하였다.

그때 수많은 비구들이 세존이 있는 곳으로 가서 그들의 머리로 그의 발에 경배하고, 세존의 주위를 오른쪽으로 세 번 돌고, 한쪽에 앉았다.

[해설]

금강경이 시작하는 장면을 보여주고 있다. 육하원칙에 따라서 한때 스라바스티에서 세존이 일상생활을 하는 장면을 영화의 한 장면처럼 보여주는 묘사로 시작한다.

이 경전의 1절에서 경전이 앞으로 어떻게 전개될지 대략의 형태가 갖추어진다.

스라바스티는 인도 북부 네팔 국경 근처의 도시로 사위국, 사위성으로 번역되기도 한다.

제타 숲은 스라바스티 근교의 숲으로 기원정사가 건립된 곳이다.

아나타핀다다 승원은 기원정사라는 한자 명칭을 가지고 있다.

혹자는 붓다의 탁발로부터 공양을 드시는 것에서 탁발을 보시와 지계 인욕을 상징하고, 명상에 잠기는 것 등이 정진 선정 지혜의 바라밀로서 육바라밀의 완성의 각 단계라는 의견을 제시하면서 이것으로 설법이 끝났다는 의견도 제시하는데 너무 무리한 해석이다. 아직 우리는 금강경의 설법을 위한 무대장치만 본 것인데 이것이야말로 무대장치만 보고 어떤 내용이 연출될지 추론하는 격이다.

이 금강경의 무대는 스라바스티 도시의 근교인 제타 숲속 아나타핀다다 승원, 시간은 한때라고 경전에 나오지만 기원전 560년경으로 추정된다.

출연진은 붓다와 수보리이다.

관객은 공식적으로 1,250인의 비구, 보살, 마하살들이지만, 제일 마지막 절에서 보듯이 멀리서 지켜보는 관객은 비구니, 우바새, 우바이, 그리고 전체 세계의 천 · 인 · 아수라 · 간다르바가 있다.

소명은 제목을 '집회가 생긴 연유(법회인유분法會因由分)'라고 하였다.

[설명]

나는 이와 같이 들었다.

산스크리트어로는 evaṁ mayā śrutam, '이와 같이 나에 의해 들렸다'이다. 보통 '이와 같이 나는 들었다'로 번역하고, 한역(漢譯)으로 여시아문(如是我聞), 영역(英譯)으로는 Thus have I heard로 번역한다. 최초로 영역(英譯)을 한 막스 뮐러는 'Thus it was heard by me'로 번역하였다.

이때의 '나'는 경전이 설해지는 것을 들은 사람으로, 아난다(Ānanda)를 말하는 것이 정설이다. 아난다는 붓다의 친척으로 항상 붓다를 수행하면서 옆에서 모든 것을 들었고 그것을 기억한다고 하여 다문제일(多聞第一)이라는 호칭을 가지고 있다. 붓다 서거 후에 개최된 집회에서 그는 붓다로부터 들은 모든 설법을 암송하였다. 다만 이러한 것은 문학적 허구의 특질을 가지고 있다. 왜냐하면 금강경이 경전으로 작성된 것은 아난다 시대로부터 5 내지 7세기가 지났기 때문이다.

한때 세존께서는 '스라바스티'의 제타 숲 속 아나타핀다다 승원에 머물고 있었다.

'한때' – 경전이 설해진 시기를 표현하는 것인데, 구체적인 시간을 언급하지 않을 때 사용하는 용어이다.

세존(世尊) – 산스크리트어로 바가반(Bhagavān)이다. 바가(bhaga)는 존경, 축복의 의미로써 존경받을 만한, 축복받을 만한 분이므로 존자(尊者)이고, 세상의 존자라는 뜻에서 세존이라고 번역한다. 현장은 박가범(薄伽梵)이라고 음역하였다. 영역(英譯)으로는 콘체가 The Lord(신神), 막스 뮐러는 the blessed Buddha(축복받은 붓다)라고 표현한다. 한역(漢譯)들은 붓다와 세존을 모두 붓다(불佛)로 번역하는데 원문은 붓다와 세존, 여래를 모두 구분하고 있으며 그렇게 구분할 만한 가치도 있다. 이 책에서는 원문에서 사용하는 용어를 사용하기로 한다.

스라바스티 'srāvastī'의 'v'는 '바'와 '와'의 중간 발음이다. 't'는 '띠'라고 발음하는 것이 산스크리트 문법이므로 '슈라와스띠'라고 하는 것이 정확하지만, 영어의 'v'를 'ㅂ'으로 표기하고, 'ti'는 '티'로 표기하는 것이 영어를 배운 우리에게 더 직관적으로 다가오므로 그렇게 표기한다. 스라바스티는 놀라움의 도시(City of Wonders)라는 뜻으로, 사위국(舍衛國) 혹은 사위성(舍衛城)으로 많이 번역된다. 고유명사의 경우 한자로 번역된 것이 한국에서 통용되는 용어라면 몰라도 불교에 익숙지 않은 분들을 위해 원음과 비슷한 한글표기를 사용하기로 한다. 붓다의 모국인 코살라(Kośala)국의 수도로 현재는 네팔에 가까운 북부 인도의 사헤트마헤트(Sahet-Mahet) 지방이다. 나가르쥬나(용수龍樹)에 의하면, 기원전 5세기에 이곳은 인구가 90만에 달할 정도의 번성하는 도시였다고 한다.[5] 붓다는 45년간 설법을 하면서 25년을 이곳에서 지냈다.

제타 숲 jetavane – 아나타핀다다(Anāthapiṇḍada)에 의해 붓다에게 제공된 곳이다. 아나타핀다다는 제타 왕자로부터 이곳을 처음으로 샀는데, 그때 왕자가 그 숲을 금으로 덮는다면 팔겠다고 하던 말이 전해진다. 제타 왕자는 스라바스티국의 왕자로 따라서 그 숲을 제타의 숲이라고 한다. 이를 한자로 기수(祇樹)라 표현한다. 제타 숲은 산스크리트어 발음에 의하면 '제따'인데 알파벳으로 표현한 것을 읽는 것이 좋을 듯하다. 왜냐하면 산스크리트어가 당시의 발음을 정확하게 구현한 것이라 보기 힘들고, 알파벳 발음으로 읽고 들으면 서로 의사소통이 쉬우며, 그것만 알고 있어도 다른 단어와 쉽게 구별할 수 있기 때문이다. 구마라집은 기수(祈樹)라고 하였으나 보리유지는 기수(祇樹)라 하였는데, 기원정사(祇園精舍)에서 사용된 단어로 보아 보리유지의 번역으로 표시한다.

아나타핀다다 승원 anāthapiṇḍada ārāme – 붓다 시대에 스라바스티에는 수다타(Sudatta)라고 하는 부유한 상인이 있었는데, 그가 가끔 불쌍한 사람을 도왔기 때문에 아나타핀다다라고 불렸다. 아나타핀다다는 '음식을 가난한 자에게 주는 자'라는 뜻이다. 그래서 한자로 급고독(給孤獨)이라고 표현한다. '아나타'는 '아(없다)'+'나타(보호자)', 즉 보호자가 없는 사람으로 '노숙자'이고, '핀다'는 음

---

5) http://en.wikipedia.org/wiki/Shravasti_district

식 덩어리를 말하며, 마지막의 '다'는 '보시를 하다, 공양을 하다'라는 뜻이므로, 현대적으로 풀이하면 '노숙자를 위한 밥 공양을 하는 곳'이라는 뜻이다. 이를 합쳐 한자로는 급고독원(給孤獨園-고독한 외로운 이에게 무엇을 주는 곳)이라 하였다. 여기에 대하여 재미있는 유래가 있다.

어느 날 수다타는 라자그리하(Rajagriha, 왕사성)에 있는 아들의 약혼녀를 방문하였는데, 붓다의 설법을 듣는 행운을 가지게 되었다. 수다타는 나라로 돌아와 붓다와 그 제자들을 위한 적당한 장소를 찾았는데, 충분히 넓고 신성한 유일한 장소가 그 도시에서 2킬로미터 떨어진 제타 왕자의 숲이었다. 수다타가 그곳을 사려고 하자, 왕자는 금으로 그곳을 덮을 수 있으면 팔겠다고 농담을 했다. 그래서 수다타는 200에이커(24만 4800평)를 덮을 수 있는 금으로 아나타핀다다를 덮어가고 있었는데, 그것을 본 제타 왕자가 수다타의 신실함에 감명 받아 아직 덮지 못한 곳은 왕자가 기부하기로 하였다. 그리고 두 사람은 비하라(vihara, 거주처)를 지었으며 이는 수도원으로 사용되었다. 두 사람의 공로를 치하하는 의미로 그 이름을 합쳐 제타 숲 아나타핀다다 승원이라 부르고, 한자로는 제타 왕자의 이름 기(祈)를 따고, 급고독(給孤獨)을 따서 기수급고독원(기의 나무와 급고독의 승원)이라고 번역한다. 그래서 붓다는 그곳에 거주하게 되었고 방문할 때마다 설법을 하였다. 이 사건은 붓다의 깨달음의 4년째의 일이다. 붓다는 25년 동안 비오는 계절에는 제타 승원(Jeta Vihara)에서 지내고 많은 중요한 설법을 하게 된다.

아나타핀다다 정원을 한자로는 기수급고독원의 기와 원을 뽑아서 기원정사(祇園精舍)로 쓴다.

1,250인의 비구들과 많은 보살, 마하살들로 이루어진 큰 비구 승가와 함께였다.

비구 - 산스크리트어 bhikṣu는 '구걸하는 사람'이라는 뜻이다. 즉 붓다로부터는 가르침을, 다른 이로부터는 음식을 청하는 사람인데, 또한 '악을 박멸하는 사람'이라는 뜻도 있다. 여승(女僧)을 비구니라고 하는데, 산스크리트어 빅슈미(bhikshumi)를 음차한 것이다.

승가 - 산스크리트어 saṁgha(상가)를 음차하여 승가(僧家)라고 쓰는데, 원래 뜻으로는 '함께 운행하는 집단'이 된다. 운행한다는 것은 나중에 대승과 소승의 승(乘) 자인 '탈것(vehicle)'의 음과 같은 승(僧)을 사용하여 음차한 것이다.

1,250인의 비구 - 1,250이라는 비구의 숫자는 주로 세 명의 가섭 형제들과 1,000명에 달하는 그들의 제자들로 이루어졌다.

보살 bodhisattva - bodhi는 보리(菩提), 즉 깨달음이고, sattva는 being(존재)의 뜻으로 존재 혹은 중생을 의미한다. 현장은 유정(有情-의식이 있는 것)이라고 했다. 그러므로 보살은 깨달음을 향해 나가는 존재를 말한다. 붓다는 세상 사람들을 보살과 어리석은 일반인으로 구분한다. 지혜의 완성 8,000송[6]에 의하면, 보살은 모든 법에 대해 집착하지 않도록 배워서 집착하지 않음을 깨달은 사람이다.[7]

마하살 mahāsattva - mahā라는 것은 mega와 같이 거대한 것을 말하고, sattva는 존재, 중생이라는 뜻이므로, 큰 존재, 큰 중생이라는 뜻이다. 이를 현장법사가 마하살(摩訶薩)이라고 번역했는데 이 용어가 통용되고 있다. 지혜의 완성 8,000송에서 수보리가 보살을 왜 마하살이라 부르는지 질문하자, 붓다는 보살이 수많은 중생들을 최상의 것을 성취하도록 만든다는 의미에서 그렇게 부른다고 대답한다.[8] 이런 의미에서 '마하살'이 등장하는 부분은 '대승(大乘)'의 정신이 들어간 구절이라고 보면 된다. 또 사리불이 '보살은 법(法)을 설명하고, 그래서 큰 실수를 없앤다는 의미에서 마하살이라 부른다'면서, '큰 실수는 자아, 중생, 영혼, 개인 등의 생각으로 세상을 보는 것이다'라고 말한다. 즉 보살이 깨달음으로 나아가는 거대한 존재라는 뜻으로 부르는 별칭으로 본다.

보살 마하살들과 함께였다 - 한자역본에는 이 부분이 나타나지 않는다. 유일하게 의정(義淨)본에만 보이는데(급대보살 중 及大菩薩衆이라는 구절이 있음), 의정이 제일 늦게 번역하였기 때문에 나중에 산스크리트어본에 추가된 것이 아니냐는

---

6) 지혜의 완성 8,000송은 콘체가 영문으로 번역한 것을 말하고, 이는 대반야바라밀다경 538권에서 565권을 말한다.

7) 콘체, 90면, 대반야바라밀경 538권 佛告善現「學一切法無著無礙, 覺一切法無著無礙, 求證無上正等菩提饒益有情, 是菩薩義。」

8) 佛告善現 : 「以諸菩薩於大有情衆中當爲上首故, 復名摩訶薩。」

말이 많다. 그런데 2절에 수보리가 말하는 장면에서 보살이 붓다의 축복을 받는 장면이 나오고, 마지막 장면에도 나오는 것으로 보아서 보살도 청중이었음이 분명하다고 보인다.

그때 오전 중에, 세존께서는 옷을 입고, 발우와 가사를 가지고, 탁발을 하기 위해 '스라바스티' 큰 도시로 들어갔다.

오전 중에 – 콘체는 Early in the morning(아침 일찍)이라 하고, 현장은 어일초분(於日初分)이라 하고, 산스크리트어로는 정오 이전[9]이라고 되어 있는데, 단순히 오전이라고 하기보다는 '오전 중'이라고 표현하는 것이 어감에 맞을 듯하다. 새벽은 신(神)이 식사하는 때이고, 정오는 붓다가 식사하고, 황혼은 동물들이 먹고, 밤중에는 정령들이 먹는 때이다. 그래서 하루의 식사를 낮에 하는 것은 붓다 시대의 관습이다. 식사 후에는 다음 날까지 먹지 않는다. 이런 관습이 남부 및 남동 아시아에 남아 있고 아직도 유지되지만, 최근에는 유연하게 유지되고 있다.

옷을 입고 nivāsya – 원문을 한국어로 표기하면 '니바샤(입으시어)'가 되는데, '입으시다'의 고어 표현이다. 산스크리트어와 한국어의 공통점이 느껴진다.

발우(鉢盂)와 가사(袈裟)를 가지고 – 음식을 담는 그릇을 불교에서는 발우(pātra, bowl)라고 한다. 그런데 이를 굴욕의 용기(容器)라고도 부른다. 붓다 시절에는 대부분의 사발이 쇠로 만들어져 계속되는 방랑에도 충격을 견디었다. 그러나 진흙이나 돌로 된 사발도 사용하였다. 붓다의 사발은 자주색 돌로 만들어졌다.

가사 cīvaram – 붓다는 수도사들을 위해 세 가지 가사(袈裟)를 디자인했다. 5개의 누더기로 된 것은 매일의 활동을 위한 것으로 앉고 자는 데 사용된다. 7개의 누더기로 된 것은 법을 위해 기도하기 위해 5개의 누더기 위에 입는다. 9개(혹은 25개) 누더기로 된 것은 일반 대중에게 나갈 경우에 사용된다. 마지막 종류의 가사는 찌바라(civara)로 불린다. 그래서 붓다가 나중에 이 가사를 벗어도 그는 여전히 다른 가사를 입고 있다. 이러한 간단한 가사는 단순하고 염색

9) pūrvāhṇa(이른 낮) kāla(때) samaye(시간에)

되지 않은 천으로 만들고, 사프란 가루로 만드는 짙은 황색이라서 가사야 kashaya라고도 불리는데, 가사라는 말이 여기에서 나왔다.

비구는 외출을 할 때 항상 발우와 가사를 가지고 나간다. 여기서 소지하고 가는 옷을 원문에서는 '찌바라cīvara'라고 표현하였는데, 앞에서 말한 마지막 종류의 가사를 의미한다.

탁발(托鉢) – 음식을 공양받기 위해 인가(人家)를 다니는 것을 말한다. 여기 원문의 piṇḍāya는 'pinda를 위해서'라는 뜻으로, 핀다pinda는 덩어리, 특히 음식 덩어리를 말한다. 고대 인도에서 주요 물자는 끈기가 많은 쌀이고, 그것은 사발 속에 넣어져 손으로 먹게 된다. 그래서 '음식 덩어리를 위해서' 이므로 '탁발을 하기 위해'로 번역한다.

탁발을 하기 위해 일곱 집 이상을 다니는 것이 붓다의 관습이었다. 부잣집에서 음식을 받기 위해 가난한 하층계급의 집을 지나쳐서는 안 되었다. 붓다의 동정심은 똑같아서 편견이 없었다. 한역(漢譯)은 걸식(乞食)이라고 표현하였는데, 탁발이라는 용어가 불교 용어로 정착되어서 사용되므로 이를 사용한다.

스라바스티 큰 도시 – 앞서 '스라바스티'의 인구가 90만에 달한다고 하였는데 고대 개념으로 얼마나 엄청났을지 상상이 간다. 그래서 경전에서조차 '큰 도시'라는 수식을 붙인 것으로 보인다. 현재 인구가 70억 명을 넘어섰지만, 보통 기원 전후의 인구를 2억 내지 3억 명으로 보고 있고, 기원전 250년경의 로마시 인구가 10만 명 정도였으니, 스라바스티의 규모는 대단하였을 것이다. 구마라집도 이 뜻을 넣어서 사위대성(舍衛大城), 현장도 실라벌대성(室羅伐大城)이라 번역하였다. 그런데 현장이 '스라바스티'를 실라법(室羅伐)이라 번역한 것이 예사롭지 않는데, 신라(新羅)의 처음 이름인 서라벌(徐羅伐)의 음과 비슷하고, 우리 서울의 고어(古語)가 서라벌 → 셔블 → 서울로 음이 변화되었다고 하니 그 유래도 추측할 수 있다. 처음 이름인 서라벌이 현장이 번역한 실라벌보다 더 원음에 가까운 것으로 보이지만, 중국어 실라벌도 중국어 원음으로는 쉬루오파(shì luó fá)이므로 현장이 번역할 때 한국인이 한자를 읽는 발음과 비슷하게 번역한 것으로 보인다.

대부분의 경전이 기적적인 사건으로부터 시작하는데 금강경은 붓다의 매일의 생활과 보시의 중요성을 강조한다. 그와 더불어 인내를 실천하면서 지혜의 완성을 추구하기도 한다.

그리고 세존께서는 '스라바스티' 큰 도시에서 탁발을 하여 식사를 마치었다. 식사를 한 후에 탁발로부터 돌아와서 발우와 가사를 제자리에 놓고, 발을 씻고 준비된 자리에 앉았다.

그리고 – 원문으로는 '그때atha'가 맞지만, 한국어 문장의 순조로운 독해를 위해서 접속사의 뜻은 우리말에 맞게 바꾸었다.

탁발을 하여 – 한역(漢譯)에서는 '순서대로 걸식을 하고'라는 표현을 사용한다. 탁발을 할 때의 규칙으로는 부잣집에서만 걸식을 하지 않도록 일곱 집 이상을 다니도록 되어 있으며, 한꺼번에 몰려가서 민가(民家)에 부담을 주지 않도록 걸식의 구역을 정하기 때문에 앞의 비구가 걸식한 집은 다음 사람이 가지 않도록 하는 것을 말한다.

식사를 마치었다 – 원문에는 '밥 먹는 일을 마치었다'고 되어 있는데, 한역(漢譯)에서 반식흘(飯食訖)이라고 정확하게 표현하였다. 그런데 탁발한 것으로 그 근처에서 식사를 마치고 돌아오는 것이 맞는데, 한역(漢譯)들은 나중에 기원정사로 돌아와서 식사를 하는 것으로 묘사하고 있다. 이는 붓다의 행동을 중국인의 풍습에 맞추기 위한 것이라 보인다.

식사를 한 후에 탁발로부터 돌아와서 – 한역(漢譯)들은 간단하게 '제자리로 돌아오다'는 뜻의 출환본처(出還本處, 현장), 환지본처(還至本處, 구마라집)라고 번역하였다.

발우와 가사를 제자리에 놓고 – 발우와 가사는 수행자의 가장 중요한 두 가지 물건이다. 그래서 나중에 사용을 위해 보관 장소에 넣어둔다. 이 두 가지는 스승의 정신을 대표하기 때문에 선종(禪宗)에서는 법통(法統)을 잇는 주요한 물건으로 취급된다. 원문의 pratiśam은 restore(복구하다)의 뜻으로 원래의 자리에 놓다는 뜻이다.

발을 씻고 – 붓다나 그의 제자들은 신발이나 샌들을 신지 않았다. 그래서 맨발로 공양을 갔다 왔기 때문에 자리에 오르기 전에 발을 씻는 것이다. pādau는 '두 발'을 의미하지만 발을 씻는다고 하면 두 발을 씻는 것이니 그냥 '발을 씻다'로 번역한다.

준비된 자리에 앉았다 – 많은 해석자들은 쁘라즈냡따prajñapta를 arranged 즉 붓다가 직접 자리를 준비했다고 하는 동사로 사용된 것이라 보았지만, 자리 seat를 수식하는 형용사로 보는 것이 좋다. 직접 자리를 준비했다면, '붓다는 자리를 준비하여 그곳에 앉았다'고 번역하는 것이 맞겠지만, 콘체는 arranged for him(그를 위해 준비된), 뮐러는 intended for him(그를 위해 마련된)이라고 번역하였다. 그냥 '준비된 자리'라고만 하여도 뜻이 통하므로 이렇게 번역한다.

〈아래 부분부터는 구마라집본에는 나오지 않는다.〉

그리고 결가부좌를 하고, 몸을 똑바로 세우고, 그의 정면을 향해 주의를 고정하였다.

결가부좌를 하고 – 산스크리트어로는 그냥 '가부좌를 결한 뒤'라고 해석되지만, 보리유지와 현장본에는 결가부좌(結跏趺坐)로, 진제는 가부안좌(加趺安坐), 의정은 가부단좌(跏趺端坐)로 번역하였다. 구마라집만이 번역하지 않았다. 콘체는 단순히 crossed his legs라고 '다리를 교차하였다'고 하는데, 이는 가부좌에도 '반가부좌, 결가부좌'가 있는 것을 모른 것인지, 영어로 적당한 단어가 없는 것인지 불분명하다. 결가부좌를 하면 사람의 에너지가 보다 쉽고 강력하게 집중된다. 그리고 결가부좌를 함으로써 등이 똑바로 정렬되고 자기 몸 앞의 공간에 시선이 고정된다.

몸을 똑바로 세우고 – 보리유지, 진제, 현장은 단신(端身–몸을 곧게 하고)으로 번역하였다.

그의 정면을 향해 주의를 고정하였다 – 이 부분은 보통 참선을 할 때의 모습과 같아 보인다. 즉 결가부좌를 하고, 눈을 반쯤 뜬 상태에서 선정(禪定)에 들어가는 모습이 연상된다. 보리유지는 주정념부동(住正念不動-바른 생각이 움직이지 않게 머문다), 진제는 주정념현전(住正念現前), 현장은 정원주면대념(住對面念-생각을 향하여 머물다), 의정은 몸을 곧게 세우는 것과 이것을 합쳐서 간략히 정념이주(正念而住-바른 생각으로 머물다)라고 하였다. 원문을 보면, prati(towards, 향하여) mukhīṁ(face, mouth, 얼굴 혹은 입) smṛtim(remember, 기억하다) upa(near, 가까이) sthāpya(stand, stay, 서다)로 분석하는데, '얼굴 또는 입을 향하여 주의를 집중하다'이다. 현장은 mukhīṁ를 얼굴로 번역하였는데, 콘체는 'mindfully fixing his attention in front of him(그의 주의를 자신의 앞으로 고정하다)'이라고 하였으니 위와 같은 번역이 가능하다. 금강경의 주제는 붓다의 몸의 본질에 관한 것이고, 이것은 현실의 몸에 대한 명상의 시작으로 볼 수 있다.

그때 수많은 비구들이 세존이 있는 곳으로 가서 그들의 머리로 그의 발에 경배하고, 세존의 주위를 오른쪽으로 세 번 돌고, 한쪽에 앉았다.

인도의 풍습에 따르면, 성자들과 성현들에게 가서 자신의 머리로 그들의 발쪽으로 접촉하고 시계방향으로 돌아서 물러나는 것, 그때 경배하는 사람을 오른쪽 어깨로 향해야 한다. 수도사의 경우라면 오른쪽 어깨 부분의 가사를 드러낸다. 그래서 순례자는 먼저 왼쪽에서 마주 보면서 오른쪽으로 걸어가면서 경배하게 된다. 세 번 도는 이유는 불교의 삼보(三寶)를 표상한다. 즉 스승인 붓다, 가르침인 법(法), 그리고 승단(僧團)에 대한 경의를 위해서이다.

구마라집이 누락한 마지막 부분은 산스크리트어 원본에 없었던 것인지 불분명하지만, 구마라집 이후의 한역(漢譯)들이 모두 번역하고 있으며, 뒤에 나올 2절에서 수보리가 붓다에게 질문하기 위해 일어서기 전까지의 정적(靜寂)을 연출하기 위해서는 붓다가 선정에 잠기는 모습이 필요할 것이라 보이므로 생략은 잘못된 것으로 보인다. 다만 이 장면이 통속적이라고 판단하여 생략했을 가능성은 엿보인다.

2절
수보리가 가르침을 청하다

마침 그때에 장로 수보리도 그 모임에 와서 앉아 있었다.

이때 장로 수보리는 자리에서 일어나 한쪽 어깨만 상의를 입고서 오른 무릎을 꿇고서, 합장으로 경배하면서 세존에게 아뢰었다.

"놀랍습니다. 세존이시여, 너무나 놀랍습니다, 잘 가신 분이여. 여래이며, 아라한이시고, 바르게 깨달으신 분으로부터 보살 마하살들은 최상의 호의로 축복을 받았습니다. 놀라운 일입니다 세존이시여, 실로 여래이시며, 아라한이시고, 완전히 깨달으신 분으로부터 보살 마하살들은 최고의 신뢰로 위촉을 받았습니다.

그런데 세존이시여, 좋은 가문의 아들과 딸이 보살의 길을 가려고 할 때 어떻게 머물러야 하고, 어떻게 수행해야 하며, 어떻게 그 마음을 잡아야 할까요?"

이와 같이 말해지자, 세존은 장로 수보리에게 말하셨다.

"좋다, 좋다, 수보리여! 여래 네가 말하듯이 그러하다. 여래에 의해 보살 마하살들이 최상의 호의로 축복을 받는다. 여래에 의해 보살 마하살들이 최고의 신뢰로 위촉을 받는다.

그러므로 수보리여 잘 들어라 그리고 잘 마음에 새겨라. 내가 너를 위해 보살의 길을 가려면 어떻게 머물러야 하고, 어떻게 수행해야 하며, 어떻게 마음을 잡아야 하는지를 설명하리라."

"그러겠습니다. 세존이시여!" 하고 장로 수보리가 세존에게 대답했다.

[해설]

장로 수보리가 이제 무대를 이끌어갈 준비가 되었다. 그래서 모임에 참석한 모든 이를 위해서 대표로 질문을 던진다.

먼저 붓다가 보살마하살을 위하여 얼마나 도움을 주는 분인지 인사를 올리면서 질문을 시작하는 모습이 동양적 예의를 그대로 보여주는 분위기이다. 붓다는 보살들을 잘 보호해 주고 잘 격려해 주시는 분이시고, 그것이 얼마나 놀라운 일인지 경탄하는 말을 먼저 하고 있다.

그리고는 보살의 길을 가려는 젊은 청소년을 위한 좋은 말씀을 부탁하는 것이다. 비록 여기서 '젊은 청소년'을 대상으로 설법을 부탁하는 것이기는 하지만, 아직 불법(佛法)을 제대로 접하지 못한 누구라도 여기에 해당할 것이기 때문에 우리는 이 금강경을 계속 읽어갈 자격이 있는 것이다.

수보리의 질문은 핵심을 파고들고 있다. 즉 보살의 길을 가려는 사람이 어떻게 생활하여야 하고, 어떻게 수행해야 하고, 어떻게 마음을 다스려야 하는지에 대한 질문이다. 바로 다음의 절에 그 대답이 나올 것으로 보이지만 그렇지 않다. 금강경을 읽으면서 느끼겠지만 금강경이 거의 끝날 때까지 이것에 대한 이야기가 계속된다. 그렇기 때문에 금강경을 읽는 동안 수보리가 한 이 세 가지 질문을 꼭 잡고 있어야 한다. 이 세 가지 질문에 대한 대답만 얻어도 우리는 혼자서 수행해 갈 수 있다.

소명은 제목을 '수보리가 가르침을 청하다(선현기청분善現起請分)'라고 하였다.

[설명]

마침 그때에 장로 수보리도 그 모임에 와서 앉아 있었다.

수보리 – 수보리(須菩提)는 산스크리트어 수부띠subhūti를 음역한 것이지만, 수보리 존자로 통용되기 때문에 번역에서도 그대로 사용하는 것이 좋다. subhūti는 '공(空)으로부터 태어난(born of emptiness)' 혹은 '상서롭게 보인다(auspicious sight)'를 의미한다. 수보리에 대한 일화가 있다. 수보리의 집안은 많은 재산을 가지고 있었지만, 그가 태어난 날 금과 은이 모두 사라진다. 그래서 그는 공(空)으로부터 태어난 것이다. 그런데 7일 후 그의 가족의 금과 은이 다시 나타났다. 그래서 그의 출생은 상서로운 것이다. 이를 두고, 그의 가족의 재산이 사라진 것은 공(空)의 진실을 보여준 것이고, 재산이 다시 나타난 것에 대해서는 진정한 공(空)은 공(空)조차 비어 있다는 것을 보여준다는 말도 있다. 수보리는 '스라바스티'에서 태어나 붓다의 10대 제자의 한 사람이 된다. 그의 이름이 암시하듯이 그는 공(空)의 원리를 이해하는 데 제일로 알려졌다(해공제일解空第一). 그래서 이 경전에서와 같이 집회의 대화자로 적당하다. 이 수보리를 현장은 선현(善現), 의정은 묘생(妙生)이라고 했는데, 원문의 당사자의 느낌을 살리는 의미에서 수보리라고 하기로 한다.

장로(長老) – 산스크리트어로는 아유스만āyuṣmān인데 'āyuṣ를 가진 자'라는 뜻이다. āyuṣm는 '장수(長壽)하는'이란 뜻이므로 장로라는 번역이 적당하다. 그런데 보리유지는 혜명수보리(慧命須菩提)라고 번역하고, 진제(眞諦)는 정명수보리(淨命須菩提), 현장은 구수선현(具壽善現), 의정(義淨)은 구수묘생(具壽妙生)이라고 번역한다. 구수(具壽)라는 표현은 나이가 많다는 뜻이므로 의미는 맞지만, 우리 실생활에 잘 사용하지 않는 단어이므로 장로라는 말이 적절하다.

그 모임에 와서 앉아 있었다 – 모임은 parṣad(assembly, 집회)를 번역한 것인데, 한역(漢譯)들은 재대중중(在大衆中–대중들 가운데 있다)이라고 번역하고 있다.

이때 장로 수보리는 자리에서 일어나 한쪽 어깨에만 상의를 입은 채 오른 무

릎을 꿇고서, 합장으로 경배하면서 세존에게 아뢰었다.

이때 – 원문은 sanniṣaṇṇ(앉아 있던) atha(그때) khalu(실로)이므로, '그때 실로 앉아 있던(장로 수보리는)'이라고 번역되지만, 과도한 중복 표현을 피하고 표시된 글만으로도 충분히 뜻이 전달된다면 족하므로, 그 뜻들을 합쳐서 '이때'라고 번역하였다.

자리에서 일어나 – 한역(漢譯) 중 현장은 종좌이기(從座而起–좌석으로부터 일어나), 나머지는 즉종좌기(即從座起–앞과 같은 뜻)로 표현하였다.

한쪽 어깨에만 상의를 입은 채 – 현장은 편단일견(偏袒一肩)이라 하여 어깨를 특정하지 않았는데, 구마라집부터 의정까지는 편단우견(偏袒右肩)이라고 하여 오른쪽 어깨를 드러내고 왼쪽에만 옷을 걸치는 것을 말했다. 한쪽에만 걸칠 때 왼쪽에 옷을 걸치는 것이 예의이므로 결국 같은 뜻이다. 산스크리트어 원문에는 한쪽에만 걸치는 것으로 되어 있으니 현장이 원문을 직역하려 애쓴 모습이 보인다.

오른 무릎을 꿇고서 – 우슬착지(右膝着地), 즉 오른쪽 무릎을 구부려 땅에 닿는다는 뜻인데 원문도 같은 뜻이다. 즉 무릎을 꿇는 것인데, 오른쪽 무릎만 꿇기 때문에 적당히 자기를 낮추는 방법으로 상대방의 시선을 올려다보는, 즉 우러러보는 모양새가 되니 상대방에 대한 경의를 표하는 방법이다.

합장으로 경배하면서 – 합장공경(合掌恭敬), 합장은 손바닥을 마주 붙이는 것인데 오른손은 붓다의 상징으로써 맑고 깨끗한 것이나 지혜를 나타낸다. 왼손은 중생, 즉 자신을 의미하고 부정을 가지고는 있지만 행동력의 상징이다. 양손을 맞춤으로써 붓다와 일체가 되는 뜻이나 붓다에의 귀의(歸依)를 나타낸다. 경배(敬拜)는 원문의 pranamya인데 pra는 '앞으로'이고, nam은 '구부리다'이므로, '앞으로 구부리다'의 뜻이므로 경배한다고 번역한다.

아뢰었다 – 원문에는 etad avocat, 즉 '이렇게 말하였다' 이지만, 우리말은 '이렇게'를 사용하지 않더라도 문장의 순서로 보아서 쉽게 알 수 있고, '이렇게'라는 글이 문장을 읽는 흐름을 끊기 때문에 중요하지 않은 부분에는 생략하기로 한다. 금강경의 뒷부분은 대부분의 인용문이 '이렇게' 혹은 '이것을' 말하였다라는 구절이 되지만 문장을 읽는 흐름을 끊을 때는 생략하여 번역하였다.

"놀랍습니다. 세존이시여, 너무나 놀랍습니다, 잘 가신 분이여. 보살 마하살들은 '여래이시며, 아라한이시고, 바르게 깨달은 분'으로부터 최상의 호의로 축복을 받았습니다.

놀랍습니다. 세존이시여, 너무나 놀랍습니다, 잘 가신 분이여 - 이 부분을 구마라집은 단순히 희유세존(希有世尊)이라고 번역하였다. 원문에 세존이 반복되는 것을 막기 위해서 '잘 가신 분'이라는 새로운 존칭을 사용한다. '잘 가신 분'은 sugata라는 단어로 su가 '잘', '좋다'라는 뜻이고, gata는 '가다'라는 뜻이다. 이상하게 산스크리트어는 한국어와 비슷한 것이 많다. 붓다의 명칭은 10가지 정도가 있다. 그중의 하나가 '잘 가신 분sugata'인데, 이는 붓다가 일상적인 세상을 넘어서 갔기 때문이다. 한자로는 선서(善逝)라고 한다.

희유(希有)는 희유하다(드물다)고 할 때의 희유(稀有)와는 한자가 다르다. 그래서 바랄 희(希) 자를 사용한 것에 주의를 기울여야 한다. '드문 일입니다'라고 번역하는 경우도 많은데 원문에는 āścaryaṁ(wonderful, marvellous, 놀라운)로 되어 있어서 '놀랍다', '경이롭다'고 번역한다. 콘체와 뮐러도 wonderful, exceedingly wonderful이라고 번역했다.

여래이시며, 아라한이시고, 바르게 깨달은 분으로부터 최상의 호의로 축복을 받았습니다.

여래(如來)는 Tathagata라는 산스크리트어를 한자로 절묘하게 표현한 것이다. Tathagata에 대해서는 두 가지 견해가 있는데 Tatha + gata로 보면 '그렇게 가신 분', Tatha + āgata로 보면 '그렇게 오신 분'이 된다. 즉 부정의 접두어 ā가 어느 쪽에 붙느냐에 따라서 다르게 보지만, '그렇게 가신 분'의 뜻인 여거(如去)라는 말도 쓰이나 여래(如來)라는 명칭이 통용화 되어 있다. 여래(如來)는 다른 이를 가르치러 오시는 분이 되는 것이다.

아라한(阿羅漢) – 원어는 arhan인데 한자음과 비슷하므로 그대로 쓴다. 아라한은 열정으로부터 자유롭고 다시 태어나지 않는 자를 말한다. 9절에서 다른 경지에 이른 자들과 비교하여 나오므로 그때 보기로 한다. 현장은 응(應), 즉 응공(應供–마땅히 공경 받을 분)이라고 번역하지만, 잘 사용하지 않는 용어이고 쉽게 개념이 파악되지 않는다.

바르게 깨달은 분 – 원어 samyaksaṁbuddha의 뜻을 풀어 쓴 것이다. samyak은 well(충분히), rightly(정확히)라는 뜻이고, saṁ은 with, together(함께, 같이)의 뜻이다. 마지막의 buddha는 '깨닫다'는 뜻의 budh의 분사형으로 명사화된 것이다. 그래서 한글의 뜻으로는 '충분할 정도로 깨달은 분', '바르게 깨달은 분'으로 번역한다. 현장은 원어의 순서 그대로 한자로 번역하여 정등각(正等覺)으로 번역하였다. 한글 번역도 두 가지가 가능하므로 '올바로 깨달으신 분'으로 하는 것이 좋을 것 같다. 그런데 콘체 등 영문 번역가는 모두 완전히 깨달은 분(the Fully Enlightened One)으로 번역하였다.

그리고 뒤에서 계속 '여래이시며, 아라한이시고, 바르게 깨달은 분'이라는 구절이 나오는데, 이를 '여래, 아라한, 바르게 깨달은 분'이라고만 번역하기로 한다. 처음 나오는 문구이기 때문에 같은 분을 언급하는 호칭들이라는 점을 보여주기 위하여 조사를 붙여서 번역하였다.

최상의 호의 – 구마라집은 선호념(善護念)이라는 표현을 사용하였는데, 그 뜻은 '잘 도와준다, 잘 보호해 준다는 생각'인데, 우리가 거의 사용하지 않는 용어이다. 산스크리트어본에는 anuparigṛhītāḥ(befriend~의 편이 되다, favor호의)이므로 '~를 감싸고 있다'의 뜻이 된다. 계속해서 parameṇa(absolute, 절대적, 최고로) anugraheṇa(showing favor, 호의를 보이다)는 '최고의 호의를 보이다'이다. 그래서 이는 '최상의 호의 혹은 은혜로써'이다. 즉 최상의 호의로 끌어안아졌으니 축복을 받는 것으로 번역했다. 혹자는 은총을 받는 것으로 해석하는데 불교적 용어로 잘 사용하지 않으므로 '축복'이라고 한다. 현장은 능이최승섭수 섭수제보살마하살(能以最勝攝受, 攝受諸菩薩摩訶薩)이라는 표현을 사용하는데, 섭수(攝受)란 '상대방이 요구하는 바를 받아들이면서 그의 마음을 바른 길, 밝은 길로 인도하는 것[10]'이라는 뜻이지만 일반인이 전혀 의미를 파악할 수 없는 단어이다. 의정은 능이최승이익, 익제보살(能以最勝利益, 益諸菩薩)이라 번역하여 '최고의 이익으로 보살을 돕는' 이라는 뜻을 사용한다. 콘체는 helped with the greatest help라고 하여 '최상의 도움으로 도움을 받은', 막스 뮐러는 favoured with the highest favour라고 하여, '최고의 호의로 호의를 받은'(favour에는 은총이라는 뜻도 있음), 레드 파인은 blesses with the best of blessings라고 하여 '최고의 축복으로 축복을 하다'라는 단어를 사용한다.

놀라운 일입니다 세존이시여, 보살 마하살들은 실로 '여래, 아라한, 완전히 깨달으신 분'으로부터 최고의 신뢰로 위촉을 받았습니다.

최고의 신뢰로 위촉을 받았습니다 – 구마라집은 선부촉(善付囑)이라는 용어를 사용하는데 이는 '잘 부여하고 촉탁한다'는 뜻인데 어렵기 때문에 '위촉'한다고 번역하는 것이 좋을 듯하다. 한자권에서는 모두 부촉이라는 용어로 번역했지만, 우리말에서는 거의 사용하지 않는 용어이다. 산스크리트어로 parīditādḥ(은혜를 받은) paramayā(최상의) parīdanayād(은혜로써)이므로, '최상의 은혜로써 은혜를 받은' 이라고 번역할 수 있는데 중복되는 말이라서 어색하다. 영역(英譯)으로 콘체는 favoured with the highest favour(최상의 호의로 호의를 받다), 막스 뮐러는 instructed with the highest instruction(최상의 지도指導로 지도를 받다), 레드파인은 entrusts with the greatest of trusts(최고의 신뢰로 위촉하다)로 번역하는데 레드파인의 번역이 한자어 번역과도 뜻이 통하므로 '위촉하다'라는 뜻을 사용한다.

그런데 세존이시여, 좋은 가문의 아들과 딸이 보살의 길을 가려고 할 때 어떻게 머물러야 하고, 어떻게 수행해야 하며, 어떻게 그 마음을 잡아야 할까요?"

좋은 가문의 아들과 딸 – 구마라집은 선남자 선여인(善男子善女人)이라고 축약하였는데, 보통의 남녀를 말한다. 즉 선남자 선여인은 아직 보살행에 뛰어들

10) 불광출판사의 불교용어해설 참조

지 않은 보통의 사람을 말한다. 보리유지와 현장, 의정은 아예 이 부분을 생략하여 '보살행을 가려는 자'라고만 한다. 산스크리트어로는 kulaputreṇa vā kuladuhitrā vā(가문의 아들이거나 가문의 딸이거나)로, 가문은 '좋은 집안'을 말하므로 양갓집의 아들과 딸들이 된다. 그래서 원문과 같게 번역하면 '좋은 가문의 아들이거나 딸이거나'가 된다. 이를 줄여서 '좋은 가문의 아들과 딸'로 번역한다. 콘체와 막스 뮐러는 son or daughter of good family(좋은 가문의 아들과 딸), 레드 파인은 a noble son or daughter(고귀한 아들과 딸)라는 번역을 사용한다. 현대식으로 말하자면 '청소년들', 혹은 '젊은이들'이라고 표현하는 것이 맞겠다. 그런데 그렇게 번역하면 경전의 무게감이 줄어들고, 너무 현대적인 느낌이 나기 때문에 붓다 당시의 어감을 주기 위해서 위와 같이 번역한다.

보살의 길을 가려고 할 때 – 원문을 보면, bodhisattva(보살) yāna(승乘-수레) saṁprasthitena(set out on a journey-여행을 시작하다)이다. 그래서 '보살의 수레를 타고 여행을 시작하다'라는 뜻이지만, 우리말로는 '보살행을 시작하다, 보살의 길을 가게 되다'고 번역한다.

현장본에는 제유발취보살승자(諸有發趣菩薩乘者-보살승을 시작하는 모든 사람), 의정본에는 약유발취보살승자(若有發趣菩薩乘者-보살승을 가려는 자가 있다면)라고 되어 있다. 의정본이 매끄러운 번역이다. 여기서 승(乘)은 '타다, 오르다'의 뜻이지만, 명사로 쓰여서 '탈것(vehicle)'을 의미한다. 그래서 '보살수레를 타고 여행을 시작하려고 한다면'의 뜻인데, 우리들이 보통 사용하는 말인 '보살의 길을 가려고 할 때'로 번역한다.

구마라집본에는 발아뇩다라삼먁삼보리심(發阿耨多羅三藐三菩提心)이라고 번역했는데, 이것은 '아뇩다라삼먁삼보리의 마음이 일어나면'의 뜻이 된다. 아뇩다라삼먁삼보리(阿耨多羅三藐三菩提)는 무엇인가? 이것은 금강경 산스크리트어본에는 7절에 나오는데 anuttara samyaksaṁbodhi이다. 이 뜻은 an은 '안, 아닌'(뒤의 말을 부정하는 것이고), ut은 '윗, 우에' tara는 '더 이상'의 뜻이므로, '위에 더 이상 없는'의 뜻이다. 그리고 samyak은 sam이 '같이'의 뜻이고, yak는 '계합하는, 딱 맞는'의 뜻으로 '정확히 딱 맞는'의 뜻이 있고, 앞에서 well(충분한)의 뜻도 있다고 하였다. saṁbodhi의 앞부분은 '완전한, 정확한'의 의미이고, bodhi는 '깨달음'이다. 그래서 아뇩다라삼먁삼보리는 '더 이상 위가 없는 올바른 깨달음', '더 이상 위가 없는 완전한 깨달음'이다. 이를 한자로 '무상(無上), 정등각(正等覺)'으로 표현한다.

그러므로 '위가 없는 깨달음'으로 나가려는 자와 '보살의 길을 가려는 자'는 비슷한 의미일 수도 있어서 구마라집이 원문의 뜻과 비슷하게 번역한 것이라 볼 수도 있지만, 보살의 의미와 무상정등각을 추구하는 사람의 의미가 조금 다르고, 대반야바라밀경에는 대승과 소승의 구분 기준을 삼는 구절(깨달음으로 가기 전에 다른 중생을 구제하기 위해서 잠깐 멈추는 자가 보살이다)도 나오므로 정확히 일치하지는 않는다.

그런데 이 구절을 번역하는데 한역본들의 문장 순서가 우리 사고방식에 맞으므로 주어(가문의 아들과 딸들이)와 가정법(~나아간다면)을 사용하여 번역한다. 영문 번역본들은 콘체본이 산스크리트어본과 같이 번역하고, 막스 뮐러와 레드파인은 한역본과 순서를 같이 한다.

어떻게 머물러야 하고, 어떻게 수행해야 하며, 어떻게 그 마음을 잡아야 할까요?

현장과 의정은 운하응주(云何應住) 운하수행(云何修行) 운하섭복기심(云何攝伏其心)이라는 구절을 사용하여 뒤에 보다시피 원문을 직역하고 있다. 그런데 구마라집본에는 응운하주(應云何住-어떻게 머무르며) 운하항복기심(云何降伏其心-어떻게 마음을 항복받을까)이라는 구절만 있다. 그 마음을 항복받는다는 표현은 강렬하기는 하지만, 마음을 항복받는다는 것의 의미는 따로 해설이 없으면 정확히 무슨 뜻인지 알기 어렵다.

나머지 한역(漢譯)들도 현장과 의정처럼 첫 두 가지를 비슷하게 번역하였고, 마지막 부분에서 보리유지는 운하항복기심(云何降伏其心), 진제(眞諦)는 운하발기보살심(云何發起菩薩心-어떻게 보살심을 일으켜야 하는지)으로 번역하였다. 아마도 구마라집 이후의 번역가들은 구마라집이 금강경 번역을 너무 의역하고 축약하는 데 반기를 든 것이 아닌가 생각될 정도로 예외 없이 '어떻게 수행할지'라는 구절을 포함하고 있다. 그렇지만 마음을 항복받는다는 표현을 대체할 수단이 없었는지 모두 그런 의미의 번역을 하고 있다.

산스크리트어본에는 sthātavyaṁ(머물러질 것이며), pratipattavyaṁ(수행하여질 것이며), cittaṁ(마음 짓기가) pragrahītavyam(잡히어질 것일까)로 되어 있는데 대체로 현장의 번역과 비슷하다. 다만 항복기심(降伏其心), 섭복기심(攝伏其心)의 번역을 '그 마음을 항복받다'라고 할 때, 우리에게는 너무 생소한 표현이고 그 정확한 의미도 알기 힘들다. 콘체는 stand(서다), progress(나아가다), control thoughts(생각을 조절하다)라는 표현을, 막스 뮐러는 behave(처신하다), advance(나아가다), restrain thoughts(생각을 제한하다), 레드파인은 stand(서다), walk(걷다), control thoughts(생각을 조절하다)라고 번역한다.

'머문다'는 표현에 막스 뮐러는 behave라는 단어를 사용하는데, 사실 '머문다'는 것의 의미도 불분명하다. 그것이 '살아간다'는 것을 의미하는지, 그냥 '서 있다 stand'는 것을 의미하는지, 또 그 '서 있다'는 것이 거동으로서 '서 있는' 것인지, '자기 존재의 주장'을 나타내는 것인지 애매하다. 사전에는 abide by(준수하다), remain(남아 있다), to be stood or stayed(서 있는, 머무는)의 뜻들이 모두 있다. 한자로 번역하는 주(住)는 단순히 '산다, 거주한다'라는 뜻인데, 그 이면에 '살아가는'을 뜻하는 것이라고 표현하고자 하는 것이라면, 막스 뮐러처럼 behave 즉 '행동하다, 처신하다'라는 뜻으로 해석하는 것이 금강경의 본지에 맞는 것이다. 즉 어떻게 행동하여야 할지를 붓다에게 묻는 것이다. 다만 수천 년 동안 '머문다'는 표현이 통용되어 왔기에 특별히 의미를 강조할 때 외에는 그냥 사용하기로 한다.

이와 같이 말해지자, 세존은 장로 수보리에게 말하였다. "좋다, 좋다, 수보리여! 여래 네가 말하듯이 그러하다. 여래에 의해 보살들 마하살들이 최상의 호의로 축복을 받는다. 여래에 의해 보살들 마하살들이 최고의 신뢰로 위촉을 받는다. 그러므로 수보리여 잘 들어라. 그리고 마음에 잘 새겨라. 내가 너를 위해 보살의 길을 가려면 어떻게 머물러야 하고, 어떻게 수행해야 하며, 어떻게 마음을 잡아야 하는지를 설명하리라."

"그러겠습니다. 세존이시여!" 하고 장로 수보리가 세존에게 대답했다.

그러므로 수보리여 잘 들어라, 그리고 마음에 잘 새겨라– 구마라집본에는 여금체청(汝今諦聽), '너는 이제 자세히 들어라'라고만 되어 있는데, 현장본에는 시고선현(是故善現–그래서 수보리여) 여응체청극선작의(汝應諦聽極善作意–너는 응당 잘 듣고 그 뜻을 잘 알라)라고 하여 접속사와 수보리 호칭, 듣는 행위와 마음에 새기는 것까지를 모두 번역하고 있다. 진제본도 시고여금일심체청, 공경선사념지(是故汝今一心諦聽。恭敬善思念之)로 문장 구조를 같이 하고 있다.

산스크리트어본도 tena(그러므로) hi(참으로) subhūte(수보리여) śṛṇu(들어라), sādhu(똑바로) ca(그리고) suṣṭhu(잘) ca(그리고) manasi(마음에) kuru(꾸리다)라는 문구이므로, 구마라집처럼 너무 간략히 해석해 버리면 현장감이 많이 줄어든다.

콘체는 '그래서, 수보리여, 잘 들어라, 그리고 주의 깊게'라고 번역하고, 막스 뮐러도 '그래서 오! 수보리여, 듣고 마음에 새겨라(take it to heart, well and rightly)'라고 한다.

설명하리라 – 현장본에 오당위여분별해설(吾當爲汝分別解說)의 뜻은 '내가 너를 위해 지금 분별 해설하겠다'는 것인데, 구마라집은 당위여설(當爲汝說)이라고만 번역하였다. 이는 '너를 위해 말한다'는 뜻에 지나지 않는다. 영문 번역본들은 '가르치겠다(콘체)', '설명하리라(막스 뮐러)'라고 되어 있다. 산스크리트어본에도 설명의 뜻이 강하므로 현장과 같이 설명한다고 번역한다.

그러겠습니다. 세존이시여 – 현장의 한역본에는 여시, 세존, 원락욕문(如是, 世尊, 願樂欲聞)이라고 번역되어 '이와 같습니다. 세존이시여, 즐거이 듣고저 원하옵니다' 인데, 산스크리트어본에는 evam으로 시작되므로 현장과 같이 번역하는 것이 이해가 된다. 그런데 문맥으로 보면 이상한 대답이 되는데 evam에는 yes라는 뜻도 있고, 긍정하는 뜻으로는 certainly, indeed로도 사용하므로 여기서는 '예 그렇습니다'의 뜻으로 번역하는 것이 좋을 듯하다. 구마라집은 유연세존(唯然世尊)이라고 하여 '그렇습니다, 세존이시여'라고 제대로 번역하였다. 콘체와 막스 뮐러는 'so be it(그렇군요)'라는 뜻으로 번역하였다.

3절 관념을 없애라

세존께서 말하셨다.

"보살의 길을 가려는 자는 응당 이렇게 마음을 내어야 한다.

중생의 세계에 존재하는 만큼 많은 중생들, 알에서 태어난 것이나, 태(胎)에서 태어난 것이나, 습기에서 태어난 것이나, 스스로 태어난 것이나, 형태가 있는 것이나, 형태가 없는 것이나, 지각능력이 있는 것이거나, 지각능력이 없는 것이거나, 지각능력이 있는 것도 없는 것도 아닌 것이거나, 그 밖의 어떠한 중생의 세계로 알려지고 파악되는 데로, 내가 그 모두를 무여열반의 세계에서 완전한 열반으로 이끌 것이다.

이렇게 수많은 중생들을 궁극의 열반으로 이끌었지만, 어떤 중생도 완전한 열반에 들지 못했다.

그것은 무슨 이유에서인가? 수보리여, 만약에 보살에게 중생의 관념이 생긴다면, 그는 보살(菩薩)이라고 불리어질 수 없기 때문이다.

그것은 무슨 이유에서인가? 수보리여, 그에게 '자아의 관념'이 생기거나, '중생의 관념'이나 '영혼의 관념'이나 '개인의 관념'이 생긴다면 그를 보살이라고 부를 수 없기 때문이다."

[해설]

에드워드 콘체는 부제로 '보살의 맹세'라는 타이틀을 달고 있다. 3절의 내용을 어떻게 보느냐에 따라 '대승의 바른 종지'일 수 있고, '보살의 맹세'일 수 있다. 어떤 이는 이것이 대승(大乘)이라는 글이 나오지 않으니 잘못 붙인 제목이라고 하기도 하는데, 내용 자체를 보면 금강경의 가장 핵심적인 부분이고, 무여열반(無餘涅槃)으로 가기 위해서는 이러한 각종 관념(相, 想)에 대한 집착을 만들어내지 않는 방법을 수련하여야 하므로 그렇게 틀린 제목은 아니다. 오히려 콘체의 타이틀 '보살의 맹세'는 보살이 되려는 자가 붓다에게 맹세하는 느낌을 주므로 적당하지 않다고 보인다.

여기서 수보리의 질문, 어떻게 머무르며, 어떻게 수행하고, 어떻게 그 마음을 잡을지에 대해 대답하는 대신, 붓다는 다른 방식의 답변을 제공하고 있다. 붓다가 제시하는 것은 가지고 있는 여러 생각을 버리는 것이다. 그러한 방법이 효과가 있으려면 오로지 중생의 해방을 향한 생각을 위주로 하기를 원한다. 그렇게 보면 보살의 길은 수동적이라기보다 능동적인 수행의 길이다. 우리의 생각을 억누르도록 충고하기보다는 붓다는 그 생각들을 먼저 없애도록 한다.

우리 개인 속에 아트만이 존재한다는 생각, 중생들이 존재한다는 생각, 영혼이 존재한다는 생각, 개인이 존재한다는 생각들은 잘못된 생각들이라는 점을 명확하게 밝혀주고 있다.

소명은 제목을 '대승의 바른 종지(대승정종분大乘正宗分)'라고 하였다.

[설명]

세존께서 말하셨다. 보살의 길을 가려는 자는 응당 이렇게 마음을 내어야 한다.

세존께서 말하셨다 – 한역본은 모두 예외 없이 불고(佛告), 불언(佛言)이라는 용어를 사용하여 붓다가 말씀하신 것으로 번역하는데, 산스크리트어로는 bhagavān이므로 세존(世尊)이라는 번역을 사용하는 것이 옳다. 콘체는 Lord, 막스 뮐러는 Bhagavat을 그대로 사용하고 있다.

보살의 길을 가려는 자는 응당 이렇게 마음을 내어야 한다 – '이렇게 마음을 내어야 한다'라는 구절을 구마라집은 여전히 2절에서 사용한 응여시항복기심(應如是降伏其心–이와 같이 그 마음을 항복받아야 한다)으로 번역하고 있다. 원문은 evam(이와 같이) cittam(마음 짓기가) utpādayitavyam(생기게 하여야 한다)라고 되어 있으므로, '이와 같이 마음을 내어야 한다'고 번역한다. 보리유지는 생여시심(生如是心–이와 같은 마음을 내다), 진제는 응여시발심(應如是發心–이와 같이 마음을 내어야 한다), 현장은 응당발기여시지심(應當發起如是之心), 의정은 당생여시심(當生如是心)으로 약간씩 뜻은 달라도 '이렇게 마음을 내어야 한다'라는 공통점이 있는데 구마라집의 번역은 무성의하다는 생각도 든다. 콘체는 produce a thought(생각을 낳다), 막스 뮐러는 frame his thought(생각을 짜다)라고 번역하고 있다.

정말 특이한 점은 앞 절에서 붓다는 수보리의 질문에 모든 것을 대답해 줄 것처럼 하였다가 지금은 어떻게 머물고, 수행하며, 마음을 어떻게 잡을지에 대한 것은 대답하지 않고 있다. 붓다의 대답은 '그냥 이런 생각을 가져라'라는 뜻의 대답을 하는 것인데, 구마라집은 그 앞의 질문에 대해 조목조목 대답하는 것으로 착각했을 수도 있다. 그런데 지금 붓다가 말하는 내용은 '그 마음을 항복받을' 내용은 아니고, 보살이 알아야 할 내용을 설명해 주고 있으므로 마음을 항복받아 해결할 문제가 아닌 것이다. 현재 붓다가 질문의 각각에 대답하지 않는 것은 의도적인 것이라고 보인다. 금강경의 후반부로 갈수록 그런 의도를 알 수 있을 것인데, 그것은 각각에 대답하는 것은 그런 관념에 빠지도록 하는 효과가 있다는 것이다.

반야경 25,000송에서[11] 수보리는 같은 질문을 했는데, 붓다는 모든 존재를 향해서 편견이 없는 생각을 유지하고 편견이 없는 말을 해야 한다. 모든 존재를 향해서 분노 대신에 친절한 생각과 말을 해야 하고, 해를 끼치는 대신에 동정을, 질투 대신에 즐거움을, 편견 대신에 평정을, 거만 대신에 겸손을, 속임 대신에 진지함을, 고집 대신에 타협을, 피하지 말고 원조를 하고, 방해 대신에 해방을, 원한 대신에 친척 같은 마음을 낳아야 한다고 했다.

중생의 세계에 존재하는 만큼 많은 중생들, 알에서 태어난 것이나, 태(胎)에서 태어난 것이나, 습기에서 태어난 것이나, 스스로 태어난 것이나, 형태가 있는 것이나, 형태가 없는 것이나, 지각능력이 있는 것이거나, 지각능력이 없는 것이거나, 지각능력이 있는 것도 없는 것도 아닌 것이거나,

중생의 세계에 존재하는 만큼 많은 중생들 – 보통 '중생의 세계'라고 번역하는데, 콘체는 특이하게 '중생의 우주'라는 표현을 쓴다. 그런데 금강경뿐만 아니라 금강경의 원형이라고 할 수 있는 대반야바라밀경의 반야경 8,000송을 읽어보면, 인간이라는 중생의 세계는 우주 속의 한 곳에 지나지 않고 그 외의 중생들이 사는 많은 세계가 있다. 즉 단순한 하나의 세계를 표현하는 것이 아니라 중생들의 세계가 모여 있는 더 큰 단위로써 우주를 거론하는 것이다. 콘체가 반야경 8,000송도 번역하였기 때문에 그 내용을 잘 알아서 일부러 '중생의 우주'라는 표현을 쓴 것으로 보인다. 여하튼 이 부분은 '모든 중생들'을 표현하고자 하는 방법론으로 이런 구문을 쓴 것이고, 그런 중생들의 존재의 종류를 태어남의 방법에 의한 것들과 형태의 유무, 지각능력의 유무로 열거하면서 망라하고자 한다. 그렇게 하여도 망라되지 않는 것들을 최종적으로 중생의 세계로 인식되거나 파악되는 존재까지 포함하고자 한다.

알에서 태어난 것이나 – 한자로는 난생(卵生)으로 표현하는데 알에서 부화(孵化)하는 것들을 말한다. 주로 조류(鳥類)나 단순 생물들에서 많이 보는데 알이라는 것은 그 알 속에 부화 시까지 거의 모든 영양분이 들어 있는 완결체라고

11) 대반야바라밀경 324권, 주로 평등심을 강조하고 있다.

할 수 있다.

태(胎)**에서 태어난 것이나** – 보통 자궁(子宮)에서 태어난 것으로 번역을 많이 하는데 산스크리트어본에는 jarāyu(태, 혹은 자루)라고 되어 있고, 각종 한자본에는 태생(胎生)이라는 표현을 쓴다. 우리 언어감각에도 쉽게 인식되므로 '태에서 태어난 것'이란 표현이 적절하다. 주로 모체의 태(胎) 내에서 자란 후 출산을 하게 되므로 포유류 등이 대표적이다.

습기에서 태어난 것이나 – 한자로 습생(濕生)이란 표현이 적절해 보이지만 한글로는 오히려 어색하다. 물에서 태어난 존재를 말하는데 물고기, 모기 등의 곤충이 이에 해당한다. 과학적으로 보면 이것들 모두가 알에서 태어난 것으로 볼 수 있는데, 당시의 과학 수준으로는 그렇게 엄밀하게 분류하기 힘들었을 것으로 보인다.

스스로 태어난 것이나 – 아무런 개념이나 배아(胚芽)의 성장 없이 처음부터 팔다리가 완전히 자라서 기적적으로 태어나는 것들, 그리고 갑자기 태어나는 것들이다. 기적적이거나 유령과 같은 탄생, 신이나 지옥의 존재, 중간계의 존재, 돌아오지 않는 자(Never-Returners)이다. 한자로는 화생(化生)이란 표현을 사용한다. 산스크리트어로는 aupapādukā(self-produced, 스스로 만들어진)을 번역한 말이다. 콘체와 막스 뮐러는 '기적으로 태어난', 레드파인은 '공기로부터 태어난'으로 번역한다. 한자어 화생(化生)처럼 '스스로 태어난'이라고 하면 기적과 같은 일이므로 무난한 표현이다.

형태가 있는 것이거나 – rūpin(corporeal, 유형의, 육체적인)을 말하는데, 한자로는 유색(有色)이라는 표현을 사용한다. 이는 모든 형체가 있는 존재를 말한다.

형태가 없는 것이거나 – arūpin(shapeless, 형태가 없는)의 뜻으로 한자로는 무색(無色)이다. 형상이 없는 존재, 중생은 누구일까? 비물질적인 신을 말하지만 신(神) 중에서 그 상위계층은 포함하지 않는다.

지각이 있는 것이거나 – saṁjñin(having consciousness, 의식을 가진)이므로 현장은 이를 유정(有情)으로 번역했는데, 지각기관을 가진 모든 유기물질을 말한다. 그런데 지각기관을 가지면서 지각하는 것을 말하는 것이므로 지각기관이 있어도 지각이 없는 경우도 있다.

지각이 없는 것이거나 – 보통 지각이 없는 것이라면 중생의 범주에 넣지 않는다. 지각이 없다는 것은 무생물을 말하는 것이기 때문이다. 그런데 지각기관이 있는데도 수행에 의해서 지각을 끊어버린 존재가 있을 수 있으니 그것을 여기서는 사선(四禪, dhyāna)[12]에 오른 사람과 상응한다고 한다.

불교의 세계관에 의하면, 세상은 삼계(三界)로 이루어지는데 욕계(欲界), 색계(色界), 무색계(無色界)이다. 여기서 욕계는 인간 아귀 축생 지옥 아수라 하늘(天界)의 육도윤회의 세계이고, 색계는 초선천(初禪天)에서 사선천(四禪天)까지의 세계이며, 무색계는 형태가 없는 존재가 거주하는 세계이다. 그래서 지각이 없다는 상태는 색계(色界)에 거주하면서 형태는 있되 최고의 단계인 사선천(四禪天)에 도달할 정도로 정신이 고도로 발달하여 지각조차 없는 상태의 명상이 깊어진 것을 말한다. 사선천(四禪天)에 도달하면 고통이나 기쁨이 없는 평정의 상태이고, 모든 감각들이 통합된 인식의 고요함으로 인하여 모든 것에 관심이 없어진다.

지각이 있는 것도 없는 것도 아닌 것이거나 – 형체를 갖지 않은 최고 등급의 신들을 말하는데, 보통 무색계(無色界)의 비상비비상처천(非想非非想處天)의 존재를 말한다고 한다. 즉 이 정도의 수준이 되면 형체도 없으며 정신작용만 남아 있는 존재가 된다.

그 밖의 어떠한 중생의 세계로 알려지고 파악되는 데로, 내가 그 모두를 무여열반의 세계에서 완전한 열반으로 이끌 것이다.

중생의 세계로 알려지고 파악되는 데로 – 이 구절은 문장이 복잡한지 여러 가지로 번역되고 있다. 구마라집은 아예 번역을 하지 않았다. 이 구문이 어려운 점은, 같은 단어가 반복되므로 해석하면 중복되는 느낌을 주어서 깔끔하게 번역되지 않는다. 원문은 '중생의 세계로 인식되는 것이 인식되어지거나'이다. 콘체는 '어떤 감지될 수 있는 중생의 형태가 감지되더라도'로, 뮐러는 '어떤 알려진 중생의 세계가 알려지는 한'으로, 레드파인은 '어떠한 감지될 수 있는 중

12) dhyāna 선(禪)은 불교 명상의 한 종류이다. 그것은 사마디(samadhi)의 여러 상태를 말하는데, 관찰자가 마음의 여러 단계로부터 분리된 인식의 상태이고, 이러한 상태에서 마음은 확고하고 안정되며 집중하는 능력이 매우 향상된다.

생의 세계에서 중생을 감지할 수 있는 한'으로 번역하였다.

그래서 본문과 같이 표현하는 것이 원문을 잘 표시하는 것이라 보인다.

무여열반의 세계에서 완전한 열반으로 이끌 것이다 – 이 구절 역시 번역들이 각기 다르다. 구마라집은 '내가 모두를 무여열반으로 이끌어 멸도(滅度)할 것이다'라고 하였는데, 멸도라는 것에 대한 정의가 또 필요하다. 진제는 '이런 중생과 같이 내가 모두 무여열반에 안치(安置)할 것이다'라고 하였고, 현장은 '내가 모두를 무여(無餘)에 의해서 오묘한 열반계에 의해 반열반에 들게 할 것이다[13)]'고 하였다. 원문의 구절 중에서 아누빠디세사anupadhiśeṣe와 빠리니르바나parinirvāṇa의 뜻이 비슷하기 때문에 이런 결과가 생기는 것이다.[14)] 그래서 anupad hiśeṣe(in whom there is no longer a condition of individuality)은 '더 이상 개인으로서의 상태가 남아 있지 않은'의 뜻으로, 완전히 개성이 소멸되었다는 뜻이다(결국 한자로 하면 무여열반이지만, 일반적인 무여열반의 용어는 뒤에 나오는 것을 사용한다). 그런데 보통 그냥 무여열반이라고 하면 니루빠디세사 니르바나(nirupadhiśeṣa–nirvāṇa), 즉 루빠(형체)가 없는 열반(무여열반)을 말한다. 원문의 용어 아누빠디세사는 문자 그대로 번역하면, '아무것도 남지 않는'의 뜻이기 때문에 그냥 무여열반으로 번역한다. 그리고 그 뒤에 나오는 '완전한 열반'이라고 번역한 산스크리트어 parinirvā payitayāḥ은 parinirvāṇa(final, highest nirvana)의 사역미래수동분사형이다. 그래서 이는 '최후의 혹은 궁극의 열반에 들게 하다'의 뜻으로, 한자어로는 반열반(般涅槃)이라고 현장이 번역하였다. 이 또한 아무것도 남지 않는 무여(無餘)열반과 같은 개념이지만 언어적으로 구분하여 사용할 뿐 서로 혼용되고 있다. 그래서 중복되는 개념이지만 원문의 내용에 따라 번역하면 **아무것도 남지 않는 열반의 세계 속의 궁극의 열반으로 이끌 것이다**와 같은 뜻이 된다. 이 책에서는 그래서 완전한 열반이라고 번역한다. 이런 중복개념을 떠나기 위해서 구마라집(물론 보리유지도 같다)은 '무여열반에 들게 하여 이를 멸도(滅度)하리라'고

---

13) 아당개령어무여의묘열반계이반열반(我當皆令於無餘依妙涅槃界而般涅槃), 그런데 대반야바라밀경 538권에서 我應度脫無量無數無邊有情入無餘依般涅槃界 – '내가 무량무수무변의 중생을 도탈하게 하여 반열반계에 의한 무여로 이끌어야 한다'라고 의미를 좀더 명확하게 쓰고 있다.

14) 원문은 anupadhiśeṣe(아무것도 남지 않는) nirvāṇadhātau(열반의 세계에서) parinirvāpayitavyāḥ(완전한 열반에 들게 하다)

번역한 것이다. 그래서 구마라집이 사용한 멸도(滅度)라는 개념은 반열반(般涅槃), 그리고 여기서 사용한 궁극의 열반, 완전한 열반의 개념과 같다. 아직 나오지 않은 개념이지만 열반에는 유위법이라는 덧없음을 없애 열반을 달성하는 방법은 그러한 것을 멸(滅)하는 방법이 있고, 다른 하나는 그러한 노력을 통해 얻어지는 지혜(반야般若)의 방법이 있다. 구마라집은 그 앞의 멸(滅)의 방법으로 중생을 열반으로 이끌기 위한 멸도(滅度)를 제시한 것인데, 이는 구마라집 당시에 인도에서 최고로 영향력이 있던 설일체유부(說一切有部)의 방법이다.[15)]

콘체는 '이 모두를 내가 열반으로 이끌 것인데 그것은 아무것도 남지 않는 열반의 세계 속이다'라고 번역하였고, 뮐러와 레드파인은 '이 모든 사람을 열반의 완전한 세계로 이끌었다'고 번역한다.

열반(涅槃, Nirvana) – 열반은 해방에 의해 얻어지는 마음의 깊은 평화를 표현하는 말이다. Nirvana의 어원적 뜻을 살펴보면, 아비달마대비바사론(Abhidharma mahāvibhāsa–sāstra)에 의하면 네 가지 종류가 있다.[16)]

Nir(leaving off, 떠나다) +Vana(the path of rebirth, 재탄생의 길)로 보면, 윤회의 길을 영원히 피하고 재탄생으로부터 떠나는 것이고,

Nir(without, 없이) + Vana(forest, 숲)으로 보면, 탐욕과 악의와 망상의 세 가지 불의 빽빽한 숲으로부터 영원히 떠나 있는 상태이고,

Nir(being free, 자유로운) + Vana(weaving, 엮다)로 보면, 까르마의 고통의 매듭으로부터 자유이고, 그 속에서 생과 사의 짜임이 엮어지지 않는 것이고,

Nir(without, 없이) + Vana(stench, 악취)로 보면, 까르마의 악취가 없이 자유로운 것을 말한다.

따라서 네 가지 종류가 있다고 하지만 거의 비슷한 개념으로 보인다.

숫타피타카 Sutta Pitaka[17)]에서 붓다는 니르바나를 해방된 사람이 가지는

---

15) 구마라집(334–413)은 어려서 처음에 설일체유부 학파의 가르침을 배웠고, 그 후 구차국의 유명한 설일체유부의 학자인 부다스바민Buddhasvāmin에게서 배웠으며, 나중에 용수(龍樹, Nāgārjuna)의 중관학을 배워서 대승불교의 지지자가 된다.

16) http://en.wikipedia.org/wiki/Nirvana에서 인용

17) 숫타피타카는 팔리경전의 삼장(三藏) 중 처음을 말하는데, 장(藏) 율(律) 논(論)에서 장(藏)을 말한다. 숫타피타카는 일만 개의 숫타를 모아놓은 것인데 5개의 부분으로 이루어진다. 여기에 붓다 사후 제1회 결집이 어떻게 이루어졌는지를 말하고 있다.

마음의 완전한 평화라고 기술한다. 그것은 순간적인 분노, 육체적 욕망, 걱정, 다른 괴로움의 결여로부터 발생하는 평화로운 기분과는 구분된다. 니르바나는 심리적 밑바닥에 놓여 있는 무의식에 자리 잡은 의지의 형성을 뿌리째 뽑고 최종적으로 소멸시키는 동안, 심신(心身)의 변형(變形)에 의해 성취되는 궁극적 변화이다. 붓다에 따르면, 수많이 반복된 윤회의 과정 속에서 이러한 깊이 감춰진 구조는 세속적인 활동에서 방만해지면 그것이 강화되고 깨달음의 길로 감에 따라 그것이 약화되기도 한다. 상카라Saṅkhāra(행行)는 감각이 있는 존재가 물질적으로 구체화되는 궁극적 원인을 말한다. 붓다는 니르바나는 최상의 행복이라고 말하는데, 영원하지 않은 것에 대한 제한되고 일시적 행복과는 다른 영원한 행복이라고 한다.

무여열반(無餘涅槃) – 무여열반의 개념도 정리가 잘 되어 있지는 않다. 일단 형태 면으로 열반Nirvana에는 두 가지 종류가 있다. 열반에 도달하는 것을 유여열반과 무여열반으로 나누는데, 잔재(殘滓)를 가진 열반인 유여열반(有餘涅槃)은 탐욕이나 무지 등과 같은 불순한 것이 없어진 것을 말한다. 붓다가 보리수 아래에서 깨달음을 얻었을 때 이런 단계에 도달했었다. 그러나 그가 여전히 육체적 몸을 가지고 정신적 활동을 하기 때문에 그에게 오온(五蘊)이라는 잔재가 남아 있었다. 그의 죽음에 따라 오온(五蘊)조차도 사라졌을 때 니르바나Nirvana만이 남게 되었다. 즉 깨달은 사람이 죽을 때, 그의 죽음은 무여열반이라고 부른다. 즉 개인의 완전한 사멸이다. 그런데 무여열반도 살아서 도달할 수 있고, 니르바나에 도달한 자가 죽어서 깨달음만이 남는 것을 무여열반이라기보다 반열반(般涅槃)이라 부른다는 견해도 있다. 즉 죽음을 열반 중의 최상, 궁극의 열반으로 보는 것이다. 죽음에 대한 언급은 아무도 체험해 보지 않았기 때문에 이론(異論)이 있을 수 있다고 본다. 죽음을 형체적으로 보면 모두 태워 없애기 때문에(화장火葬) 무여열반이라고 못 볼 바도 아니지만, 그렇다면 그야말로 외관에 집착하여 열반을 보는 격이 될 것이다. 무여열반 이후에 대해서는 알려져 있지 않다.

이렇게 수많은 중생들을 궁극의 열반으로 이끌었지만, 어떤 중생도 완전한 열반에 들지 못했다.

완전한 열반에 들지 못했다 – 구마라집본에는 멸도(滅度)[18]라고 나오는데 이를 다른 한역본들도 따르고 있다. 하지만 콘체는 '열반으로 이끌지 못했다', 뮐러와 레드파인은 '열반의 완전한 세계 속으로 이끌지 못했다'고 하여 멸도(滅度)라는 표현을 영어로 살리지 못하였다. 그런데 원문에는 parinirvāpito라고 하여 '완전한 열반에 든 자가 없다'라고 되어 있으므로, 위 영문 번역과 같이 보면 된다. 멸도(滅度)라는 한자어는 우리가 사용하지 않는 단어이고, 원문을 변용한 것이므로 따로 사용할 필요는 없을 것이다.

보통 열반이라는 것은 '죽음'을 말하고, Nirvana라고 하면 무언가 깨달음의 최고 상태라는 느낌이 드는데, Nirvana를 음역하여 열반이라고 하는 것이니 열반과 니르바나는 같은 뜻으로 사용하면 된다. 이것이 죽음을 의미하는 것이라고 착각하는 사람들이 있는데, 앞서 열반에 대한 설명을 깊게 읽어본다면 이때 말하는 열반이라는 것은, 타성에 젖은 의식을 뿌리째 개조하여 적정(寂靜)의 상태에 도달하는 것임을 알 수 있다.

수많은 중생을 열반으로 이끌었지만 한 명도 열반을 얻지 못한 이유에 대해서는 설명들이 모두 다르다. 아예 금강경의 신비함을 강조하기 위해서 설명을 생략하기도 한다. 금강경의 진행에 따라서 그 이유가 자명해질 것인데 우선 대반야바라밀경[19]에 의하면, 붓다는 그 이유로 그것이 법의 진정한 본질이기 때문이라는 것이다. 그 본질은 환상이다. 그래서 똘똘한 마법사나 그 제자가 사람들이 엄청나게 많은 교차로에서 마술을 부려서 그들을 사라지게 하는 것을 예로 들면서, 어떤 누구도 살해당하거나 죽거나 다치거나 사라지지 않은 것이라고 한다. 즉 법의 본질이 그러하기에, 비록 이런 법으로 중생을 열반으로 이끌지만 마치 아무도 열반에 도달하지 않은 것으로 보인다는 것이다.

18) 멸도, 열반涅槃, 적멸寂滅, 입멸入滅은 모두 뜻이 비슷하다. 성불하여 육도윤회의 고통에서 벗어나는 것을 滅度라 한다.

19) 대반야바라밀경 538권에서 붓다가 수보리에게 말한다. 所以者何？諸法法性應如是故。譬如幻師或彼弟子，於四衢道化作大衆更相加害，於意云何？此中有實更相加害死傷事不？善現對曰：「不也！世尊！」

그것은 무슨 이유에서인가? 수보리여, 만약에 보살에게 중생의 관념이 생긴다면, 그는 보살(菩薩)이라고 불리어질 수 없기 때문이다.

앞에서 보살이 중생을 해방시키려고 노력하였지만 아무도 열반을 얻지 못하였다는 이유를 설명하는 말이다. 그 이유는 보살에게 중생이라는 관념이 있기 때문에 보살이라 부를 수 없고, 그래서 중생을 깨달음으로 이끌지 못하였다는 것이다. 그런데 그 이유의 설명이 잘 납득되지 않는다. 중생들이 열반으로 가지 못하는 것과 보살이 여러 가지 관념이 생겨서 보살이라 부를 수 없는 것이 대조되는데 일견해서 적절한 대답은 아니다. 즉 우리는 중생들에 문제가 있는지, 열반에 문제가 있는지의 원인을 기대하고 있는데 구제하는 사람 자신인 보살의 문제가 있는 것으로 나타난 것이기 때문이다. 과연 어떻게 전개가 되는 것인지 계속 따라가 보기로 한다(물론 금강경을 다 이해한 후에는 중생의 관념이 없다는 것이 무슨 뜻인지 알게 되고 지금의 이 논의는 아주 쉬운 것이라 느끼게 될 것이다).

여기서 금강경의 미궁 속으로 빠지느냐, 조그만 깨달음이라도 얻을 수 있느냐의 갈림길에 와있다. 붓다는 과연 무엇을 말하고 있는지, 근거가 있는 이야기인지 천천히 검토해 보기로 한다.

일단 원문에 보면, bodhisattvasya(보살의) sattva saṁjñā(삿트바 삼자냐)[20]가 pravarteta(생긴다면), 보살이라고 말하여질 수 없을 것이다. 이 삿트바산냐 sattva saṁjñā를 구마라집은 중생상(衆生相)으로 번역하였는데, sattva를 중생(衆生)으로 번역한 것과 궤를 같이 한다. 상(相)은 saṁjña를 음역한 것으로 이 음역의 경우, 소리글자를 소리글자로 바꾸면(한글로 바꾸면) 아무 의미가 없는 단어가 될 것인데, 한자는 뜻글자라서 소리와 비슷한 음을 가진 단어를 사용하였기에 지금까지 통용되면서 상(相)의 뜻을 찾는 데 많은 사람들이 노력을 바쳤다. 그렇지만 상(相)이라는 것이 '산냐'와 비슷한 음을 가진 글자 속에서 가져오는 제한이 있었기 때문에 과연 정확하게 의미가 일치하는지는 의문이 든다. 그

20) 삼자냐, 삼냐, 산냐 등으로 읽지만, ㅈ이 들어가는 느낌으로 읽는데 처음 나오는 말이라서 저렇게 표시를 해보았는데, 보통 산냐라고 표기한다.

리고 이 '산냐'를 소리글자인 한글로 바꿀 때에는 음(音)에 구애받지 말고 뜻에 맞는 단어를 찾아서 사용해야 할 것이다.

그리고 많은 이들이 삿트바sattva를 삿트바라고 하지 않고, 중생으로 번역하는데, 왜 산냐saṁjñā는 음(音)을 살리려고 하는 것일까? 그런 맥락에서 사용하는 용어를 다시 검토해야 한다. sattva는 사전에 의하면, being(존재, 생명체), existence(존재), entity(실체), reality(실재), true essence(본질) 등으로 의미하는 바가 여러 가지이다. 보통 중생이라는 뜻의 being으로 번역하는 경우가 많고, 현장은 유정물(有情物), 즉 살아 있는 존재로 번역을 한다. 현장의 sattva 번역은 끝 자가 물(物)로 끝나고, 구마라집의 번역인 중생(衆生)은 생(生)으로 끝나는 점을 유의하자. 즉 현장의 sattva는 사물이지만 뜻이 있는 것을 대상으로 하고(유정물이므로), 구마라집의 번역은 생물들이지만 식물은 제외되는 것이다. 앞의 중생의 분류에서 알에서 태어나는 것, 태(胎)에서 태어나는 것, 습기에서 태어나는 것들의 예를 보다시피 붓다가 분류할 때, 식물은 일단 염두에 둔 것 같지 않다.

여기서 중생의 관념이라는 것은 중생이 존재한다는 생각을 줄인 말이다. 나중에 종합하여 보겠지만, 어떤 관념이라는 것은 무엇이 존재한다는 생각을 말한다. 그래서 중생상은 중생이 있다는 생각을 말하는 것이다.

여기에 관념이라고 번역한 것은 saṁjñā(산냐)를 말하는데, 이를 구마라집은 상(相)이라고 하였고, 현장은 상(想)이라고 번역하였다. 각묵 스님은 이 두 가지 모두 정확히 해당되지 않으므로 그냥 산냐라고 번역하였다. 일단 '산냐'라고 부르는 것에 대해서는 반대하고 싶다. 그 '산냐'가 무엇인지 또 논의해야 하고, 그 의미를 정확히 표현하기 위해 또 새로운 정의가 필요하므로 이 구절의 의미를 이해하는 데 방해가 될 뿐이다. 즉 만약 원문에 thought라고 되어 있는 것을 '생각'으로 번역하지 않고, '쏘-트'라고 번역한 것과 마찬가지 결과가 되는 것이다. 그리고 이미 수천 년 전의 같은 인간들이 사용하던 언어이기 때문에, 세상이 더 복잡해져서 '산냐' 전체를 표현하기 위한 용어가 사라졌을지언정, 그 일부씩을 표현할 수 있는 다양한 용어들이 있으므로 현대인이 이해할 수 있는 용어로 고쳐서 바로 붓다의 진의에 다가가는 방법을 사용하여야 할 것이다. 먼저 현장의 상(想)은 생각이라고 쉽게 떠오르게 된다. 그래서 이 구절의 번역에서도 '중생이라는 생각', '살아 있는 존재라는 생각', 이렇게 쉽게 한글로 표현이 가능하다. 구마라집의 상(相)을 사용한다면 이때의 상(相)은 '생각이 굳어져서 하나의 대상(對象)이 된 것'을 말하므로, 한순간에 떠오르는 생각이 아니라 그러한 생각에 집착하여 구체화가 된 것을 말한다. 그러므로 오히려 붓다가 꼭 버려야 할 것으로 지목하는 이 구절에서는 오히려 구마라집의 번역이 맞는 것으로 보인다. 그렇지만 구마라집이 사용한 '상(相)', 현장이 사용한 '상(想)'은 한국어에서 독립적으로는 잘 쓰지 않는 말이며, 언어의 사용에 있어 특징적인 의미는 두 글자 이상으로 결합되어야 상대방이 표현하고자 하는 뜻을 정확하게 표현할 수 있으므로 두 글자를 사용하기로 한다.

결국 '산냐'로 대표되는 뜻을 제대로 표현하기 위한 단어의 후보로는 '생각, 지각, 인식, 감지, 견해, 관념, 관점'들이 열거될 수 있고, 이것 중의 하나 혹은 여러 개의 복합개념일 것이다. 언어적인 분석으로는 sam을 '함께'라고, jna를 '알다'로 보아서, '함께 안다'고 하는 것은 여기서 큰 의미가 없다. '함께 안다'를 합지(合知)라고 본다는 것도 그 합지가 무엇인지 다시 검토해야 하므로 별 의미가 없는 주장이다. 초기 경전의 예를 들어 비교해 보는 것은 의미 있지만, 금강경 자체의 해석에 정론은 아니라고 보인다. 즉 붓다가 초기 경전에 설한 내용들과 달리, 금강경의 기원이 붓다 이후 500년 정도 지나서 정립이 된 것이고, 그때의 불법(佛法)의 대가(大家)가 기술한 것이라면 그 단어의 사용법은 금강경 자체의 문맥에서 찾는 것이 맞는다고 보인다. 각묵의 금강경 강해에서 여러 예를 들어 '산냐'의 뜻을 찾으려는 곳을 보면, 장부 제 9경 뽓타빠다 숫따(Pottapāda-sutta)에서 선(禪)을 증득하여 초선에서 무소유처까지 다다른 자는 '스스로의 산냐를 가진 자가 되는데'라는 구절[21] 을 보면, 이때의 '산냐'를 '견해' 내지 '관점'이라고 보면 가장 알맞다.[22]

21) 각묵, 금강경 역해, 447면

22) 각묵, 같은 책 133면에서는, 법상(法相)의 개념을 설명하면서 '법이라는 관념, 진리라는 관념' 등의 용어를 사용하는데 결국 '관념'이라는 용어가 적당하다.

영문 번역가들은 콘체가 notion(관념)이라는 말을, 막스 뮐러가 idea(견해, 신념), 레드파인은 perception(지각, 인식)이라는 말을 사용한다. 결국 금강경을 전부 번역해 보고, 이 부분을 다시 쓰고 있는 지금에는 '산냐'라는 것을 '관념'이라고 번역하는 것이 우리가 사용하는 용어 중에서 가장 정확한 표현일 것이라는 생각이 들어서 '관념'이라고 쓰기로 한다. 앞으로도 혹시 용어를 표시할 때는 간편하게 그냥 '중생상(衆生相)'이라고 표시할 가능성은 있으나, 보통은 모두 풀어서 '중생의 관념'이라고 기재하기로 한다.

중생의 관념이 생긴다면 – 여기서 말하는 중생의 관념은 누가 누구에 대해 가지는 관념을 말하는 것인가? '생긴다면'은 원문의 pravarta(arise, 생기다, 발생하다)의 원망형이다. '보살에게 중생의 관념이 생긴다면'의 대상은 문맥상 당연히 '수많은 중생을 열반으로 이끌었지만, ~'의 다음에 나왔기 때문에 그들을 '중생'으로 보는 관념을 의미한다. 그런데 이 부분의 해석에 주의할 점이 있다. 바로 뒤에서도 나오는 '자아의 관념'을 보면, 보살 자신에게 '자아의 관념이 생긴다면'이라는 뜻이다. 그렇지만 그것은 보살이 자아를 생각할 때의 관념을 말하는 것이므로 이것과 달리 보아야 한다. 중생의 관념은 중생이 있을 것이라고 생각하는 관념이기 때문에 보살에게 '중생은 존재한다는 관념'이 생기는 것을 말하는 것이다. 즉 우리가 중생이라고 생각하는 그런 중생들에 대하여 '그들 중생은 정말로 있구나 하고 생각하는 것'을 말한다. 그래서 여기서의 뜻은 '보살이, 중생은 존재한다고 하는 관념을 가진다면'의 뜻이다.

그는 보살이라고 불리어질 수 없다 –보살은 보디삿트바 Bodhi sattva로서 보리(菩提), 즉 깨달음을 추구해 가는 중생이라는 뜻이다. 그런 깨달음을 추구하는 자가 중생의 관념이 생긴다면 깨달음을 추구하는 것이라고 불릴 자격이 없는 것이다. 따라서 이 구절에 비추어 깨달음을 추구하는 사람은 중생의 관념이 생기는 것을 경계해야 한다는 점을 알 수 있다.

그런데 이 부분은 앞서 나온 '단 하나의 중생도 열반을 얻지 못하였다'는 것에 대한 이유 부분이다. 즉 보살에게 중생의 관념이 생기면 보살이라 부를 수 없기 때문에 단 하나의 중생도 열반을 얻지 못한 것이다. 금강경의 뒷부분에 이것을 상세히 언급하는 구절이 나오지만 중생을 구제하려고 보살이 결단할 때, 중생의 관념을 가지고 접근하면 하나도 구제하지 못하는 결과가 된다. 왜 중생의 관념이 생기면 보살이라 부를 수 없고 하나의 중생도 해방시키지 못하는 것일까? 지금은 금강경의 시작 단계이므로 그에 대한 대답은 금강경의 진행에 따라 자명해질 것인데, 지금 여기서 더 거론하는 것은 앞으로의 진행에 방해가 될 것이므로 그 결론만 알아두자.

그것은 무슨 이유에서인가? 수보리여, 그에게 '자아의 관념'이 생기거나, '중생의 관념'이나 '영혼의 관념'이나 '개인의 관념'이 생긴다면 그를 보살이라고 부를 수 없기 때문이다.

이 구절은 구마라집이 '아상(我相), 인상(人相), 중생상(衆生相), 수자상(壽者相)이 있다면, 보살이 아니다'라는 번역으로 유명하고, 실제로도 금강경의 설명에 자주 나온다. 앞부분은 한자의 뜻으로 대충 짐작이 가지만, 수자상(壽者相)에 들어가서는 그 뜻을 짐작하기가 힘들다. 처음에 '수자상이 무엇일까, 한 번도 들어본 적이 없는 말인데 목숨 수(壽)가 있는 것으로 보아서 수명이 있는 존재라는 생각을 버려야 된다는 뜻일까'라고 생각했다. 한국인들에게는 상당히 생소한 표현이다.

구마라집의 한자 번역을 두고 아(我)에서 인(人)으로, 중생(衆生)으로 공간적인 확장을 하고, 수자(壽者)는 시간적인 것을 의미하므로 공간과 시간을 표상하는 것이라는 해석하는 이들도 많다. 또 아(我)와 인(人)은 나와 타인이고, 중생(衆生)과 수자(壽者)를 대립되는 구조로 보면서 설명하는 분들도 많다. 사실 아(我), 인(人), 중생(衆生), 수자(壽者) 네 가지만 뚫어지게 쳐다보면 누구나 그렇게 분류학적인 관점에서 두 가지 방향으로 논리를 전개할 수 있기 때문에 대단한 발견도 아닌 것이다. 어느 것이 맞느냐의 문제인 것으로 보이지만 그렇지 않다.

보리유지는 구마라집과 같은 나열을 하고 있지만, 진제(眞諦)는 일체보살 무아상중생상수자상수자상(一切菩薩無我想衆生想壽者想受者想)이라고 하여 수자상(壽者想)이 마지막이 아니라 수자상(受者想)이 마지막에 나온다. 그러면 또 수자상(受者想)

은 무엇인가? 이는 '느끼는 사람'이라고 할 수 있다. 그리고 이 마지막의 수자상(受者想)이 현장 번역본에 다시 나온다.

대반야경을 통하여 붓다는 지금 나타나는 것을 포함하여 영원하거나 실재한다고 믿어지는 우리 존재의 요소와 관련하여, 그 당시에 일반적인 다른 견해들을 대표하는 16개의 관념[23]을 열거하는데, 여기 금강경에 언급된 네 가지는 공간과 시간의 차원에 초점을 맞추는 것들이다. 그 네 가지에 대하여 먼저 원문에서 언급되는 것을 본 후 한역(漢譯)들과 맞추어 보도록 한다.

산스크리트어본에는, ātma saṁjñā(자아라는 관념), sattva saṁjñā(중생이라는 관념), jīva saṁjñā(지바라는 관념), pudgala saṁjñā(푸드갈라라는 관념), pravartaita(생긴다면)라고 되어 있다(지바와 푸드갈라는 아직 무슨 뜻인지 소개하지 않았으니 뒤에 설명한다).

ātma(아트마)라는 것은, 브라만교의 아트만에서 나온 것으로 자기 자신을 말하는 것이다. 간략히 브라만교에서의 아트만이 무엇인지 살펴보면, 브라흐만이라는 것은 우주의 근본적 실재이며 원리이고 그래서 세계의 변화와 그 목적을 설명해 주는 궁극적인 실재이다. 아트만은 개인 자신 중에서도, 외부의 사물과 구분되는 인간 속에 있는 어떤 본질적인 것을 말하므로 **개인의 진정한 자아**를 말한다. 즉 우리가 겉으로 알고 있는 우리 자신이 아니라, 우리 자신 속에 깃들어 있는 진정한 자아를 의미하는 것이다. 그러므로 구마라집이 아상(我相)으로 번역한 ātma- saṁjñā(자아라는 관념)는 풀어서 쓰면, '아트만이라는 것이 존재한다는 관념'이다. 그래서 아트만을 자아라고 쉽게 파악하여, '자아가 존재한다는 관념이 발생한다면'이라고 번역한다. 한역(漢譯)들이 '아상이 있다면'이라고 번역한 것은, 아(我)와 상(相) 사이에 '아(我)가 있다는 상(相)이 생긴다면'을 줄여서 '아상(我相)이 있다면'이라고 번역한 것이므로 정확한 뜻은 아니다.

삿트바산냐(sattva-saṁjñā)는 앞에서 말했듯이 '중생의 관념'으로 번역한다. 특별히 이론(異論)이 없고 문자 그대로 의미가 파악된다. 구마라집이 중생상(衆生相)이라는 번역을 보인 바 있다.

---

23) 修行般若波羅蜜多菩薩摩訶薩, 不起我想, 有情, 命者, 生者, 養者, 士夫, 補特伽羅, 意生, 儒童, 作者, 使作者, 起者, 使起者, 受者, 使受者, 知者, 見者想故。 대반야바라밀다경 403권

지바산냐(jīva-saṁjñā)를 어떻게 볼 것인가? 지바는 힌두교와 자이나교에서 '살아 있는 존재'이고, 보다 구체적으로는 살아 있는 유기체(인간, 동물, 고기, 식물 등)의 '불사(不死)의 본질이나 정수(精髓)' 혹은 '영혼'을 말한다.[24] 그런데 이것이 아트만과 매우 유사한 개념이고, 그것을 구분하기 위해서 아트만은 '우주적 자아'를 말하고, 지바는 개인적인 '살아 있는 실재'나 '살아 있는 존재'를 말한다. 바가바드기타에서 지바는 죽지 않고 파괴되지도 않는데, 그것은 물질적 세계의 소산이 아니라, 보다 높은 영적인 본질을 가지고 있다고 한다. 육체적 죽음의 시기에, 지바는 까르마와 개인적 욕망과 특정 지바의 필요성에 따른 새로운 육체적 몸을 취한다. 따라서 이 설명에 따르면, 지바는 '영혼'으로 번역하여도 좋다. 그래서 우리는 이것을 '영혼이 있다는 관념이 생기면'으로 번역한다. 한역(漢譯)들은 수자상(壽者想)으로 번역하는데 목숨 수(壽)를 사용한 것은, 역시 영혼이라는 개념이 없던 당시에 같은 개념을 표시하기 위한 방법이라고 보인다. 콘체는 living soul(살아 있는 영혼)이라 번역하였다.

푸드갈라산냐(Pudgala-saṁjñā) - 푸드갈라가 무엇을 말하는지에 대해서는 여러 이론이 있지만, 대체로 불교에서는 개인이나 사람으로 환생하는 실체를 의미한다. 즉 그들이 깨달음을 얻을 때까지 개인적 윤회를 계속하는 한 묶음의 경향이다. 그러나 이런 설명도 어렵다. 원래 푸드갈라론자(Pudgalavāda) 혹은 Personalist(개개의 사람을 주로 고려하는 주의자) 학파는 서기전 280년경의 정통 스타비라바다(Sthaviravāda, 상좌부)[25]로부터 시작하였는데, 스타비라바딘 학파는 무아(無我-anatta)의 원리를 해석하기를, 진정한 자아(즉 아트만)라는 것은 없기 때문에 자아에 대해서 생각할 수 있는 것은 오온(五蘊)일 뿐이라고 했다. 그래서 푸드갈라론자는 아트만은 없으므로 푸드갈라 혹은 개인(person)만 존재한다고 주장한 것이다. 즉 이것은 오온(五蘊)과 다르지도 같지도 않다. 개인(個人)은 까르마와 윤회, 열반을 설명하는 대상으로 존재한다. 그렇지만 이들은 테라바다(Theravāda,

24) http://en.wikipedia.org/wiki/Jiva

25) 스타비라바다와 테라바다는 같이 상좌부(上座部)로 번역되어 같은 것으로 알려졌는데, 팔리어의 thera와 산스크리트어 sthavira가 같기 때문이다. 그런데 초기의 연구와 달리, 아쇼카 왕 시대에 스카비라바다학파는 3개로 쪼개졌고, 그때의 비바자바다학파(Vibhajyavāda)가 다시 두 개로 쪼개지면서 Mahīśāsaka학파와 테라바다학파의 원형으로 나뉘었다. 그래서 스타비라학파는 근대학파인 테라바다와 다르며, 테라바다는 상좌부의 한 분파이다.

상좌부)와 사르바스티바다(Sarvastivada, 설일체유부), 마드햐마카(Madhyamaka, 중관파) 학파에 의해서 강력한 비판을 받는다. 즉 개인의 개념이라는 것은 없다는 것이다.[26] 그래서 우리는 원문의 푸드갈라를 개인(個人)으로 파악하면서 푸드갈라산냐를 '개인이 있다는 관념'이라고 번역한다. 여기의 개인과 아트만의 자아는 다른 것이다. 그러나 용어로만 들으면 중복되기 때문에 이를 개인이 아닌 개아(個我)라고 번역하는데,[27] 개아라는 용어가 생소하여 금강경을 읽을 때 쉽게 이해하기도 힘들다. 그냥 개인(個人)이라고 번역하면서 아트만을 번역한 자아(自我)와의 차이점을 익히도록 하자. 즉 '자아'는 개인의 근저에 자리 잡은 본질적인 나를 말한다. 콘체와 뮐러도 이를 person(개인)으로 번역하였다.

이 푸드갈라산냐를 번역하는데 한역자들도 고민을 거듭하였다고 보인다. 구마라집, 보리유지는 인상(人相), 진제는 수자상(受者想-받아들이는 자가 있다는 관념), 현장은 진제의 수자상(受者想)도 사용하면서 보특가라상(補特伽羅想)이라는 그냥 음으로 된 번역도 추가하고, 의정은 경구취상(更求趣想-윤회를 다시 구한다는 관념)이라고 번역하고 있다. 의정이 사용한 취(趣)는 중생(衆生)이 번뇌(煩惱)로 말미암아 악업(惡業)을 짓고, 그로 인하여 끌려가서 사는 곳을 뜻하는 글자이므로 앞의 설명과도 비슷한 부분이 있다.

중생의 관념은 문제가 없으나 자아의 관념, 영혼의 관념, 개인의 관념은 비슷하기 때문에 구분해 볼 필요가 있다. 먼저 개인의 관념에서 주장하는 개인은 우리가 자신에게 생각하는 살아 움직이는 인간으로서의 개인이다. 칼에 찔리면 아프고, 세균의 침입으로 병이 들고, 늙어가는 존재로서의 우리 자신이므로 그런 우리 자신이 존재한다고 생각하는 것은 당연하며, 이 개인의 관념은 우리가 자아의 관념이라고 혼동해 쓰는 것이다. 자아의 관념은 그런 생로병사에 메여 있는 개인이 아니라, 영원히 우리 속에 존재하는 본질적인 존재를 말한다. 그런데 지바는 죽지 않고 파괴되지도 않는 영적인 존재로써, 아트만의 자아가 우주적인 자아라면 지바는 개인적인 살아 있는 실재로써, 육체적 죽음

26) http://en.wikipedia.org/wiki/Pudgalavadin
27) 조계종 한글표준금강경은 이렇게 개아(個我)라는 용어를 사용한다.

의 시기에 까르마와 지바의 선택으로 새로운 육체를 취한다고 하니 이는 우리가 사용하는 영혼과 유사하다고 하겠다. 결국 영혼의 관념과 개인의 관념은 쉽게 우리가 사용하는 개념으로 설명이 된다. 오히려 아트마산냐가 이해하기 힘든 개념인데, 자아의 관념이라고 표시하면 보통 개인의 관념에 해당하는 것을 연상하게 되는데, 불교에서 특히 자아의 관념은 아트만이 존재한다는 관념이라고 생각해야 한다. 그것은 브라만교, 현재의 힌두교의 기본 개념이 우리 생활에 체득되어 있지 않기 때문에 아트만이 있다는 관념이라고 해도 정확한 의미를 모르기는 마찬가지이므로 그냥 자아의 관념이라고 표시하고, 그 뜻은 아트만이 있다는 관념이라고 생각할 수밖에 없다.

한편, 이 네 가지 관념에 대하여 현장은 유정상(有情想), 명자상(命者想), 사부상(士夫想), 보득가라상(補特伽羅想), 의생상(意生想), 마납파상(摩納婆想), 작자상(作者想), 수자상(受者想)의 여덟 가지를 열거한다. 아상(我想)은 제 6절에 가서야 등장하는데 기존의 어떤 것에서도 볼 수 없는 나열이다. 이것에 대해서 현장[28]이 직접 가져온 원본서적들에 부가된 것이라 보는 설도 있지만, 대반야바라밀다경에 17가지가 등장하는 것으로 보아서, 현장은 그중 중요하다고 생각하는 것을 발췌한 것이라 보인다.[29] 그렇지만 현장이 나열한 것을 보면 유정상은 중생상에 해당할 것이고, 명자상은 수자상(壽者想), 사부상은 푸루샤(puruṣa)를 옮긴 것인데, 인간 특히 남자를 의미한다. 우파니샤드에서 영원불멸의 근본 인간이라는 개념으로 등장하므로 이런 생각을 가지지 말라는 것이다. 의생상(意生想)은 '마음으로 이루어진 것'이라는 뜻이다. 마납파상(摩納婆想)은 '결혼하지 않은 젊은

---

28) 현장의 순례는 그야말로 당시의 국가구도를 총체적으로 볼 수 있게 해준다. 그는 실크로드에 나오는 주요한 도시는 모두 돌아보는데, 감숙성과 청해성을 지나 고비사막을 넘어 쿠물까지 간다. 그리고 630년에 투르판에 도착하고 쿠차지역의 비대승파 사원에 들어간 뒤, 현대의 키르치스탄에 들어간다. 그리고는 현대 우즈베키스탄의 수도인 타쉬켄트로 들어간다. 여기서 사막을 넘어 페르시아의 영향력에 있던 사마르칸드로 가고, 파미르 고원을 넘어 아무다르야와 테르메즈에 도착한다. 그리고는 아프가니스탄 지역의 나란다 사원에서 많은 책을 가지고 귀국한다(실크로드 다큐멘터리를 보면 이런 도시들이 거의 모두 나온다).

29) 修行般若波羅蜜多菩薩摩訶薩, 不起我想, 有情, 命者, 生者, 養者, 士夫, 補特伽羅, 意生, 儒童, 作者, 使作者, 起者, 使起者, 受者, 使受者, 知者, 見者想故. 앞서 인용한 대반야바라밀다경 403권. 이들은 자아, 중생, 영혼, 개인, 사람, 인류, 젊은이, 하는 사람, 하게 되는 사람, 일어나는 사람, 일어나게 되는 사람, 느끼는 사람, 느끼도록 되는 사람, 아는 사람, 보는 사람 등으로 번역된다.

사람'이라는 뜻이다. 작자상(作者想)은 '행위자가 있다는 생각'을 말한다. 행위에는 행위자와 도구, 행위 그 자체, 행위의 결과가 있는데 행위자란 오온의 합쳐짐에 지나지 않는다는 것이다. 수자상(受者想)은 아무런 행위도 하지 않고 행위의 결과나 대상을 단지 즐기고 향수할 뿐인 불생불멸의 존재라는 것이다. 이러한 현장의 나열도 17절에 가면, 현장은 아상(我想)을 제외하고, 유정(有情) 명자(命者) 사부(士夫) 보득가라(補特伽羅)만을 예로 들고 있다.

이렇게 나열된 네 가지가 인도의 종교들에 대처하는 붓다의 방법이라는 설도 있다.30) 즉 아트만은 전통적 브라마니즘의 가치관의 부정, 삿트바는 초기 대승불교의 자체 반성을 촉구하는 말, 지바는 자이나교에 대한 비판, 푸드갈라는 소승 부파불교 중의 독자부에 대한 비판으로 보는 견해이다. 금강경이 붓다의 설법이 아니라, 붓다 사후 상당한 시간이 흘러서 만들어진 것이라면 일리가 있는 견해이고 역사적으로도 일리가 있는 이론이다. 소승 부파불교의 독자부(犢子部)31)는 붓다 사후 300년이 지나서 성립된 것으로, 그 당시에는 이미 20개의 부파가 존재하였는데 독자부만 가지고 비판의 대상으로 삼았다는 것은 독자부의 푸드갈라론자들이 확고한 인기를 끌었기에 그들이 주 비판의 대상이 되었을 가능성이 있다. 그런데 우리는 금강경을 후세 사람들이 만든 것으로 보고 위와 같은 이론을 취해야 할지, 붓다 본인의 설법으로 보고 문자 그대로 금강경을 해석해야 할지의 문제가 생긴다. 그 많은 불교의 부파들의 일부만 들어서 비판한 것으로 보기보다는, 가장 중요한 배척해야 될 관념을 네 가지만 나열한 것으로 보아서 금강경을 공부하도록 하자.

대반야바라밀경32)에서는 이에 대해 추가적인 설명을 하고 있다. 즉 완전한 지혜와 보살은 모두 단순한 말일 뿐이다. 보살이라는 단어에 상응하는 실재는 안으로도 밖으로도 그 중간의 개념으로도 파악될 수 없다. 우리가 중생이라고

30) 이 부분은 김용옥, 금강경강해, 181면에서 183면 참조

31) 독자부는 보득가라론자(補特伽羅論者), 영어로는 불교의 개인주의자(personalist)라고 표현되는데, 이 독자부는 아트만도 없고, 오온(五蘊)과 같지도 않고 다르지도 않은, 오직 푸드갈라, 즉 개인만 있다는 이론이다. 그리고 개인은 까르마와 윤회, 열반을 설명하는 방법이라고 한다.

32) Conze, The Large Sutra on Perfect Wisdom, 90p

말할 때, 어떤 중생도 실제의 현실로써 파악될 수 없다. 중생이라는 단어는 단순한 개념이고 개념적인 법이며, 개념이라는 상태를 가지는 것이다.

단순한 관례적인 용어로써 표현된 것을 제외하고, 이 개념적 법에는 생성도 멈춤도 없다(그것이 개념적인 것이기에 당연하다). 그것이 '자아', '영혼', '개인'에게도 같이 적용된다. 같은 방법으로 완전한 지혜나 보살이라는 단어는 실재와는 다른 단순한 개념적 법이고, 그것은 생성되거나 멈추지 않는 것이다.

여기 '자아의 관념', '중생의 관념', '영혼의 관념', '개인의 관념'의 뜻은 '자아가 있다는 관념', '중생이 있다는 관념', '영혼이 있다는 관념', '개인이 있다는 관념'을 줄인 말이다. 산스크리트어의 단어와 운을 맞추기 위해서 그렇게 하였다. 아상(我相), ātma-saṃjñā라고 표현된 것을 '자아가 존재한다는 관념'으로 번역한다는 것은 원문과 호응하기에는 차이가 생기므로, '자아의 관념'이라고 간단히 번역한다.

종합해 보면, 이곳에서 거론되는 것들은 우리가 인간이라는 것에 대해 가지는 주요한 관념들을 제시하면서, 그러한 관념이 생기지 않도록 하라는 가르침이다.

그런데 한 가지 생각해 볼 것이 있다. '나'라는 것이 무엇인지이다. '나'를 생각으로 찾을 수 있는 것인가? '나'를 '나'에 의해서 찾는다는 것은 좀 특별한 일이다. 즉 인식하는 주체와 대상으로서의 객체가 모두 똑같은 '나'이기 때문이다. 우리가 '나'에 대해 생각해 볼 때, 그것은 스스로가 인식하는 주체인데도 인식당하는 객체로 보는 것이다. 말하자면 파악되는 '나'는 파악하는 '나'의 행위와 상호관련이 있고 그렇게 서로 결정이 된다. 그렇기 때문에 양자(兩者)는 서로에게 의존한다. 그렇게 본다면 보통 사람의 측면에서 인식되는 것은 없는 것이다. 즉 그것들은 각자의 존재이유 때문에 상호의존하고 있다. 말하자면 파악하는 행위 덕분에 파악되는 것인데도 '나'에 대한 발상이 떠오르는 것은 바보스러운 보통 사람의 측면에서는 인식되는 것이 없는 것을 인식한다고 인식하는 것이다. 그래서 자기 자신을 의식하는 것은 자아의식에 의존하고, 대상을 차별화하는 것은 자신의 욕망과 이익에 의해서이다. 이것이 파악하는 주체인 자신이 파악되는 대상에도 자신이 포함되어 있기 때문에 그 파악의 결과는 무언가 나타나더라도 실제로 존재하는 내용을 파악한 것이 아니라, 주체와 객체가 상호작용으로만 나타난 일종의 공허한 것일 가능성이 많은 것이다. 그래서 '내'가 '무엇을' 생각하는 것은 진정한 본질을 파악하지 못하게 되는 것이다.

4절
의존하지 않는 보시를 하라

"또다시, 수보리여! 보살이 대상에 의존해서 보시를 해서는 안 된다. 그 어디에도 의존해서 보시를 해서는 안 된다. 형태에 의존해서 보시를 해서는 안 된다. 소리, 냄새, 맛, 촉감, 법에 의존해서 보시를 해서는 안 된다.

수보리여! 이와 같이 보살 마하살은 대상이 나타내는 관념에 의존하여 보시를 해서는 안 된다.

그것은 무슨 이유에서인가? 수보리여! 보살이 의존하지 않는 보시를 하면, 수보리여, 그 쌓인 공덕의 크기는 쉽게 잴 수 없다.

수보리여, 어떻게 생각하느냐? 동쪽 하늘의 크기를 쉽게 잴 수 있겠는가?"

수보리가 말하였다. "없습니다. 세존이시여"

세존께서 말하셨다. "이와 같이 남 서 북쪽과 아래 위쪽, 그 사이 방향까지 모든 열 방향의, 하늘의 크기를 쉽게 잴 수 있겠는가?"

수보리가 말하였다. "없습니다. 세존이시여"

세존께서 말하셨다. "그렇다, 수보리여, 그러하다. 만약 보살이 의존하지 않는 보시를 하면, 수보리여, 그 공덕이 쌓인 것의 크기를 쉽게 잴 수 없는 것도 마찬가지다. 수보리여! 보살의 길을 가는 자는 이와 같이 대상이 나타내는 관념에 의존하지 말고 보시를 해야 한다."

[해설]

보시를 하는 물건이 무엇인지 고려하지 말고 보시를 하라는 것을 우선적으로 보여주고 있다. 보시의 물건이 가치가 있는지, 아까운 것인지 등을 고려하여 보시를 하는 것은, 나중에 나오듯이 '의도된 행위'이기 때문에 이 또한 업(까르마)의 영향을 받게 된다. 그래서 이를 말하고 있다.

그런데 그 뒤 어디에도 의존해서 보시를 해서는 안 된다는 것을 강조하고 있다. 즉 보시를 하는 자, 보시를 받는 자, 보시 물건, 이 세 가지 어느 것도 고려하지 말고 보시할 것을 말하고 있다. 결국 최종적으로 보시라는 것만 남게 된다. 다른 세 가지는 모두 의식 속에서 사라져버리기 때문에 보시를 했다는 것만 남고, 이것이 공덕을 쌓는 기초가 되는 것이다.

비록 문구의 뜻은 위와 같지만, 이 4절을 모두 보아도 보시의 물건에 대한 이야기만 언급된다. 따라서 '어디에도'라는 말을 아직은 '어느 것에도'라고 생각해도 된다. 즉 '보시를 하는 자', '보시를 받는 자'를 고려하지 말고 보시를 해야 한다는 점은 금강경 전체에서 나오기 때문에 미리 생각은 해두자.

보시를 할 때 그 물건의 외관이나 소리, 냄새, 맛, 촉감, 법(의식의 대상)에 구애받지 말고 보시를 하라는 것을 계속 강조하고 있다.

그리고 보시를 함으로써 생기는 공덕에 대한 언급들이 나오기 시작한다.

소명은 제목을 '묘행은 머무는 바가 없다(묘행무주분妙行無住分)'고 하였다.

[설명]

또다시, 수보리여! 보살이 대상에 의존해서 보시를 해서는 안 된다.

한역(漢譯)들은 모두 '보살은 ~에 머물지 말고, 보시를 해야 한다'라고 '머무르지 말 것'을 강조하고 있다. 산스크리트어본은 '~에 의존하여 보시를 해서는 안 된다'고 하여 그 주안점이 다르다. 뜻은 거의 같기 때문에 한자로 표현하기에 적당한 문장을 만들기 위해 그렇게 한 것으로 보인다. 그런데 그 뜻의 미묘한 차이는 존재한다. 무엇일까? 한역(漢譯)은 '보시를 해야 한다'는데 주안점이 있고, 산스크리트어본은 '의존하는 그런 보시는 하지 마라'는 것이므로 뜻의 뉘앙스에 차이가 있다. 콘체는 '보시를 하면서, ~의존하여서는 안 된다'고 하고, 막스 뮐러는 '의존하지 않는 보시'라고 하는데, 이는 번역가들이 자기들이 잘 쓰는 구문을 사용하기 위해서 같은 뜻이면 익숙한 표현을 사용하는 것이다. 레드파인은 '보시를 할 때, ~에 집착하여서는 안 된다'고 번역하고 있다.

대상에 - 이 부분을 구마라집은 법(法)에 있어서 머무르는 바 없이 보시를 해야 된다(보살어법 응무소주 행어보시 菩薩於法 應無所住 行於布施)고 번역하였는데, 보리유지, 현장, 의정은 일에 있어서(不住於事 부주어사), 진제(眞諦)는 그런 류에 집착하지 말고(불착기류不著己類)라 번역하였다. 우리가 어디에 머물지 않고 보시를 해야 하는지의 첫 구절이기 때문에 상당히 중요한 부분인데, 구마라집만이 법(法), 즉 다르마에 머물지 말기를 말하고 있다. 산스크리트어본을 보면, vastuprati-ṣṭhitena라고 되어 있는 부분을 vastu(thing, object, 사물, 대상) + prati(towards, near to, ~로 향하여) + ṣṭhita(standing, staying 서 있는, 머무르는, dependent on, ~에 의존하는) + ina(~식으로)이므로, 뜻은 '사물, 대상으로 머무는 식으로, 의존하는 식으로'이다. 영문 번역을 보면, 콘체는 'supported by a thing'(물건 혹은 사물에 의해 의지하여), 레드 파인은 attached to a thing(물건 혹은 사물에 부착되어)인데, 막스 뮐러는 단순히 unsupported(의존하지 않고)라는 표현을 사용한다. 즉 이것은 대상, 물건, 객체 등으로 해석이 가능하지만 법(法)이 아님은 분명하다. 문장의 전체 맥락 속에서 뜻을 파악한다면, 사물이라기보다는 대상이라는 표현이 적합할 것 같다. 사물은 너무 구체적인 물체를 의미하고, 대상이라는 것은 사물을 약간 추상적으로 표현한 말이기 때문에 나중에 색성향미촉법(色聲香味觸法)과도 궤를 같이 할 수 있기 때문이다.

보시 – 보시(布施)는 남에게 베푸는 것이다. 불교에서는 보시를 세 종류로 구분한다. 물질적, 감정적, 정신적 보시이다. 물질적 보시는 음식과 옷, 약과 같은 것을 포함한다. 감정적 보시는 평온과 보호감을 주는 것을 말한다. 정신적 보시는 인도(引導)와 지도(指導)를 말한다. 그래서 물질적 보시는 탐욕을 없애고, 감정적 보시는 분노를 없애며, 정신적 보시는 망상(妄想)을 없앤다. 보시를 할 때 세 가지의 집착을 없애야 한다. 즉 수행자(보시를 하는 사람), 수익자(보시를 받는 사람), 수행(보시를 주는 행위)이다.

지혜의 완성을 추구하는 금강경에는 끝없이 보시(布施)라는 말이 나온다. 왜 그런가? 그것은 육바라밀(六波羅密) 때문이다. 바라밀(婆羅蜜) 또는 바라밀다(波羅蜜多)는 산스크리트어 빠라미따(pāramitā)를 음에 따라 번역한 것으로, 완전한 상태 · 구극(究極)의 상태 · 최고의 상태를 뜻한다. 불교 교리상, 바라밀은 미망(迷妄)과 생사의 이 언덕(차안此岸)에서 해탈과 열반의 저 언덕(피안彼岸)에 이르는 것이며, 또한 이를 위해 보살이 닦는 덕목 · 수행 · 실천을 의미한다.[33)]

이러한 실천을 위한 바라밀은 여섯 가지로 나뉘는데, 보시(布施) · 지계(持戒) · 인욕(忍辱) · 정진(精進) · 선정(禪定) · 지혜(智慧)의 육바라밀(六波羅蜜)이 있다. 이 중에서 마지막의 지혜의 바라밀을 반야바라밀이라고 한다. 즉 금강경은 지혜의 완성, 지혜의 바라밀을 향한 보살의 도리를 가르치는 경전인데, 그러한 지혜의 완성을 위해서는 제일 처음의 보시(布施)를 완성하여야 하기 때문에 그 시발점으로 언급되고 있는 것이다. 앞서 '보살의 길을 가려는 가문의 아들과 딸들'의 마음가짐을 말하는 것이 계속되고 있고, 제일 처음 보시(布施)를 어떻게 하여야 하느냐의 문제를 거론하는 것이다.

원래 중국의 선사들은 앞서 1절 법회인유분(法會因由分)에서 붓다의 거동을 이 육바라밀(六波羅密)을 모두 보여주는 것이라는 주장도 많이 한다. 1절에서는 처

33) http://ko.wikipedia.org/wiki/Pāramitā

음부터 이런 점을 언급하기가 번잡하였지만 그 주장을 보면, 붓다가 발우를 잡는 것은 보시의 완성(보시의 바라밀)이고, 가사를 입으면서 도덕성(지계의 바라밀)의 완성을 수행하고, 도시에서 구걸을 하면서 인내의 완성(인욕의 바라밀)을, 식사를 하고 거주지로 돌아오면서 정력의 완성을 수행한다(정진의 바라밀). 앉아서 그의 앞쪽을 집중함으로써 명상의 완성을 수행한다(선정의 바라밀). 그리고 이러한 완성을 수행함으로써 집착하지 않는 상태로 남음으로써 지혜의 완성(지혜의 바라밀)을 수행한다는 것이다.

결국 금강경을 통독해 보면 육바라밀(六波羅密)의 제일 처음인 보시에 대한 것만 이야기되는데, 이를 완성하여야 두 번째부터 마지막까지의 과정을 계속 관철해 가기 때문에 초심자를 위한 설법이라고 보면 될 것이다. 대반야바라밀경[34]에서는 육바라밀 전부에 대한 수행을 설명하고 있다.

대상에 의존하여 보시를 해서는 안 된다는 것을 한자 번역인 '대상에 머물러서 보시를 해서는 안 된다'는 번역으로 보면 뜻이 모호하다. 산스크리트어 pratiṣṭhitena의 뜻 중에서 '~에 의존하는'으로 해석하는 것이 확실한 뜻을 보여준다. 보시를 하는 자, 보시를 받는 자, 보시를 하는 물건이 보시의 3요소이다. 이때 무엇을 보시할지에 따라서 보시를 하는 것을 경계하고 있다.

그 어디에도 의존해서 보시를 해서는 안 된다.

말을 꺼내기 위해서 먼저 '대상에 머물러서 보시를 해서는 안 된다'라는 말 뒤에, '그 어디에도 머물러서 보시를 해서는 안 된다'라는 구절은 수식적으로 그 뜻을 강화하는 효과를 준다. 즉 이제는 대상뿐만 아니라 받는 자, 주는 자 등을 포괄하여 아무 곳에도 머물지 말라는 뜻이다. 이 구절에 현장은 도무소주응행보시(都無所住應行布施-어디에도 머물지 말고 보시하라)라고 하였고, 의정(義淨)은 부주수처(不住隨處-어떤 곳에도 머물지 말라)고 하여, 이는 보리유지나 진제(眞諦)도 마찬가지인데, 구마라집은 '법에 있어서 어디에도 머물지 말고'로 축약했다. 혹시 구마라집이 붓다의 말을 자의(恣意)적으로 사용하여 그 뜻의 손상을 가져온다면 이

34) Conze, The Large Sutra on Perfect Wisdom, 128p~131p

는 문제라 보인다.[35)]

영문 번역으로 콘체는 anywhere(어디에라도)라는 표현을, 뮐러는 anything(어느 것에라도), 레드파인은 anything at all(어떤 것에라도)라는 표현으로 번역하였다. 산스크리트어본은 kvacit으로, kva(where, 어디에) + cit(~일지라도)라 되어 있어 콘체와 같이 번역하기로 한다.

형태에 의존해서 보시를 해서는 안 된다. 소리, 냄새, 맛, 촉감, 법에 의존해서 보시를 해서는 안 된다.

형태에 의존해서 – 예전부터 '머무르다'는 표현을 번역에서 모두 사용하고 있는데, 그것이 구마라집의 번역인 주(住)를 한국어로 표현하는데 가장 적당한 말을 찾으려고 했기 때문이다. 그렇지만 원문의 뜻이 stay(머물다), stand(서다), dependent on(~에 의존한)이라는 뜻들이 있으므로, 우리는 '머물러서'라고 된 부분을 '의존하여'라고 생각한다면 훨씬 문장을 쉽게 이해할 수 있을 것이다.

형태를 보는 것은 눈이다. 우리의 감각기관 중 외부의 사물을 받아들이는 데 주로 사용하는 것은 눈으로서, 우리가 외부의 정보를 받아들이는 것의 87%는 눈을 사용하는 것이라고 알려져 있다. 눈이 주로 식별하는 것은 외부의 형태이다. 따라서 다른 감각기관을 언급하기 전에 먼저 눈을 사용하여 형태를 식별하는 문제를 제기한다. 그리고 눈을 사용하여 형태를 식별하여 그 형태에 머물러서(혹은 형태에 의존하여) 보시를 해서는 안 된다는 것이다. 형태에 머무른다는 말은 그 형태의 좋고 나쁨, 외관의 아름다움과 추함, 가격의 비싸고 나쁨 등에 좌우되지 말고 보시를 하라는 말이다. 형태에 의존하여 보시를 하는 것이 어떤 것인지 평가할 수 있는 기준이 나중에 나오므로, 그때 다시 음미해 보기로 한다.

이 구절에서 한역(漢譯) 금강경은 모두 색(色)에 머물지 않는 보시라는 표현을

35) 반야경 8,000송에는 mara(악의 신)가 보살에게 다가와 붓다의 말과 비슷한 경전을 주면서 사도(邪道)로 인도하는 장면이 나온다. 그는 붓다의 가면을 쓰고 나타나 보살의 길에 들어선 자에게 이것이 붓다로부터 전해내려온 경전이라고 하면서 완전한 지혜의 길을 가는 것을 방해한다. (Conze, Perfection of Wisdom in 8000lines, 159p)

쓴다. 산스크리트어본은 rūpa(form, 형태)에 의존하지 말라고 했는데, 이를 콘체는 sight-objects(눈에 보이는 대상), 막스 뮐러는 form(형태), 레드파인은 sight(모습)라고 번역했다. 아마 뒤 구절의 성향미촉법(聲香味觸法)에 맞추기 위해서 sight(모습, 시야)로 번역한 것이라 보인다.

왜 형태를 색(色)이라는 용어를 사용하여 번역하였는지 생각해 볼 필요가 있다. 색(色)은 빛깔, 색채라는 뜻으로만 거의 사용되고 모양, 상태라는 뜻은 있어도 잘 사용되지 않는다. 원문의 루빠rūpa는 형태, 형체의 뜻을 가지고 있으므로, 형태나 모양은 거의 모든 것이 빛에 의해서 드러난다. 빛은 빛깔을 내는(색을 내는) 파장이 있는데, 그것은 400 내지 700나노미터의 영역 대에서 인간이 감지할 수 있는 색깔을 나타낸다. 이 영역을 가시광선대라고 한다. 그리고 색깔이 나타나는 파장대라는 의미로 색파장대라고도 한다. 시각적 감각으로 사물을 인식할 때, 이 색파장대의 빛으로 사물을 파악하므로 사실 색(色)이 가장 중요한 외면의 형상을 나타내는 수단이다. 그런데 위의 파장대를 벗어난 곳에서도 물체는 존재할 수 있다. 즉 우리가 인지할 수 있는 파장이 나오지 않을 뿐인 것이다. 그런 의미에서 여기서 색(色)이라고 하는 것은 물체 자체를 가리키는 것이 아니라, 인간이 외양을 인식할 수 있는 대상을 지칭하는 것이라 할 수 있다.

소리, 냄새, 맛, 촉감, 법에 의존해서 – 안이비설신의(眼耳鼻舌身意–눈, 귀, 코, 혀, 몸, 뜻)는 우리 몸에서 느낌을 일으키는 육근(六根–여섯 개의 뿌리)으로써 주관계의 감각기관이고, 객관계의 감각대상인 색성향미촉법(色聲香味觸法)이라는 육경(六境–여섯 가지 경계)과 접촉할 때 느낌을 일으키게 된다. 그래서 먼저 눈으로 보는 색(色), 즉 대상에 머물지 말고 보시를 하고, 나머지 감각기관으로 받아들인 소리, 냄새, 맛, 감촉, 법에 머물지 말기를 설법하는 것이다. 이것들도 좋은 소리, 좋은 향기, 좋은 맛, 부드러운 촉감 등에 집착하지 말아야 하는 것이다. 그런데 여기서 법(法)이라는 것은 무엇일까? 한역(漢譯)들은 모두 법(法)에 머물지 말고 보시를 해야 한다고 하는데 법(法)에 머물지 않는다는 것은 무엇일까? 육근(六根)과 육경(六境)의 상관관계로 볼 때 눈에는 색(色)이고, 귀에는 소리, 코에는 냄새, 혀에는 맛, 몸에는 감촉이다. 그래서 색(色), 혹은 대상은 눈으로 받아들이고, 소리는 귀로, 냄새는 코로, 맛은 혀로, 감촉은 몸으로 받아들인다. 그러므로 법(法)은 뜻 혹은 마음으로 받아들인다고 하여야 하므로 이를 의식이 받아들이는 대상, 즉 의식의 대상으로 보아야 한다. 산스크리트어본에는 이를 다르마(dharma)라고 하였다. 다르마(dharma)는 어근이 dhri인데, 그 뜻은 '붙잡다'이다. 즉 실재하거나 영원한 것을 인식하는 어떤 것을 말한다. 사전적 의미로 보면, 우주의 질서를 떠받치고 유지하는 법 혹은 법칙이라고 되어 있다. 그러나 이 다르마라는 용어는 문맥에 따라 다르게 사용된다. 불교에서 법이란 우주의 질서와 법칙, 연기의 원리를 말하는 것과 법칙에 의한 세상을 의미하는 경우가 있고(제법무아, 일체법이라고 사용할 때의 법이다), 법칙을 가르치는 것을 말하는 경우(불법이라고 표현할 때의 법), 우리가 인식할 때의 그 대상이 되는 것(아비달마의 75법이라고 할 때의 법)이 있다. 그러므로 여기서 사용한 법은 의식의 대상으로서의 법을 말하는 것이다. 콘체는 다르마를 mind-objects(마음의 대상)라고 하고, 레드파인은 다르마 dharma라고 번역하였다. 그래서 우리는 이를 '법'으로 번역하면서, 그 뜻은 항상 '의식의 대상'으로 생각하기로 한다. 마음의 대상이라고 하는 것은 마음이 넓은 뜻을 가지고 있으므로 육경에 대응하는 것으로써 의식의 대상이라고 표현한다.

다시 앞으로 돌아가서, '법에 의존하지 않고 보시를 한다'는 말을 '법' 대신에 '다르마'에 의존하지 않고 보시를 한다'고 바꾸어 생각하면, 이것은 우리의 의식 단위나 세상을 유지시키는 작은 단위에 구애받지 않고 보시를 한다는 뜻이 되어 '법'이라는 말을 사용할 때보다 훨씬 쉽게 이해가 된다.

수보리여! 이와 같이 보살 마하살은 대상이 나타내는 관념에 의존하여 보시를 해서는 안 된다.

이와 같이 - 이것은 앞서 언급한 형태, 소리, 냄새, 맛, 촉감, 법에 머무른 보시를 하지 말도록 한 것을 모두 합쳐서 정리하겠다는 것이다.

대상이 나타내는 관념 - 이것이 형태와 소리, 냄새, 맛, 촉감, 법을 모두 합친 것을 총칭한다. 보통 한역(漢譯)에서 상(相)이라고 표시하였기에 겉모양, 혹은 외관이라는 번역을 한다. 그런데 원문의 nimitta는 sign(기호), mark(특징, 표), target(대상), cause(원인), ground(기초, 근거)의 뜻이 있다. 문맥상으로 보면, '대상이 나타내는 것의 관념'이라고 하는 것이 정확한 뜻이 될 것이다. 그래서 이 뜻을 원문에 맞게 줄여 보면, '대상이 나타내는 관념에 의존하여 보시를 해서는 안 된다'가 된다. 다만 '대상이 나타내는'의 뜻을 보여주는 적절한 단어가 없기 때문에 풀어서 번역한 결과가 되었다. 니미따의 뜻이 '기호, 표, 특징, 상징' 등이기 때문에 그 뜻은 '대상이 나타내는 것'임이 분명하여 이 번역이 지금으로선 제일 적절한 것으로 보인다.

현장은 부주상상(不住相想-상이라는 생각에 머물지 말고)이라고 하고, 구마라집은 부주어상(不住於相)이라고 하여 뜻의 차이는 별로 없다. 다만 이것을 한글로 번역할 때, 외관이라고 번역하는 것은 문제였던 것이다. 한역(漢譯) 중에서 진제의 번역을 보면, 불착상상(不著相想-모양이라는 생각에 집착하지 말고)이라는 표현이 나오는데, '머물지 말고'로 번역하는 부분을 '집착하지 말고'로 번역하였다. 그러므로 우리가 사용하는 '의존하지 말고'라는 번역이 근거가 없는 것이 아닌 것이다.

또 앞에서 보았듯이 여기서 니밋따는 색성향미촉법, 즉 형체와 소리, 향기, 맛, 촉감, 법을 망라한 것이므로, 외관이나 겉모양이라는 표현을 쓰면 색(色), 즉 형태에 대한 것만 언급하는 것으로 오해할 가능성이 있다. 여기서 니밋따는 위의 것들을 망라한 외적인 표지나 특징을 의미하는 것이다. 그래서 여기서는 '대상이 나타내는'이라고 번역한다.

여기 약간 생각할 필요가 있는 것이 지금까지는 '나'를 위주로 한, '나'에 관련된 관념을 만들지 말고, 그것을 만들면(혹은 그런 상이 있으면) 보살이 아니라고 했는데, 이제 보시를 할 때에는 '나'를 떠난 것에 대한 대상(對象)에 대해서도 그 모양의 관념이나 상(相)에 머물지 말라는 말을 하는 것을 유의해야 한다. 즉 단순히 생각을 가지고 있는 상태에서는 '나'와 관련된 상(相)을 가져서는 안 된다는 결론을 3절에서 보여주었는데 어떤 행위를 할 때, 특히 이곳에서 보시(布施)를 할 때에는 그 대상(對象)조차도 상(相)을 만들지 말라는 가르침인 것이다. 주체에 대한 관념이나 상(相)을 넘어서 객체에 대한 관념이나 상(相)까지도 만들지 말라. 그런데 우리가 객체에 대한 관념이나 상(相)을 만들지 않는다는 것은 무슨 뜻일까? 주체에 대한 관념이나 상(相)은 워낙 뿌리 깊어 아예 만들지 않는 것이 보살이 되는 기본적인 길인데, 객체에 대한 관념이나 상(相)은 잘 만들면 실상을 파악하는 데 도움이 될 수 있다. 그래서 여기 대상이 나타내는 표식에 의한 관념을 만들지 말고 보시를 하는 것은 진정한 실체를 찾아가는 좋은 길이 될 것이다.

영문 번역의 경우, 콘체는 notion of sign(대상이 나타내는 신호를 인식하고), 막스 뮐러는 idea of cause(원인 혹은 근원에 대한 생각), 레드파인은 perception of an object(대상을 지각하고)라고 번역하였는데, 모두 길게 설명하면 같은 뜻이지만 원문의 단어에 맞게 번역하기 때문에 다른 것처럼 보일 뿐이다.

그것은 무슨 이유에서인가? 수보리여! 보살이 의존하지 않는 보시를 하면, 수보리여, 그 쌓인 공덕의 크기는 쉽게 잴 수 없다.

의존하지 않는 보시를 하면 – 이 부분은 앞서 '어디에도 의존해서 보시를 해서는 안 된다'고 한 부분을 반복하면서 '어디에도'라는 말이 생략된 것이다.

쌓인 공덕의 – 보통 한글로 번역할 때 '공덕 덩어리'라고 하는데, 여기서 사용하기에는 약간 생소하다. 현장, 보리유지, 진제(眞諦)는 복덕(福德)취(聚)라는 표현을 쓰는데, 이는 '복덕이 모인 것'이라는 뜻이다. 의정(義淨)은 복취(福聚)라고 하여 '복이 모인 것'이라는 말을 쓴다. 구마라집만이 단순히 복덕(福德)이라는 말을 쓴다.

이에 해당하는 것은 원문의 puṇya-skandha이다. puṇya는 merit(훌륭함)로서 한역본에서 사용한 복덕(福德)이라는 뜻이 맞겠지만, 우리 감각에는 복덕이라고 하면, 민간신앙에서 사용하는 용어처럼 느껴지므로 공덕(功德)이라는 용어가 좋을 것으로 보인다. skandha(스칸다)는 수많은 뜻과 사용법이 있는데, 대부분의 번역가는 aggregate(집적물), heap 혹은 store(무더기, 덩어리)라고 번역한다.[36)]

영역본에서 콘체는 heap of merit(공덕의 더미, 무더기), 막스 뮐러는 stock of

36) 그래서 오온(五蘊)이라는 것의 영역은 five skandha인데, 이는 다섯 개가 집적된 것을 말한다.

merit(공덕의 비축물)이라는 표현을 쓰기 때문에 뜻 자체는 서로 다툼이 없다. 다만 레드파인은 여러 가지 설명 끝에 이것을 복덕의 본체라고 해야 한다는 논리를 전개하는데, 산스크리트어 skandha가 '나무의 가지나 몸통'이라는 뜻이 있고, 예술가들의 작업을 body of work라고 하여 작업의 본체라고 하는 것이니, 마찬가지로 복덕이 쌓인 것이나 축적된 것 전체가 아니라 복덕의 골격을 말한다는 것이다. 그런데 이는 나중에 나오는 법신(法身-법의 몸)이라는 것 등을 설명하기가 수월해지는 역할을 하기 때문이지만, 지금은 그런 것까지 고려해서 생각할 필요는 없다.

그래서 우리도 덩어리, 무더기라고 번역을 하면, 공덕의 덩어리, 공덕의 무더기라는 표현이 된다. 그런데 아무래도 우리가 느끼기에는 속된 표현 같은 느낌이 든다. 그래서 우리 어감에 맞도록 '공덕이 쌓인 것'이라고 고치면 금방 이해가 된다. 물론 복합어가 우리 감각에 맞지 않기 때문에 풀어 씀으로써 공덕이 주격이 되었지만, 이는 따로 문법적 구를 형성하기 때문에 크게 오해를 살 일은 없고 우리말로 읽고 바로 이해하게 된다. 한역본들의 복덕취(福德聚)에서 취(聚)라는 말도 복덕이 모인 것, 쌓인 것이라고 번역이 되므로 꼭 일반명사로 사용할 필요 없이 이렇게 번역하기로 한다.

크기는 쉽게 잴 수 없다 – 한역(漢譯)들은 모두 '양을 재기 어렵다'는 번역을 한다. 현장은 불가취량(不可取量-양을 잡기 어렵다), 의정(義淨)은 난량(難量-양이 어렵다), 진제(眞諦)는 불가수량(不可數量-수와 양이 어렵다), 구마라집과 보리유지는 불가사량(不可思量-양을 생각하기 어렵다)이다.

산스크리트어본은 pramāṇām(양, 크기) + udgrahītum(잡다, 포착하다)이다. 콘체는 '양'이나 '크기'에 대해 언급하지 않고 '잴 수 있느냐?'라는 번역만 있고, 막스 뮐러 또한 '측정하기 어렵다'고 번역한다.

한 가지 생각해 볼 것은 금강경에서 말하는 공덕이 쌓인 것을 양으로 볼 것인지, 크기로 볼 것인지의 문제이다. 수없는 생을 거듭하면서 공덕이 점점 쌓여갔고, 그것을 쌓은 각각을 보면 다수의 작은 공덕들이 전체 공덕을 구성하므로 수많은 공덕이 여러 개라는 의미에서 많다는 표현도 좋고, 그렇게 쌓인 하나의 큰 덩어리 공덕을 의미한다면 그것이 크다는 표현도 맞다. 원문에서 나오는 것도 '양과 크기' 모두로 해석 가능하므로 결국 문맥에 따를 수밖에 없는데, 여기서 말하는 공덕은 당대(當代)의 수행으로 쌓이는 공덕, 즉 개별적인 공덕을 말하므로 크기를 의미한다고 본다. 이 공덕에 대하여 크기로 표시할 지, 양으로 표시할 지에 대하여는 8절의 설명에서 다시 검토하기로 한다.

쉽게 잴 수 없다 - 잴 수 없다는 것에 중점이 있는 것이 아니라, 그 양이나 크기가 엄청나기 때문에 잴 수 있는 방법이 없다는 것이다. 대상이 나타내는 표식에 의한 관념에 의존하지 않는 보시는 그 공덕의 크기가 너무 크다는 뜻이 된다.

수보리여, 어떻게 생각하느냐? 동쪽 하늘의 크기를 쉽게 잴 수 있겠는가?" 수보리가 말하였다. "없습니다. 세존이시여"

어떻게 생각하느냐 - 구마라집이 어의운하(於意云何-네 뜻이 어떠한가)라고 하였고 보리유지, 현장, 의정은 어여의운하(於汝意云何-네 뜻에 있어서 어떠한가)라고 수보리에게 묻는 것임을 분명히 하고 있다. 진제는 여의운하(汝意云何-네 뜻이 어떠한가)라고 직접 묻는 형식을 취하고 있다. 지금까지를 살펴보면 구마라집 이후의 번역본들은 그래도 하나씩 정확하게 번역하려는 경향을 보여주고 있다. 산스크리트어로는 tat(그) + kiṁ(어떻게) + manyase(생각되어지나)라는 수동태 형식을 취하고 있다. 어떻게 생각되어지는 것이나 그 뜻이 어떠한지는 같다고 볼 수 있다. 다만 한역본은 수보리(須菩提)가 앞에 나온 후에 그 뜻을 묻는 것이므로 능동형으로 사용했고, 산스크리트어본은 그 뜻을 물으면서 수보리(須菩提)를 호칭하는 순서이므로 '생각되어지나'라는 수동형을 사용한 것이다.

동쪽 하늘의 크기 - 현장본에는 동방허공(東方虛空)이라고 하고, 한역본들은 모두 허공(虛空)이라는 표현을 사용한다. 이것을 하늘이라고 할지, 허공이라고 할지의 문제가 있다. 허공(虛空)은 '텅 빈 공중'을 말하는 것이고, 하늘은 '지평선이나 수평선 위로 보이는 무한대의 넓은 공간'이다. 보통 하늘이라고 하면 텅 빈 공간을 뜻하므로 비슷한 의미이다. 산스크리트어본에는 ākāśasya(sky, 하늘에)라는 단어를 사용하는데, 자이나교에서는 천상의 요소인 air(허공)라는 뜻으로 사용하고 불교도들은 space(공간)의 뜻으로 사용한다. 그래서 공간이라는 뜻으로는 하늘뿐만 아니라, 지구 밑까지 포함하는 10방향 방위의 개념으로 사용한다. 한편 영문 번역가들은 예외 없이 space(공간)라고 번역한다. 그러나 이 책에서는 읽으면 바로 연상할 수 있도록 '동쪽 하늘'이라고 번역한다. '동쪽 공간'이라고 하면 너무 현대적인 느낌이 들기 때문이다.

동쪽 – 먼저 한꺼번에 여러 방향에 대한 질문을 한다면 대답하기 곤란하기 때문에 똑같은 성질을 가진 동쪽으로 한정하여 묻고 그 답을 받은 뒤에 다른 방향을 묻기 위해서 꺼낸 말이다. 동쪽은 해가 떠오르는 곳이므로 방위를 말할 때는 항상 제일 앞에 나온다.

세존께서 말하셨다. "이와 같이 남 서 북쪽과 아래 위쪽, 그 사이 방향까지 모든 열 방향의, 하늘의 크기를 쉽게 잴 수 있겠는가?

수보리가 말하였다. "없습니다. 세존이시여"

여기 금강경에서는 사방(四方)을 말할 때, 우리가 흔히 쓰는 동서남북(東西南北)이 아니라 동남서북의 순서를 사용한다. 동서남북(東西南北)이라고 하면 동(東)에 대한 대척점으로서의 서(西)를 언급하고, 남(南)에 대한 대척점으로서의 북(北)을 의미하기에 그 국가와 사회의 사고와 풍습을 반영하는 것이다. 그런데 동남서북(東南西北)은 태양이 떠오르는 동쪽을 기준으로 하여 자연스럽게 태양의 시계방향으로 돌아가는 방위의 표시로 보인다.

한역본에는 모두 동남서북(東南西北)을 말한 뒤에 사유(四維) 방향을 말하고 상하(上下)를 열거하는데, 산스크리트어본에는 동남서북(東南西北) 뒤에 상하(上下)를 열거한 뒤에야 사유(四維) 방향이 나온다. 사유(四維) 방향은 사방(四方)의 중간 방향(intermediate direction)이므로 남동, 남서, 북서, 북동 방향이다.

모든 열방향의 – 우리는 보통 사방(四方) 및 팔방(八方)이라는 용어를 사용하지만, 인도에서는 상하(上下)의 방위를 합쳐 십방(十方)을 사용한다. 불교에서 자주 쓰이는 시방삼세(十方三世)라는 말은 모든 공간을 포함하고, 과거 현재 미래의 삼세(三世)라는 시간적 표지까지 포함하는 말이다. 즉 십방을 시방으로 읽는데, 문법적으로는 십방으로 읽어야 한다. 불교에서만 시방이라는 발음을 사용하는데 이는 염송을 위해서이다.

하늘의 크기를 – 앞에서도 말한 바와 같이 한역(漢譯)들은 모두 '허공의 양을' 이라는 번역으로 양(量)을 표시하지만 크기라는 용어가 더 적절하다. 원문에는 ākāśa(sky, 하늘) sya(의) pramāṇam (scale, 규모)이므로, 하늘의 규모를 재는 것에 해당하는 뜻만 있다면 어떻게 번역해도 좋을 것이다. 콘체는 '공간의 범위를' 이라는 번역을 하는데, 같은 용어를 '쌓인 것'에도 사용하고, '공간'에도 사용하기 위해서는 '크기'라고 번역하는 것이 옳다.

세존께서 말하셨다. "그렇다, 수보리여, 그러하다. 만약 보살이 의존하지 않는 보시를 하면, 수보리여, 그 공덕이 쌓인 것의 크기를 쉽게 잴 수 없는 것도 마찬가지다. 수보리여! 보살의 길을 가는 자는 이와 같이 대상이 나타내는 관념에 의존하지 말고 보시를 해야 한다."

산스크리트어본에는 '보살의 길을 가는 자는 특징에 의한 관념에 의존하지 말고 보시를 하여야 한다'라는 구절을 현장이나 한역(漢譯) 번역가들은, 여시(如是 –이와 같이)라고 하여 문장의 구조를 단순화하고 있고, 그렇게 줄이는 것이 문장의 전체 구조를 알아보기가 더 쉽다. 이는 구마라집이 보살단응여소교주(菩薩但應如所敎住–보살은 오직 가르친 바와 같이 머물러야 한다)라고 축약한 것에서 잘 나타나 있다.

한역(漢譯)들은 보살행에 들어선 사람, 혹은 보살승을 탄 사람이라는 마지막 구절의 표현을 사용하지 않고, 모두 보살이라고 칭하면서 '이와 같다'라는 구절로 마치고 있다. 원문에서 보살과 보살의 길을 가는 자를 구분하는 이유는 보살의 수레를 타고 가다가 결국 보살이 되는 것으로 보아야 하기 때문이다. 보살은 머무르지 않는 보시를 함으로써 무한한 공덕을 쌓는 것을 알려주고 있고, 그러한 길을 가는(보살의 길을 가는) 자는 마땅히 그런 공덕을 쌓게 되니 어떻게 수행해야 되는지를 보여주는 것이다.

5절
특징에 집착하지 말라

"수보리여, 어떻게 생각하느냐? 여래가 특징을 갖춘 것에 의해 보일 수 있는가?"

수보리가 대답하였다. "아닙니다. 세존이시여! 특징을 갖춘 것에 의해서는 여래를 볼 수는 없습니다. 그것은 무슨 이유에서인가 하면, 세존이시여, 특징을 갖춘 것은 특징이 아닌 것을 갖춘 것이라고 여래가 설하셨기 때문입니다.

이렇게 말해지자, 붓다는 장로 수보리에게 말하셨다. "수보리여, 특징을 갖추었다고 하는 것은 그만큼 허망하다. 그리고 특징을 갖추지 않은 것은 그만큼 허망하지 않다. 이와 같이 특징이 없는 것을 특징으로 하여 여래를 보아야 한다"

[해설]

4절에서는 보시를 할 때, 대상의 형체, 소리, 냄새, 맛, 촉감, 법을 고려하지 않는 보시를 강조하였다. 따라서 외부로 나타나는 것에 의존하지 않는 보시를 넘어서 이제는 여래의 몸에 나타나는 것을 보는 방법을 가르치고 있다.

여래의 몸에서 나타나는 것을 특징이라고 한다면, 그 특징은 우리가 잘 알고 있는 붓다의 32가지 상이다. 즉 32상이라는 것으로 붓다임을 인정받는 것인데, 여기 금강경에서는 그런 것에 좌우되지 말기를 바란다. 어떤 경전에서 이런 특수한 상징을 무시하라는 가르침을 펼치겠는가? 처음 금강경을 입문한 사람은 이러한 파격적인 가르침에 놀라움을 금치 못할 것이다.

우리가 여래의 몸의 특징으로 여래인지 아닌지 판단하는 것을 멈추라는 가르침이 이 절의 주제이지만, 실제로 후대의 사람들은 이 절에서 구마라집의 가장 유명한 구절에 관심이 많다.

즉 범소유상개시허망(凡所有相 皆是虛妄)은 무릇 상이라고 있는 바는 모두가 허망하다. 약견제상비상즉견여래(若見諸相非相 卽見如來)는 만약 모든 상이 상이 아님을 본다면 그것은 여래를 보는 것이다.

위의 두 구절에서 사용한 상(相)이라는 글자를 3절에서 각종의 관념을 의미하는 글자와 같은 글자를 사용하여 금강경을 잘못 해석하게 만드는 구절이라는 것이 중론인데, 구체적인 것은 설명에서 보기로 한다. 다만 위 두 구절은 외워둘 필요는 있다. 그것은 공덕을 쌓기 위해 '법문을 배우고, 이해하고, 남들에게 자세히 설명해 주어야 한다'는 부분에서 필히 이해한 후에 남들에게 자세히 설명해 주어야 할 구절이기 때문이다(일종의 반면교사 역할을 하는 구절이다).

소명은 제목으로 '이치대로 실재를 보라(여리실견분如理實見分)'고 하였다.

[설명]

"수보리여, 어떻게 생각하느냐? 여래가 특징을 갖춘 것에 의해 보일 수 있는가?"

특징을 갖춘 것 - 여기서 말하는 특징이란 무엇일까? 바로 붓다의 몸에 나타나는 32가지의 특징이다. 이 특징은 붓다가 과거에 100가지 공덕을 쌓아서 만들어진 특징이다. 이 중에서 32가지 특징에 대해서는 어디서나 찾아볼 수 있고, 그것을 나열하는 것은 지면의 낭비이다. 그렇지만 우리 일반인도 가질 수 있는 특징 몇 가지만 나열해 보면, '길고 가는 손가락(手指紋長相)', '피부가 부드럽고 미끈하다(皮膚細活相)', '몸이 반듯하고 곧다(身端直相)', '치아가 희고, 바르고, 촘촘하다(齒白齊密相)', '혓바닥이 길고 넓다(廣長舌相)', '음성이 깊고 낭랑하다(梵音深遠相)' 등이다, 일반인 중에 이런 특징을 가진 분도 많을 것이다. 물론 그 외에 '40개의 치아를 가졌다'는 등의 진화론적인 관점[37]에서 검토해 볼 것도 있지만, 이 5절의 설법처럼 그런 상호(相好)에 집착하는 것이야말로 여래를 볼(觀如來) 기회를 날리는 것이리라.

특징 - 이 특징이라는 말에서 번역이라는 것이 무엇인가 하는 문제가 대두된다. 구마라집이 번역한 구절에 가이신상(可以身相) 견여래불(見如來不)은 '신상, 즉 몸의 상(相)으로써 여래를 볼 수 있는가'인데, 이 상(相) 글자가 앞에서 '상(相)에 머무르지 않는 보시를 하라'는 문구의 상(相), 또 아상(我相)과 같기 때문에 몸에 관한 상(相)도 같은 뜻으로 받아들이는 오해를 불러일으키기 때문이다. 한역(漢譯)들은 모두 이 상(相)을 사용하여 번역한 것이다. 그런데 산스크리트어본에는 이에 해당하는 글자가 lakṣaṇa인데, mark, attribute, token 등의 뜻으로 '특징'이라 번역하는 것이 좋다. 앞의 절에서 상(相)에 머무르지 않는다고 할 때의 상에 해당하는 산스크리트어가 nimitta(대상이 나타내는 것), 아상(我相)이라고 할 때의 상(相)이 saṁjñnā(관념)라는 것과 단어 상으로는 구분이 되고 뜻이 다른데도 모두 상(相)으로 번역하였다. 이 lakṣaṇa를 특징이라 번역하지 않고, 겉모양

37) 보통 사람의 치아가 32개이지만, 이는 유인원 시절보다 개수가 줄어든 것이다. 인간이 진화되면서 말을 할 수 있도록 하악골, 즉 턱이 뒤로 들어가며 치아가 날 수 있는 공간이 작아져서 32개가 된 것이다. 현재도 사랑니가 진화 중(즉 퇴화 중)에 있어서 미래에는 인간의 치아가 28개가 될 가능성이 많다.

이라는 상(相)으로 번역할 경우에 어떤 문제가 발생할 것인가. 그것은 붓다의 겉모양으로 여래를 볼 수 없다는 결론에 이르게 되고(여기까지는 일반인도 수긍할 수 있다), 이 논리가 확장되면 '세상 모든 것을 겉모양으로는 어떤 진리에도 접근할 수 없다'는 결론에 도달한다.

단순히 특징이라고 번역하면, '붓다의 일반인과 구분되는 특징이 있다고 여래를 볼 수 있는가'의 문제가 되고, 그러한 특징 여부만 고민하기 때문에 그것을 전체에 확장 적용하는 논리의 도구로 사용하기 힘들게 된다.

결국 구마라집은 이 부분을 같은 상(相)으로 번역하면서, 나중에 구마라집 혼자만이 서술한 부분인 범소유상개시허망(凡所有相皆是虛妄-무릇 상이라는 것은 모두가 허망하다)이라는 허무주의(Nihilism)로 빠지게 되는 것이다.

이 부분에 대하여 영역자들은 콘체가 possession of his marks(표시를 가지고 있는 것), 막스 뮐러가 possession of sign(징후 혹은 표시를 가지고 있는 것), 레드 파인은 possession of attributes(속성을 가지고 있는 것)이라고 번역하고 있다. 이들이 앞 절에서 '대상을 나타내는 것'을 notion of sign이라 번역한 것과 지금 이 구절에서 possesion of sign이라 번역한 것을 대조해 보면, '대상을 나타내는 것'은 단지 표시를 인식하는 것이고, 여기 특징은 그러한 표식을 소유하는 것, 가지고 있는 것이라는 의미의 차이를 보여준다.

비록 한역(漢譯)에서는 신상(身相)이라는 용어를 사용하여도 원문과 같이 특징을 갖춤이라 번역한다.

여기 특별히 붓다의 몸에 관한 이야기가 전개되는 이유는 무엇일까? 구체적인 인간으로서의 붓다의 몸을 말할 때는 색신(色身)이라는 표현을 쓴다. 색신(色身)의 색(色)은 우리가 색성향미촉법(色聲響味觸法)이라고 할 때의 그 색(色)이므로 구체적인 사물, 대상을 의미한다. 그래서 살아 있던 당시의 구체적인 인간으로서의 붓다의 몸을 의미한다. 다만 색신(色身)이라는 용어는 우리가 사용하는 언어감각과 맞지 않는 면이 있어 육신(肉身-physical body), 형체의 몸이라는 표현이 더 적절하다고 본다. 붓다의 육체적 몸은 보살행의 실천에서 나타난 실재하는 결과물로 보인다. 초기 불교도는 이것이 다른 붓다와 같게 보이는 것이라고 가정했다. 그리고 그들은 그러한 외관을 붓다의 화신(化身, 니르마나까야, Nirma-nakaya), 즉 그가 세상의 존재를 가르치기 위해 나타난 존재, 환체(apparition body)라고 했다. 그러한 개념은 붓다의 추종자들이 붓다의 생물학적 몸의 붕괴와 죽음을 설명하도록 해주었고, 그들이 매장한 몸은 그의 진정한 몸이 아니라 화신이나 유령이라는 것이다.

특징이 갖춰진 것으로 여래를 볼 수 있느냐는 질문은 그렇지 않다는 것을 전제하는 질문이다. 즉 여래의 본질은 붓다로서의 특징에 있지 않다는 것이다. 그러한 특징으로서도 볼 수 없는 여래의 본질은 무엇인가? 보통은 위에서 논의되는 바와 같이, 색신(色身) 혹은 육신(肉身)으로서의 붓다 외에 몸에 상응하는 또 다른 몸을 예로 들기 위해서 법신(法身)이라는 개념을 들고 있다. 그런데 금강경의 26절에는 게송으로서만 법신이라는 단 한마디만 나타난다(그것도 산스크리트어본에만 있고 한자 번역본에는 없다). 즉 색신(色身) 혹은 육신(肉身) 대(對) 법신(法身)이라는 도식적인 개념을 제시하면서 법신(法身)이라는 것은 보통 사람이 인식할 수 없는 영역의 것이라는 뜻이다. 그런데 이런 논의를 떠나서 금강경 내용 그대로 받아들이는 것은 어떨까? 육신으로서는 여래를 볼 수 없다. 이렇게 받아들이면 무엇이 중요한지 자연히 나타나게 된다. 그것은 붓다의 육신이 아니라 붓다의 정신, 그 정신이 표현된 말, 그것들이다. 그것들이 궁극적으로 나타내고자 하는 것은 무엇인가? 그것은 깨달음이다. 즉 깨달은 존재로서의 붓다는 당연히 육신으로 볼 수 없고, 그 깨달음을 조금이나마 추종하면 깨달음에 다가설 것 같고, 일단 육안으로 보이는 붓다를 조금이라도 닮고자 하기 때문에 붓다의 특징을 살피게 되는 것이다. 이 논의는 붓다의 대답을 보면서 조금 뒤에 다시 전개하기로 하자.

수보리가 대답하였다. "아닙니다. 세존이시여! 특징을 갖춘 것으로는 여래를 볼 수는 없습니다. 그것은 무슨 이유에서인가 하면, 세존이시여, 특징을 갖춘 것은 특징이 아닌 것을 갖춘 것이라고 여래가 설하셨기 때문입니다.

특징을 갖춘 것으로는 여래를 볼 수는 없습니다. - 수보리는 붓다가 예상한

대로의 대답을 한다. 여기서 말하는 특징은 붓다의 32가지 상호(相好)를 말하는 것인데, 이러한 특징을 갖추었다고 하더라도 꼭 붓다가 되어야 하는 법은 없는 것이다. 나중에도 나오지만 전륜(轉輪)성왕도 그러한 특징을 갖추고 있다는 것이다.

특징을 갖춘 것은 특징이 아닌 것을 갖춘 것이다. - 지금부터 나오는 대답은 중요하다. 바로 금강경에서 '비논리의 논리(금강경의 논리)'를 구사하기 위한 과도적인 첫 장면이기 때문이다. 이 부분을 간단하게 정리하면, '특징을 갖추었다는 것은 특징을 갖춘 것이 아니다'라는 구절이 된다. 비록 2,500년 전에 설(說)해지고 그 1,000년 뒤에 번역되면서 문제가 없을 수는 없겠지만, 인간의 두뇌를 가진 자라면 논리적 사고에 익숙한 법이므로 이런 문장을 제대로 이해하고 번역하기는 힘들다. 스스로 번역하면서도 번역이 제대로 되었는지 의문이 들 수밖에 없다. 그래서 처음부터 '특징을 갖춘 것은 특징이 아니다'라는 문장을 만들어서 충격과 불신으로 빠져들게 할 수는 없다. 나중에 금강경에서도 나오지만 반야경 8,000송에는 '이 경전을 듣고 마음이 침몰하지 않고, 놀라 공포를 느끼지 않고, 우울하지 않고, 후회하지 않으면, 이 보살은 반야바라밀다를 깊이 수련하는 것이다'[38]는 말에서 왜 지혜의 완성인 반야바라밀다경을 읽고 놀라 공포를 느낀다는 표현이 나오는지 궁금했지만, 우리의 논리적 세계에서 논리의 틀을 뚫고 나오는 경전의 내용은 놀라 쓰러질 만하다고 본다.[39]

그리고 이 부분의 한역(漢譯)들은 모두, 구마라집이 여래소설신상 즉비신상(如來所說身相 卽非身相-여래가 말한바 신상은 신상이 아니다), 보리유지는 여래소설상즉비상(如來所說相卽非相-여래가 말한바 상은 상이 아니다) 등과 같이 번역하였는데, 원문과는 그 뜻이 약간 다르다. 산스크리트어본에는 문자 그대로 해석하면, '특징을 갖춘 것이 여래에 의해 설해지는데 그것은 바로 비(非)특징을 갖춘 것이다'라고 된다. 미묘한 뜻의 차이가 있는데 이것이 한역(漢譯)으로 제대로 표현되지 않는 것으로 보인다.

---

38) 반야경 8,000송, 대반야바라밀다경 제553권 중반부

39) 이 논리적 세계의 틀을 깨고 나오는 것이 마치 새가 알을 깨고 나오는 것을 연상시킨다. "새는 알을 깨고 나온다. 알은 새의 세계이다. 태어나려는 자는 한 세계를 파괴해야만 한다. 새는 신에게로 날아간다. 그 신의 이름은 아브락사스이다."(헤르만 헷세의 『데미안』 중에서) 여기서 알이라는 세계를 논리의 틀로 생각하고, 아브락사스 신을 깨달음의 반야바라밀다라 보면 어떨까?

영문 번역본을 보면, 콘체는 '특징을 가졌다는 것은 아무런 특징이 없는 것을 가지지 않았다는 것'이라는 번역을 한다. 이 부분에서 이중부정을 사용하였기 때문에 일종의 동어 반복이 되어 결과적으로 무가치한 뜻이 된다. 오히려 '특징을 가졌다는 것은 아무런 특징이 없는 것이 특징이다'라고 하였더라면 산스크리트어본에 가까운 뜻이 되었을 것이다. 문법적으로 명확하게 번역하는 막스 뮐러는 '표시를 가졌다는 것은 표시가 없는 것을 가졌다는 것'이라고 비슷하게 번역했다. 레드파인은 '속성을 가졌다는 것은 속성을 가지지 않았다는 것'이라고 하여 정면 부정의 길을 택한다.

아직은 금강경의 논리의 세계[40]로 들어가지 않았기 때문에 논리적 범주 내에서 번역을 택한다면, '특징을 가졌다는 것은 비특징을 특징으로 한다'라는 정도로 비논리적 세계의 출발을 시작하기로 한다.

이렇게 말해지자, 붓다는 장로 수보리에게 말하셨다. "수보리여, 특징을 갖추었다고 하는 것은 그만큼 허망하다. 그리고 특징을 갖추지 않은 것은 그만큼 허망하지 않다. 이와 같이 특징이 없는 것을 특징으로 하여 여래를 보아야 한다"

특징을 갖추었다고 하는 것은 모두 허망하다 – 허망하다는 것은 무엇일까? 허망(虛妄)하다는 것은 사전적으로 '거짓되고 망령되다, 어이없고 허무하다'라는 뜻이다. 우리가 보통 쓰는 용어로는 지금까지 해온 일들이 무가치하다고 판단될 때 사용하는 말이다. 앞으로 영속적인 가치를 만들지 못하고 일시에 허물어지는 그런 결과를 표현하는 말이다. 이런 사전적 뜻으로 이 부분을 해석하면, '특징을 갖추었다고 하는 것은 일시적이고 나중에 아무런 가치가 없는 것이다'라는 뜻이다.

현장, 의정은 '모든 상을 갖추었다는 것은 모두가 허망하다'라는 비슷한 번역을 하고 있는데, 구마라집은 '무릇 있는바 상이라는 것은 모두가 허망하다 – 범소유상개시허망(凡所有相皆是虛妄)[41]'이라는 말을 하고 있다. 보리유지와 진제

40) 금강경의 논리라고 하는 것은 언뜻 비논리적으로 보이는 진술을 하지만 어떤 특정한 목적을 가진 진술이기 때문에 이를 의미 있는 것으로 인식하는 것을 말한다.

41) 이 말이 무슨 뜻을 가지고 있는지 정도는 알고 있어야 하고, 한자음으로 말할 정도로 외우고 있어야 할 것

도 비슷하게 사용한다. 하지만 보리유지는 '무릇 모든 상이 있는 것은 모두 허망한 말이다'로 바꾸고 있다. 하여튼 구마라집의 이 말이 상당히 멋지게 보이는지 동양사회에서 금강경의 핵심내용을 가리키는 것으로 여겨지고 있다. 그런데 그 뜻을 보면, 모든 상(相)이 허망하다는 결과가 되니, 이는 우리가 살아가면서 마주치는 모든 것, 색성향미촉법(色聲響味觸法)이 모두 허망하다는 뜻이 되어 허망(虛妄)한 것으로 둘러싸인 우리 자신도 허망(虛妄)한 존재가 될 수밖에 없는 결론에 이르게 된다.

산스크리트어본에는 상(相)에 대한 말로 lakṣaṇa를 사용하고 있는데, 이는 역시 '특징'이라는 말이다. 즉 산스크리트어본에는 '특징을 갖춘 만큼, 그만큼 허망함이 있다'이다. 이 뜻이 수사를 위해 '그만큼'이라는 것을 부가한 것으로 보이므로 그냥 '특징을 갖춘 만큼 허망하다'로 번역해도 된다.

허망하다 – 원문의 mṛṣra를 번역한 말인데, 그 뜻은 in vain(헛되다), wrongly, falsely(틀린, 거짓의)라는 뜻이다. 그래서 콘체는 '특징을 가지고 있는 곳마다, 가짜(엉터리)가 있다'라고 fraud라는 말을 쓰고, 막스 뮐러도 콘체와 같은 문장, 같은 단어를 사용하고 있다. 레드파인은 '속성을 가지고 있는 것은 환상이기 때문에'라는 번역을 하고 있다.

특징을 갖추지 않은 것은 그만큼 허망하지 않다. – 이 문장에서 반대로 해석하면, '특징을 갖추지 않은 것'의 저 아주 밑바닥에 자리 잡은 '어떤 것'이 유유히 실재하고 있고 허망하지 않다는 뜻을 추론해 낼 수 있다. 특징이라는 것은 깊은 심연의 바다 표면에 움직이면서 흐르는 파도와 같은 존재일 뿐, 바다 깊은 곳에서는 파도의 흐름과 관계없이 움직이지 않는 실체가 있다는 것이다. 그러한 실체를 진여(眞如) Suchness라는 표현을 사용한다. 결국 그러한 실체(實體) 외에는 허망하다는 말을 하는 것인데 그것은 일리(一理)가 있는 말이다.

이와 같이 특징이 없는 것을 특징으로 하여 여래를 보아야 한다 – 이 부분에서 '특징이 없는 것'을 특징으로 보아야 한다는 점에서는 한역(漢譯)이나 영역(英譯)이나 모두 같은 취지이다. '특징이 없다는 특징'이라는 것은 최근의 수사학

같다. 8자로 되어 있기에 몇 번만 반복해 보면 쉽게 외울 수 있다. 그 바른 뜻을 알아야 다른 사람에게 자세히 설명해 주는 공덕을 쌓을 수 있다.

에서도 상당히 발전된 형태의 논리인데 이미 2,500년 전에 붓다가 이런 논법을 구사했다는 것은 실로 놀라운 일이 아닐 수 없다. 그런데 한역(漢譯)들은 '모든 상(相)이 상(相)이 아님을 본다면'의 뜻으로 새겨지기 때문에 이 책의 번역과는 조금 다른 뜻이 되었다.

여래를 보아야 한다 – 여래를 본다는 것은 무슨 뜻일까? '여래(如來)'의 개념은 명확하다. 여래가 어떤 깨달은 존재의 실물, 육체를 말하는 것이 아님은 분명할 것이다. 여기서 '여래(如來)'는 깨달음의 정수로서의 여래를 말하는 것이다. 즉 특징으로 여래를 보는 것이 아니라 특징이 없는 것으로 여래를 보아야 진정한 여래가 보인다는 것이다. 특징으로 둘러싸인 육신의 그 속에 존재하는 정신적 본체를 보고 인식한다면, 그 보고 인식하는 주체도 여래와 같은 존재가 될 것이다. 여래를 본다는 말은 스스로가 여래임을 인식한다는 말이다.

그런데 구마라집은 약견제상비상즉견여래(若見諸相非相卽見如來)라고 하여, '만약 모든 상(相)이 상(相)이 아님을 보게 되면 그것이 여래를 보는 것이다'라는 번역을 추가하고 있다. 구마라집은 범소유상개시허망(凡所有相皆是虛妄), 즉 '모든 상(相)이라는 것은 허망하다'라는 구절을 앞에 붙여서 금강경의 내용을 허무주의로 빠지게 하고 있다.

구마라집의 파란만장한 생애를 생각하면 인생이 그렇게 느껴질 법도 하다. 구차국의 왕자로 태어나(서기 344년), 신동으로 소문난 뒤, 불법의 진수를 터득했다고 알려지지만 전진에 나라가 망하면서 포로가 되어 강제로 파계 당했으나, 다시 동진(東晋)에 끌려와 장안(長安)에 정착한다. 이때가 50대 후반인데, 그 이후 불경을 번역하면서 12년 동안 갖은 호사를 누리었다고 하니, 구마라집이 생각하는 인생이나 세계는 모든 것이 허망하다는 생각이 들 법도 하다. 그렇지만 개별적이고 구체적인 자기의 일생을 일반화한다는 것은 후세인들에게 잘못된 가르침을 주는 것이다. 역경(譯經) 사업은 원본의 뜻을 그대로 전달해 주어야 하지 그것을 왜곡해서는 안 된다. 혹시 구마라집 개인의 깨달음이 있으면 그것을 개인의 이름으로 발표하는 것이 올바른 태도이다. 이런 면에서 현장의 번역은, 이 책을 쓰면서 느낀 점인데 너무나 치열한 번역이다. 금강경은 구절이 짧아서 그 진가가 드러나지 않지만, 대반야바라밀경 중의 지혜의 완성 8,000송이나 10만송을 한역(漢譯)과 영역(英譯)을 대조해 보면, 오히려 콘체가 번역 도중

반복되는 구절을 많이 생략하고 있는 것을 보았다(물론 정확한 뜻을 참조할 때는 콘체의 영역본도 많은 참고가 되고, 콘체도 엄청난 고심을 한 흔적을 찾을 수 있다). 그런 면에서 번역의 다툼이 있을 때, 현장본도 반드시 참고하여야 한다고 본다.

'모든 상(相)이 상(相)이 아님을 본다면 여래를 볼 수 있다'라는 구절이 맞는지 틀리는지의 문제가 아니고, 그것이 금강경을 통해 나타난 붓다의 말이 아니라는 점에 주목해야 한다는 것이다. 사실 모든 상(相)이라는 것은 우리가 아는 상(相)이 아닐 수 있음은 현대 물리학이 밝혀낸 성과이기도 하고, 그 상(相)이라는 속에 도사리고 있는 것이 저 극미(極微)의 단계까지 내려가면 무(無) 혹은 공(空)이라는 텅 빈 공간을 마주치게 되지만, 그런 공간조차도 다시 각종 전자파로 가득 차 있다는 것도 사실인 것이다. 여기서는 '모든 상(相)이 상(相)이 아님을 본다는 것'은 가능성이 있는 말이지만, 그렇게 볼 때 '여래를 볼 수 있는가'의 문제는 또 다른 문제이다. 앞서도 말한바, 여래를 본다는 것이 진실의 본체를 깨닫는 것이라면 과연 그럴까 하는 문제인데, 이에 대해서 여기 이곳에서 붓다는 말하지 않고 있으니, 일단 구마라집의 독단적인 견해라고 생각하고 넘어가기로 한다.

이곳에서 붓다가 적시하는 내용을 요약하면, 만약 우리가 특징이 없는 것을 특징으로 볼 정도의 실력을 닦은 후에 여래를 보면, 우리는 붓다의 진정한 몸을 볼 수 있다(여기서 말하는 몸은 깨달음이다). 그 몸은 필연적으로 그 현실에서 부정되었던 바로 그 특징을 포함하고 있다. 금강경에서 공(空)을 언급하지 않는 것은 공(空)이라는 말이 때때로 그 자체의 의미를 전파하는데 실패하고, 그것이 논리적으로 설파되기 힘들기 때문이다. 그래서 선(禪)의 대가들은 이러한 논리적 기술을 더 심하게 축약하여 '한 손가락을 보여주는 것(구지선사)'이나 '대답을 거부하는 것', '주장자(拄杖子)를 내려치거나', '한 잔의 차를 대접하는 것'에 의해 표현한다.[42] 이러한 선사(禪師)들의 행위에 대한 것을 폄하(貶下)할 것은 아니지만, 우리는 아직 금강경의 내용을 좇아가서 스스로 자신의 깨달음을 추구하는 과정이므로 각자 그 공과(功過)를 생각해 보아야 한다.

---

42) 이러한 것들을 이 책에서 모두 소개할 필요는 없다고 본다. 이런 정도의 선지식의 사례는 금강경에 관심이 있는 독자들이라면 모두 알고 있을 것이고, 그런 것에 어떤 신비감이 있는 것도 부정할 수 없다. 다만 그런 것에 대한 기초는 금강경의 공부만으로도 충분히 닦을 수 있다.

6절
미래에도 깊은 믿음을 가진 중생은 있다 

이렇게 말해지자, 장로 수보리는 세존에게 말하였다. "세존이시여, 미래에, 최후의 시기에, 최후의 시대에, 최후의 500년에, 선법이 무너질 때에, 이와 같은 형태의 경전의 구절들이 말하여지면, 진정한 관념을 내는 중생이 조금이라도 있겠습니까?"

세존께서 말하셨다. "수보리여, 그런 말을 하지 말라. 그때에 이와 같은 형태의 경전의 구절을 듣고 진정한 관념을 내는 중생들이 있을 것이다"

"그리고 다시 수보리여! 그때에 공덕을 쌓고, 계를 지키고, 지혜를 갖춘 보살 마하살들이 있어서, 이와 같은 형태의 경전 안의 구절들이 말하여지면 진정한 관념이 생길 것이다.

또다시 수보리여! 그 보살 마하살들은 한 붓다에게만 공양을 한 것이 아니고, 한 붓다에게만 선근을 심은 것이 아니다. 그리고 다시 수보리여! 그 보살은 백, 천의 붓다에게 공양을 이어 오고, 선근을 심어 왔고, 이 경전의 구절들이 말하여질 때, 이 경전의 구절을 듣고 하나의 청정한 신심(信心)을 얻게 될 것이다.

수보리여! 여래는 붓다의 지혜로써 그들을 알며, 붓다의 눈으로 그들을 본다. 수보리여, 그들 모두가 측정할 수 없고 셀 수 없는 공덕을 쌓고 얻게 될 것임을 여래는 안다.

그것은 무슨 이유에서인가? 수보리여! 그들 보살 마하살들에게 '자아의 관념'이 생기지 않고, '중생의 관념', '영혼의 관념', '개인의 관념'이 생기지 않기 때문이다."

또한 수보리여! 그들 보살 마하살들에게 '법이 있다는 관념'이 생기지 않고, '법이 아닌 것이 있다는 관념'도 생기지 않기 때문이다. 또한 수보리여! 그들에게 '관념'도 '관념이 아닌 것'도 생기지 않기 때문이다.

수보리여! 만약 보살 마하살이 법이 있다는 관념이 생긴다면, 그것은 즉 자아집착이 있고, 중생 집착, 영혼 집착, 개인 집착이 있는 것이다. 만약 법이 아닌 것이 있다는 관념이 생기면, 그것은 역시 자아에 대한 집착이 있는 것이며, 중생에 대한 집착, 영혼에 대한 집착, 개인에 대한 집착이 있는 것이다.

그것은 무슨 이유에서인가? 또다시 수보리여, 법을 취해서도 안 되고, 법이 아닌 것을 취해서도 안 되기 때문이다.

그래서 여래는 이러한 함축적인 말을 설하였다. '법문이란 뗏목과 같은 것임을 아는 자들은 법을 반드시 버려야 하거늘, 하물며 법이 아닌 것은 당연한 것이다.'

[해설]

지금까지 나온 내용들이 금강경의 핵심 내용들이었고, 이제 이러한 금강경을 후대에도 믿고 지킬 자가 있을지, 이런 내용의 파격과 진리성을 붓다의 직접 설법을 듣지 않는 후대의 인간들이 과연 이해할 수 있을지에 대한 수보리의 질문이다.

그러나 우리가 지금 금강경을 읽어보면서 현장감은 조금 부족하더라도 붓다의 설법 내용은 명확히 인식할 수 있다. 다만 인식된 그 내용을 우리가 이해할 수 있는지는 별문제이다. 그것은 당시의 제자들과 비구들도 마찬가지일 것이다. 듣는 것과 그것을 이해하여 체감하는 것은 별개의 문제이다.

후대에 이런 내용을 듣고 믿고 따를 자가 있겠느냐는 수보리의 질문은 수보리 자신이 이 내용을 이해했기 때문이다. 여기에 대해서 붓다는 당연히 그런 사람이 있을 것이고, 그런 사람은 앞서 3절에서 말한 바와 같이 각종의 관념을 버려야 하고, 추가하여 법이 있다는 관념까지 버릴 것을 언급하고 있다. 주의할 점은 3절에서는 보살의 자격으로 네 가지 관념을 버릴 것을 제시했는데, 여기서 큰 공덕을 쌓고 받기 위해서는 그러한 관념 외에(즉 보살의 자격 외에) 법에 대한 관념까지 생겨서는 안 된다는 점이다.

소명은 제목을 '바른 믿음은 놀라울 것이다(정신희유분正信希有分)'라고 하였다.

제목의 바른 믿음은 놀랍다는 것을 보통 번역하기가 곤란하여 번역하지 않고 희유하다는 표현을 사용하는데, 수보리가 붓다에게 감탄하는 말이 자주 나올 때 사용하는 표현이 희유(希有)이다. 이 책에서 그 구절은 '놀랍습니다'로 번역하는 이유를 썼는데, 여기 제목도 그렇게 번역하는 것이 좋다. 한문을 아는 분들이 더 풀어서 '바른 믿음은 드물다'고 번역하는데, 이 절의 내용은 최후의 500세에 바른 믿음을 가지는 사람이 반드시 있을 것이라는 점을 강조하는 말을 하는 것이지, 그런 믿음을 가질 사람이 드물 것이라는 점을 강조하는 것은 아니다. 그런 의미에서도 희유(希有)라는 말은 놀랍다고 번역하는 것이 옳다. 그래서 최후의 500세에 바른 믿음을 가지는 놀라운 사람이 있을 것이라는 점을 언급하고 있는 것이다.

[설명]

이렇게 말해지자, 장로 수보리는 세존에게 말하였다. "세존이시여, 미래에, 최후의 시기에, 최후의 시대에, 최후의 500년에, 선법이 무너질 때에, 이와 같은 형태의 경전의 구절들이 말하여지면, 진정한 관념을 내는 중생이 조금이라도 있겠습니까?"

미래에 – in the future period(콘체), in the future(막스 뮐러, 레드파인), 산스크리트어로는 an(아닌) + gata(가다, 지나다), 즉 '지나지 않은'이다. 현장은 어당내세(於當來世)라고 하였다.

최후의 시기에 – 현장은 후시(後時)로 표현했는데, 산스크리트어본에는 paścima(final, last, 최후의) + kāle(시기에)로 되어 있다. 그냥 후시(後時), 즉 다음 시간이라 번역하기에는 무슨 말인지 강조가 되지 않는 문제가 있다. 콘체는 last epoch(마지막 시기), 막스 뮐러는 last time(마지막 시간), 레드파인이 final epoch(최후의 시기)라고 번역하였다. 원문의 뜻에 맞추어서 최후의 시기라고 번역한다.

최후의 시대에 – 현장은 후분(後分)이라 번역하였는데, 우리말의 어감으로 볼 때 번역하기 쉽지 않다. 산스크리트어본에는 위와 마찬가지로 paścime(최후의) + samaye(시절에)이다. 콘체는 last epoch(마지막 시대), 뮐러는 last moment(마지막 순간), 레드 파인은 final period(최후의 시기)라고 번역하였다. 따라서 '최후의 시대에'라는 표현을 사용한다.

최후의 500년에 – 현장은 단순히 후오백세(後五百歲–뒤에 올 500세)라고 하였는데, 앞서 paścime를 '최후의'라고도 번역하였으므로 최후의 500년이라고 한다.

대방광대집경(大方廣大集經)에서는 불교의 순수성이 퇴화되는 시기를 500년 단위로 끊어서 5단계로 나눈다. 즉 해방에 대한 강조, 명상, 배움, 종교적 작업, 마지막으로 이론적 붕괴이다. 그렇지만 다른 경전에서는 법이 사라지는 것에 대해서 세 시기로 나누어, 처음의 두 단계는 1,000년이 계속되고, 마지막 세 번째는 1만 년이 계속된다고 한다. 그래서 마지막 500년은 이 긴 시기의 최후의 500년이라는 것을 의미한다고 한다. 최후의 500년이라는 번역을 택한다면, 어떤 논의에도 관계없이 가장 뒤의 500년이라는 것이 된다.

선법이 모두 무너질 때에 – 현장은 정법장멸시분전시(正法將滅時分轉時)라고 하여 '올바른 법이 장차 멸하는 시기에 바뀌는 때'라고 하였다. 산스크리트어본은 sad(좋은) + dharma(다르마) +vipralopa(아주 멸하는) + kāle(때에) +vartamāne(발생할 때), 즉 이 구조를 보면 현장이 번역한 것과 아주 유사한 구조를 보여준다. 그런데 이것을 우리말로 쉽게 옮기기 위해서 본문과 같이 약간의 변화를 가지도록 한다. 영어 번역본들에 의하면, 콘체는 good doctrine의 collapse, 즉 좋은 원칙의 붕괴라고 하고 있고, 막스 뮐러는 decay of good Law, 즉 좋은 법의 퇴락, 쇠퇴, 레드파인은 dharma-ending age, 즉 다르마가 끝나는 시기(여기서 레드파인은 다르마 자체를 좋은 것으로 보기 때문에 다른 수식어를 붙이지 않았지만, 다르마는 좋지도 나쁘지도 않은 것임을 간과한 것 같다)라고 한다. 다르마는 구마라집이 법(法)이라고 번역한 이후, 이제 불교에서 법이라고 할 때는 우리가 일상생활에서 사용하는 법의 개념이 아니다. 여기서 '바른 다르마가 멸하는 때에'라고 번역하는 것은 더 이상하다. 그냥 좋은 법, 즉 선법(善法)이 무너지는 것으로 번역한다.

이와 같은 형태의 – 현장은 문설여시색경전구(聞說如是色經典句–이런 형태의 경전 구절이 설해지는 것을 듣고)라고 하여, 색경전(色經典)이라는 말을 사용한다. 산스크리트어rūpeiṣu(form, 형태)를 번역한 것인데, 그 rūpeiṣu는 뒤의 경전을 꾸미는 용어로 되어 있기 때문에, '이런 형태로 된 경전'이라는 것을 한자어로는 간략히 표현한다고 한 것이라 보인다. 이는 영문 번역가 막스 뮐러가 the very words of the Sutras라고 하여 '경전의 바로 그 말들'이라는 표현을, 레드파인이 the words of a sutra such as that spoken here이라고 하여, '여기 설하여진 바로 그 경전의 말'이라는 표현을 사용하는 것은 경전을 강조하기 위한 용법으로 보는 것과 같은 맥락이다.

경전의 구절들이 말하여지면 – 지금 말하는 구절들이라는 것은 3절과 4절, 5절을 통해서 말하여진 붓다의 핵심 강의 내용이다. 3절의 '자아, 중생, 영혼, 개인이 있다는 관념'을 버려야 여래를 본다는 것, 4절의 '대상이 나타내는 관념에 의존하지 않는 보시를 하고, 그 공덕이 무한하다는 것', 5절의 '몸의 특징으로 붓다를 보아서는 안 된다'는 것을 말한다. 이러한 구절들을 읽는 후학들이 상식과 통념을 깨는 이런 강의에 어찌 의심하지 않겠는가? 또 쉽게 믿고 따를 수 있을까? 원문을 정확하게 번역하면 '경전 안의 구절들'이 되지만 문맥의 흐름을 고려하여 '경전의 구절들'로 축약한다.

진정한 관념을 내는 중생이 조금이라도 있겠습니까?" – 현장은 진실한 생각이라는 뜻으로 실상(實想)으로 표현했는데, 구마라집과 의정은 믿음을 의미하는 실신(實信)으로, 보리유지와 진제는 실상(實相)으로 번역했다. 구마라집과 의정의 표현으로는 '진실한 믿음'이고, 나머지는 '진실한 생각'이라고 번역된다. 원문은 bhūta(진실한) saṁjñā(생각, 관념)이다. 구마라집은 산냐를 앞에서는 상(相)으로 번역하였다가 여기에서는 믿음으로 번역하였다. 문맥에 따라 뜻이 다를 수는 있지만 일관성이 없는 점도 있다. 영문 번역의 경우, understand truth(진실을 이해하다-콘체), frame a true idea(진실한 구상을 짜다-막스 뮐러), give birth to a perception of the truth(진실한 지각을 낳다-레드파인)이라고 번역한다. 보통 참된 생각, 진실한 생각이라는 표현을 사용하는데, 관념 자체의 진위에 대한 느낌으로 '진정한 관념'이라고 번역한다.(진정한 관념에 대하여 14절의 설명 참조)

중생이 조금이라도 있느냐는 표현은 파유(頗有)를 해석한 것인데, 콘체도 any being(누가 있겠느냐)이라는 표현을 사용하고 있다.

세존께서 말하셨다. "수보리여, 그런 말을 하지 말라. 그때에(미래에, 최후의 시기에, 최후의 시대에, 최후의 500년에, 선법이 무너질 때에) **이와 같은 형태의 경전의 구절을 듣고 진정한 관념을 내는 중생들이 있을 것이다"**

세존께서 말하셨다 – 이 부분은 막스 뮐러의 원문에는 나타나지 않고, 콘체가 영문과 대역한 것에는 나타난다. 즉 Bhagavan aha인데, 수보리의 질문에 대한 대답을 시작하기 위해서 반드시 있어야 할 말인데, 뮐러 판에는 빠져 있다.

'그런 말을 하지 말라'는 표현은 막작시설(莫作是說) 혹은 물작시설(勿作是說)의 한문 표현을 사용한 것이다. 콘체의 산스크리트어본은 Mā(don't) tvam(you) evam (thus) vocaḥ(speak) '그렇게 말하지 말라'고 되어 있고, 콘체도 Do not speak thus라고 하여 같게 번역하고 있다. 뜻에 차이는 없으므로 한역본대로 번역한다.

'그때에' - 원문에는 미래에, 최후의 시기에, 최후의 시대에, 최후의 500년에, 선법이 무너질 때에로 다시 반복이 되어 있다. 구마라집은 이 부분을 수보리가 질문할 때에는 없는 것으로 번역하면서, 붓다의 답변에서는 단순히 후오백세(後五百歲)라고만 하였다. 현장은 수보리의 질문이나 붓다의 답변에 모두 넣어서 다시 반복하고 있다. 너무 같은 말이 반복되면 지루하고 그 오의(奧義)를 놓칠 가능성이 있으므로, 수보리가 질문할 때에 넣는 것으로 하고 붓다의 답변에서는 '그때에'라고만 하기로 한다. 한편 구마라집과 같은 번역은 조금 이상하다. 수보리가 '미래'라는 말을 하지도 않았는데, 붓다는 '후오백세'에 경전을 듣고 믿을 중생이 있다는 대답을 하는데 이는 본말이 전도된 것이다. 물론 붓다의 말로 하는 부분이 강조되는 면은 있지만, 논리적으로는 잘못된 서술방식이라고 보인다. 그래서 이 책과 같이 번역하기로 한다.

원래 이 경전은 암송으로 전해져 내려오므로 암송을 위해서는 운율에 맞는 부분을 반복하는 것이 기억에 오래 남는다. 그래서 질문과 대답에 같은 부분을 반복하는 것이다. 그렇지만 우리는 암송보다는 그 내용 파악이 더 중요하므로 반복되는 부분을 빼는 것이 효과적이다.

진정한 관념을 내는 중생들이 있을 것이다 - 수보리의 질문에 붓다가 대답하면서 하는 말이므로, 수보리의 질문과 똑같이 대답하면 같은 뜻이 될 것이다. 그래서 현장은 생실상(生實想)이라고 하여 같은 대답을 하는 것으로 번역하였다. 구마라집은 능생신심이차위실(能生信心以此爲實-능히 믿는 마음이 생겨, 이것으로 진실해지다)이라고 약간 수사학적인 변용을 주었는데, 그 또한 구마라집의 능력이라 할 것이다.

'진정한 관념'이라는 것은 bhūta saṁjñā(부타 산냐)인데, 이것이 앞서의 sattva saṁjñā(삿트바 산냐), jīva saṁjñā(지바 산냐) 등과 같이 뒤에 saṁjñā(산냐)가 붙었으니 앞의 것과 같이 산냐를 해석하면 어떨까 하는 생각이 들 것이다. 붓다는 이러한 산냐(상, 想, 相)에 집착하지 말아야 여래를 본다고 하였으니 진정한 관념이라는 것도 그런 것이 아닐까? 즉 앞의 논리를 같이 전개하여, '진실함이라고 하는 생각에 집착하지 말라'라는 논의가 가능하다. 그러나 앞의 상이라는 것은 그 앞이 중생이나 생명이라는 명사였고, 지금의 bhūta(진실한)는 형용사이다. 또 문맥상 붓다는 앞서의 관념이 생겨서는 안 될 것으로 보았지만, 여기서는 '진정한 관념'을 장려하고, 그런 관념을 가져야 한다는 의미로 사용하기 때문에 앞의 상(相)과 같이 보아서는 안 되고, 오히려 앞의 상(相)에 집착하지 않아야 bhūta saṁjñā(진정한 관념)에 도달할 수 있다고 보아야 한다. 그래서 진실한 관념이라기보다 진정한 관념이라고 번역하는 것이 맞다.

그리고 다시 수보리여! 그때에 공덕을 쌓고, 계를 지키고, 지혜를 갖춘 보살마하살들이 있어서, 이와 같은 형태의 경전 안의 구절들이 말하여지면 진정한 관념이 생길 것이다.

이 부분은 구마라집 번역본에는 없는 부분이다. 그러나 다른 한역(漢譯)들이나 산스크리트어본, 영어번역에도 나온다. 보리유지 - 유지계수복덕지혜자(有持戒修福德智慧者-계를 지켜 복덕을 닦는 지혜 있는 사람), 진제(眞諦) - 지계수복급유지혜(持戒修福及有智慧-계를 지키고 복을 닦고 지혜를 갖춘다), 의정 - 구계구덕구혜(具戒具德具慧-계와 덕과 지혜를 갖춘 자)라는 구절을 가지고 있다.

공덕을 쌓고 - 원문의 guṇavantaḥ에서 guṇa는 talent(재능), virtue(선, 덕), merit(복덕, 공덕)의 뜻이 있고, vant는 이를 형용사화 시킨 것이다. 그래서 '재능이 있는', '덕을 쌓은', '공덕을 쌓은'으로 해석 가능하다.

계를 지키고 - 원문의 śilavantaḥ에서 śila는 the moral precepts observed by Buddhism(불교에서 준수되는 도덕적 계율)이다. 그래서 '계율을 지키는'으로 형용사화하였다.

지혜를 갖춘- 원문의 prajñāvantaś는 '지혜'를 형용사화한 말이므로, '지혜를 갖춘'으로 번역한다.

재미있는 것은 한역(漢譯)들이 모두 '계를 지킨다'는 말이 세 가지 중에 제일 앞에 있는데, 산스크리트어본은 '공덕을 쌓은 자'가 제일 앞에 있다. 즉 한자 번역을 한 사람들은 모두 승려였기 때문에 논리적 순서로 계를 먼저 지키고 수행을 하다가 공덕을 쌓은 것을 염두에 두고, 번역 과정에서 그 순서를 바꾼 것으로 보인다. 우리는 금강경의 진의에 관심이 있기에 원래 순서대로 번역하기로 한다.

이와 같은 형태의 경전 안의 구절들이 말하여지면 – 이 부분은 앞 구절의 번역에서 나왔기 때문에 대부분의 한역(漢譯)들이 생략하였고, 현장본도 마찬가지이다. 그렇지만 앞부분은 단순히 '진실한 생각을 가지는 중생'이 있다는 표현이었고, 이 부분은 다시 보살 마하살들이 '덕과 계, 지혜를 갖춘' 상태의 새로운 주어이므로 넣어주어야 한다고 본다.

또다시 수보리여! 그 보살 마하살들은 한 붓다에게만 공양을 한 것이 아니고, 한 붓다에게만 선근을 심은 것이 아니다. 그리고 다시 수보리여! 그 보살은 백, 천의 붓다에게 공양을 이어 오고, 선근을 심어 왔고, 이 경전의 구절들이 말하여질 때, 이 경전의 구절을 듣고 하나의 청정한 신심(信心)을 얻게 될 것이다.

한 붓다에게만 – 이 부분에서 구마라집과 보리유지는 불어일불이불삼사오불(不於一佛二佛三四五佛)이라는 표현을 사용한다. 한 붓다, 두 붓다, 셋 넷 다섯 붓다에게 선근(善根)을 심은 것이 아니라, 무량천만 붓다에게 선근을 심었다라고 번역했다. 아마도 일불이불삼사오불(一佛二佛三四五佛)이란 표현은 구마라집의 독특한 설명조 번역이라 보인다. 수사학이 많이 발달하지 못한 당시에 '한 붓다에게만'이라는 표현의 한자적 묘사가 힘들었고, 정확하게 전달되지 않을 것을 우려하여 점층법적인 구조를 보여주고자 삽입한 것이라 보인다.

백, 천의 붓다에게 – 현장의 번역을 보면, '한 붓다에게만 공양하는 일을 이은 것이 아니고, 한 붓다에게만 모든 선근을 심은 것이 아니다'라는 부분은 원문과 같이 하였는데 백, 천의 붓다를, '일(一)이 아니라, 백(百) 천(千) 붓다에게 공양하는 일을 이었고, 일(一)이 아니라, 백(百) 천(千) 붓다에게 모든 선근을 심은 것이다'고 되어 있다. '일(一)이 아니라, 백(百) 천(千) 붓다에게'에서 '일(一)이 아니라'는 원문에 없는 표현인데, 강조한 것으로 보이고 뒷부분의 중복되는 구절은 삭제하는 것이 문장의 전체 뜻을 파악하기가 쉽다. 또 백(百)과 천(千)이 나란히 있기 때문에, 이것의 곱인 10만으로 번역하여 '수십만 붓다'라고 번역하는 경우도 있는데, 문장을 강조하는 의미에서 현장의 표현을 살리도록 한다. 구마라집은 이것을 무량(無量) 천만 붓다라고 번역한다.

그런데 지혜의 완성 700송에 보면, '좋은 집안의 아들과 딸들이 완전한 지혜의 깊은 가르침을 듣고, 마음이 가라앉지 않거나 놀라거나 공포에 잠기지 않는다면, 그들은 한 붓다만 섬기거나 한 붓다 내지 천(千)의 붓다에게만 선근(善根)을 심은 것이 아니라, 무량(無量) 무변(無邊)의 붓다에게 선근을 심은 것이다[43]'고 되어 있다. 즉 선근을 심은 붓다는 구마라집의 표현과 같이 무량무변의 많은 붓다임을 알 수 있다.

공양하는 일을 이어 왔다는 표현은 산스크리트어에서는 paryupāsitā인데, 이는 pary(둘레에) + upa(가까이) + ās(앉은) +itā(과거수동의 분사)로써 경배하기 위해 둘러앉은 것이라는 뜻인데 이를 섬긴다고 번역해도 된다. 콘체는 honour라고 하였으니 영예롭게 한다고 번역이 가능한데, 현장의 번역대로 '공양하는 일을 이어 오다'로 번역한다.

선근(善根)을 심다 – 선근은 한자의 뜻으로는 '좋은 뿌리'이므로 묘목을 심는 것이라고 볼 수 있다. 그런데 심는다는 것을 기준으로 보면 좋은 종자를 파종하는 것도 이에 포함된다. 원문의 avaropita kuśala mūlā를 보면, avaropita는 planting(심은)의 변화형, kuśala는 right(옳은), proper, suitable(적절한), good(좋은)의 뜻이고, mūlā는 root(뿌리)이다. 그래서 '좋은 뿌리를 심은'이라고 번역한다.

신심(信心)과 이해(理解)는 공덕으로부터 온다. 과일이 나무에서 오는 것과 같다. 신심과 이해는 사라져버리는 것이 아니라, 수많은 세월 동안 수많은 붓다로부터 쌓은 법(法)의 종자들을 조심스럽게 경작하는 것이 필요하다. 법을 가르치는 사람들을 섬기면서 보살은 나쁜 뿌리를 제거하고 선근(善根)을 심어야 한

---

43) 若善男子, 善女人等聞是深法, 心不沈沒亦不驚怖, 當知是人非於一佛乃至千佛種諸善根, 定於無量無邊佛所種諸善根

다. 그 뿌리가 과일의 본성과 질을 결정한다. 뿌리는 우리의 태도와 말, 생각의 능력과 습관을 포함한다. 선근은 믿음과 이해를 낳는다. 그래서 이런 깊은 가르침을 믿고 이해하기 때문에 다른 뿌리를 심을 수는 없다.

하나의 청정(淸淨)**한 신심**(信心) – 현장의 번역이 상쾌한 느낌을 주므로 이에 따랐는데, 콘체는 one single thought of serene faith (단 하나의 고요한 믿음의 생각) 이라고 번역했다.

수보리여! 여래는 붓다의 지혜로써 그들을 알며, 붓다의 눈으로 그들을 본다. 수보리여, 그들 모두가 측정할 수 없고 셀 수 없는 공덕을 쌓고 얻게 될 것임을 여래는 안다.

여기 알고 본다는 것은 무엇을 말하는가? 그것은 미래세에 신심(信心)을 내어 다르마의 연속성을 유지하는 보살을 알고 본다는 것이다.

붓다의 지혜는 무엇인가? 현장은 불지(佛智)라고 번역했는데, 그것은 지혜의 완성에서 기원하는 것으로 일체지지(一切智智, all knowledge)라고 하여야 한다. 그래서 모든 것을 아는 것이다.

붓다의 눈으로 그것을 본다. – 붓다의 눈은 불안(佛眼)이라고 한자로 쓴다. 금강경의 18절에는 세상을 보는 눈에 관하여 열거하고 있다. 즉 육안(肉眼), 천안(天眼), 혜안(慧眼), 법안(法眼), 불안(佛眼)이다. 불안(佛眼)은 법안(法眼)에 붓다의 자비가 깃들인 방식으로 보는 것이라 했는데, 여기서 말하는 불안(佛眼)은 전지전능한 눈으로 사물을 본다는 뜻으로 쓰였다.

그들 모두가 측정할 수 없고 셀 수 없는 공덕을 쌓고 얻게 될 것임을 여래는 안다.

여래는 안다– 이 부분은 구마라집이 번역하지 않았다. 그리고 현장역과 영역(英譯) 사이에 의미의 차이가 있다. 현장은 여래가 그들을 모두 깨닫게 한다고 번역하였지만, 콘체와 레드파인은 여래가 '그들을 모두 안다'고 번역하였다.

이 부분의 원문이 여래는 안다는 부분에서 끝이 나고, 새 문장이 시작되는 것으로 표시되어 그런 것인데 붙여서 번역하는 것이 정확한 뜻을 보여준다. 상세히는 14절의 제일 마지막 부분의 설명을 참조하면 된다.

그들 모두는 측정할 수 없고 헤아릴 수 없는 공덕을 쌓고 얻게 될 것이다. – 측정할 수 없는 것을 한자로는 무량(無量), 헤아릴 수 없는 것은 무수(無數), 따라서 무수(無數)를 '셀 수 없는'으로 번역하기도 하지만, 단순히 센다는 의미보다는 '가늠하기 힘들다'는 의미로 보는 것이 좋다.

공덕을 쌓고 얻다 – puṇyaskandhaṃ(복덕, 공덕, 공덕의 덩어리), prasaviṣyanti (give birth, 낳다, 생산하다), pratigrahīṣyanti(gain, 얻다) 즉 공덕을 쌓고 얻는다고 번역된다. 구마라집은 '복덕(福德)을 얻다'라고만 번역하였고, 보리유지는 복덕(福德)취(聚), 즉 '복덕이 모인다'는 의미로, 진제는 복덕(福德)지(之)취(聚)가 생긴다고 번역하였다. 현장은 복취(福聚) 섭(攝, 끌어당기다, 유지하다)로 번역한다. 앞에서도 언급한 바 있는데 '공덕'에 대하여 우리말 사용법으로는 복덕이 쌓인 것을 '공덕'이라는 뜻으로도 사용하므로, '공덕이 쌓인다'고 할 때는 공덕을 복덕의 의미로 쓰는 것이고, '공덕이 있다'고 할 때는 '복덕이 쌓인 것'을 공덕의 의미로 쓴다. 그래서 공덕이 '쌓인다'고 했느냐, '있다'고 했느냐에 따라 공덕의 의미를 다르게 보는 것이 맞을 것이다. 이는 '공부'를 하고 있느냐는 질문과 '공부'가 있느냐는 질문을 비교하면, 앞의 것은 '책상에 앉아서 책을 읽는 등의 행위'를 말하는 것이고, 뒤의 것은 '그런 행위가 반복되어 머릿속에 형성된 행위로써의 결과물'이 있느냐는 질문과 같은 것이다.

그래서 여기 '공덕의 무더기' 즉 '복덕이 쌓인 것'을 공덕이라고 표현하고, 본문에서 '공덕을 쌓고'라는 표현은 그러한 공덕이 누적되는 것을 말하고, '공덕을 얻다'라고 하는 것은 쌓인 공덕의 결과물을 얻는 것을 말한다. 콘체는 beget(야기하다) and acquire(획득하다), 뮐러는 produce(낳고) and hold fast(굳게 유지되다)라고 하였다. 레드파인은 produce(낳고) and receive(얻다)라고 하여 우리 번역과 같이 하였다.

그것은 무슨 이유에서인가? 수보리여! 그들 보살 마하살들에게 '자아의 관

념'이 생기지 않고, '중생의 관념', '영혼의 관념', '개인의 관념'이 생기지 않기 때문이다.

또한 수보리여! 그들 보살 마하살들에게 '법이 있다는 관념'이 생기지 않고, '법이 아닌 것이 있다는 관념'도 생기지 않기 때문이다. 또한 수보리여! 그들에게 '관념'도 '관념이 아닌 것'도 생기지 않기 때문이다.

지금 무슨 이유인지를 답하고 있는 것은 앞에서 보살 마하살들이 측정할 수 없는 공덕을 쌓고 얻을 것이라고 설명한 부분에 대한 이유이다. 즉 많은 공덕을 쌓고 얻는 이유는 보살 마하살들에게 네 가지 관념이 생기지 않기 때문인 것이다. 이 네 가지 관념이 생기지 않으면 3절에서는 보살이라 부를 수 없다고 하였는데, 지금은 그와 더불어 많은 공덕을 쌓고 얻는다는 설명이다. 앞에서는 이 네 가지 관념만을 언급하였는데, 여기서는 다시 네 가지 관념을 더하고 있다. 그래서 보살 마하살이 많은 공덕을 쌓고 얻으려면 추가되는 네 가지 관념마저 생기지 않아야 한다. 그러므로 앞의 네 가지 관념은 보살이 되는 자격에 관한 문제이고, 깊은 수행으로 추가되는 네 가지 관념마저 생기지 않아야 수많은 공덕을 쌓고 얻을 것이라는 말이 된다.

추가되는 네 가지 관념은 '법이 있다는 관념', '법이 아닌 것이 있다는 관념', 관념마저 없애고, 관념이 아닌 것마저 없애는 경지를 말한다.

법이 있다는 관념, 법이 아닌 것이 있다는 관념, 관념, 관념이 아닌 것 – 법(다르마)이 있다는 관념을 법상(法相) 혹은 법상(法想), 법(다르마)이 아닌 것이 있다는 관념을 비법상(非法相), 혹은 비법상(非法想)이라고 한자로 번역되었다. 그런데 구마라집은 이 두 가지만 번역하여 무법상(無法相–법상이 없고), 또 무비법상(無非法相–비법상도 없다)이라고 표시하였다. 보리유지와 진제는 법상(法相)의 부분은 구마라집과 같이 '법상이 없고'로 하였으나, 법이 아닌 상(비법상)을 무법상(無法相)으로 번역하면서 비무법상(非無法想)으로 했는데, 그럴 경우 뜻은 '법이 없다는 관념이 아니다'이다. 이 뜻은 앞의 법상(法相)이 '법이 있다는 관념'인데, 무법상(無法相)은 '법이 없다는 관념'으로 대칭을 이루지만, '법이 있다는 관념은 없고', '법이 없다는 관념은 아니라'는 뜻이 되므로 의미의 대칭균형이 되지 않는다. 아마도

'법이 없다는 관념'이라고 정확한 뜻을 밝히려 한 것이거나 '법이 아닌 것이 있다는 관념'이라는 말이 이해하기 힘들었던 것이라고 추측된다. 그러나 직역을 중시하는 현장이 법상(法想)과 비법상(非法想)이라는 용어를 사용한 것으로 보아서 우리의 번역이 바르다고 본다.

법상(法相)이 무엇인지 제대로 설명하는 분이 없다. 법상(法相)이라고 한 것은 '법에 집착한 것'을 말하는가? 보통 그런 식의 해석을 하고, 그래서 법에 집착한 사람을 경멸하는 말투로 부르기도 한다. 법상(法相)이 없어야 한다는데 착안하여 법상이 없으니 실체를 부정한 것이라고 한마디만 언급하는 설명도 있고, 법을 진리라고 가정하여 진리에 집착하지 말 것을 당부하는 설명도 있다.[44] 특히 이 부분은 법무아(法無我)를 말하며, 개인 존재의 구성 요소의 하나하나에 실체성을 부정하는 것이라는 설명을 하며, 그래서 이것은 '실체가 없는 물건'이란 뜻으로 해석한다고 하는 견해도 있다.[45] 한자로만 읽으면 그 뜻을 쉽게 파악하기 힘든 것이 사실이다. 앞서 말한 바와 같이 dharma samjñā를 법과 산냐가 합친 말로 보고 법에 대한 집착, 법에 대한 (고착화된)생각으로 보면, 진정한 의미가 느껴지지 않는다. 금강경의 서술방식이나 3절에서 언급한 각종 관념과 비교하여 보면, 이 구절은 법이 있다는 관념이 생겨서는 안 된다는 뜻이다. 그리고 '비법상, 법이 아닌 것이 있다는 관념'도 생겨서는 안 된다고 번역해야 한다.

그러면 여기서 말하는 '법이 있다는 관념'에서 말하는 법은 무엇일까? 여기서 법(法)을 '진리나 우주적 원리'로는 생각할 수 없다. 지금의 서술 순서상 인간의 관념과 관련된 것을 나열하는 것이기 때문이다. 그래서 여기서의 법은 원래 인간경험의 현상이나 구성요소를 의미하는 것에서 물질적, 정신적 요소를 의미하는 것으로 발전한 것인 아비달마의 다르마를 말한다. 보통 붓다의 입멸 후

44) 금강경에 조예가 깊다고 알려진 육조혜능의 금강경오가해편에 보면, 이 법상에 대해서 無法相者 離名絶相 不拘文字也 亦無非法相者 不得言無般若波羅蜜法 若言無般若波羅蜜法 卽是謗法라고 하여, 법상이 없다는 것은 이름을 떠나고 상을 떠나 문자에 얽매이지 않는 것이라 하였으니, 전혀 금강경에서 말하는 뜻과는 다른 해석을 하고 있다.

45) 이기영 역, 금강경, 202면

발생한 불교의 분파들인 부파불교[46] 시대에 붓다의 진정한 가르침을 분류하는 과정에서 발생한 것으로 알려진 아비달마(abhi-dharma)는 다르마의 고차원적인 분석이라는 뜻으로 알려져 있고, 여기서 말하는 법은 아비달마에서 말하는 법이다. 이러한 점을 명시적으로 언급하는 책이 없는데, 그것은 붓다가 말씀하신 내용을 기재한 것이 금강경이라고 보고, 아비달마의 연구에 따른 다르마의 개념은 그 이후에 나온 것이므로, 연대기적으로 후대에 이루어진 개념이 금강경에 있는 것으로 서술하는 것은 비판받기 쉬울 것이라 본 것이다. 그러나 금강경의 성립을 보통 서기 150년에서 200년으로 보기 때문에 금강경 내에는 붓다 입멸 후 갈라진 많은 이론에 대한 정설을 확립할 필요가 있었다. 3절에서도 나왔지만, '자아의 관념', '중생의 관념', '영혼의 관념', '개인의 관념'들은 부파불교의 각 주장들을 비판하는 것들이고, 이제 다시 아비달마의 다르마, 즉 법이 있다는 관념을 비판하는 것이라 보아야 한다. 이 부분에 대해 콘체는 이것이 궁극적 실재로서의 독립적 다르마들이 여러 개라는 아비달마주의자들의 개념을 거부한 것이라고 본다고 하였다.[47]

학자들에 따르면 아비달마는 붓다의 사후 기원전 3세기경에 나타났고, 불교승단에 도움을 준 수도원의 중심에서 성장하였는데 다른 외부 학파들에도 영향을 끼쳤다. 그러나 아비달마의 분석 전통은 서로 독립적으로 성장하여 기원전 2, 3세기에서 기원후 5세기까지 부흥하였다. 현장이 7세기에 인도를 방문하였을 때 당시 7개 학파의 아비달마 경전을 모았다. 아비달마 분석을 가장 체계적으로 하였고 아직까지도 아비달마의 대명사로 불리는 설일체유부의 아비달마를 간략히 보기로 한다. 그 뒤 설일체유부의 논의를 변용하여 5위 100법으로 분류한 요가짜라학파(유가행파, Mahāyāna Yogācāra Abhidharma)가 나오기는 했

---

46) 불교 역사를 여기서 상세히 설명하는 것은 금강경 해독에 방해가 될 것이지만 간략한 역사를 알고 있어야 할 것으로 보인다. 붓다가 입멸한 기원전 544년의 다음 해에 붓다의 말씀을 간직하기 위한 불교도의 1회 결집이 있었고, 2차 결집이 100년 뒤에 있었는데 계율에 관한 다툼으로 불교승단은 상좌부(上座部)와 대중부로 분열한다. 그리고 붓다의 입멸 후 200년이 지나 아쇼카 왕 18년의 3차 결집에서 구술로 전해 오던 경전들의 문자화 작업이 시작되었다. 여기서 대중부의 분열(2차 분열)이 곧이어 상좌부의 분열이 생기면서 총 6차 분열까지 발생하여 기원 전후에는 20개 학파가 형성되었다. 이들 중 대표적인 학파는 설일체유부, 설산부, 독자부, 경량부 등이고, 이들 전부를 부파불교라고 한다. 곧 대승불교운동이 전개되면서 기존의 학파들을 모두 소승불교라고 폄하하게 된다.

47) Conze, Buddhist Wisdom, 27p

지만, 설일체유부의 5위 75법이 아직까지 가장 핵심적인 설명으로 여겨진다.

설일체유부(說一切有部, 사르바스티바딘학파, Sarvāstivāda)[48]는 기원전 1, 2세기경에 가다연니자(Kātyāyanīputra)가 발지론(發智論)을 저술하였는데, 이 책으로 설일체유부의 이론이 원시불교에서 독립하였다. 이 책의 주석서로 서기 2세기경의 대비바사론(大毘婆沙論)[49]이 있고, 4세기경 세친(世親, Vasubandhu)이 그 내용을 정리한 구사론(俱舍論)[50]이 유명하다.

구사론에서는 일체의 법을 5위 75법으로 설명하고 있다. 여기에서 일체의 현상을 성립시키는 요소로 72법을 들고 있는데,

1. 형체(색법, 色法) – 11종 안이비설신색성향미촉–눈, 귀, 코, 혀, 몸, 형체, 소리, 향기, 맛, 촉감, 드러나지 않은 형체
2. 의식(마음의 주체–심왕, 心王) – 1종 마음
3. 부수적인 정신기능(심소법, 心所法) – 46종 대표적으로 수(受–느낌), 상(想–인식), 사(思–생각), 신(信–믿음), 한(恨–원통), 탐(貪–욕심), 진(瞋–성냄) 들인데 46가지 마음의 작용들을 분류하였다.
4. 의식과는 독자적인 요소(심불상응행心不相應行法) – 14종 생(生), 주(住), 멸(滅) 등이다.

이들 72법은 연기(緣起)에 좌우되는 법이라고 하여 유위법(有爲法)이라 이름 하고, 연기에 좌우되지 않는 세 가지 법을 무위법(無爲法)이라 이름 하였는데, 그것은 허공(虛空), 택멸(擇滅–열반), 비택멸이다.

그래서 모두 합쳐 75법이라 한다. 이들은 우리가 느끼고 생각하는 모든 것을 망라하고 있으며 그들 중에 속하지 않는 것을 우리가 생각해 내더라도, 다른

48) 다른 부파불교인 대중부, 화지부, 경량부에서는 현재만이 존재하며 과거는 지나갔고, 미래는 아직 실재로써 나타나지 않았다고 주장하는데 비해서, 설일체유부는 상좌부에 근원을 두고 있으면서 과거와 미래가 실재한다고 주장한다. 현재는 그 근간을 과거에 두고 있으며 그 결과는 미래에 있기 때문이라고 한다. 또 과거와 미래는 그 실재가 분리되지 않고서는 우리에게 일어나지 않을 것이기 때문에, 시간의 세 시기는 따로따로 존재해야 한다고 주장한다. 다카쿠스 준지로, 불교철학의 정수, 83면

49) 2세기 중기 인도의 카니시카 왕의 보호 아래 500인의 아라한에 의해 편찬된 책이다. 발지론(發智論–앎의 원천)을 주석한 책으로 현장(玄奘)의 한역(漢譯)만이 존재하는데, 부파불교(部派佛教)의 연구에 중요한 책으로 200권에 달한다. '비바사(毘婆娑)'는 산스크리트어 'vibhasa'(great commentary–거대한 주석)의 음역어이다.

50) 구사론은 원서 Abhidharmakośaśāstra의 kośa는 창고라는 뜻인데 한자로 음역한 것이다. 설일체유부의 교의체계를 정리, 발전시켜 집대성한 책이다. 이 책을 지은 세친은 요가짜라학파의 제3조(祖)로, 곳곳에서 경량부(經量部)나 자신의 입장에서 비판하는 내용을 담고 있다.

것들의 연기를 통한 설명으로 그것이 이 75법에 모두 속함을 증명해 낸다.[51)]

그래서 여기 금강경에서 언급하는 법은 이 75법을 말한다고 본다. 즉 세상을 구성하는 구성요소로서의 법이 75개가 있는데, 이들이 있다는 것은 독립적으로 존재한다는 뜻이다. 그렇게 독립적으로 존재하는 법들이 진정으로 존재한다고 생각하는 관념을 없애라는 가르침이다. 이 법들은 '불의 열기나 설탕의 단맛처럼, 그것을 구분하는 사물의 본성과 뗄 수 없는 것'을 말하기 때문에 그런 것이 있다는 관념을 없애기는 힘들 것이다. 따라서 이러한 법이 존재한다는 관념을 가지는 것을 경계하는 가르침이다.

법이 아닌 것이 있다는 관념 – 아비달마의 법에 속하는 것들을 제외하면, 필수적인 요소가 아닌 것만 남게 되는데, 이들은 법들이 몇 개 섞여 있어서 그 본질을 알 수 없다든지, 법들보다 더 찰나에 생멸하기에 포착할 수 없는 것들이다. 법이 있다는 관념을 버리라고 하면, 우리는 법이 아닌 것이 있을 것이라는 관념이 생긴다. 그것을 경계하여 나온 말이다. 여기에 대해 콘체는 이것은 두 가지 이유가 있다고 하면서, 이러한 여러 가지 법을 부정하는 것은 거대한 공(空)이론을 전개하는 것이고,[52)] 법이 아닌 것은 법이라는 것보다 더 현실적이지만 인식할 수 있는 대상이 될 수 없다는 점이 하나의 이유이고, '법이 아닌 것'에 의해 예상하는 것은 단순하고 명료한 부정이 아니라, 그것을 긍정하고 부정하는 중간 정도에 공(空)이 놓여 있다는 것이라는 이유가 있다는 주장을 하고 있다.[53)] 콘체의 설명이 금강경의 본지와 크게 다르지는 않다고 보이지만, 지금은 수행자, 즉 보살의 입장에서 수행을 하는 방법의 설명을 하는 도중이고, 그동안 여러 부파에서 발생한 주장들 중 버려야할 관념을 거시(擧示)하는 중이므로, 우리는 금강경에 나오는 개념들을 충실히 따라가기도 벅찬 입장이라 이 한 구절로 결론을 이끌어낼 필요는 없다.

다르마에 대해서 한문번역가들은 예외 없이 법(法)이라는 번역으로 일치하고 있지만, 영문 번역가들은 이를 law(법), order(질서), regulation(규정), principle

51) Chris Gudmunsen. 비트겐슈타인과 불교, 제 2장 경험과 경험대상 참조할 것
52) 모든 것을 부정하였으니 남아 있는 것은 비어 있음(공空)만 남아 있다.
53) Conze, Buddhist Wisdom, 27p

(원리) 등 사용 가능한 수많은 단어가 있음에도 모두 dharma라고 그대로 번역한다. 막스 뮐러는 나름대로 뜻을 생각해서 quality라는 단어를 사용하였으나 그 의미가 와 닿지 않는다. 이는 saṁjñā의 번역에 있어서 perception이나 notion, idea 등으로 그 의미를 포착하려 한 것과는 대조적이다. 즉 다르마에 대해서 한마디로 정의할 수 있는 단어가 존재하지 않는 것이고, 그것을 억지로 단어에 의해서 의미 규정하지 않겠다는 것이다. 동양인 입장에서 구마라집이 번역한 법(法)을 사용은 하되, 오로지 불교적으로 국한하고, 그 의미도 법(法)은 다르마(dharma)라고 생각하고, 우리가 생각하는 법(法)과는 다른 것이라는 것을 항상 상기하면서 읽어야 할 것이다.

관념, 관념이 아닌 것 – 이 부분은 구마라집이 번역하지 않았는데, 나머지 한역자들은 '상이 없고 무상도 없다'고 하였다.[54]

이것들은 무슨 뜻인가? 원문은 공덕을 쌓는 보살들은 '관념'도 '관념이 아닌 것'도 생겨나지 않는다고 하였다. 그래서 아예 '관념 자체'가 생겨나지 않는 것을 말하는 것이다. 이 관념이 없다는 것은 대상이 없는 상태에서 아무런 생각이 나지 않는 것을 말할 수도 있고, 무슨 대상에 대하여 아무런 의식을 하지 않는다는 두 가지 뜻으로 생각할 수 있다. 지금 금강경의 문맥을 볼 때, 이 부분은 두 번째 뜻으로 보아야 한다. 지금까지는 무엇이 있다는 관념이 생겨서는 안 된다고 하였는데, 이제는 그러한 관념조차 발생해서는 안 된다는 뜻인 것이다. 즉 사물이나 대상을 보고 그것에 대한 어떤 관념이 생긴다면, 위에 열거한 것이 아니라 하더라도 보살이 공덕을 쌓거나 얻을 수 없다.

관념이 아닌 것도 생겨나지 않아야 한다고 하였는데, 관념이 아닌 것은 무엇인가? 부정의 부정을 설명하기에는 어려움이 있다. 이런 경우, 앞에서 설명한 개념을 단순 부정하면 된다. 그래서 관념이 생겨서는 안 된다고 하면, 그것은 일체의 관념의 발생을 부정하는 것이고, '관념이 아닌 것'이 생겨서는 안 된다고 하면, 그것은 그러한 관념의 발생을 부정하는 것에 집착해서는 안 된다고 하는 것이다. 결국 이것은 관념의 발생이나 관념이 아닌 것의 발생을 억제하는

54) 보리유지는 무상역비무상(無相亦非無相), 진제는 무상비무상(無想非無想), 현장은 무상전역무비상전(無想轉亦無非想轉), 의정은 비상비무상(非想, 非無想)이다.

데 집착하는 것을 경계하는 가르침이다.

아무것도 생각하지 않은 채 가만히 있어 보라. 아무런 생각이 떠오르지 않는가? 오히려 일정한 대상을 두고 생각했을 때보다 여러 가지 사물이나 과거의 경험에 대한 생각들이 주마등처럼 떠올랐다 사라지는 경험을 했을 것이다. 즉 대상이 없는 생각들이란, 대상을 따로 염두에 두지 않고 떠오르는 생각이다. 이런 것들에 집착할 필요가 없지만, 그런 생각이 떠오르는 것뿐만 아니라 아무런 생각이 떠오르지 않는 순간도 있을 것인데, 그것조차 드디어 망상이 사라졌다는 생각으로 집착할 필요가 없는 것이다. 그러한 관념은 하등 중요한 것이 아니다. 즉 보살은 이 모든 생각이 떠오르지 않는다.

수보리여! 만약 보살 마하살이 법이 있다는 관념이 생긴다면, 그것은 즉 자아집착이 있고, 중생집착, 영혼집착, 개인집착이 있는 것이다.

법이 있다는 관념이 무엇인지 앞에서 설명하였다. 그래서 이때의 법은 세계를 구성하는 요소로서의 분자들이다. 여기서의 법을 이렇게 파악하게 되면 법이 분류되는 색법(色法), 심법(心法), 심소법(心所法) 등과 같이 각 영역에 속하는 법들이 존재하므로 그러한 법으로 구성된 자아(自我)도 존재하고, 중생도 존재하고, 영혼도 존재하고, 개인도 존재하게 되는 것이다. 그래서 자아, 중생, 영혼, 개인이 존재하기 때문에 자아, 중생, 영혼, 개인에 집착하게 된다. 여기서 술어의 사용을 유의해 볼 필요가 있다. 법이 있다는 관념이 생긴다면(법에 대한 집착이 아니다), 자아가 있다는 관념이 생기는 것을 고려할 필요 없이(즉 당연히 자아는 존재한다고 볼 수 있으므로) 그것에 집착한다는 결과를 보여주고 있다. 즉 이제는 법이 있다는 관념만 생긴다면 모든 것이 존재한다는 것을 기정사실화할 수 있다.

자아집착 – ātma-grāho의 grāho는 움켜쥐다(grab)의 뜻이므로 여기서는 집착으로 번역한다.

구마라집은 이 부분을 약취법상(若取法相–만약 법상을 취하면)이라고 하였다. 법상을 취한다는 것은 법상의 입장을 가지는 것을 말한다. 이러한 법상은 법이 존재한다는 입장이므로 자아와 중생과 영혼과 개인이 존재한다는 근거로 사용할 수 있는 것이다.

만약 법이 아닌 것이 있다는 관념이 생기면, 그것은 역시 자아에 대한 집착이 있는 것이며, 중생에 대한 집착, 영혼에 대한 집착, 개인에 대한 집착이 있는 것이다.

비법(非法-법이 아닌 것)이 있다는 관념이란 무엇일까? 앞에서 보여준 아비달마의 법들에 속하지 않는 것이 있다는 관념이다. 즉 여러 가지가 섞여서 그 본질을 알 수 없던지, 법들보다 더 찰나에 생멸하기에 포착할 수 없는 것들이다. 우리는 무엇이 있는 것이 사실이 아니라면, 무엇이 없다고 결론짓는 경우가 많다. 그래서 법이 있다는 관념이 틀렸다면, 법이 아닌 것이 있을 것이라고 생각하게 되는데 그것마저 틀린 관념이라는 것이다. 왜냐하면 아비달마 학파에서 법을 나열한 것은 세상을 구성하는 것으로 보이는 필수요소들을 고르고 골라서 제시한 것이다. 그런데 그러한 요소들이 있다는 관념이 틀린 것이라면, 법이 아닌 것이 존재한다는 관념은 더 틀린 것일 수밖에 없다. 그렇기 때문에 '법이 아닌 것이 있다는 관념이 생긴다면', 그것은 역시 자아와 중생과 영혼과 개인에 대한 집착이 있는 것이다.

즉 '법이 있다는 관념이 생긴다면', 그것은 이 세상을 구성하는 요소들이 있고, 그것이 실체를 긍정하는 결과가 되기 때문에 자아와 중생과 영혼과 개인이 있다는 당연한 결과를 초래하므로 그것에 집착하는 것이다.

그것은 무슨 이유에서인가? 또다시 수보리여, 법을 취해서도 안 되고, 법이 아닌 것을 취해서도 안 되기 때문이다.

이 부분에 대해서 구마라집은 불응취법불응취비법(不應取法 不應取非法)이라고 하여, 법을 취하지도 말고 법이 아닌 것을 취하지도 말라고 한다.

법을 취한다는 것은 무슨 말일까? 한자어로는 취할 취(取)이므로 가진다는 뜻이다. 산스크리트어로는 udgrahītavyo인데, ud(위로) grah(잡다)는 뜻이므로 용어 그대로는 '위로 잡아내다'는 것이니 선택하다, 골라내다는 뜻이다. 그래서 한역(漢譯)들이 사용한 취(取)라는 단어보다 택(擇)하다는 용어가 한글로 표현하면 더 쉽게 머리에 들어온다. 즉 법을 택해서도 안 되고, 법이 아닌 것을 택해서도 안 된다고 이해하는 것이 좋다. 영어로 콘체는 seize on(붙잡다), 레드파인은 cling to(~을 고수하다)를 사용한다. 이 구절은 결국 어디에도 집착하지 말라는 뜻이기는 하지만, 이렇게 부정적인 것만 말한다면 수행하는 사람은 무엇에 의지해야 할 것인가? 하나씩 닥쳐오는 모든 것에 집착하지 않고 살아갈 것인지, 법과 법 아닌 것 사이의 그 어떤 중간에 기준점을 두고 수행해야 할 것인지가 애매해진다. 결국 그것을 찾는 것은 자기 자신이 아닐까? 이 부분은 금강경이 진행될수록 더 명확해질 것이다.

그래서 여래는 이러한 함축적인 말을 설하였다. "법문이란 뗏목과 같은 것임을 아는 자들은 법을 반드시 버려야 하거늘, 하물며 법이 아닌 것은 당연한 것이다."

함축적인 말을 – 함축적인 원문의 단어는 saṁdhāya vāg인데, saṁ(같이) dhāya(place, 두다), vāg(vāc의 여성명사로 saying, 말)이다. 그래서 saṁdhāya는 having placed together(함께 놓여 있다)이므로, '함께 놓인 말씀' 혹은 '이것들을 합친 말'로 보아서 '함축적인 말씀'이라고 번역한다. 구마라집은 상설(常說–항상 말하시다)이라 하였는데, 현장과 의정은 밀의(密意–비밀스런 뜻으로)로 번역하였다. 콘체는 with a hidden meaning(숨겨진 의미를 가지고), 뮐러는 this hidden saying(이렇게 숨겨진 말씀을)이라고 하였다.[55)]

법문이란 뗏목과 같은 것 – 법문은 뗏목과 같은 것이다(筏喩法門)라는 말은 지혜가 돋보이는 구절이다. 보통 종교라고 하면 그 시조(始祖)가 한 말 한마디 한마디를 금과옥조처럼 받들어 한 글자라도 빠뜨리지 않을 것인데, 금강경에서 붓다는 자신이 한 말을 과감하게 버리라고 하는 것이다. 뗏목이라는 것은 이편

55) 이기영 역 금강경 203면에는 콘체가 저렇게 번역한 것은 무착(無着)의 주석서에 따른 것이라고 하는데, 뮐러가 채택한 원어인 saṃdhāya의 뜻이 그렇다고 하지만 사전에서 그런 뜻은 찾기 힘들다. 콘체의 산스크리트어본에는 sandhya로 되어 있는데, 이는 vespertine(저녁에 나타나는)이라고 보아 그런 뜻으로 해석할 수도 있겠지만 무리라고 본다. 그냥 뮐러의 원문처럼 해석하여도 크게 뜻이 달라지지 않는다.

에서 저편으로 넘어가기 위한 것인데 넘어간 후에는 쓸모가 없는 것이다. 오로지 가는 길을 막고 있는 물을 건너기 위한 것이고, 그 물을 되돌아와서 다시 건널 일이 없기에 한번 건너가면 다시는 필요가 없는 것이다.

여기서 버려야 할 것은 뗏목이지만, 그 뗏목과 같은 법문(法門)도 이에 해당한다. 뗏목이 이 언덕에서 저 언덕으로 가기 위한 수단이라면, 법문은 이곳(차안此岸)에서 저곳(피안彼岸)으로 가기 위한 수단이므로, 저곳에 도착하면 법문을 버려야 하는 것이다. 법문을 버리지 않으면 어떻게 될 것인가? 저 언덕으로 간 후에 뗏목을 버리지 않으면 그 뗏목을 지고 갈 수밖에 없다. 그렇다면 저 언덕에서 뗏목의 무게 때문에 아무것도 할 수 없으니 저 언덕으로 건너간 목적을 달성할 수 없는 것이다. 마찬가지로 저곳으로 간 후에 법문을 버리지 않고 머릿속에 가지고 있으면, 저곳에서 아무것도 할 수 없고 저곳으로 간 목적도 달성할 수 없는 것이다.

그런데 과연 법문은 뗏목과 같은 것인가? 법문은 깨달음을 향한 가르침인데, 깨닫는다는 것은 과연 저곳(피안彼岸)에 가버리는 것을 말하는가? 결국 깨달음이 무엇인지 알아야 이 뜻을 해석하는 것이 가능하다. 그리고 깨달음에 대한 정의는 불교 내에서 내려야 한다.

영적(靈的)인 깨달음은 현대 명상 계통에서 많이 사용하고 있지만 불교의 전통적인 깨달음과는 각도를 조금 달리하여 실재의 진정한 본성에 대한 통찰이나 깨어남을 뜻한다. 불교[56]에서는 보통 보리(菩提-bodhi)를 의미하는데, 그 뜻은 '깨어나고 이해하다'이다. 그리고 이것도 붓다가 깨닫는 과정에 얻었던 특정한 형태의 이해나 지식을 말한다. 이 지식은 중생이 존재하게 된 연기(緣起)를 이해하고, 중생이 갈애(渴愛), 고(苦), 윤회(輪廻)에 구속되게 된 마음의 작용을 이해하는 것이다. 그래서 보리(菩提)는 자신을 이런 구속으로부터 해방시키는 방법을 이해하는 것을 말한다.

결국 깨달음이라는 것은 종합하면 세상의 이치를 알게 되는 것을 말한다.

---

56) 불교에서의 깨달음도 경전에 따라 여러 가지로 정의한다. 보통은 열반, 해탈 등의 용어를 사용하지만, 화엄경에서는 진리의 본성을 이해하는 것, 유마경은 진속불이(眞俗不二), 금강경은 반야의 지혜를 완성하는 것, 열반경은 불성(佛性), 여래장경은 여래장을 아는 것, 선불교에서는 마음을 깨닫거나 자성(自性)을 찾는 것 등이다. 그러나 우리는 붓다를 통해 그가 깨달았다는 순간을 보면서 깨달음이 무엇인지를 찾으려고 한다.

세상의 이치를 알기 때문에 어떤 문제가 생기더라도 그 원인을 분석하고 그 결과를 이해하게 되는 것이다. 그래서 일체개고(一切皆苦-모든 것이 고통이라는 것)를 벗어나게 되고, 제행무상(諸行無常-모든 것이 변한다는 것)에 의해서도 마음이 흔들리지 않고, 제법무아(諸法無我-모든 것에는 본성이 없다)를 넘어선 열반을 성취하는 것을 말한다.

이러한 것이 깨달음이라면 그러한 깨달음을 주기 위해서 나온 법문은 뗏목과 같은 것이라고 볼 수 있다. 즉 깨달음을 얻은 이상은 깨달음을 위하여 나온 많은 법문의 말들은 잊어도 좋다. 깨달음 자체만 남아 있으면 족하기 때문이다. 그래서 저곳(피안彼岸)에 가서는 이러한 법문은 이제 필요하지 않을 것이다. 저곳을 열반의 성취라고 본다면, 이곳에서의 법문은 잊는 것이 맞을 뿐만 아니라 저절로 잊혀질 것이다.

그래서 법을 버리는데 법이 아닌 것은 당연히 버려야 할 것이다. 하물며 '법이 아닌 것'이라는 표현 속에는 그래도 법(法)이 비법(非法)보다 우위에 있다는 것을 엿볼 수 있다.

7절
법은 말할 수 없고, 설명할 수도 없다

세존께서 다시 장로 수보리에게 말하셨다. "수보리여, 너는 어떻게 생각하느냐? 여래가 깊이 자각한 '최상의 바른 깨달음'이라는 그 어떤 법이 있느냐? 여래가 설한 그 어떤 법이라도 있느냐?

수보리가 세존에게 말하였다. "세존이시여, 제가 세존께서 설하신 것의 의미를 이해하기로는, 여래가 '최상의 바른 깨달음'을 얻었다는 그 어떤 법은 없습니다. 또 여래가 설하신 그런 법도 없습니다.

그것은 무슨 이유에서인가? 세존이시여, 여래가 완전히 깨닫고, 가르친 바의 법은 가질 수도 없고, 말로 설명할 수도 없으며, 법도 아니고, 비법(非法)도 아니기 때문입니다.

그것은 무슨 이유에서인가? 고귀한 인물들은 무위(無爲)로 나타나기 때문입니다."

[해설]

붓다는 '최상의 바른 깨달음'을 얻지도 않았고, 아무런 법도 설하지 않았다고 한다. 그 이유는 그런 법은 말로 표현할 수도 없고 법도 아니기 때문이다.

지금까지 보살의 길을 가려는 자에게 좋은 가르침을 주었는데, 이제 와서 가르친 바가 아무것도 없으며 붓다 자신도 깨달음을 얻지 않았다는 모순적인 설법을 하고 있다.

또 이에 맞추어 수보리조차 여래가 깨달음을 얻은 어떤 법이라는 것은 없다고 한다. 물론 그 가르침 속에서 보살이라면 법도 없고, 법이 아닌 것도 없다고 알아야 보살로서 공덕을 쌓을 것이라고 하였지만, 우리는 아직 무슨 말인지 정확하게 모르고 있는데, 수보리가 벌써 그런 것을 이해한 수준이 되었다는 것이 놀랍다.

제일 마지막의 무위(無爲)로 고귀한 인물들이 나타난다는 구절로 인하여 설법의 수준이 한 단계 올라갈 것 같다. 단순히 관념의 제거에서 이제 다른 방식의 설법이 예정되어 있는 느낌을 준다.

'최상의 바른 깨달음'은 불교서적에 자주 나타나는 아뇩다라삼먁삼보리의 뜻을 나타낸 것이다. 아뇩다라삼먁삼보리는 한자로 阿耨多羅三藐三菩提라고 쓰는데, 그 원래 음은 '아누다라삼맥삼보제'이지만, 그것을 읽을 때는 아뇩다라삼먁삼보리로 읽는다. 산스크리트어를 한자어 식으로 읽은 것이다. 그 an(안, 아니다) uttara(위에) samyak(바른) sambodhi(깨달음)의 뜻으로, '위가 없는 바른 깨달음'이므로 이 책에서는 그냥 쉽게 '최상의 바른 깨달음'으로 번역한다.

소명은 제목을 '얻은 것도 없고 설한 것도 없다(무득무설분無得無說分)'라고 하였다.

[설명]

세존께서 다시 장로 수보리에게 말하셨다. "수보리여, 너는 어떻게 생각하느냐? 여래가 깊이 자각한 '최상의 바른 깨달음'이라는 그 어떤 법이 있느냐? 여래가 설한 그 어떤 법이라도 있느냐?

너는 어떻게 생각하느냐? – 한자어로는 어의운하(於意云何)를 그대로 번역한 것이고, 산스크리트어 'tat kim manyase'는 '어떻게 생각되어지는가?'인데, 이것이 영문으로는 What do you think로 '너는 어떻게 생각하느냐'라고 번역된다.

깊이 자각한 – 원문의 abhisaṁbuddhaḥ는 deeply versed in(~에 깊이 통달한)의 뜻이므로, 경전의 용어들과 맞도록 '자각하다'로 바꾸었다.

최상의 바른 깨달음 – 해설에서도 말했지만, 아뇩다라삼먁삼보리(阿耨多羅三藐三菩提)의 뜻을 그대로 번역에 사용하였다. 한자 뜻 자체가 무슨 뜻을 가진 것이 아니라 산스크리트어의 음역에 지나지 않으므로, 현대적으로 번역하고 그 뜻을 거스르지 않기 때문에 저 용어가 좋아 보인다. 한역(漢譯)에서도 저런 식의 번역보다는 최근의 뜻에 맞추어 번역하고 있다. 즉 '위없는'의 뜻을 무상(無上)으로, '바른'의 뜻을 정(正)으로, '깨달음'을 각(覺)으로 번역한다. 다만, '삼보리'의 산스크리트어 sambodhi에서 sam이 '딱 맞는, 같은'의 의미가 있으므로 등(等) 자를 덧붙여서 무상정등각(無上正等覺)이라는 번역을 사용한다. 무상정등각(無上正等覺)을 한글로 하면 '위없는 바른 깨달음'이라는 뜻인데, '위없는' 이라는 말의 어감이 듣는 사람에게 바로 의미를 주기가 힘들어서 '위가 없다'는 것은 '최상'이라는 뜻이므로 '최상의 바른 깨달음'으로 번역한다. 의정(義淨)은 무상보리(無上菩提)라는 말을 사용한다.

'최상의' – 무상(無上)은 더 이상 위에 아무것도 없는 것을 말하므로 최상이라고 하여도 좋다. 한자어라 하여도 우리가 수시로 사용하는 용어이기 때문에 한글과 다를 바 없는 것이다. 즉 최고의 깨달음을 말하는 것이므로 모든 이가 숙원하는 그런 깨달음이다. 단순히 깨달음을 얻는 것은 사물이나 생활에서 자각하는 여러 순간에 닥쳐오는 깨달음도 있는데, '최상의' 깨달음은 그런 순간순간의 깨달음과는 차원을 달리하는, 모든 생명체가 추구하는 궁극적인 최고의 깨달음을 말한다. 즉 이 용어 자체에서 가장 근원적인 문제를 해결하는 깨달음을 의미한다.

'바른' – '바른' 깨달음이란 right(똑바른)로 번역되는데 사도(邪道)에 빠지지 않는 것을 말한다. 그러면 '최상의 바르지 않은 깨달음'도 있느냐의 문제가 발생한다. 최종적으로 그런 것은 없지만, 최종적 종국에 도달하기 전까지는 '사도(邪道)'로 세상을 해석하는 그런 방법도 존재한다. 즉 세상을 해석하는 방법은 항상 이면(裏面)이 존재하고, 그 이면의 방법을 총칭하는 식으로 사용할 수 있다. 반야경 25,000송에는 항상 Mara가 등장하는데, 이는 마왕, 악마, 혹은 마귀로서 보살의 길을 가려는 자를 유혹하는 역할을 한다. 그런데 이런 Mara가 단순히 유혹만 하는 것이 아니라, 붓다의 말을 왜곡하고 비슷하게 만들어서 보살의 길을 가려는 자를 혹하게 만든다. 심지어 그런 내용을 불경처럼 만들어서 공부하도록 만들기도 한다. 아무런 근거가 없는 이야기라면 그들이 유혹당하지 않을 것인데 너무나 그럴싸하기 때문에 유혹당하는 일이 많다. 그래서 경전을 보고 바르게 해석하는 것이 아주 중요한 것이다.

'깨달음' – 깨닫는다는 것은 무엇일까? 산스크리트어 bodhi는 '깨달음'이라는 뜻이다. 오(悟)와 견성(見性)은 선불교에서 나오는 말로 견성(見性)에서 사람의 진정한 본성을 본다는 뜻이다. 임제종(臨濟宗)에서는 견성(見性–성을 보는 것)을 깨달음을 얻는데 핵심적인 것으로 보고 있지만 더 수련을 요한다고 본다. Bodhi(보리–菩提)는 문자적으로는 '깨어나서 이해하다'는 뜻이고, 붓다가 깨달음을 얻은 이해나 지식의 특별한 형식을 말한다. 이때의 지식은 중생이 존재하게 된 인과관계의 이해뿐만 아니라 중생의 갈망, 고통, 윤회의 구속을 유지하는 마음의 작용의 이해도 포함한다. 깨달음이란 구속된 대상을 해방시키는 방법의 이해를 말한다. 숲속의 경(Vanapattha Sutta) 17장에서 붓다는 정글에서의 생활과 깨달음을 얻은 것에 대하여 말한다. 마음의 불안을 깨뜨린 후 마음을 집중하여 세 가지 지식을 얻는다.[57] 과거생에 대한 통찰, 까르마와 윤회의 작동에 대한 통찰, 사성제(四聖諦)에 대한 통찰이다.

이때 사성제(四聖諦)에 대한 통찰을 여기서 깨달음이라 부른다. 사성제(四聖諦)는 우리가 잘 아는 고집멸도(苦集滅道)를 말한다. 이것을 영어로는 the Four Noble Truths라고 하며 '네 가지의 고귀한 진실'이라고 번역한다. 한자어 사성제(四聖諦)는 문자 그대로 그런 뜻이다. 사성제(四聖諦)를 간략히 보면, 고(苦)는 현실이다. 그래서 현실은 고통스럽다. 고통의 중요한 네 가지는 생로병사(生老病死)이다. 집(集)은 원인이다. 현실의 고통의 원인은 집(集)이다. 여기 가장 근본적인 것은 욕망이다. 욕망 중 욕애(欲愛)는 감각적인 쾌락을 추구하는 것이고, 유애(有愛)는 존재에 대한 욕망이다. 영원히 살고 싶은 욕망 등을 말한다. 무유애(無有愛)는 무존재로 되고자 하는, 즉 사후에 소멸되고 싶은 욕망을 말한다. 이러한 고(苦)와 집(集)을 없애는 것이 멸(滅)이라는 자각(自覺), 즉 멸성제(滅聖諦)이고, 그 방법이 도(道)인데 그것이 팔정도(八正道)이다. 반야심경에 무고집멸도(無苦集滅道)라는 구절은 고(苦)와 집(集)이 없으면 멸(滅)과 도(道)도 없다는 것이니, 고통이 본래 있는 것이 아니며, 집착 또한 본래 있는 것이 아니고, 그래서 고통과 집착의 소멸도 없다는 뜻이다.

깨달음은 열반에 도달하는 것으로도 설명된다. 즉 고통이 끝나고 다시 윤회하지 않는 것이다. "나의 자유는 확실하고, 이것이 나의 마지막 생이고, 이제 윤회는 없다는 지식과 통찰이 떠오르는 것"이다. 그래서 깨달음은 까르마와 윤회에 대한 통찰이고, 사성제(四聖諦)에 대한 통찰이다.

그런데 여기 깨달음은 사성제(四聖諦)에 대한 통찰을 가지는 것을 말하는데, 금강경에서 말하는 깨달음은 '특정한 것이 있다는 관념이 생기지 않는 것'을 말한다. 위의 두 가지가 서로 다른 의미로 보이는데 깨달음에서 어떤 관계를 맺을 것인가.

14절에 가면 붓다가 인욕선인으로서 깔링가왕에게 사지를 절단 당하는 장면이 나온다. 이때 그는 고통을 느끼지 않는데, 그것은 '자아가 있다는 관념'이 생기지 않았기 때문이다. 즉 '자아의 관념이 생기지 않는 것'은 사성제(四聖諦)의

57) 이 주석의 아래 위는 위키피디아 영문판의 '깨달음' 부분을 참조하여 작성한 것이다.

원인인 욕망과 고통을 떠나는 상태로 무고집멸도(無苦集滅道)를 실천한 결과가 된 것이다. 그래서 깨달음은 현실의 고(苦)의 원인인 집(集)에 대한 통찰로 생긴 것인데, 그러한 통찰은 '무엇이 있다는 관념이 생기지 않는 것'으로써 가능한 것이다.

그 어떤 법이 있느냐 – 여기서 '그 어떤 법'이라는 것은 우리말의 어감에 맞도록 사용하였다. 구마라집은 정법(定法–정해진 법)이라는 표현을, 현장과 의정은 소법(少法–적은 법)이라는 말을 사용한다. 즉 구마라집은 '정해진 법'을 얻었느냐는 것이고, 현장과 의정은 '적은 법'이라도 얻었는지를 묻는 것이다. 산스크리트어로는 '그 무엇이라도' 법이 있는지를 묻는 것으로 되어 있다. 영어 번역은 any dharma(어떤 법)인데, 결국 우리말 어감에는 '그 어떤 법'으로 하는 것이 맞다.

수보리가 세존에게 말하였다. "세존이시여, 제가 세존께서 설하신 것의 의미를 이해하기로는, 여래가 '최상의 바른 깨달음'을 얻었다는 그 어떤 법은 없습니다. 또 여래가 설하신 그런 법도 없습니다.

수보리가 세존에게 말하였다 – 원문을 보면, '이같이 말해지자, 수보리가 세존에게 이렇게 말하였다'이다. 그러나 한역(漢譯)들은 모두 '수보리가 말하였다'로 간략하게 번역하고 있는데, 특별히 의미가 있는 부분을 제외하고는 간략히 번역하는 것이 좋을 것 같다.

제가 세존께서 설하신 것의 의미를 이해하기로는 – 지금까지 세존이 설법한 것에 대해서 수보리의 이해를 덧붙이고 있다. 우리도 지금까지 세존의 설법을 들었으니 나름대로 해석을 가지고 있겠지만, 지금은 수보리가 이해한 것을 우선 들어보기로 하자. 여기 '이해하기로는'이라고 번역하였는데, 현장을 뺀 한역자들은 여아해불소설의(如我解佛所說義–제가 붓다가 설하신 뜻을 이해하기로는)라고 하였는데, 현장은 끝에 자(者)를 한 자 더 붙인다. 그래서 '세존께서 설하신 바의 뜻이라는 것을 이해하기로는'이라고 번역된다. 영어 번역가들도 understand라는 단어를 사용하여 '이해하기로는'으로 번역한다.

여래가 '최상의 바른 깨달음'을 얻었다는 그 어떤 법은 없습니다. 또 여래가 설하신 그런 법도 없습니다. – 분명히 설법을 들었는데 '최상의 바른 깨달음'도 없고 설하신 법도 없다는 대답을 한다. 이러한 비논리성이 금강경에 신비감을 더해 주는데, 여기에 아무런 해명이 없다면 한낱 궤변에 그칠 것이다. 미리 그 이유를 추측해 보고 내용을 전개할 수 있지만 왜 그런지에 대한 설명이 바로 뒤에 나온다.

그것은 무슨 이유에서인가? 세존이시여, 여래가 완전히 깨닫고, 가르친 바의 법은 가질 수도 없고, 말로 설명할 수도 없으며, 법도 아니고, 비법(非法)도 아니기 때문입니다.

아무런 깨달음과 설법이 없다는 것에 대한 해명이다. 여래가 얻은 법과 설한 법들은 가질 수 없고 설명할 수 없다는 이유를 댄다. 과연 이것들이 이유로 타당할 수 있을까? 우리가 원하는 장면은 붓다의 깨달음을 한 단어로 요약해 주기를 바라고, 설법하는 장면을 상상하면서 그런 설법이 있었다고 시각적으로 상상할 수 있는 설명을 원하는데, 이제 설법 현장에서 그것을 부정하는 것이다. 즉 이 대답은 물론, 법이 가질 수 없고 설명할 수 없으며, 법도 아니고 비법도 아니므로 여래가 깨닫고 설하신 법이 없다는 이유는 된다. 그러나 근원적인 궁금증은 해소하지 못한다. 즉 그 법은 왜 가질 수 없고 설명할 수 없는가 하는 점을 설명하지 않고 있기 때문이다.

그런데 그 이유를 가만히 보면, '가질 수 없고 설명할 수 없는 법'을 다시 생각해 볼 문제를 제기한다. 깨달음은 왜 그런 속성을 가지고 있는가? 보통 깨달음에 대하여 붓다가 연기(緣起)의 이치를 자각한 것을 들고 있지만, 우리는 금강경에서 나온 법문을 실천하여 하나의 깨달음을 얻은 것으로 생각해 보자. 이제까지 금강경에 나타난 가장 핵심적인 법문은 각종 관념이 생기지 않아야 한다는 것이다. 그래서 '자아의 관념'이 생기지 않도록 하는 법문이 설해졌고 우리는 그 내용을 이해한다. 그런 관념이 생기지 않도록 수행하는 것이다. 그러나 그런 법문으로 '자아의 관념'이 생기지 않는 경지에 본인이 다다를 수 있는지는 별개의 문제이다. 붓다는 좋은 법문을 설하시어 그런 경지로 올라가기를 가르치고 있지만, 그런 경지의 수행을 이룬 후에는 그 경지를 어떻게 말로 표현할 수 있을까? 마치 사과를 한 입 베어 먹었을 때 신맛과 단맛을 복합적으로 느끼지만 '달고 시다'는 한마디 외에는 실제로 느낀 맛을 언어로 표현하기는 힘든 것처럼, 하나의 관념이 없어진 경지가 어떤 것인지 말로 설명할 수는 없다. 다만 그런 경지에서 세상을 바라보는 시각이 어떤지 표현하는 말을 듣고, 그런 경지를 추측할 수밖에는 없는 것이다. 14절에는 그런 경지에 오른 인욕선인이 깔링가왕으로부터 사지(四肢)를 절단당하는 아픔 속에서도 아무런 분노를 느끼지 않았다는 설명이 나온다. 그것은 '자아의 관념'이 생기지 않기 때문이라는 것이다. 즉 그런 경지는 진정으로 관념이 생기지 않는 경지인 것이다. 그리고 그런 경지가 어떤 것인지 말로는 설명할 수 없지만, 어떤 결과를 가져오는지 추정할 수는 있다.

금강경에서 언급하는 깨달음이란 누구에게 줄 수 있는 것이 아니고 스스로 자각(自覺)하는 것이기에 개념과 언어가 도달할 수 없는 곳에 있다. 그래서 이것을 잡으려면 마치 텅 빈 것을 잡으려는 것이 되고, 이것을 표현하려면 텅 빈 것을 표현하는 것이 된다. 결국 깨달음도 없고 가르침도 없다는 것은 붓다의 입장에서는 깨달음과 가르침이 있었지만, 깨달음과 가르침을 받는 사람의 입장에서는 아무런 깨달음을 잡을 수도 없었고 가르침도 없었다는 것이다. 수보리는 그것을 표현한 것이라 보인다.

그렇다면 여기서 붓다가 깨달음이나 법에 대해서 가르치거나 설법하는 이유는 무엇인가? 아무도 깨달음이나 법에 대해서 알 수 없고 전달될 수 없다면, 붓다의 설법은 이루어질 필요가 없는 것이 아닐까? 여기 이 대답에 비밀이 숨어 있다. 법(法)은 이런 성질을 가졌다는 점과 깨달았다는 법(法)이나 가르쳤다는 법(法)은 전해질 수 없는 성질을 가졌다는 점을 언급하였고, 각자가 추구하는 가운데 스스로 발견한 법(法)이 있다는 점도 알려주는 것이다. 그래서 법의 이런 성질에 비추어 진위(眞僞)를 판단할 수 있는 자료를 준 것이다. 이것은 앞서 '특징이 없는 것으로써 특징을 삼다'는 말과 상통한 것이다.

법도 아니고 비법(非法)도 아니다 – 여기서 붓다는 '여래가 깨닫고 가르친 법'

이 '법이 아니다, 비법도 아니다'라는 말을 하는데, 앞서 '얻을 수 없고 말로 전해질 수 없다'는 것은 '듣는 자'의 입장에서 이해가 되지만, 이제는 자신의 '깨달음과 가르친 법'이 '법이 아니다, 비법(非法)도 아니다'는 가르침을 주고 있다. 이는 듣는 자의 입장을 말하는 것이 아니라 객관적인 평가를 하는 것이다. 그래서 일견 비논리적으로 보이는 문장이지만, 이는 다시 '자신이 깨닫고 가르친 법'과 '이미 존재하는 법, 그리고 비법(非法)'이 다르다는 가르침이다. 여기서 말하는 '이미 존재하는 법'이란 그 자체로 존재하는 법을 말한다.

법(法)과 비법(非法)의 관계는 어떻게 될까? 법(法)이란 다르마를 구마라집이 번역에 사용한 뒤 동양권에서 사용하지만, 우리가 통상 느끼는 법이라는 의미와는 다르기 때문에 혼동하기 쉽다. 그래서 번역할 때는 법(法)이라고 쓰고, 설명할 때는 다르마라는 단어를 사용하여 설명하는 것이 좋다. 그래서 이 문제는 '다르마와 비(非)다르마'의 관계는 어떻게 될 것인가이다. 다르마도 아니고 비(非)다르마도 아니라는 말에서 사용되는 다르마라는 용어부터 정리가 필요하다. 붓다가 깨달은 것을 다르마라고 하여 Dharma라고 쓰는데, 자이나교 등에서 사용하는 세상의 최소분자, 아비달마의 분석도구를 dharma라는 소문자를 사용한다. 여기서는 소문자를 사용한 것이므로 붓다가 깨달은 법은 그러한 다르마에 속하지 않는 것이고, 또 그런 다르마가 아닌 것들에도 속하지 않는 것을 의미한다. 이때 니르바나(열반)는 그런 다르마 중의 하나이기는 하지만 특별히 무위(無爲)의 다르마로 분류된다. 즉 75종의 다르마 중에서 오직 무위의 다르마에 속하는 것은 '공간과 니르바나'뿐이다.[58] 즉 공간은 우리가 어찌할 수 없는 대상이고, 인간으로서 성취할 수 있는 것은 '니르바나-열반'뿐인 것이다. 무위의 다르마는 '조작되지 않은 세계, 즉 인연의 화합이 아니라, 생멸변화를 떠난 절대적이며 항상 존재하는 진리의 세계'를 뜻한다. 따라서 여기서 말하는 다르마는 유위(有爲)의 다르마를 뜻하고, 비(非)다르마는 그런 유위의 다르마도 아닌 보통의 일반적인 세상의 일을 말하는 것이다. 이렇게 보면 이 절의 다음 구절은 논란이 많기는 하나 아주 쉽게 읽힌다.

---

58) 구사론의 75법 중에서 허공(虛空), 택멸(擇滅-열반), 비택멸(非擇滅)의 세 가지가 무위법에 속한다.

그것은 무슨 이유에서인가? 고귀한 인물들은 무위(無爲)로 나타나기 때문입니다.

고귀한 인물 - 산스크리트어 ārya(거룩한, 고귀한) pudgala (person, 개인)을 번역한 것이다. 여기서 '인물'이라 번역한 pudgala는 3절에서 나왔던 pudgala saṁjñā(개인의 관념)에서의 것과 같은 것이고, 개인이라 번역하였지만, 여기에서는 문맥에 맞게 '인물'이라고 번역하였다. 이 부분의 한역(漢譯)들을 보면 구마라집은 일체현성(一切賢聖), 보리유지와 진제(眞諦)는 일체성인(一切聖人), 현장은 제현성보특가라(諸賢聖補特伽羅), 의정은 제성자(諸聖者)라고 번역하고 있다. 현장의 번역에서 pudgala를 보특가라(補特伽羅)라고 그대로 사용하였는데, 그렇다면 그 앞의 ārya를 현성(賢聖)으로 번역한 것은 형용사를 명사로 보았기 때문이 아닌가 생각된다. 콘체와 막스 뮐러는 the Holy Persons(성스러운 인물, 성인聖人)로, 레드파인은 sages(현자賢者)로 번역하였다.

사실 ārya(거룩한, 고귀한)라는 말은 아리안 족을 말하는데, 아리안 족은 카스피해에서 발흥하여 유럽으로 간 민족은 게르만 족이라 하고, 중동지역으로 간 종족은 페르시아인이 되었고, 인도 쪽으로 와서는 드라비다 족을 지배하면서 아리안이라는 고귀한 종족이 되었다. 그래서 아라한이라는 말도 아리안을 한자로 음차하면서 깨달음을 이룬 자라는 의미를 나타낸다. 아리안 족이 브라만 계급을 차지하였기에 아르야라는 말이 성인(聖人)임을 나타낼 정도로 원주민들에게 추앙을 받은 것이라고 보인다.

붓다는 9절에서 나오는 깨달음의 네 단계 과정에 있는 사람을 고귀한 인물(noble people, ārya pudgala)로 불렀고, 특히 그런 사람이 불교 승단에 있으면 고귀한 승려(ārya sangha)라고 불렀다.

무위로 나타나기 때문입니다 - 이 부분에서 그 정확한 뜻을 제대로 파악하는 사람들이 없다. 일단 번역을 보면 구마라집은 개이무위법(皆以無爲法) 이유차별(而有差別)이라고 하여 '무위법으로써 차별을 한다'고 번역했는데, 그 뜻은 '무위법으로써 차별을 삼는다'이다. 즉 무위법에 있어서 다른 이와 구분이 된다는 뜻이다. 보리유지는 개이무위법득명(皆以無爲法得名), 즉 '무위법으로 이름을 얻다'라고 하는데 그 뜻은 '무위법으로 유명해지다, 사람들에게 알려지다'는 뜻이다. 진제(眞諦)는 개이무위진여소현현고(皆以無爲眞如所顯現故), 즉 '무위진여로써 나타나기 때문이다'고 번역되는데, 무위가 진여임을 밝히는 맥락에서 진제(眞諦)도 그 번역에 고심하여 진여(眞如)를 삽입한 것이라 보인다.

그런데 현장과 의정은 무위(無爲)라는 수단을 통하여 나타나는 문맥을 바꾸게 된다. 즉 이 번역의 골격을 '성자, 무위, 나타남'을 가지고 만든다면 구마라집, 보리유지, 진제는 '성자는 무위를 통해서 나타남'(성자에 있어 무위로 인하여 보통 사람과 구분된다는 점)이라는 골격을 보여주면, 현장과 의정은 '성자에 있어 무위가 나타남'이라는 골격을 가지고 있다. 현장은 이제현성(以諸賢聖) 개시무위지소현고(皆是無爲之所顯故), 의정(義淨)은 이제성자(以諸聖者) 개시무위소현고(皆是無爲所顯現故)라 번역한 것이다.

이는 성자가 나타나는, 혹은 다른 사람과 구별되는 것이 '무위'라는 것에 주안점이 있는 것인지, '성자'에게 주안점이 있는 것인지의 차이라고 보인다. 산스크리트어 순서로 보면 '무위'를 강조하는 번역들이 바른 것으로 보인다.

영문 번역을 보면, 콘체는 an Absolute exalts the Holy Persons(절대원칙이 성인聖人을 고상하게 만든다)는 표현을 사용하였다. 이때 An absolute는 단순한 '절대'라는 번역보다는 a rule or principle that is believed to be true, right, or relevant in all situations.(어떠한 상황에서도 진실이라 믿어지는 규칙이나 원칙)을 말한다. 레드파인은 sages arise from what is uncreated(현자는 생성되지 않은 것에서 나온다)는 표현을 사용하는데, 이는 불교에 정통하지 않은 사람은 무슨 뜻인지 알 수 없지만, 무위(無爲)를 문자 그대로 해석한 것으로 보인다.

반야경 25,000송[59]에 보면, 수보리는 무위법 중에 차별이 있는지(無爲法中有差別不) 붓다에게 묻는데 붓다는 없다고 대답한다. 그리고 다시 수보리가 묻기를 "무위법이 차별이 없다면, 붓다는 어찌 일체 여래가 습기(習氣)[60]가 상속되는 것이 영원히 끊어졌는데, 성문(聲聞)이나 독각(獨覺)은 아직 끊어지지 않았는지" 묻는다. 붓다는 "습기를 상속하는 것은 실로 번뇌가 아니고, 그래서 성문이나

59) 대반야바라밀경 363권 중
60) 습기는 업의 기가 장식(藏識)에 베게 되어 업의 공능을 남기는데 이러한 공능을 습기라 한다.

독각은 번뇌가 이미 끊어졌다. 오직 약간의 탐진치가 몸과 말에 발동하여 습기가 상속된다(중략)." 다시 수보리가 묻되, "열반에는 자성(自性)이 없는데, 붓다는 어찌 이것이 '흐름에 든 자', '한번만 온 자', '돌아오지 않는 자', 아라한, 독각, 보살, 여래라고 하십니까"라고 하자, 붓다는 "그들은 모두 무위로 나타나기 때문이다(一切皆是無爲所顯)"라고 대답한다.

다시 장로 수보리가 "무위법 중에 '흐름에 든 자' 내지 여래 사이에 차별이 있습니까"라고 묻자, 붓다는 "차별이 없다"고 대답한다.

다시 수보리가 "어째서 그렇게 말씀하십니까" 하고 묻자, 붓다는 "세속의 말로 차별이 있다고 한 것이지, 진정한 뜻으로는 그렇지 않다. 진정한 뜻이 아닌 속에 나타남이 있다. 왜냐하면, 무위 중에는 언어의 도와 분별의 지혜가 있는데 언설(言說)은 모든 법을 끊어버리는 고로, … (중략)"

그런데 반야경 10만송의 인내(Patience) 편에서, 보살은 '형태가 영원하거나 영원하지 않다거나', 혹은 '형태가 비었다거나 비어 있지 않다거나' 하는 생각을 가져서는 안 된다. 그리고 모든 것이 그렇다. 그는 '흐름을 얻은 자'라는 등의 과실을 얻었다는 인식을 해서도 안 된다. 깨달은 마음(Buddhahood)은 무위(無爲)로부터 그 존엄이 나타난다.[61] 여래는 어떤 것도 기초로 하지 않는 방법에 의해서 공양을 받을 가치가 있다는 구절이 나온다.

따라서 이 구절을 해석하는데 두 가지가 있다. 뒤의 10만송에서 보듯이 무위(無爲)는 깨달은 인물이 나오는 원천이다. 깨닫기 위해서는 무위를 기반으로 한 각성이 필요하다는 말이고, 앞의 무위는 무위법 중에 차별이 없기 때문에 모든 무위법은 동일하다는 말이다(즉 깨달은 분들 사이에는 차별이 없다는 뜻이다).

금강경에서 '무위로 차별을 삼을 것인지', '무위로 나타나는지' 등 어떻게 해석하느냐에 따라 의미에 차이가 있다. 산스크리트어에서는 prabhāvitā를 어떻게 해석할지 문제가 된다. 문자 그대로 해석하면 '나타내 존재하게 하다'가 되는데, 이는 한역(漢譯)들 중 진제, 현장, 의정이 모두 '나타나다'라는 의미로

61) the Large Sutra on Perfect Wisdom, Edward Conze, 207p, 대반야경 462권, 525권도 비슷한 내용

번역하고, 구마라집만이 '차별로 삼다'는 번역을 한다. 보리유지는 '무위법으로 이름을 얻다'이니 구마라집과 비슷한 견해를 보인다. 영어번역도 헷갈리지만, 레드파인이 '나타나다-arise'라는 표현을 쓴다.

앞서 본 바와 같이 대반야경에서도 그 뜻이 두 가지로 나뉘는데, 여기서는 7절에서 계속되는 내용을 생각해 보면, 여래의 깨달음과 설법은 '얻을 수도 없고, 말할 수도 없고, 법도 아니고, 비법도 아니라'는 구절에 이어온 것이므로, 그 이유는 모두가 '무위(無爲)'에 기반하기 때문이라는 것을 말하고 있는 것이다. 그래서 깨달음을 위해서는 무위(無爲)라는 것에 집중해야 하고, 성인(聖人), 현자(賢者), 성현(聖賢), 고귀한 인물, 깨달은 인물은 무위(無爲)로 나타난다고 말하는 것이다.

성자들이 일반인들과 달리 서로 무위에 의해 차별이 된다고 보는 시각에 따르면, 물론 그 내용에는 위와 같은 뜻도 들어가 있지만, 일정한 강의의 흐름을 끊으면서 너무 갑자기 나오는 말이 되므로 듣는 사람을 놀라게 할 것이다.

또 무위법으로 차별이 된다는 것은 일반인과 성인의 차별을 말하는 것인지, 같은 성인 내에서의 차별도 있다는 것인지의 의문도 제기될 수 있다. 일단 성인이라는 것은 무위(無爲)로써 일반인을 넘어선 것이라고 보더라도, 성인(聖人) 내에서도 '흐름에 뛰어든 자', '한번만 온 자', '다시 오지 않는 자', 아라한, 독각(獨覺), 보살, 여래라는 구분이 가능한데, 이들도 그 차이가 있을 것이라고 보지만, 대반야경에서는 그 차별을 부정한다.[62)]

이런 논의를 바탕으로 이 구절의 뜻을 새겨야 할 것이다. 즉 현재 붓다가 가르치고 깨달은 법은 없고, 말로 설명할 수도 없고, 법도 아니고 비법도 아니라는 것이라는 것을 전제한 후에 성인은 무위로써 나타난다고 한 것이다. 즉 법도 아니고 비법도 아닌 것, 무위(無爲)를 통해서만 성인이 될 수 있다는 설명이라고 본다.

62) 대반야경 462권, 具壽善現復白佛言：「無爲法中實有預流乃至如來義差別不？」 무위법 중에 '흐름에 든 자 내지 여래까지 사이에 차별이 있습니까?
佛言：「不爾！」 '없다'

8절

붓다의 법은 이 법문에서 나왔다

세존께서 말하셨다. "수보리여, 너는 어떻게 생각하느냐? 만약에 좋은 가문의 아들과 딸이 삼천대천세계를 칠보로 가득 채워 '여래 아라한 바르게 깨달은 분들'에게 보시를 한다면, 이들은 이로 인해 공덕의 쌓임이 크겠는가?"

수보리가 말하였다. "큽니다, 세존이시여, 큽니다. 잘 가신 이여. 이들은, 이로 인해 공덕이 쌓인 것이 클 것입니다. 그것은 무슨 이유에서인가? 세존이시여, 여래께서 설하신 '공덕이 쌓인 것'은, '쌓인 것'이 아니라고 설하셨습니다. 그래서 여래는 '공덕이 쌓인 것, 공덕이 쌓인 것'이라고 설하신 것입니다."

세존께서 말하셨다. "수보리여, 만약 좋은 가문의 아들과 딸이 이 삼천대천세계를 칠보로 가득 채워, 여래, 아라한, 바르게 깨달은 분들께 보시를 한다면, 또 만약 이들이 이 법문에서 단지 네 구절로 된 게송이라도 뽑아내어 다른 이에게 자세히 가르쳐주고 설명해 준다면, 이로 인해 측정할 수 없고, 헤아릴 수 없는 더 큰 공덕을 쌓을 것이다."

"그것은 무슨 이유에서인가? 여래, 아라한, 바르게 깨달은 분들의 '최상의 바른 깨달음'이 이로부터 이루어졌고, 붓다와 세존들이 이로부터 생겨났다.

그것은 무슨 이유에서인가? 수보리여, 불법(佛法), 불법(佛法)이라는 것은 불법(佛法)이 아니라고 여래가 설하였는데, 그래서 불법(佛法)이라고 부르기 때문이다."

[해설]

요지는 칠보로 하늘을 가득 채우는 보시를 행하더라도, 이 경전을 읽고 배우고 다른 사람에게 가르쳐주는 보시의 공덕이 훨씬 많다는 것이다. 심지어 경전에서 네 구절로 된 게송만이라도 읽고 배운다면 그 공덕이 크다는 것이다.

현실 생활에서 물질적 보시를 하는 사람은 많지만, 실제로 경전의 내용을 배우는 사람이 적은 이유는 무엇일까? 물질적 보시는 경제생활을 하는 일반인이 할 수 있는 행위이고, 경전을 배우고 공부하는 것은 보살의 길을 가려는 자가 하는 행위이므로, 일반인과는 거리가 있다고 생각하는 것이 사실이다. 그러나 금강경의 내용은 그렇게 어렵지 않다. 반어법과 비논리의 논리가 섞여 있기는 하지만, 어떻게 보면 가장 사실을 직시하고 있는 내용이 많고, 현실 생활에서 논리적으로 풀어지지 않는 문제를 해결하는 데 좋은 수단이 되는 내용들이 있다. 그래서 금강경의 내용을 읽고 공부하는 것은 현실 생활에서도 많은 도움이 될 것이고 문제를 직시하는 시각을 가져다준다.

붓다의 법이 이 경전에서 태어났다는 것은 그만큼 경전의 내용이 깊고 수양할 수 있게 해준다는 뜻이다. 구마라집의 번역에서 일체제불이 깨달은 '최상의 바른 깨달음'은 소위 불법(佛法)이라고 할 수 있는데, 그 불법은 불법(佛法)이 아니라는 구절이 앞으로 나오는 비논리의 논리를 위한 첫 구절이다. 그런데 그 구절은 나중에 진제(眞諦)의 번역본부터는 이 뒤에 시명불법(是名佛法-이 이름이 불법이다)이란 구절이 더 붙는데, 그 의미는 뒤에서 살피기로 한다.

소명은 제목을 '법에 의해 태어나다(의법출생분依法出生分)'로 하였다.

[설명]

세존께서 말하셨다. "수보리여, 너는 어떻게 생각하느냐? 만약에 좋은 가문의 아들과 딸이 삼천대천세계를 칠보로 가득 채워 '여래 아라한 바르게 깨달은 분들'에게 보시를 한다면, 이들은 이로 인해 공덕의 쌓임이 크겠는가?

좋은 가문의 아들과 딸 – 산스크리트어에 의하면, '좋은 가문의 아들들과 딸들'이라고 말하는데, 우리말 표현대로 '아들들'과 같은 복수를 단수로 표기하여 '아들과 딸'로만 표기한다.

칠보(七寶) – 일곱 가지 보물이란 뜻인데, 이 일곱 가지가 무엇인지 경전마다 다르다. 대부분은 금, 은, 남옥(藍玉), 홍옥수, 그리고 진주, 그리고 나머지 두 개로 수정, 루비, 진주, 산호(coral), 흑운모 등이 거명된다. 그것들이 무엇인지는 그렇게 중요하지 않다. 왜 일곱 가지일까? 밤하늘의 별자리 중에서 가장 확연하게 눈에 띄는 것은 북두칠성과 오리온자리이다. 7은 북두칠성의 별의 숫자이고(오리온자리도 크게 보이는 것은 7개이다), 사계절의 변화에 따라 북두칠성이 북극성을 기준으로 시계방향으로 회전하기 때문에 춘하추동의 시점만 놓고 보면 만(卍)자 형태를 보이게 된다. 그래서 7가지 보석이라는 것은 아주 귀중한 재료로 보였고, 이러한 재료는 인도에서 헌신적인 수행으로 사용될 뿐만 아니라 중국에서 중국 불교의 물질적 문화의 중요한 부분이 되었다. 실제로 이 목록의 보석들과 채색 유리 대체품은 인도가 중국에 수출하는 중요 수출품이었고, 그들은 실크와 의약향료를 대신 받아왔다.

그렇다면 이런 귀중한 보석을 보시하는 것의 공덕은 당연히 크지 않을 것인가? 특히 삼천대천세계를 가득 채울 정도의 양으로 보시를 한다면 그 공덕의 크기가 상상이 가지 않을 정도이다. 그런데도 붓다는 그런 공덕이 어떤지 물어보고 있는 것이다.

이로 인해 – 현장본에는 유차인연(由此因緣–이 인연으로 인해서)이라 되어 있고, 구마라집본에는 단지 '이 사람이'라는 구절만 있다. 산스크리트어본에는 tato (then, afterwards, 그 이후) nidānaṁ(cause, 원인, 인연)의 의미가 되어, '그 원인으로 인하여'라고 해석이 가능하다. 영역본들은 on the strength of that(그것의 힘으로)라는 번역을 한다. '이로 인해서'가 정확한 서술이겠지만, 운율을 위해 '이로 인해'라고 번역한다.

공덕의 쌓임이 크겠는가? – 공덕의 무더기나 공덕의 덩어리를 공덕이 쌓인 것으로 번역하기로 하였다. 그런데 이 공덕이 쌓인 것을 크다고 표현할지, 많다고 표현할지에 대한 문제가 있다. 원문의 bahu(many, numerous)는 보통 많다는 뜻으로 사용하기 때문에 한역(漢譯)들은 모두 많다고 번역하였다. 그런데 영역(英譯)들은 모두 크다고 번역한다. 결국 공덕이 쌓인 것, 즉 puṇyaskandha의 성질을 무엇으로 보느냐를 다시 생각해 봐야 한다. 공덕이 수많은 생을 통해 조금씩 쌓여가는 것으로 보고 지금 현재 개념으로 어느 정도 쌓였는지를 표현할 때, 그것을 크다고 할 것인지, 많다고 할 것인지의 문제이다. 그것을 어느 정도 덩치가 있는 덩어리로 볼 때, 크기로 보면 크다는 표현이 맞고, 덩어리를 이루는 수많은 생의 조금씩의 작은 덩어리 입자가 뭉쳐 있는 것으로 보면 많다는 표현이 맞다(그런데 이렇게 보려면 공덕의 구성분자를 구분할 정도로 혜안을 가져야 한다). 문맥으로 보면, 지금 현재 칠보로 보시하는 것에 대해 그 공덕이 증가하는 정도를 묻는 것이다. 그럴 경우 기존에 쌓여 있는 공덕보다 얼마나 증가할지를 묻는 것이다.

수보리가 말하였다. "큽니다, 세존이시여, 큽니다. 잘 가신 이여. 이들은, 이로 인해 공덕이 쌓인 것이 클 것입니다. 그것은 무슨 이유에서인가? 세존이시여, 여래께서 설하신 '공덕이 쌓인 것'은, '쌓인 것'이 아니라고 설하셨습니다. 그래서 여래는 '공덕이 쌓인 것, 공덕이 쌓인 것'이라고 말하신 것입니다."

수보리는 그 공덕이 매우 크다고 대답한다. 여기서 공덕이 적다거나 없다는 말을 할 수 있는 분위기가 아니다. 그런 말을 하자면, 칠보로 하는 보시와 대비되는 것이 있어야 하는데 대비되는 보시가 없기 때문이다. 그러므로 여기서의 대답은 상대적인 비교가 없는 대답이다.

'잘 가신 이' – 붓다의 또 다른 별칭이다. 여래(如來)가 '이렇게 오신 분'이라는 한자어라면, '잘 가신 이'의 한자는 선서(善逝)이다. 여래는 우리가 자주 듣고 쓰는 말이지만 선서(善逝)는 잘 사용하지 않으므로, 그냥 뜻에 맞게 '잘 가신 이'라고 표시한다. 산스크리트어로는 Sugata이다. Su(잘, 좋게), gata(가다, go)이다. 그래서 '좋게 가신 분', '잘 가신 분'이다. '잘 갔다'는 말은, 이 세상에서 저 세상으로 잘 갔다는 말이니 열반(涅槃)을 얻은 분이란 뜻이다.

공덕이 쌓인 것이 매우 클 것입니다 – 산스크리트어로는 '공덕의 무더기를 쌓을 것입니다'로 해석되고, 한역본 현장역에서는 복취기량심다(福聚其量甚多–복이 모인 양이 아주 많습니다)이다. 공덕이 쌓인 것을 그냥 공덕으로 표시한다고 하였지만, 여기서는 공덕과 쌓인 것을 구분하여 원문에 나와 있으므로, 이 절에서는 공덕의 무더기를 공덕이 쌓인 것으로 번역한다.

4절에서 공덕이 쌓인 것을 '많다'고 하기보다 '크다'고 하는 것이 좋겠다고 하였다. 그런데 여기 '공덕이 쌓인 것이 크다'는 것은 보통 무엇에 대비하여 말하거나 인간의 상식으로 보아도 '크다'고 느낄 때 말할 수 있는데, 그냥 '크다'고 한다. 그리고는 공덕이 큰 이유를 설명하고 있다. 다른 것과 비교하지 않고 공덕이 쌓인 것이 크다고 하려면 어떻게 하여야 할까?

공덕이 쌓인 것은 '쌓인 것'이 아니라고 설하셨습니다 – 구마라집은, '이 복덕은 복덕의 자성이 아니고, 그래서 여래는 복덕이 많다고 설하신다'[63]라고 번역했다. 현장은 '복덕이 모인 것은 복덕이 모인 것이 아니라고 여래는 설하셨고, 그래서 여래는 복덕이 모인 것이라 부른다고 설하신다'[64]이다. 나머지 한역(漢譯)들도 비슷하다.

산스크리트어본을 보면, '여래께서 설하신 공덕이 쌓인 것은 '쌓인 것'이 아니라고 설하시고, 그래서 여래는 공덕이 쌓인 것이라 설하신다'이다. 콘체는 '여래는 공덕에 대해서 쌓인 것은 쌓인 것이 아니라고 말하시고, 그것이 여래가 공덕이 쌓였다고 말하는 방법이다'는 번역을 한다. 막스 뮐러와 레드파인은 산스크리트어본과 비슷하다.

결국 이 번역들의 골자는 '공덕이 쌓인 것을 여래는 공덕이 쌓인 것이 아니

63) 是福德 即非福德性. 是故如來說福德多
64) 福德聚福德聚者, 如來說爲非福德聚, 是故如來說名福德聚福德聚

라 한 것이고, 그래서 공덕이 쌓인 것이다'라는 것이다. 이것은 도대체 무슨 의미일까? 금강경의 논리가 시작되는 부분이라서 우리의 일반적인 사고방식에는 맞지 않는 구조이지만, 경전을 읽는 우리도 사고방식을 조금씩 바꿀 필요가 있다.

구마라집의 번역은 복덕과 '복덕의 자성이 없는 것'을 비교 대상으로 놓았다. 그래서 복덕은 복덕의 자성이 없고, 그래서 복덕이 많다는 번역을 하는데,[65] 대부분의 책이 그렇게만 번역하고 그것이 무슨 뜻인지 설명하지는 않는다. 복덕과 복덕성의 차이를 스스로 알아내라는 뜻인가? 복덕이 복덕의 자성이 없으면, 복덕이 크다고 말할 이유가 되는 것인가? 특별한 원인과 결과의 관련성이 없어 보인다. 그런데 구마라집이 번역한 것의 원문은 복덕성(福德性)이라고 할 만한 단어가 없다. 오히려 원문은 '공덕이 쌓인 것은 **쌓인 것**이 아니다'는 구절이므로, 자성이 없는 것이 아니라 공덕이라는 것은 쌓이는 것이 아니라는 뜻으로 해석해야 된다. 이를 자성이 없다고 번역한 것은 구마라집 본인의 해석의 결과라고 보인다. 그런데 '공덕이 쌓인 것은 **공덕이 쌓인 것**이 아니다'라고 되어 있지 않다. 즉 공덕은 남아 있고, **쌓인 것만 부정하고 있다**는 점을 유의해서 보도록 하자. '쌓인 것이 아니다'는 것은 공덕이 누적되어 있는 것을 부정하고, 공덕이란 이름만 남아 있는 상태이므로 그 실제의 내용은 없고 이름만 남아 있는 것이다. 지금은 다른 것과 비교하지 않는 절대적인 판단을 하는 자리이므로, 그때의 공덕은 크다고 해도 되고 작다고 해도 된다. 그래서 크다고 한 것은 교육적인 의미라고 보는 견해도 있다.

그래서 여래는 '공덕이 쌓인 것, 공덕이 쌓인 것'이라고 말하신 것입니다." – 이 부분을 구마라집은 단순히 '그래서 여래는 복덕이 많다고 설하신다'고 하였다. 그러나 다른 한역(漢譯)들은 '복덕이 모인 것, 복덕이 모인 것'이라고 번역하였는데 복덕이 크다는 뜻의 번역은 없다. 원문에도 그렇고, 영역(英譯)들도 그렇다. 구마라집의 금강경 해석이 그렇기 때문일 것인데 그를 제외한 다른 번역들로 이 구절을 보아야 할 것이다.

---

65) 구마라집의 한역(漢譯)은 是福德 卽非福德性. 是故如來說福德多이므로 즉비복덕성卽非福德性을 복덕의 본성 내지 자성이 아니라고 번역한다.

'공덕이 쌓인 것, 공덕이 쌓인 것'이라고 말을 반복하는 뜻은 무언가 할 말이 있는데 하지 못하고 있는 것이다. 이런 안타까움 속의 뜻은 무엇인가? 공덕이 쌓인 것은 '쌓인 것'이 아니라고 설하면서 '공덕이 쌓인 것, 공덕이 쌓인 것'이라고 반복하는 표현에서 아직은 언어로 표현할 수 없는 뜻을 보여주고 있다.

보통 이 구절을 해석하는 방법은 공덕이라는 개념을 부정하는 것은 개념으로서의 공덕을 부정하는 것이고, 그 부정된 후에야 진정한 공덕의 실체를 인식한다고 하기도 한다. 이에 대해서는 10절의 불국토의 장엄 편에서 자세히 설명한다.

세존께서 말하셨다. "수보리여, 만약 좋은 가문의 아들과 딸이 이 삼천대천세계를 칠보로 가득 채워, 여래, 아라한, 바르게 깨달은 분들께 보시를 한다면, 또 만약 이들이 이 법문에서 단지 네 구절로 된 게송이라도 뽑아내어 다른 이에게 자세히 가르쳐주고 설명해 준다면, 이로 인해 측정할 수 없고, 헤아릴 수 없는 더 큰 공덕을 쌓을 것이다.

어떤 공덕이 더 큰 것일까? 법을 추구하는 견지에서 재물로 보시하는 것보다 법으로 보시하는 것이 더 크다는 결론이 예상되지만, 그 예상보다 더 대단한 결론을 보여준다. 즉 삼천대천세계를 칠보로 가득 채우는 보시보다 이 경전에서 네 구절로 된 게송이라도 설명해 준다는 것을 비교한 것인데, 그만큼 금강경 내용의 중요성을 알려주는 것이라 할 것이다.

또 만약 이들이 – 원문의 yaś ca는 '여기 그리고'라고 번역되지만, 앞의 가정법에 대응하여 이렇게 번역하였다.

이 법문에서 단지 네 구절로 된 게송이라도 뽑아내어 – 이 부분은 한역(漢譯)과 영문이 많이 혼동되어 있다. 구마라집이 처음 사용할 때는 어차경중(於此經中) 수지내지(受持乃至) 사구게등(四句偈等)이라고 번역하였으니, 한자대로 해석하면 '이 경전 중에서 받아 지니고 내지 사구게등'이라고 해석하지만 논리적인 기술이 아니다. 그래서 현장은 어차법문내지사구가타수지독송(於此法門乃至四句伽陀, 受

持、讀誦)이라고 하여 '이 법문내지 사구게를 수지 독송'이라고 하였는데, 그 뜻을 후대인들도 알아듣게 번역하였다.

그런데 산스크리트어본에 의하면 이 경전 자체를 수지 독송하는 것이 아니라, 경전에서 네 구절로 된 게송을 뽑아내어 그것을 타인에게 설명해 준다는 등의 뜻이 된다.

콘체는 take from this discourse on dharma but one stanza of four lines(법에 관한 이 가르침으로부터 네 줄로 된 한 구절을 뽑아)라고 산스크리트어본에 맞는 해석을 하고 있다. 다른 영문 번역도 마찬가지다.

그래서 금강경의 이 구절은 삼천대천세계를 칠보로 가득 채우는 보시와 단지 네 구절로 된 게송을 남들에게 가르쳐주는 보시를 비교하는 수사학적인 구절로 파악하여야 한다(네 구절로 된 게송 앞에 '단지'라는 용어가 사용된 점을 유의하면 원문의 뜻은 명확하다).

네 구절로 된 게송(四句偈) – 구마라집이 사구게(四句偈)라는 용어를 사용한 후 지금까지 통용되고 있으나 원문이 힘들여 만든 글이므로 무게감을 위해서 원문과 비슷한 번역을 하였다. 현장은 사구가타(四句伽陀), 의정은 사구송(四句頌)이라고 하였다. 현장이 사용한 가타(伽陀)는 산스크리트어 gāthā를 음차한 것이다. gāthā는 노래할 수 있는 성스러운 시가(a sacred verse, to be chanted or sung ; a religious verse)인데, 우리말로 가사(歌詞)와도 같은 뜻이다. 즉 산스크리트어 gāthā는 우리말 가사(歌詞)와 같다고 보면 된다. 이 운율은 베다veda에서는 사용되지 않는 것이다.

gāthā(가타)는 불교의 성립 이전에 인도에서 발전되었지만, 그 시적인 형태가 중국에 소개된 것은 불교 때문이다. 중국에서 오언절구의 구절이 파괴된 사언절구가 사용되었고, 나중에 일본에서 하이쿠(haiku)의 기초가 되었다. 이 네 구절로 된 운율은 중국, 한국, 일본에서 선사(禪師)들이 그들의 제자들을 시험하는 가장 유명한 수단이 되었고, 깨달음의 가사인 오도송(悟道頌)은 각 세대의 독특한 스타일로 사용되었다. 반면 인도에서 '가타'는 독자적 시 형식에 사용되거나 성서 등의 산문을 요약하는 용도로 사용되었다. '가타'는 고대 인도 문학의 가장 짧은 운율의 단위로 사용되었지만, 많은 학자들은 여기서 말하는 것이 특

정한 운문이 아니라 네 줄의 단순한 단위를 의미한다고 주장한다.

산스크리트어본에는 ito(이) dharmaparyāya(법문) ad(에서)라는 구절을 사용하였으니 법문에서 골라내는 의미가 분명히 들어 있다. 계속해서 antaśaś(단지) catuṣ(4, 四) pādikām(구절) api(이라도) gāthām(가사, 게송, 시가), 즉 단지 '네 구절로 된 게송이라도' 뽑아낸다고 번역된다.

삼천대천세계(三千大千世界) – 이는 trisāhasra mahā sāhasraṁ loka dhātuṁ를 번역한 것이다. tri(삼三) sāhasra(천千) mahā(대大) sāhasraṁ(천千) lokad hātuṁ(세계世界), 왜 3,000이고, 대천(大千)인가, 대천(大天)이 아님을 주의한다.

전 세계를 천 개 모은 것을 소천(小千)세계라 하고, 소천세계를 천 개 모은 것을 중천(中千)세계, 중천세계를 천 개 모은 것을 대천(大千)세계라고 하므로 삼천(三千)은 천(千)의 삼배수이고, 그것이 크나큰 세계를 이루므로 거대한 천(千)이라는 뜻의 대천세계라고 하는 것이다. 즉 대천세계는 삼천세계를 의미한다고 볼 수 있다.

불교 학자들은 그 크기에 따라 세 종류의 우주를 구분한다. (1) 1,000개의 태양, 1,000개의 달, 1,000개의 대륙(Jambudvipa–보통의 인간들이 사는 곳), 1,000개의 하늘, 1,000개의 지옥 등이 있는 우주, (2) 첫 번째의 형태가 1,000개 있는 우주, (3) 두 번째 형태가 1,000개 모여 있는 더 큰 단위의 우주를 말한다.

불교의 우주론에 의하면 모든 세계의 중앙에는 수메루산이라 부르는 산이 있고, 그 경사와 정상에는 33개의 하늘왕국이 있고, 그 왕국들은 일곱 개의 향기 있는 바다와 금으로 된 산으로 고리가 끼워져 있다. 이 너머로 남쪽의 잠부드비파(Jambudvipa), 동쪽의 푸르바비데하(Purvavideha), 서쪽의 고다나(Godana), 북쪽의 우라쿠루(Uttarakuru) 대륙들을 포함하는 염해(鹽海)가 있다. 그리고 이 네 대륙 너머로 전 세계를 에워싸는 쇠로 된 산이 있고, 그 주위로 태양과 달이 돌고 있다. 일천세계는 세계의 체계를 만드는 것으로 말해지고, 또 일천세계는 은하들이고, 또 일천은하는 십억 세계를 포함하는 우주이다. 그래서 붓다는 고대 인도의 가장 가치 있는 대상을 사용하고 가장 위대한 상상력의 단위를 사용한다. 그러나 우주조차도 붕괴되기 쉽고, 칠보조차도 자유를 살 수는 없다.

사구게(네 구절로 된 게송)**에 대해서** – 붓다가 설한 법문 중 사구게를 무엇으로 볼 것인지에 대하여 많은 논란이 있다. 사실 금강경을 통독해 보면, 서문에서도 언급하였듯이 그렇게 많은 내용이 있는 것이 아니다. 그런데도 시간의 편의를 위해 사구게만 뽑아서 읽고 남들에게 가르친다는 것은 일평생을 간직할 소중한 법문인데 부실화될 가능성이 크다. 특히 붓다가 설법을 시작하는 장면부터 마칠 때까지의 일련의 과정과 장로 수보리의 질문과 대답을 생략한 채 특정 구절만 발췌하여 수지독송하는 것은 별론으로 하고, 남에게까지 가르친다는 것은 진의가 왜곡되고 오해를 살 여지가 있다. 보통 26절의 끝부분과 32절에 나타나는 운문(韻文)을 그것의 예로 들고 있지만, 나중에 보다시피 그것들이 과연 금강경의 핵심 내용을 대표할 만한지는 의문이다.

일반적으로 언급되지 않는 것으로 주목할 만한 것은, 바수반두(세친世親, Vasubandhu)의 언급인데, 그의 청패기(碃牌記–Bronze Memorial Record, T'ung Pei Chi)에 의하면 "바수반두가 투시타 궁전(Tushita Palace)에 올라가서 미륵보살에게 '금강경에서 말하는 어느 사구의 게송이 붓다가 말하는 것이냐고' 묻는다. 미륵보살은 '자아의 관념, 중생의 관념, 영혼의 관념, 개인의 관념이 생기지 않아야 한다'는 것이라고 대답한다.[66]

이러한 견해를 지지하는 근거는 이 경전의 중심 가르침이 현재 제시되었고 아직 아무런 게송도 나타나지 않았으며, 붓다는 반복적으로 이러한 네 개의 관념을 버릴 것을 강조하고 있다는 점들을 고려하면, 여기서 네 구절로 된 게송은 읊을 수 있는 시가를 말하는 것이 아님을 알 수 있다는 것이다. 사실 금강경에서 핵심 가르침은 이것일 가능성이 높다고 보기 때문에 이 견해를 지지한다.

다른 이에게 자세히 가르쳐주고 설명하여 준다면, 이로 인해 측정할 수 없고, 헤아릴 수 없는 더 큰 공덕을 쌓을 것이다.

자세히 가르쳐주고 설명하여 준다면 – 이 부분을 구마라집은 '수지(受持–받아 지니고)하고 타인을 위해 설한다면'이라고 했는데, 현장은 '수지, 독송, 구경통리

66) Red Pine, The Diamond Sutra, 147p에서 재인용

및 타인을 위해 설하고, 개시하고, 그 뜻을 설명하고'[67]라는 많은 내용을 부가하고 있다. 그러나 의정은 '수지하고 타인을 위해 설한다'는 내용만 가지고 있다. 생각건대 현장의 번역은 대반야바라밀경의 내용들이 들어가 있는 것으로 보인다. 반야경 8,000송과 25,000송에는 수지(受持), 독송(讀誦), 구경통리(究竟通利), 여리사유(如理思惟), 광위타설(廣爲他說), 분별개시영기해료(分別開示令其解了)와 같은 구절이 많이 나온다. 따라서 금강경을 번역할 때 그런 것이 많이 작용한 것으로 보이지만, 산스크리트어본과 같이 금강경은 300송에 해당하는 것이므로 그중에 핵심만 추리면 수지, 독송의 부분과 '다른 이에게 자세히 가르쳐주고 설명해 준다'는 구절만 남는다.

더 큰 공덕을 – 원문에는 칠보로 보시하는 공덕과 법문을 가르쳐주는 공덕을 비교하는 문구가 없다. 더 큰 공덕을 쌓는다고만 되어 있다. 그냥 번역하면 뜻이 애매할 것을 염려해서인지 한역(漢譯)들은 모두 '이 공덕은 앞의 공덕보다(기복승피其福勝彼)'라는 구절을 부가하고 있다. 뜻을 명료하게 한다는 점에서는 바람직한 번역이다. 그러나 영역(英譯)들은 단순히 비교급만 사용하여(greater, larger) 번역하는 것으로 끝을 내었다. 이 책도 '더 큰'이라는 표현만 사용하여 원문과 같이 번역하였다.

그것은 무슨 이유에서인가? 여래, 아라한, 바르게 깨달은 분들의 '최상의 바른 깨달음'이 이로부터 이루어졌고, 붓다와 세존들이 이로부터 생겨났다.

'최상의 바른 깨달음' – 최상의 바른 깨달음에 대해서 구마라집과 보리유지는 아뇩다라삼먁삼보리법(阿耨多羅三藐三菩提法)이 이로부터 나온다고 하였는데, 진제는 무상보리(無上菩提–최상의 깨달음), 의정도 무상등각(無上等覺)이라고 하였다. 콘체는 the utmost, right and perfect enlightenment(최고의 바르고 완전한 깨달음), 뮐러는 the highest perfect knowledge(최고의 완전한 지식), 레드파인은 the unexcelled, perfect enlightenment(무상의 완전한 깨달음)이라고 하고 있다.

이로부터 – 진제의 번역을 제외한 한역본에 의하면 '이로부터'를 모두 차경

67) 受持, 讀誦, 究竟通利, 及廣爲他宣說, 開示, 如理作意

출(此經出)이라고 하여 이 경전으로부터 나왔다고 하였다. 진제는 여래의 최고의 깨달음이 이 복에 따라 완성되었고(종차복성從此福成), 모든 붓다와 세존이 이 복에 따라 생겼다(종차복생從此福生)고 한다. 원문의 ato(이로부터) nirjātāś(일어나다, 생겨나다)인데, ato(이로부터)가 무슨 단어를 받는지에 따라 한역(漢譯)이 달라진 것이다. 그런데 영역본들은 '그것이 무엇인지'에 대한 언급 없이, from it have issued(콘체), produced from it(막스 뮐러), from this is born(레드파인)이라고 번역했다. 그러므로 원문의 '이로부터'에서 그것은 무엇을 받는가? 한역(漢譯)에 따르면, 이 경전으로부터 나온 것이라고 해석되는데(혹은 이 법문으로부터라고도 해석 가능하다), 어떻게 보면 앞에서 언급한 무한한 공덕을 가진 '법을 가르침'에 의해서 나온 것이라 볼 수도 있고, 이 경전의 핵심 사상인 지혜를 완성하였기 때문이라고도 볼 수 있다. 대다수의 한역(漢譯)에서 차경출(此經出-이 경전에서)이라고 번역하였기 때문에 이에 대해서 언급하는 분을 찾기 힘들다. 각묵 스님은 '산냐를 극복하라는 말씀'으로부터 나온 것이라고 간단히 붙이고 있지만 잘못된 견해로 보인다. 그러한 관념을 가지지 않아야 보살이라 부를 수 있고, 법이 있다는 관념마저 없어야 공덕을 쌓을 수 있다고 하였으니, 지금 여기서의 논의와는 관련이 없는 것으로 보인다. 문법적으로 경전을 의미하는지, 법문을 의미하는지, 공덕을 의미하는지 모두 가능하다. 결국 문맥으로 살펴야 할 것이다.

깨달음과 모든 붓다 세존이 이 경전으로부터 이루어지고 나온다는 것은 아무리 보아도 이상하다. 경전의 정수를 뽑은 것을 법문이라고 보고, 재물의 보시가 아닌 법문을 가르치는 보시가 쌓인 것이 공덕이라고 보면, 경전과 법문과 공덕의 순서대로 더 핵심에 나아가게 된다. 깨달음이라는 것은 법문에서 나오는 것이 맞을 것이라 보고, 모든 붓다 세존은 법문의 깨달음이나 공덕이 많이 쌓여 완성될 것으로 보인다. 그렇다면 깨달음과 모든 붓다 세존이 같은 곳으로 나온다는 최대 공약수를 뽑는다면 법문이라는 것이 맞을 것으로 보인다.

또 문장의 전개 순서로 볼 때도 삼천대천세계의 칠보로 가득 찬 공덕과 법문의 네 구절로 된 게송이라도 뽑아 설명하는 공덕을 비교한 후에, 후자의 공덕이 엄청나게 크다는 결론을 짓고, 깨달음과 모든 붓다 세존이 이로부터 나온다 하였으니 '이로부터'라는 것은 공덕이거나 법문 혹은 네 구절로 된 게송을 말하는 것임이 명확하다 할 것이다. 계속하면 이 법문이 얼마나 중요한지를 강조하는 과정에 있기 때문에 '깨달음'이 이로부터 나온다는 것은, '이 법문'으로부터 나오는 것이라 보아야 한다. 아무래도 경전이라는 유형의 것으로부터 '깨달음'이 나온다는 것보다는 '법문'으로부터 깨달음이 나온다는 것이 맞으므로 '이 법문으로부터 나온다'는 것으로 번역하는 것이 좋다. 진제(眞諦)의 번역처럼 볼 수도 있는데 공덕을 쌓은 후에 붓다와 세존이 나오는 것은 맞지만, 그 공덕은 깨달음을 얻은 후의 행동이 만들어낸 것이므로, 다시 깨달음이 이로부터 나온다는 것은 어울리지 않으므로 진제의 번역을 채택하지 않기로 한다. 그런데 깨달음이 이루어지고 붓다와 세존이 나온다는 부분은 원문의 같은 동사를 진제가 저렇게 번역하였는데 좋은 번역으로 보여 그 부분은 진제와 같이 번역한다.

붓다와 세존들이 이로부터 생겨났다 – '깨달음'이 이 법문으로부터 나오는 것은 법문 속에 가르침이 있기 때문에 이해가 가지만, 세존들이 이 경전으로부터 나온다는 것은 무슨 뜻일까?

먼저 '붓다와 세존들'이라는 번역을 보자. – 이 부분에 약간의 논란이 있다. 구마라집은 일체제불급제불(一切諸佛 及諸佛–일체의 모든 붓다 및 모든 붓다)이라 했는데, 이 번역을 보면 일체의 모든 붓다 및 모든 붓다의 관계가 애매하다고 보인다. 그래서 보리유지는 일체제불아뇩다라삼먁삼보리법(一切諸佛阿耨多羅三藐三菩提法)이라고 하여 급제불(及諸佛) 부분을 생략하였다.

진제(眞諦)는 앞에서와 같이 붓다와 세존이 이 경전이 아니라 공덕에서 나온다고 본다. 그래서 제불세존종차복생(諸佛世尊從此福生–모든 붓다 세존은 이 복에 따라 생긴다)이라고 내용을 추가하면서 이 경전으로부터 나온다는 해석을 지양하고, 무한한 공덕을 쌓은 것으로부터 나온다고 번역한다. 현장과 의정은 제불세존개종차경생(諸佛世尊皆從此經生)이라 하였다. 즉, 모든 붓다와 세존 모두가 이 경으로부터 생겨난다고 번역했다. 다만 의정은 개(皆) 자를 생략하였다.

산스크리트어본에 의하면 Buddha Bhagavantah이라 되었는데, 이때 붓다와 세존을 반복하는 것이 이상하여 앞의 붓다 부분을 '깨달으신'으로 해석하는 분도 있다. 이기영님의 책이 그렇다. 그러나 붓다를 대문자로 시작하였으므로 붓다들과 세존들로 번역하기로 한다. 그래서 '붓다와 세존들'이라고 정리한다.

영역본들 중 콘체와 레드파인은 그렇게 번역하였으며, 막스 뮐러는 이기영 님의 책과 같이 '깨달은 분인 붓다'라고 번역하고 있다.

그것은 무슨 이유에서인가? 수보리여, 불법(佛法), 불법(佛法)이라는 것은 불법(佛法)이 아니라고 여래가 설하였는데, 그래서 불법(佛法)이라고 부르기 때문이다.

산스크리트어본이나 현장본은 내용을 정리하기가 힘들다. 그래서 구마라집의 번역이 1500년이 지난 지금에도 힘을 얻고 있는 것 같다. 구마라집은 이 구절을 소위불법자 즉비불법(所謂佛法者 卽非佛法), 즉 '소위 불법(佛法)이라는 것은 불법(佛法)이 아니다'라는 것으로 간단하게 축약하였으니 그 정확한 뜻은 후학들이 파악할 일로 만들어버렸다. 이 문장을 대하는 우리들은 불법(佛法)이라는 것이 정확히 무엇인지, 불법(佛法)이 아니라는 것으로 무엇을 표현하려는지 고민하지 않을 수 없다.

이 부분에 대한 현장의 번역 구절을 보자. '모든 붓다, 법의 모든 붓다, 법이라는 것, 여래가 설하기로 모든 붓다, 법이 아니라 하셨으니 그래서 여래께서 모든 붓다, 법의 모든 붓다라 이름 하여 설하셨다'[68]이다. 이 경우 법제불(法諸佛)이라는 것은 또 무슨 뜻인가 고민해야 한다. 진제(眞諦)의 번역을 보면, 소언불법자즉비불법(所言佛法者卽非佛法) 시명불법(是名佛法)이다. '불법이라 말하는 바는 불법이 아니니 그 이름이 불법이다'라고 해석되어 무슨 말을 하려는지 알 수 있지만, 나중에 보게 될 구절들과 비슷한 반복이고 과연 이 말이 붓다의 진정한 말인지 의문이 간다. 의정(義淨)은 '붓다, 법은 여래께서 붓다가 아니고 법도 아니라, 그 이름이 붓다요 법이라 하셨다'[69]라고 하였다. 이 구조는 현장의 구조와 비슷하다. 그래서 구마라집이 불법(佛法)이라 한 것을 현장과 의정은 불(佛)과 법(法)으로 나눈 데 차이가 있다.

원문에는 buddhadharmā라고 되어 있으니 이를 어떻게 볼 것인가? 즉 buddhadharmā를 '붓다와 법(法)'이라고 할 것인지, '불법(佛法)'이라고 할 것인

68) 제불(諸佛), 법제불(法諸佛), 법자(法者), 여래설위비제불(如來說爲非諸佛), 법(法), 시고여래설명제불(是故如來說名諸佛), 법제불(法諸佛), 법(法)

69) 佛, 法者, 如來說非佛, 法, 是名佛, 法

지의 문제이다.

앞에서도 말한 바와 같이 buddhadharmā의 buddha를 깨닫다는 뜻으로 보아 '깨달은 바의 법'이라고 볼 것이냐의 문제도 있지만, 여기서는 붓다라고 번역한다고 하였다. 영문 번역가 콘체는 단순히 buddha dharmā라고 하지 않고, the dharmas special to the Buddhas(붓다에게 특별한 법)라고 번역한다. 막스 뮐러는 the qualities of Buddha(붓다의 특성)라고 하고, 레드파인은 '붓다의 법'이라고 번역한다. 콘체가 번역한 반야경 8,000송이나 10만송에 보면, 별개의 법(法)이 있고, 붓다의 법(法)은 18가지의 특별한 점이 있어 붓다의 법이라고 한다고 하며, 다른 법(法)들과 차이에 대한 언급이 여러 번 나온다. 그래서 콘체는 '붓다에 특별한 다르마'라는 표현을 사용하는데 총괄하면, 결국 '붓다의 법'이라는 뜻으로 사용하여 번역에서는 불법(佛法)이라고 사용하는 것이 좋겠다.

구마라집은 '그래서 불법(佛法)이라고 말해진다'는 구절을 생략했는데, 이는 상당히 잘못한 것이다. 뒤에 가서는 '그래서 ~라고 말해진다'라는 구절을 번역에서 생략하지 않았는데, 여기서 생략할 필요가 있는지 의문이다.

그런데 불법(佛法)이라는 것이 무엇일까? 영어로는 **Buddha dharma**이니, 붓다에 특유한 법일 것이다. 보통 다르마를 법으로 번역하면서 가르침의 뜻이 있는 것을 지칭하는 예로써 불법(佛法)을 많이 들고 있다. 그래서 붓다의 가르침이라고 하면 될 것이다. 반야경 700송에는 불법(佛法) 외에도 이생법(異生法–보통사람의 법), 보살법(菩薩法–보살의 법), 독각법(獨覺法, pratyekabuddha, 혼자 깨우친 사람의 법), 성문법(聲聞法–제자들의 법)이라는 법에 대한 설명이 있다. 그러면서 위계 질서상 불법(佛法)이 최상에 위치하지만, 결국 법은 모두 똑같은 것이라는 설명이 나오고, 좋은 가문의 아들과 딸이 일체불법을 얻으려면 지혜의 완성을 공부해야 한다고 한다.[70] 이로 미루어 이 법문에서 깨달음을 얻은 것이 불법(佛法)이고(이 법문에서 깨달음과 붓다 세존들이 나온다고 하였으니), 그 불법(佛法)은 불법(佛法)이 아니라 이름만 불법(佛法)일 뿐이고, 보통 사람의 법이나 보살의 법, 성문, 독각의 법이 붓다의 법과 결국은 다르지 않다.[71] 그러나 깨달은 사람의 법인 불법(佛法)은 깨닫기

70) 若善男子, 善女人等, 欲疾證得一切佛法, 當學如是甚深般若波羅蜜多

71) 若修如是甚深般若波羅蜜多, 於諸異生, 聲聞, 獨覺, 菩薩, 佛法無差別想, 了此等法畢竟空故。若能如是, 名眞修學甚深般若波羅蜜多。

전에는 가질 수 없기 때문에 불법(佛法)이고, 불법(佛法)이라도 모두 똑같기 때문에 다른 것과 차별화된 불법(佛法)이 아니고 그 이름만 불법(佛法)인 것이다. 문수보살이 붓다의 "불법을 완성했느냐"는 질문에, "불법이라 부를 만한 법을 보지 못했습니다. 어디서 완성할 수 있습니까" 하고 질문하자, 붓다는 "집착이 없는 단계를 얻지 못했느냐"고 다시 묻는다. 문수보살이 "저는 지금 집착이 없습니다. 집착이 없는데, 다시 집착이 없는 것을 얻으려 하겠습니까"라고 대답하는 구절[72]을 보면, 불법(佛法)이면서 불법(佛法)이라 할 수 없고, 그 이름이 불법(佛法)이라는 논리를 조금은 이해할 수 있다.

그런데 이 부분을 다르게 볼 수도 있다. 즉 이 구절과 같은 논리구조가 뒤에도 계속 나오는데, 즉 불법(佛法)은 불법이 아니오, 그 이름이 불법(佛法)이다와 같은 구조이다. 이를 두고 유명한 선사(禪師)들은 "산은 산이요, 물은 물이다.[73] 그러나 산은 산이 아니고, 물은 물이 아니다[74]"와 같은 게송을 읊는데, 이는 분명히 금강경의 논리구조를 따서 말하는 것이다. 처음에 이러한 게송을 들으면 신선하고 청량한 기운이 도는 글로 보이지만, 그 내용이 무엇인지 감이 잡히지 않는다.

이에 대한 해설로는 최초의 산은 현상(現象)으로서의 산을 말하는 것이고, 두 번째 산은 본질(本質)로 들어가기 위해서 현상으로서의 산을 부정하는 것이고, 세 번째 산은 본질을 찾은 후에는 역시 산은 산이라는 것을 나타내는 것이라고 한다.

그래서 이런 해석을 여기에 넣으면 처음의 불법(佛法)이라고 말하였지만, 그

---

72) 「曼殊室利！汝於佛法已成就耶？」 「世尊！我今都不見法可名佛法，何所成就？」 「曼殊室利！汝豈不得無著性耶？」 「世尊！我今卽無著性，豈無著性復得無著？」

73) 성철 스님이 1981.1.20. 조계종 제7대 종정 취임 시에 말한 법어로, 그때부터 유명해져서 이제는 모르는 사람이 없다. 그때의 법어를 보면,
《원각이 보조하니 적과 멸이 둘이 아니라. 보이는 만물은 관음이요 들리는 소리는 묘음이라. 보고 듣는 이 밖에 진리가 따로 없으니 시회대중은 알겠는가? 산은 산이요 물은 물이로다》 이다. 성철 스님의 이 법어 중 '산은 산이요'라는 구절은 송나라 때 청원유신(靑原惟信) 선사의 게송에서 나온 것인데, 그 게송을 다음의 주석에서 나타낸다.

74) 老僧三十年前未參禪時 노승이 삼십 년 전 미처 참선을 하지 않았을 때, 見山是山 見水是水 산을 보면 그냥 산이었고 물을 보면 그냥 물이었더니, 及至後來 親見知識 有個入處 나중에 선지식들을 친견하고 깨친바 있은 후에 見山不是山 見水不是水 산을 보면 산이 아니었고 물을 봐도 물이 아니더니, 而今得個休歇處마음 쉴 곳을 얻은 오늘에 이르러 다시 依前見山只是山 見水只是水 예전의 산을 보니 그 산이었고 물도 그 물이더라.

것은 '말로 표현할 수 없는 진정한 불법(佛法)'이 표현되지 않기 때문에 불법(佛法)이 아니라고 다시 설하였고, 나중에 진정한 불법(佛法)을 알았기에 그래서 불법(佛法)이라고 말한 것이라고 할 수 있다. 앞으로도 이런 구절이 계속 나올 것이니 그에 따라 어느 것이 맞는지 살펴보도록 할 것이다.

또 하나의 해석은 불법(佛法)이라는 관념이 생겨서는 안 된다고 말하는 것이라는 것이다.[75] 즉 3절에서 각종 관념이 생기는 것을 경계한 말씀처럼, 불법(佛法)이라는 관념이 생기는 것을 경계하는 것이라고 한다. 이 견해에 따르면, 불법(佛法)이라는 것이 있다는 관념은 잘못된 것이고, 법무아(法無我)의 관점에서 법공(法空)을 말하는 것이라는 뜻이다.

이러한 논의들은 문맥에 비추어 보아 결정되어야 한다. 각각의 논의는 다 근거가 있고 그 부분만으로 보면 일리가 있지만, 금강경의 설법이 진행되는 과정에 그러한 이유로 이런 설법을 한 것인지도 보아야 할 것이다. 현재 칠보로 보시하는 공덕에 비해서 법문을 남에게 가르치는 공덕이 얼마나 대단한지 말하였고, 공덕은 공덕이 쌓인 것이 아니라, 그래서 공덕이라고 부른다고 하였다. 그리고 깨달음도 이로부터 생겨났고, 붓다 세존도 이로부터 생겨났는데, 그 이유는 불법(佛法)은 불법(佛法)이 아니고, 그래서 불법(佛法)이기 때문이라는 것이다. 즉 여기서의 불법(佛法)은 앞에서 설명한 것들의 이유이다. 따라서 깨달음과 붓다 세존이 생겨난 이유는 불법(佛法)이면서 불법(佛法)이 아니기 때문이다. 보통 이런 경우에 현상으로서의 불법(佛法)과 본질로서의 불법(佛法)이 대비되기 때문에 그 성질을 나타내지는 못하고 같은 단어를 사용함으로써 비논리적으로 보이는 구절로 보인다. 이렇게 보면 본질과 현상으로 파악하는 주장이 맞다. 그러나 제일 처음의 여러 사람의 법(佛法)이 있다는 것 때문에 불법(佛法)이면서 불법(佛法)만이 아니라 모든 사람의 법(法), 즉 법(法)에 차별이 없다는 주장도 일리는 있다. 이는 금강경의 진행에 따라 진의가 밝혀질 것이다.

---

75) 각묵, 금강경역해, 160면

9절
관념을 버린 자가 진정한 과실을 얻는다

"수보리여, 너는 어떻게 생각하느냐? '흐름에 든 자'는 '내가 흐름에 든 과실을 얻었다'고 하는 생각을 가지겠는가?"

수보리가 답하였다. "그렇지 않습니다. 세존이시여! '흐름에 든 자'는 '나는 흐름에 들었다는 과실을 얻었다'고 하는 생각을 가지지 않습니다.

그것은 무슨 이유에서인가 하면, 세존이시여, 그는 어떤 법도 얻지 않았고, 그래서 '흐름에 든 자'라고 불리는 것입니다. 형상을 얻은 것도 아니고, 소리, 냄새, 맛, 촉감, 법을 얻지도 않았고, 그래서 '흐름에 든 자'라고 부릅니다.

세존이시여, 만약 '흐름에 든 자'가 '나는 흐름에 들었다는 과실을 얻었다'고 하는 생각을 한다면, 그것은 바로 자아집착, 중생집착, 영혼집착, 개인집착이 생긴 것입니다.

세존께서 말하셨다. "수보리여, 어떻게 생각하느냐? '한번만 더 올 자'는 '나는 한번만 더 올 것에 대한 과실을 얻었다'고 하는 생각을 가지겠는가?"

수보리가 답하였다. "그렇지 않습니다. 세존이시여! '한번만 더 올 자'는 '나는 한번만 더 올 것에 대한 과실을 얻었다'고 생각하지 않습니다. 그것은 무슨 이유에서인가 하면, 세존이시여, '한번만 더 올 것이라는 성과'를 얻은 그 어떤 법은 없습니다. 그래서 '한번만 더 올 자'라고 부르는 것입니다.

세존께서 말하셨다. "수보리여, 어떻게 생각하느냐? '다시 오지 않을 자'가 '나는 다시 오지 않는 것에 대한 과실을 얻었다'고 하는 생각을 가지겠는가?"

수보리가 답하였다. "그렇지 않습니다. 세존이시여! '다시 오지 않을 자'는 '나는 다시 오지 않는 것에 대한 과실을 얻었다'는 생각을 하지 않습니다.

그것은 무슨 이유에서인가 하면, 세존이시여, 다시 오지 않을 것에 대한 성과를 얻은 그 어떤 법은 없습니다. 그래서 '다시 오지 않을 자'라고 부르는 것입니다.”

세존께서 말하셨다. “수보리여, 어떻게 생각하느냐? 아라한이 ‘나는 아라한이 되었다’고 하는 생각을 가지겠는가?”

수보리가 답하였다. “그렇지 않습니다. 세존이시여, 아라한은 ‘나는 아라한이 되었다’고 하는 생각을 가지지 않습니다. 그것은 무슨 이유에서인가 하면, 세존이시여, 아라한이라 이름 하는 그 어떤 법도 없기 때문입니다. 그래서 아라한이라 부르는 것입니다.

세존이시여, 만약 아라한이 ‘나는 아라한이 되었다’고 하는 생각을 가진다면, 그것은 ‘자아집착’, ‘중생집착’, ‘영혼집착’, ‘개인집착’이 있는 것입니다.”

“그것은 무슨 이유에서인가 하면, 세존이시여, 여래, 아라한 , 바르게 깨달은 분께서는 제가 ‘다투지 않는 자들 중 제일’이라고 지목하셨습니다. 세존이시여, 저는 탐욕을 떠난 아라한이지만, ‘나는 탐욕을 떠난 아라한이다’라는 생각을 가지지 않습니다.

세존이시여, 만약 ‘나는 아라한이 되었다’고 생각했다면, 여래께서, ‘수보리는 좋은 가문의 아들이고, 다툼이 없는 자들 중 제일이면서 어느 곳에도 머물지 않는다’라고 선언하지 않았을 것입니다. 그래서 ‘다투지 않는데 제일, 다투지 않는데 제일’이라고 부르는 것입니다.”

[해설]

‘흐름에 든 자’는 성자(聖者)가 되는 흐름에 든 것을 말한다. 이러한 흐름에 들어서 성자가 되는 단계는 네 가지가 있는데, 그것이 ‘흐름에 든 자’, ‘한번만 더 올 자’, ‘다시 오지 않을 자’, ‘아라한’이다. 이렇게 분류하는 기준은 인간을 구속하는 10가지 족쇄 중 몇 가지를 극복했느냐에 따른 것이다.

‘한번만 더 올 자’는 성자가 되는 흐름에 들어서 수행이 높아져서 인간 세상에 한번만 더 오게 된다. 앞의 ‘흐름에 든 자’가 일곱 번을 더 윤회하여야 하는데 비해서 수행이 많이 높아진 것이다.

‘다시 오지 않을 자’는 수행이 높아져서 이제는 인간 세상에 다시는 오지 않을 자이다. 그러나 아직 10가지 족쇄 중 다섯 가지만 극복한 상태이다.

‘아라한’은 10가지 족쇄를 모두 극복하여 붓다와 거의 같은 경지에 이른 자이다.

수행을 이렇게 10가지 족쇄를 극복하는 단계로 제시하기 때문에 금강경은 초기의 대승불교사상을 나타내는 것으로 보인다. 지금은 많은 계율과 수행의 단계를 복잡하게 나타내고 있지만, 초기 불교는 단순하게 10가지 족쇄만 제시한다. 그렇지만 10가지 족쇄의 개념은 아직도 남방불교에서는 통용되고 있다.

여기서 ‘흐름에 들었다’, ‘한번만 온다’, ‘다시는 오지 않는다’, ‘나는 아라한이다’와 같은 생각을 하면, 그 사람은 그런 단계에 도달하지 못한 것이라는 여래의 단언을 유의해서 보아야 한다. 왜 그런가? 그것에 대해서 명확하게 설명한 글은 없다. 그러나 금강경은 단순히 대반야바라밀경에서 300송으로 축약되어 우뚝 솟은 것이 아니라, 대반야바라밀경과 유기적인 관계에서 서로 내용을 보완하는 것이니 금강경의 글자에만 묻혀서는 제대로 된 진의를 찾지 못할 것이다. 그런 맥락에서 왜 붓다가 그런 발언을 하는지 뒤에 설명해 두었으니 설명에서 참조하기 바란다.

소명은 제목을 ‘하나의 상은 상이 없는 것이다’(일상무상분一相無相分)라고 하였다.

[설명]

"수보리여, 너는 어떻게 생각하느냐? '흐름에 든 자'는 '내가 흐름에 든 과실을 얻었다'고 하는 생각을 가지겠는가?"

수보리가 답하였다. "그렇지 않습니다. 세존이시여! '흐름에 든 자'는 '내가 흐름에 들었다는 과실을 얻었다'고 하는 생각을 가지지 않습니다.

그것은 무슨 이유에서인가 하면, 세존이시여, 그는 어떤 법도 얻지 않았고, 그래서 '흐름에 든 자'라고 불리는 것입니다. 형상을 얻은 것도 아니고, 소리, 냄새, 맛, 촉감, 법을 얻지도 않았고, 그래서 '흐름에 든 자'라고 부릅니다.

세존이시여, 만약 '흐름에 든 자'가 '나는 흐름에 들었다는 과실을 얻었다'고 하는 생각을 한다면, 그것은 바로 자아집착, 중생집착, 생명집착, 개인집착이 생긴 것입니다.

흐름에 든 자 – 흐름에 들었다는 것은 깨달음의 어떤 단계를 말하는 것이다. 어떤 흐름인가? 이 흐름은 속세를 초월한 깨달음의 길로 가는 흐름이다. 이 흐름에 들어간 경우에 각 단계별로 깨달음의 단계가 다르고, 그 단계는 네 단계이다. 그 각각에 특징적인 성자(聖者)의 유형이 있고, 그것은 불교에서 전통적으로 인정하고 있다. 여기서는 제일 처음의 단계인 '흐름에 든 자'를 말하고 있다. 원문에는 srota āpannasya라고 되어 있지만, 스로타파냐Srota–āpanna가 '흐름에 든 자'이고, 뒤의 sya는 '~에게'라는 뜻이다. 한역(漢譯)은 이를 입류(入流–흐름에 들다), 예류(預流–흐름에 참여하다)라고 한다. 구마라집은 수다함(須陀洹)이라고 음역하였으며, 입류(入流–흐름에 들다)라고 번역하였다. 진제는 그 뜻을 지어류(至於流–흐름에 도달하다)라고 하였는데, 현장은 예류(預流)라고 하였다. 막스 뮐러는 소리 그대로 스로따빠나Srota–āpanna로 번역하고, 콘체는 Streamwinner(흐름을 얻은 자), 레드파인은 '강을 발견한 사람'으로 번역하였는데, 이 책에서 스로타파냐를 쓸 것인지, 입류(入流) 혹은 예류(預流)를 쓸 것인지, '흐름에 든 자'라고 할 것인지의 문제가 있다. 우리는 본문만 읽어도 뜻이 바로 통하는 것을 목적으로 하므로 '흐름에 든 자'로 번역한다.

경장(Sutta Pitaka, 經藏)에 기록되기로는 '흐름에 든 자'는 법의 눈이 열리면서 일곱 번의 윤회 안에 아라한에 도달하고, 불교 교리의 직관적인 획득을 하였고, 삼보(三寶)에 대한 의심을 버리고 완전한 신뢰를 가지기 때문에 다시는 인간보다 더 낮은 수준으로 윤회되지 않는다고 한다.

흐름에 든 과실 – '흐름에 든 자'가 가지는 징표를 과실(果實)이라고 표현한다. phala(fruit, result, 과실, 결과)를 표현할 특별한 용어를 고안하기보다 과실은 나무가 여러 햇빛과 토양의 영양소로 결국은 맺게 되는 달콤한 것이니 그 표현이 적당하다. 즉 '흐름에 든 자'가 수행하여 흐름에 들었다는 결과를 얻는 것이라고 보면 된다.

이 성자의 흐름에 든 각 단계를 요약하여 알아두면 나중에 깨달음이나 수행의 경지를 파악하는 데 도움이 되므로 알아보기로 한다.

먼저 '흐름에 든 자', '한번만 더 올 자', '다시 오지 않을 자', '아라한'의 네 단계가 있다. 이러한 분류는 인간을 속박하는 10가지 속박 혹은 족쇄(fetter)를 극복해 나가는 단계에 따라 분류한 것이다. 10가지 속박을 알아보면,

1. 자아에 대한 관점(Self view, 유신견, 有身見) – 유신견은 몸이 있다는 견해이므로 비어 있는 오온의 집합체인 몸도 없는데 있다고 보는 것이니 이는 자아의 관념이 생긴 상태를 말한다.
2. 의심(skeptical doubt) – 불법승(佛法僧)에 대한 의심은 통찰을 통해 실재의 본성을 경험함으로써 깨어지고, 붓다의 가르침이 옳다고 확신하게 된다.
3. 계율에 대한 집착(Clinging to rites and rituals) – 형식적 계율을 지킴으로써 청정해진다는 믿음
4. 감각적 욕망(sensual desire) – 쾌락을 추구하는 것
5. 악의(ill will) – 성냄(anger), 분노(resentment), 적의(hostility, 敵意), 비탄(bitterness, 悲嘆)에 따른 생각의 속박을 말한다.

6. 색계에 대한 갈망(material-rebirth lust) - 욕계(欲界)를 떠나 색계에 태어나고 싶다는 열망이다. 욕계와 색계를 착각하는 경우가 있는데, 욕계는 형체를 가진 자가 욕망까지 있는 경우를 말하고, 색계는 단지 형체만이 존재하는 것을 말한다.
7. 무색계에 대한 갈망(immaterial-rebirth lust) - 색계조차 떠나서 무색계에 태어나겠다는 열망. 즉 형체마저 없어지는 단계에 들어선 자를 말한다.
8. 자만(conceit) - 남보다 뛰어나다고 하는 생각
9. 들뜨고 불안한 마음(restlessness)
10. 무명(ignorance, 無明) - 무지하여 사물의 본성을 보지 못함

이 중 1에서 5까지의 속박을 낮은 단계의 속박(lower fetters, 하분결, 下分結), 6에서 10까지를 높은 단계의 속박(higher fetters, 상분결, 上分結)이라고 한다. 왜냐하면 낮은 단계의 속박은 욕계(欲界)에서 발생한 속박이고, 높은 단계의 속박은 색계(色界)와 무색계(無色界)에서 발생하는 속박이기 때문이다. 이러한 10가지 속박 중에서 차례로 1에서 3까지의 단계를 극복한 경지를 '흐름에 든 자'라고 한다. 그런데 두 번째의 단계인 '한번만 더 올 자'의 경우도 1에서 3까지만 극복하였다. 그 차이는 '흐름에 든 자'가 7번의 윤회를 거쳐야 하는데 비해서, '한번만 온 자'는 한번만 윤회를 하게 된다. '다시 오지 않을 자'는 1에서 5까지의 속박을 극복한 자이고, 이제 다시는 욕계로 오지 않는다. 아라한은 1에서 10까지의 모든 속박을 극복한 자이다.

일반적으로 위와 같이 깨달음의 네 단계를 한자로는 사향사과(四向四果)라는 용어를 사용한다. 그것은 예류(預流-흐름에 들다), 일래(一來-한번만 오다), 불환(不還-돌아오지 않다), 아라한(阿羅漢)의 네 단계를 말한다. 먼저 예류(預流)는 입류(入流)라고도 하는데 '흐름에 들었다'는 뜻이다. '흐름에 든 자'는 세 가지 속박을 벗어던진 자이다. 그것은 자아에 대한 관점(Self view), 단순한 규칙이나 관습, 의심을 극복한 것이다. 일래자(一來者)는 '한번만 더 올 자'로서 욕계에 한 번 더 태어나는

것을 말한다. 그런 자는 감각적인 탐욕과 악의(惡意)를 없앤 사람이고, 불환자(不還者)는 '다시 오지 않을 자'로서 그것들을 모두 제거한 자이다. 아라한(Arhat)은 최종적으로 더 높은 속박을 벗어난 자이다.

이 단계를 완성한 자에게는 예류과, 일래과, 불환과, 아라한과라는 명칭을 붙인다. 그리고 그 도중에 있는 자에게는 예류향, 일래향, 불환향, 아라한향이라는 명칭을 붙인다. 그러나 이런 분류는 분류를 위한 분류로 보인다. 흐름에 들었다는 것은 그런 단계에 있는 것이고, 또 그런 단계를 넘으면 '한번만 더 올 자'의 단계라고 보면 된다. 물론 '흐름에 든 단계'를 그 과정 중에 있는 자와 그 단계를 마친 자로 구분하는 것은 당연한 것 같지만, 그것은 인간의 관념이 만들어낸 분류법일 뿐이다. 중졸 학력자를 중학교에 재학 중인 학생과 중학교를 졸업할 정도의 수련을 한 자로 분류하는 것과 같은 것이다. '흐름에 든 것'이 중학 과정을 마친 것을 말한다면, 중학생과 중학 졸업생으로 구분할 필요가 있을까? 그냥 중학 졸업생만을 의미하는 것이지 중학생을 중학 졸업생이라고 부를 필요는 없다. '흐름에 든 단계'에 있는 자를 관념이나 의심, 계율에 대한 집착을 극복한 것이라 정의하였는데, 그 과정에 있는 자는 아직 극복하지 못한 것이므로 둘을 구분할 필요는 없다.

붓다는 이러한 네 단계에 있는 사람들을 고귀한 인물(ārya -puggala)이라고 불렀는데, 이는 우리가 7절의 마지막에 보았던 성현(聖賢)이나 성인(聖人)은 무위(無爲)의 법으로 나타난다는 구절에서 보았다.

'흐름에 든 자'는 '나는 흐름에 들었다는 과실을 얻었다'고 하는 생각을 가지지 않습니다. – '흐름에 든 자'는 그러한 과실을 얻었다고 하는 생각을 가지지 않는다. 그가 그러한 과실을 얻었다고 생각이 난다는 것은 '자아의 관념'을 완전히 버리지 못하고, 아직 가지고 있는지를 검토하여야 하고, '가르침에 대해 의심하고 불확실하게 여기는 것'이 없는지 아직 어느 정도인지 생각해야 하고, '계율과 의식에 집착하는지' 그러한 집착을 버렸는지 판단하고 있다는 뜻이다. 즉 '흐름에 든 자'는 이미 그러한 집착을 극복했기 때문에 자신이 그러한 집착을 떠났는지 아직 집착에 사로잡혀 있는지에 대한 판단을 할 필요가 없는 사람이고, 그런 것을 떠난 사람이다.

'흐름에 들었다는 것'에 대해서 '흐름에 들었다는 생각'을 가지는 것은 '흐름에 들지 않았다'는 결론이다. 왜 그렇게 되었을까? 그 이유는 뒤에 나온다. 뒤의 구절을 보기 전에 우리도 그 이유를 생각해 보자. '흐름에 들었다는 것'을 하나의 상(相) 혹은 관념으로 보아, 이것을 상(相)에 집착하는 것이기 때문에 '흐름에 들지 않았다'고 하기도 한다.[76] 즉 이 금강경의 처음부터의 기조가 '각종의 관념을 버리자'이므로, 이 문구를 그렇게 설명할 수도 있다. 또 한 분은 수도인들의 자의식을 깨워야 된다는 의미로도 생각한다.[77] 이러한 문구들을 해석하는데 있어서 문자만으로 해석하면 빠지기 쉬운 함정이라고 본다. 그런 말이 나오게 된 연원, 글자만으로 표현되지 않는 숨은 뜻, 부가적인 내용의 설명을 생략하여 간략하게 된 말 속에 내포된 다른 가능성, 이 모두를 가지고 판단해야 할 것이다.

이 구절에 참고가 될 것으로 금강경이 지금의 모습으로 바뀌기 직전의 반야경 700송에 참조가 될 구절이 있다.

문수보살이 반야경 700송에서 말한다. 전에 궁술(화살 쏘기)의 선생으로서, 초보자일 때의 훈련을 생각하면, '내가 저 황소의 말뚝을 어떻게 쏘아 맞힐 수 있을까?'라는 생각을 가졌는데, 머리카락을 나눌 수 있을 정도의 실력이 되자 이제는 말뚝을 어떻게 맞힐 수 있을지에 대한 생각이 전혀 들지 않습니다. 머리카락을 쪼갤 정도의 실력이 되자 자연히 그런 생각은 없어졌습니다[78]라고 한다. 반야경 700송에 나타난 이 예(例)를 보면, 마치 우리는 장자가 현세에 나타나 장자라는 책에는 표현되지 않는 새로운 예화(例話)를 보여주는 느낌이 든다. 불교가 도교의 성립에 미친 영향에 대하여 여러 가지 증거들이 보이기는 하지만 지금은 금강경에 집중할 때이다. 반야경 700송의 예(例)는 단적으로 하

---

76) 각묵, 금강경 역해, 169면

77) 김용옥, 금강경 강해, 233면

78) 반야경 700송, 如善射夫初學射業, 注心粗的方乃發箭, 久習成就能射毛端, 不復注心在彼粗的, 隨所欲射發箭便中; 如是我先初學定位, 要先繫念在不思議, 然後乃能現入此定, 久習成就, 於此定中不復繫心任運能住。

나의 단계를 극복했다는 것은 그 과정에서 나타난 어려움이 이제 전혀 어려움이 아니고, 어려움의 이름으로는 다시는 나타나지 않는다는 것이다. 그래서 한번 '흐름에 든 것을 완성한 이후'에는 '흐름에 들었다는 것을 의식할 필요가 없고, 의식되지도 않기 때문에', '내가 흐름에 들었다'는 생각도 들지 않는다. '내가 이제 흐름에 들었구나'라는 생각은 아직 '흐름에 제대로 들지 않았다'는 반증이 되는 것이다.

그것은 무슨 이유에서인가 하면, 세존이시여, 그는 어떤 법도 얻지 않았고, 그래서 '흐름에 든 자'라고 불리는 것입니다. – 흐름에 들었다는 것이 어떤 의미인지 알 수 있는 방법이 없다. 즉 그는 어떤 법도 얻지 않은 것이다. 여기 어떤 법도 얻지 않았다는 점에 번역의 차이가 보인다. 구마라집은 명위입류이무소입(名爲入流而無所入–입류라 이름 하지만 들어간 바가 없다), 현장은 제예류자무소소예(諸預流者無少所預–모든 예류자는 조금도 들어간 바가 없다)로 번역하였다. 산스크리트어를 보면, kaṁcid(어떤) dharmam(법에도) āpannaḥ(들지 않았다)고 하여 '흐름에 들지 않았다'라는 말이 없다. 즉 원문은 법에 들지 않았다고 하고, 한역(漢譯)은 흐름에 들지 않았다고 하고 있다. 물론 그 뜻은 '흐름'을 깨달음을 향하여 나가는 하천에 비유하여 그 속에 뛰어들어 성과가 있다면, 그는 하나의 법을 얻은 것이라 보이므로 '흐름에 들지 않았다'는 말과 '법에 들지 않았다'를 같이 볼 수도 있다. 그래서 영문 번역가 콘체는 not won any dharma(어떤 법도 얻지 않았다)고 번역한 것이다. 막스 뮐러도 not obtained any particular state (dharma), 즉 어떤 특정한 상태(법)를 얻지 못하였다고 번역한다.

그래서 '흐름에 든 자'라고 불리는 것입니다. – 어떤 법도 얻지 않았고, 그래서 '흐름에 든 자'라고 불리는 것은 이상한 결론이다. 앞의 궁술의 비유를 원용하면 이미 '흐름에 든 사람'은 '흐름에 들었다'고 의식할 필요가 없을 정도가 되어야 흐름에 든 것이므로, 어떤 법을 얻었다고 할 만한 의식을 가지지도 않고, 그런 것을 의식하지 않는 사람이야말로 '흐름에 들었다'고 불리는 것이다.

형상을 얻은 것도 아니고, 소리, 냄새, 맛, 촉감, 법을 얻지도 않았고, 그래

서 '흐름에 든 자'라고 부릅니다. – 위와 같은 원리가 형상, 소리, 냄새, 맛, 촉감, 법에도 적용된다는 것을 보여준다. 그런데 이런 감각의 대상들에 '들지 않았다'는 말이 무슨 말일까? 여기에 대해서 아무도 언급하고 있지 않다. 구마라집은 단순히 불입(不入)이라고 표현하였고, 현장은 불예(不預)라고 하여 그런 감각에 들지 않았다고 번역하였다.

'형상을 얻은 것도 아니고' – 한역(漢譯)들은 형상에 들지 않았다고 하는데, 그것이 무슨 뜻인가? 형상에 든다는 것은 무엇인지 먼저 알아보자. 흐름에 든다는 것은 (깨달음의) 흐름에 든 것이기 때문에, 앞에서 말한 10가지 속박을 극복하기 위한 첫 단계로서의 흐름에 드는 것을 말하고 무슨 뜻인지 쉽게 이해된다. 그런데 형상에 든다는 것은 흐름에 드는 것과는 다르다. 형상이라는 물체에 든다는 것과 (깨달음의) 흐름에 드는 것과는 전혀 다른 의미가 있다. 즉 형상이라는 물체에 어떻게 든다는 것인지, 무엇을 든다는 것인지 아무 의미 없는 것이 되어 버렸다. 콘체가 '흐름에 든 자'를 streamwinner라고 한 것과 마찬가지로, 이 부분도 '시각의 대상을 얻은 것도 아니고'라는 번역을 보여준다. 이렇게 번역하면, '시각의 대상'은 마치 '법'과 같이 얻어야 할 어떤 것이 되는 것이다. 이는 막스 뮐러의 경우도 마찬가지이다. 즉 뮐러는 흐름에 든 자를 스로따빠냐라는 소리대로 표시한 후에 '그는 어떤 형태를 얻지도 않았고'라고 번역한다. 이들에 따르면, 흐름이나 형태(그 외 소리, 냄새, 맛, 촉감, 법)를 얻는 대상으로 보고 동일한 선상에 놓을 수가 있는 것이다. 즉 '흐름에 들었다'는 뜻을 '흐름을 얻었다'로 생각하여야 형태, 소리, 냄새, 맛, 촉감, 법도 해석이 가능한 말들이 된다. 한역(漢譯)들이 입류(入流), 예류(預流)라고 한 뜻을 '형태, 소리, 냄새, 맛, 촉감, 법'에는 적용하지 못하고 그 뜻도 통하지 않는 결과가 된다. 우리의 번역도 '흐름을 얻은 자'라고 하면 좋겠지만, 여기서 사용하는 '흐름'의 의미는 우리가 그 속에 들어간다는 의미이기 때문에 바꾸는 것은 좋지 않다. 그래서 '흐름에 든 자'라고 번역하고, 다른 것은 '얻은'이라고 번역한다. 마침 원문의 āpanna는 entered(들어간), obtained(얻은)의 뜻이 모두 있기 때문에 이곳의 번역처럼 하는 것이 최선이라고 본다.

이렇게 본다면 '형상을 얻는 것'은 그 형상의 본질이나 실체를 뚫어보았다고 착각하는 것을 의미하므로 형상, 소리, 냄새, 맛, 법도 우리가 꿰뚫어보아야 할 실체로 착각하는 것을 말한다.

'법(法)을 얻다'라는 말의 뜻은 무엇일까? 이때의 법(法)은 마음의 대상을 말한다. 콘체도 그렇게 하였고(objects of mind), 뮐러는 '만질 수 없는 대상(nor things that can be touched)이라는 말을 사용한다. 즉 '우리의 의식이 인식하는 머릿속에 만들어지는 대상에 대한 관념'이라는 뜻이다. 법이라는 말이 원래 마음속에 피어나는 여러 가지 현상 중에서 본질적인 것을 지칭하기 때문에 여기서 그러한 것을 지적하는 것임은 분명하다.

세존이시여, 만약 '흐름에 든 자'가 나는 '흐름에 들었다는 과실'을 얻었다고 하는 생각을 한다면, 그것은 바로 자아집착, 중생집착, 영혼집착, 개인집착이 있는 것입니다. - 내가 흐름에 들었다고 생각하는 것은 흐름에 들지 못했기 때문이라고 앞서 말한 바 있다. 진정으로 흐름에 들어갔다면, 흐름에 들어갔다는 생각을 하지 않을 것이다. 그래서 흐름에 들었다는 과실, 즉 그러한 단계에 도달했다는 생각이 나지 않아야(여기서 생각을 의식적으로 하지 않는다는 것은 의미가 없다) 진정으로 그러한 흐름에 들어간 것이다. 그런데 '흐름에 들었다는 생각'을 한다는 것은 단순히 도달하지 못했다는 뜻 외에도, 왜 도달하지 못했는지에 대한 원인을 보여주고 있다. 즉 그러한 생각을 한다는 것은 각종 집착을 벗어나지 못했기 때문이라는 것이다.

현장은 이를 아집(執我), 유정(有情), 명자(命者), 사부(士夫), 보듥가라등(補特伽羅等)이라고 번역하였는데 구마라집은 이 부분을 생략하였다. 그런데 현장은 이러한 집착이나 상(相, 想)에 대해서 일반적인 것보다 더 많이 나열해 왔으므로, 다른 사람의 번역 중 의정의 번역을 보면, 즉유아집(則有我執–즉 아집이 있고), 유정수자경구취집(有情壽者更求趣執–유정집, 수자집, 경구취집이 있다)이라고 하였다. 이 부분이 3절에 나온 아상(我相)에 대한 아집(我執), 유정상에 대한 유정집, 수자상에 대한 수자집, 경구취상에 대한 경구취집이라는 식의 대응을 알 수 있다. 아상(我相)에 대한 아집(我執)은 어떤 관계일까? 먼저 아상(我相)이 있다는 것은 '내가 있다는 관념'이 생긴 것이고, 아집(我執)이 있다는 것은 그러한 관념에 집착하는 것이다.

왜 ātma-saṁjñā(자아의 관념)를 사용하다가, ātma-grāho(자아집착)라고 하였을까? '자아의 관념'이 생기면 보살이라 불릴 자격이 없는 것이라는 것이 3절에 나왔는데, 이 부분의 성자의 흐름을 말하는 부분에서 '흐름에 든 자'가 '흐름에 들어간 과실을 이루었다'고 생각하는 것은 아직 자아집착이 있는 것이라고 구분하였다. '자아의 관념이 생긴 것'과 '그것에 집착하는 것'의 차이는 분명하다. (깨달음의) 흐름에 든 자가 '자아의 관념'이 생기고, 또 그것에 집착하는 것이니 보살이라 부를 수도 없고, '흐름에 든 것'도 아닌 것이다. 티베트 불교에 의하면, 보살은 인간이 생애에 닿을 수 있는 최고의 네 가지 상태 중의 하나이다. 그것은 아라한, 붓다, 독각불(獨覺佛), 보살이다. 따라서 단순히 '흐름에 든 자'는 자아집착을 버리고, 집착하지 않는다 하더라도 '자아의 관념'이 생기지 않도록 하는 이중의 수행이 필요하다. 그러므로 여기서 집착이라는 것은 '자아의 관념'이 생긴 상태보다도 더 낮은 수준의 단계라고 보아야 한다.

그런데 콘체는 '자아의 관념'을 notion of a self라고 하였지만, 자아의 집착은 seizing on a self라는 표현을 사용하면서 이를 아집(我執)이라고 번역한 현장과 같은 뜻으로 사용하지만, 막스 뮐러는 believe in a self라고 하여 자아의 존재를 믿다라는 번역을 하고 있다. 레드파인은 attached to a self라고 하여 역시 아집(我執)이라는 표현을 쓰고 있다.

세존께서 말하셨다. "수보리여, 어떻게 생각하느냐? '한번만 더 올 자'는 '나는 한번만 더 올 것에 대한 과실을 얻었다'고 하는 생각을 가지겠는가?"

수보리가 답하였다. "그렇지 않습니다. 세존이시여! '한번만 더 올 자'는 '나는 한번만 더 올 것에 대한 과실을 얻었다'고 생각하지 않습니다. 그것은 무슨 이유에서인가 하면, 세존이시여, '한번만 더 올 것이라는 성과'를 얻은 그 어떤 법은 없습니다. 그래서 '한번만 더 올 자'라고 부르는 것입니다.

'한번만 더 올 자'라는 것은 산스크리트어 사끄르다가민sakṛdāgāmin을 뜻으로 해석한 것인데, 한번 오는 사람(one who once comes)의 뜻을 깨달음의 네 단계로 가는 사람 중 두 번째 단계에 맞게 표현한 것이다. 이 사람은 인간세계에 한번만 더 돌아올 사람이다. 이 단계의 사람은 '흐름에 든 자'와 같이 세 가지 속박을 벗어났는데 그 차이점은 이 단계의 사람은 10가지 속박 중 네 번째와 다섯 번째의 속박, 감각적 욕망과 악의가 약화된 상태이다. 그래서 윤회의 숫자도 줄어들지만, 비록 고차원의 세계에 태어나더라도 한번은 더 인간세계에 오게 된다.

원문의 사끄르다가미(sakṛdāgāmi)를 구마라집은 사다함(斯陀含)이라고 음역하고, 그 뜻은 일왕래(一往來-한번 오고가다)라고 하였다. 진제는 그 뜻을 지왕래(至往來)라고 하였다. 현장과 의정은 이를 일래자(一來者)라고 번역하여 한번 온 자라는 뜻으로 사용하는데, 그 뜻이 Once-returner이므로 '한번 돌아온 자'로 번역해도 좋지만, 앞에서도 말했듯이 이들은 이제 한번만 돌아올 것이므로 '한번만 더 올 자'로 번역한다.

'한번만 더 올 것'이라는 성과가 없다는 것은 무슨 뜻인가? 현장과 의정이 일래성(一來性)이라는 표현을 사용하였는데 그것의 한자 번역이다. 산스크리트어로는 sakṛdāgāmi_tvam(한번만 돌아온 것이 됨에) āpannaḥ(~에 들다)이므로 일래성(一來性)이라는 표현을 사용한 것이다. 콘체는 Once-Returnership이라고 하여 '한번 돌아옴을 달성함'이라는 뜻을 사용한다. 그러므로 한번만 돌아온 것(一來性)이 없다는 것은 그러한 성과를 달성함이 없다는 것이다. 그러므로 이 번역을 '한번만 더 올 성과'라고 함이 적절하다. 물론 이 성과라는 말 속에는 무언가를 달성한다는 ship의 뜻이 포함되었으므로 일반적인 성과, 즉 결과물만을 말하는 것은 아니다.

한번만 올 것이라는 성과를 얻었다는 법이 없다는 것에서 법은 다르마의 번역이다. 그래서 정확한 뜻은 그런 정도의 성과로 생긴 다르마가 없다는 것이다. 그러한 다르마를 여기서는 일정한 성과의 증거로 여기는 구절인데, 그러한 것은 없고 그러기에 한번만 돌아올 자로 불리는 것이다. 그 이유는 흐름에 들어간 자에서 설명한 바와 같다.

그 어떤 법은 없습니다 – 이 구절의 원문은 kascid dharma인데, 어떤 법이라는 말이다. 그런데 이기영 역 금강경에는 묘한 번역이 있다. 즉 이 부분을 '한번만 태어나서 깨닫는 자가 되어도, 그러한 것이 있지 않기 때문이다'라고 번역하였다. 논리적으로 그런 것이 없다는 점은 맞기 때문에 번역도 제대로 된 것처럼 보인다. 그러나 원문의 번역에서 계속 dharma가 나오고, 그것을 법이라고 번역하여도 뜻이 통하기 때문에 앞의 번역을 사용한다.

세존께서 말하셨다. "수보리여, 어떻게 생각하느냐? '다시 오지 않을 자'가 '나는 다시 오지 않는 것에 대한 과실을 얻었다'고 하는 생각을 가지겠는가?"

수보리가 답하였다. "그렇지 않습니다. 세존이시여! '다시 오지 않을 자'는 '나는 다시 오지 않는 것에 대한 과실을 얻었다'는 생각을 하지 않습니다.

그것은 무슨 이유에서인가 하면, 세존이시여, 다시 오지 않을 것에 대한 성과를 얻은 그 어떤 법은 없습니다. 그래서 '다시 오지 않을 자'라고 부르는 것입니다.

다시 오지 않을 자 – 산스크리트어 안아가민(anāgāmin)을 번역한 것이다. 뜻은 an(아니, 안하다) āgām(오다 to come, 안 감–not go) in(人사람)이다. 이는 '돌아오지 않을 자'인데 한번 저 언덕을 가서 인간세계에는 이제 태어나지 않고, 돌아오지 않는 것이므로 윤회를 그것으로 종료하는 사람이다. 그래서 현장은 안 돌아갈 사람이므로 불환자(不還者)라고 번역하였다. 그런데 구마라집은 이것을 아나함(阿那含)이라고 번역하여 산스크리트어의 음은 약간 살렸으나 뜻은 무엇인지 알기가 힘들다. 콘체는 Never–Returner(결코 돌아오지 않는 자)라고 번역하였으니 한글로 '다시 오지 않을 자'라고 번역한다. 영문으로 non–returner라는 용어도 사용한다. 앞에서 다시 오지 않을 자의 수행단계는 10가지 족쇄 중 앞의 다섯 가지이다. 그래서 자아의 존재에 대한 관점, 가르침에 대한 의심과 불확실성,

계율(戒律)과 의식(儀式)에 대한 집착을 극복한 '흐름에 든 자'와 '한번만 더 올 자'의 단계를 넘어서 감각적 욕망과 악의(惡意)마저 극복한 자라고 말하였다.

경장(Sutta Pitaka, 經藏)에 기록되기로는 욕계를 극복하고 인간세계로 다시 돌아오지 않으며, 죽은 후에 어떤 불행한 세계보다 낮은 세계로 가지 않고 대신에 다섯 개의 특별한 세계 중의 하나에 태어나는데 그곳을 순순한 거주지(Pure Abodes)라 부른다. 그곳에서 열반을 얻는다.

돌아오지 않는 것에 대한 성과를 얻은 그 어떤 법은 없습니다 – 이 부분의 번역에 참조할 만한 것은 이기영 역 금강영의 산스크리트어 번역인데, '실로 이제는 결코 다시 태어나 돌아오지 않는 자가 있다고 하더라도 무슨 그러한 것이 있지 않기 때문입니다'라는 부분이다. 한글로 번역된 부분만 보더라도 '다시 태어나 돌아오지 않는 것에 대해서 더 이상 무슨 그러한 것이 있지 않기 때문이다'라고 독해가 되는데, 이러한 독해는 금강경의 원뜻과는 다른 독해가 된다. 왜냐하면 지금 '다시 태어나 돌아오지 않기 때문에 증거가 사라졌다'는 뜻이 되므로 말 자체는 논리의 모순 없이 맞기는 하지만 붓다의 진의는 아니라고 보인다. 이 부분의 뜻은 '돌아오지 않을 자'의 경지나 성과라는 것은 없다는 뜻이다. 이 뜻은 그 번역과는 분명히 다르다.

이러한 성과를 얻는다는 것은 가능한 일이라고 보인다. 즉 인간을 구속하는 족쇄 중 다섯 가지를 극복한 상태가 있을 수 있기 때문이다. 그러나 그러한 극복을 완수하였고, 그래서 내가 '돌아오지 않을 자'가 되었다고 생각하는 것은 아직 그러한 극복이 완료되지 않은 것이다. 앞서도 말한 바와 같이 진정으로 그러한 족쇄를 극복했다면, 내가 그러한 족쇄를 극복했다는 생각이 들지 않을 것이기 때문이다.

그러한 단계가 완성되어 '돌아오지 않을 자'라는 생각조차 들지 않을 때에야 비로소 진정으로 '돌아오지 않을 자'가 된 것이고, 그래서 '돌아오지 않을 자'로 불리게 된다.

세존께서 말하셨다. "수보리여, 어떻게 생각하느냐? 아라한이 '나는 아라한이 되었다'고 하는 생각을 가지겠는가?"

수보리가 답하였다. "그렇지 않습니다. 세존이시여, 아라한은 '나는 아라한이 되었다'고 하는 생각을 가지지 않습니다. 그것은 무슨 이유에서인가 하면, 세존이시여, 아라한이라 이름 하는 그 어떤 법도 없기 때문입니다. 그래서 아라한이라 부르는 것입니다.

세존이시여, 만약 아라한이 '나는 아라한이 되었다'고 하는 생각을 가진다면, 그것은 '자아집착', '중생집착', '영혼집착', '개인집착'이 있는 것입니다.

아라한(阿羅漢) – arhat(팔리어로는 arahant)를 한자로 음차한 것이다. 그런데 이런 음차한 것들 중에서 아라한이라는 말은 특별히 뜻을 나타내는 다른 말로 번역되지 않았기 때문에 아라한이라는 말을 그대로 사용하고 있고, 영문 번역가들도 Arhat라는 번역을 사용한다. 사전적으로도 respectable이라고 '존경받을 만한'이라는 뜻으로 사용된다. 그 뜻은 그렇지만 불교에서는 사향사과의 10가지 족쇄를 극복한 사람이라는 뜻으로 사용되므로, 붓다와 같은 경지에 간 사람이라는 뜻이다.

상좌부에서는 아라한이 가치 있는 사람이라는 뜻이고, 열반을 획득한 완전한 사람이라는 뜻으로 사용한다. 다른 학파에서는 깨달음의 길로 진행하였지만, 완전한 깨달음을 얻지는 못한 사람을 가리킨다. 이 개념은 시대와 학파에 따라 많은 변화가 있었다. 부파불교의 많은 학파[79]가 아라한은 붓다보다는 성취가 덜하다고 한다. 대승불교에서는 보살의 길을 가도록 권장하고, 아라한이나 성문(聲聞, śrāvakas)의 수준으로 떨어지지 않도록 한다. 따라서 이 점을 눈여겨 본다면, 금강경은 대승불교운동이 절정에 이르러 보살의 길이 정형화되기 전에 성립된 것임을 알 수 있다.

아라한이 되었다 – 앞서 '흐름에 든 자', '한번만 더 올 자', '돌아오지 않을 자'의 경우에는 각 단계에 맞는 과실이나 성과를 얻었다는 생각을 물었지만, 아라한의 경우에는 그러한 과실이나 성과를 말하지 않고 아라한이 되었음을 말한다. 즉 아라한은 최고 단계의 성자이므로 어떠한 과실이나 성과를 말하지

---

79) 이런 학파들은 Sarvāstivāda(설일체유부), Kāśyapīya(음광부飮光部), Mahāsāṃghika(대중부大衆部), Ekavyāvahārika(일설부一說部), Lokottaravāda(설출세부說出世部), Bahuśrutīyas(다문부多聞部), Prajñaptivāda(설가부說假部), Caitika(제다부制多部) 등이다.

않는다. 그래서 원문도 arhattva라고 표현하였는데, 이는 아라한임(arhatship)을 말한다. 구마라집은 앞의 세 가지는 과(果)를 붙이다가 아라한의 경우에는 도(道)를 붙여서 아라한도(阿羅漢道)라고 번역하였다. 아라한이 되었다는 성과라는 표현이 원문에 비추어 정확한 번역이 되겠지만, 그냥 '아라한이 되었다'라는 표현에서 그런 뜻도 들어 있기 때문에 우리는 본문과 같이 번역한다.

아라한이라 이름 하는 – 이 부분도 앞의 세 가지 단계의 '성과를 얻은'이라고 번역하였지만, 아라한에 이르러서는 원문에 '아라한이라 이름 하는'이라고 다르게 취급하고 있다.

그것은 무슨 이유에서인가 하면, 세존이시여, 여래, 아라한, 바르게 깨달은 분께서는 제가 '다투지 않는 자들 중 제일'이라고 지목하셨습니다. 세존이시여, 저는 탐욕을 떠난 아라한이지만, '나는 탐욕을 떠난 아라한이다'라는 생각을 가지지 않습니다.

세존이시여, 만약 '나는 아라한이 되었다'고 생각했다면, 여래께서, '수보리는 좋은 가문의 아들이고, 다툼이 없는 자들 중 제일이면서 어느 곳에도 머물지 않는다'라고 선언하지 않았을 것입니다. 그래서 '다투지 않는데 제일, 다투지 않는데 제일'이라고 부르는 것입니다.

다투지 않는 자들 중 제일 – 구마라집은 이를 '무쟁삼매(無諍三昧) 인중최위제일(人中最爲第一)'이라 번역하였으니, 이는 '다투지 않음에 있어서 사람 중에 가장 제일'이라는 뜻이다. 현장은 무쟁주최위제일(無諍住最爲第一)이라 하였으니 이는 '다투지 않으며 머무르는데 가장 제일'이라는 뜻이다. 즉 현장의 번역은 '다투지 않으면서 머무른다'라는 뜻을 살리고 있는데, 이를 산스크리트어로 보면 araṇah vihāriṇām agryo이다. 이는 a(안, 아니) raṇ(싸우다) ah(~들이) vi(비非) hār(흐르는, 떠나는) Iṇ(인人) ām(~들) agr(가다, 향하다) yo(최고의)이므로, '싸우지 않는 자들로 최고를 향하는 떠나지 않고 머무르는 사람들'이라는 뜻이다. 그러므로 현장의 번역이 정확하게 산스크리트어의 뜻을 살린 것은 사실이지만 조금 번잡한 구문이 되는 것이다. 영문 번역의 콘체는 the foremost of those who dwell in

Peace(평화 속에서 머무르는 자들 중 최고)라고 번역하였으니 결국 같은 뜻이다.

수보리는 여러 가지 별명이 있다. 공(空)의 이해에서 최고라고 평가받았으니 그의 이름은 좋은 존재(Good existence)라는 뜻이다. 그러나 금강경에서는 '평화롭게 머무는 자들 가운데 최고'라는 의미에서, 무쟁제일(無諍第一)이라는 별칭도 있다. 또 '공양을 받을 만한 자들 가운데 최고'라는 의미로 피공제일(被供第一)이라고도 불린다.

저는 탐욕을 떠난 아라한이지만, '나는 탐욕을 떠난 아라한이다'라는 생각을 가지지 않습니다 – 아라한이란 것은 산스크리트어 arhat를 음차한 것이다. 불교에서 '완성된 사람'으로 니르바나를 얻은 사람을 말한다. 원래 이 용어는 불교가 나타나기 전에 사용된 것으로 베다에도 나타난다. Arhant에서 hant는 죽음(death)이나 죽임(killing)을 말하고, 그래서 arhant는 '죽지 않음, 죽음을 초월함'을 의미한다. 그런데 인도의 제학파에서는 아라한이 붓다와 비교하여 그 성취가 약간 모자라는 정도로 보는 점에 모두 일치하고 있다. 부파불교의 화지부(化地部, 마히사사카, Mahīśāsaka)학파[80]와 상좌부인 테라바다(Theravāda)학파에서는 붓다와 아라한을 비슷한 수준으로 보고 있다. 5세기 테라바다학파의 주석가 붓다고사Buddhaghosa는 아라한을 깨달음의 길을 완성한 것으로 간주했다. 그리고 팔리어 경전에서 붓다는 그 자신이 아라한이라고 선언함을 보여준다.[81] 그리고 니르바나는 궁극적 목적이고, 니르바나를 성취한 이는 아라한의 과(果)를 성취한 것이라 한다.[82]

대승불교는 붓다와 아라한 사이에 차별을 두고 있다. 즉 '완전히 깨달은 붓다'를 제일 위에, 바로 그 밑에 보살 bodhisattvas, 그 밑에 독각불[83](獨覺佛-홀

80) 이들의 주장은 사성제(四聖諦)는 동시에 명상되어야 한다는 주장을 하고 존재론적으로 모든 것이 존재하지만, 단지 현재에만 존재한다고 한다. 그래서 어떤 이는 설일체유부가 여기서 나왔다고도 하는데 통설은 아니다.

81) http://en.wikipedia.org/wiki/Bhikkhu_Bodhi

82) wikipedia, arhat 참조

83) 독각불이란 '홀로 깨달은 붓다'라는 명칭을 사용함으로써 붓다라고 생각하기 쉬운데, 그것은 깨달았다는 의미에서 붓다라는 명칭을 사용하는 것일 뿐이다. 독각불은 붓다의 가르침을 배우지 않고, 불교에 귀의하지 않고 깨달았기 때문에 붓다의 계보에 속하지 않는 사람을 말한다.

로 깨달은 붓다), 그 밑에 '아라한'의 계층 구조를 가지고 있다.

붓다가 네 가지 계위(四果)를 예시한 것 중 수보리는 제일 마지막의 10가지 족쇄를 극복한 아라한임이 드러났다. 그는 붓다가 설하는 계위(階位)의 각 단계에서 '흐름에 들었다는 의식이 없다', '한번만 온다는 의식이 없다', '다시 오지 않는다는 의식이 없다'는 것에 맞추어, '아라한이라는 의식이 없다', '탐욕도 없고, 아라한으로 탐욕이 없다는 의식도 없다'라는 것을 고백하고 있다. 즉 붓다의 가르침에 대하여 자신의 경험을 발표함으로써 붓다의 가르침을 강화하는 것이다.

10절
장엄한 불국토는 장엄하지 않다

세존께서 말하셨다. "수보리여, 너는 어떻게 생각하느냐? 여래께서 '아라한, 바르게 깨달은 분이신 연등여래'가 계신 곳에서 얻은 그 어떤 법이라도 있는가?"

수보리가 말하였다. "없습니다. 세존이시여, 여래가 연등여래, 아라한, 바르게 깨달은 분이 계신 곳에서 그 어떤 법이라도 얻은 바가 없습니다."

세존께서 말하셨다. "수보리여, 어떤 보살이 '내가 불국토를 장엄하게 만들어내겠다'고 말한다면, 그것은 사실이 아니다. 그것은 무슨 이유에서인가? 수보리여, '불국토의 장엄, 불국토의 장엄'이라는 것은, 여래가 장엄하지 않다고 말하셨고, 그래서 불국토의 장엄, 불국토의 장엄이라고 부른다.

그래서 수보리여, 보살 마하살은 이와 같이 어느 것에도 의존하지 않고 그 마음을 내어야 한다. 형상에 의존하지 않고 그 마음을 내어야 한다. 형상이 아닌 것에도 의존하지 말고 그 마음을 내어야 한다. 소리, 냄새, 맛, 감촉, 법에도 의존하지 않고 그 마음을 내어야 한다."

"수보리여, 만약 사람이 몸을 갖추고, 그것이 큰 몸인데, 이런 모습의 자아 존재가 마치 수메루산 왕과 같다고 하면, 그 자아 존재는 크다고 할 수 있는가?"

수보리가 대답했다. "큽니다, 세존이시여. 큽니다, 잘 가신 이여! 그 자아 존재는 큽니다. 그것은 무슨 이유에서인가 하면, 세존이시여, 자아 존재, 자아 존재라는 것은 여래께서 존재가 아니라고 설하였고, 그래서 자아 존재라고 부릅니다. 세존이시여, 그것은 존재가 아니고, 존재가 아닌 것도 아닙니다. 그래서 자아 존재라고 부릅니다."

[해설]

연등불 앞에서 붓다가 어떤 법을 얻은 바가 없다고 시작하는데, 그러면 붓다의 깨달음은 얻은 것이 아니고 혼자서 깨달은 것인가?

또 불국토를 장엄하게 만들겠다는 보살의 결의는 불가능한 것을 말하는 것이다. 그 이유는 불국토의 장엄함이 충분히 예상되지만, 예상과 달리 세존은 불국토는 장엄하지 않다고 말한다. 그리고 그 이름이 장엄함이라는 것을 말하는데, 여기서부터 금강경의 유명한 구절이 시작된다. 앞 절에서 '흐름에 들었다'고 생각하는 것은 흐름에 들지 않은 것이라는 구절과 여기서의 불국토의 장엄이라는 것은 장엄하지 않다는 것이 같은 논리의 연장이냐, 아니면 또 다른 가르침의 시작인지에 대해서 언급하는 분이 없다. 형식적으로는 비슷하기 때문에 같은 논리로 보아도 될 것이고, 한편으로는 앞 절의 내용이 구도자의 성취에 대한 각성의 문제이고, 여기서는 하나의 대상에 대한 것이기 때문에 그 차이에 중점을 둘 수도 있으므로 단편적으로 말하기는 어렵다. 따라서 내용을 하나씩 보면서 나중에 결론을 내리기로 하자.

또 여기서 주목할 것은 한역(漢譯)에서는 몸과 수미산을 비교하는 부분으로 나오지만, 원문의 내용은 한역(漢譯)과는 다르기 때문에 그 내용을 알기 위해서 설명을 읽어야 한다. 자아 존재는 존재도 아니고, 비존재도 아니라는 것 속에는 원시 불교와 대승불교의 교차점이 존재한다. 자아 존재를 자아의 측면에서 존재하지 않는다고 한 것은 불교의 핵심 내용이고, 자아를 구성하는 존재의 측면에서 보면 존재하지 않는다고 확언할 수 없기 때문에 '그래서 자아 존재라 부른다'는 표현이 나온 것이다. 따라서 이런 불교 철학적인 내용에 관심을 가지고 본다면 많은 것이 얻어질 것이다.

소명은 제목을 '장엄한 불국토(장엄정토분莊嚴淨土分)'라고 하였다.

[설명]

세존께서 말하셨다. "수보리여, 너는 어떻게 생각하느냐? 여래께서 '아라한, 바르게 깨달은 분이신 연등여래'가 계신 곳에서 얻은 그 어떤 법이라도 있는가?"

수보리가 말하였다. "없습니다. 세존이시여, 여래가 연등여래, 아라한, 바르게 깨달은 분이 계신 곳에서 그 어떤 법이라도 얻은 바가 없습니다."

세존께서 말하셨다 – 한역본은 항상 붓다가 말씀하신다(불고佛告)는 표현을 사용하는데, 산스크리트어본은 Bhagavān āha(세존께서 말하신다)이다. 콘체도 그 뜻을 받아 The Lord(인간의 단계를 넘어선 존재)라는 표현을 사용한다. 여기서 우리는 붓다와 세존이 같은 분이지만, 그 표현에서 다른 느낌을 주기 때문에 원문에 충실하는 의미로 세존이란 번역을 사용한다.

연등(燃燈) – 디팡카라샤 dīpaṁkarasya이다. 이는 dīpaṁ(a flame in a lamp, 지피다, 불을 지피다) kara(a ray of light, 광선) sya(~하는), 즉 '불빛 혹은 광선을 지피는'의 뜻이므로, 뒤의 여래라는 말과 합쳐 연등불(練燈佛) 혹은 연등여래(燃燈如來)라고 번역한다. 대반야바라밀경(Maha Prajnaparamita Shastra)에 따르면, 그의 몸이 등불과 같이 빛났다고 한다. 그리고 붓다가 되었을 때 그는 이 이름을 그대로 유지하는데, 석가모니와 같이 그도 왕자였다고 한다. 그는 수르야라쉬미(Suryarashmi) 붓다 밑에서 공부하여 붓다가 된 여덟 명의 왕자 중 마지막 왕자였다. 당시에 석가모니는 또 다른 왕의 열여섯 아들의 마지막이었다. 이러한 환생의 기간 동안 석가모니는 수메다(Sumedha)라는 이름을 가지고 있었는데, 히말라야에서 금욕 수행자로 살았다. 500개의 금화를 얻게 되자, 그는 그것을 스승에게 주기로 결정했다. 그러나 그가 디파바티의 수도에 들어갔을 때, 그는 그 도시가 현수막과 꽃으로 치장되었고 먼지가 나는 것을 막기 위한 물이 거리에 흐르는 것을 본다. 그리고 그것이 모든 사람들이 열망하여 기다리던 연등불을 기리는 것 때문이라는 말을 듣는다. 연등불이 다가오는 것을 보고 수메다는 기쁨에 겨워 500개의 금화로 다섯 개의 금 연꽃을 사서 도로에 뿌린다. 또 중간에 물웅

덩이가 있는 것을 보고 수메다는 그의 머리를 풀어서 땅에 놓았고, 그의 머리카락을 물속에 놓아서 연등불이 딛고 가도록 했다. 수메다의 머리카락을 밟고 지나간 후에 연등불은 잠시 서서 예언을 한다. 91번의 칼파(kalpa, 영겁, aeon이라고도 함)가 지나고 24명의 붓다가 탄생한 후에 수메다는 석가모니라 불리는 붓다가 될 것이라고 한다.

그런데 dip이 '디피다, 지피다'이므로 불을 지핀다는 뜻으로 쓰여서 한글과 산스크리트어의 유사성을 주장하는 분도 있다.[84] 연등이라는 표현보다 연등불이라는 표현이 잘 알려져 있다.

연등불에 대하여 - 이론적으로 여태까지 존재한 붓다의 숫자는 엄청나지만, 때때로 집합적으로 일천의 붓다라는 이름으로 알려지기도 한다. 각 붓다는 생명의 주기와 관련이 있다. 몇몇 불교 전통에 의하면, 연등불은 고타마 싯다르타보다 영겁 이전에 깨달음에 도착한 붓다이다. 중국 불교에서는 과거 많은 붓다의 하나로 연등불을 기리는 경향이 있다. 연등불은 과거의 붓다, 고타마 싯다르타는 현재의 붓다, 미륵불은 미래의 붓다이다. 연등불은 일반적으로 좌정(坐定)한 붓다인데 중국, 태국, 네팔에서는 보통 서 있는 붓다(입상立像)로 묘사된다. 연등불은 독자적으로 나타나는 경우가 거의 없다. 17세기까지 연등불은 네팔 불교도 사회에서 숭배의 대상이 되었는데, 추종자들은 그를 상인의 보호자로 여겼고 보시의 대상이 되었다. 연등불은 선원들의 보호자로도 여겨졌으며, 가끔 연등불상이 선박의 항로를 따른 연안에서 발견되기도 한다. 대만에서는 대중들이 연등불을 숭배하고 있다.[85]

'아라한이며, 바르게 깨달은 분이신 연등여래' - 이 구절의 번역에 있어서 혼란이 많다. 원래 '여래, 아라한, 바르게 깨달은 분'은 마치 노래의 후렴처럼 존경받을 대상에 붙이는 별칭이다. 그래서 보통의 뜻은 '당신께서는 여래이시고, 존경받을 만한 분이시고(아라한의 원뜻), 바르게 깨달으신 분입니다'라고 할 때 붙이는 말이다. 그래서 이 구절 앞에 아무런 언급이 없으면, '여래'를 지칭하면서, 그 뒤에 '존경받을 만한 분이시고 바르게 깨달으신 분'이라는 존칭을 붙이

84) 권중혁, 앞의 책, 1023면
85) wikipedia, dipankara

는데, 여기서는 연등(燃燈) 여래라는 구체적인 대상이 지칭되기 때문에 번역에 애로가 있는 것 같다. 구마라집은 단순히 연등불(練燈佛)이라고 번역하였는데, 현장은 연등여래(然燈如來), 응(應), 정등각(正等覺)이라고 원문과 같은 순서로 하였다. 진제는 '연등여래 아라한 바르게 깨달은 붓다'라고 한다. 콘체는 '여래, 아라한, 완전히 깨달은 분인 연등'이라고 하였다. 뮐러는 '신성하고 완전히 깨달은 분인 여래연등', 레드파인은 '아라한이며 완전히 깨달은 분인 연등여래'라고 하였다. 영어의 순서는 콤마로 구분하여 나열하면서 정관사 the를 붙인 명사는 위와 같이 번역하여야 한다.

요는 원문의 dīpaṁkarasya thatāgatasya를 연등불과 여래로 분리해 볼 것이냐, 연등여래로 볼 것이냐의 문제이다. 앞에서 존칭을 붙이는 경우의 설명과 같이 여기서는 구체적인 연등불이 나타났으니 연등여래라고 보고, '아라한이며 바르게 깨달은 분'을 후렴구로 본다. 그래서 보통 때와는 달리 그 존칭의 의미를 확연히 나타내기 위해서 우리말로 번역할 때도 위와 같이 번역하였다.

그 어떤 법이라도 있는가? - 구마라집은 단순히 '법에 있어서 얻은 바가 있는가'라고 번역했는데, 현장은 소법(少法-적은 법)이라는 표현을 쓴다. 이는 의정(義淨)도 마찬가지인데, 진제(眞諦)는 일법(一法-하나의 법)이라는 번역을 하여 '하나의 법이라도 있는가'라는 표현이 된다. 원문에서는 '그 무엇이라도 법이' 혹은 '그 어떤 법이'라고 번역되는데, 그 뜻으로 보면 결국 진제나 현장 의정의 뜻과 같다. 콘체는 is there any dharma(그 어떤 법이 있는가)라고 번역하여 모두 같은 뜻으로 보인다.

전체적으로 과거 연등불 시절에 붓다가 연등불로부터 받은 가르침이 있는지에 대한 질문이다. 여기서 언급되는 가르침이 무엇인지 문맥을 살펴서 추측해 볼 수 있다. 즉 가르침이라는 것이 전파될 수 있는지, 그런 것이 없다면 과연 무엇이기에 전파되기 힘든지, 또 그에 따라 깨달음이 무엇인지 추측해 볼 수 있다.

그 어떤 법도 얻은 바가 없습니다 - 여기에서 '법'이라는 것은 다르마의 번역인데 그렇다 하더라도 여기서 말하는 다르마나 '법'이라는 것은 무엇을 말하는 것일까? 문맥상으로는 '가르침'이나 '깨우침'을 말하는 것으로 보이는데, 혹은 불법(佛法)의 전승(傳承)으로서 일반인이 알 수 없는 비밀한 지혜를 말할 수도 있어 보인다. 그것이 무엇이던 간에 얻은 바가 없으니, 여기서 말하는 '그 어떤 법'이 무엇인지 알 필요가 없지 않겠나 하겠지만, 그것이 무엇에 대한 이야기인지 알 수만 있다면 그것을 제외한 다른 것은 얻을 수도 있기 때문에 여기서 말하는 '그 어떤 법'이 무엇인지 밝히는 것이 중요하다. 그래서 문맥을 살펴서 여기서 말하는 '그 어떤 법'을 추론해 보려고 하지만, 다음 구절은 그런 추론을 전혀 하지 못하게 하고 있다. 생각해 볼 점은 '법을 얻었는데, 그것을 설명할 수 없다'는 것이 아니라, 법 자체를 얻은 바가 없다는 것이다. 그렇다면 얻을 수 있는 법이라는 것은 존재하지 않는 것인가? 이 점도 유의하면서 읽도록 하자. 이 뒷부분의 대화가 더 있는데, 이는 17절에 나온다. 그곳에서는 왜 그런지 많은 가르침이 나오는데, 따라서 구체적인 설명은 그곳에서 보도록 하자. 일단 어떤 법도 얻은 바가 없다는 이유는 불국토의 장엄과 관련이 있다. 즉 보살이 불국토를 장엄하게 한다고 하는 것은 거짓말이고, 그것은 장엄하지 않다는 것이다. 법을 얻는 것도 불국토를 장엄하게 하는 것과 같이 얻지 못한다는 것을 말해 준다.

세존께서 말하셨다. "수보리여, 어떤 보살이 '내가 불국토를 장엄하게 만들어내겠다'고 말한다면, 그것은 사실이 아니다. 그것은 무슨 이유에서인가? 수보리여, '불국토의 장엄, 불국토의 장엄'이라는 것은, 여래가 장엄하지 않다고 말하셨고, 그래서 불국토의 장엄, 불국토의 장엄이라고 부른다.

이제 '그 어떤 법'이 있는지 없는지, 즉 논의를 더 계속하지 않고 갑자기 불국토의 장엄함에 대한 이야기를 하고 있다.

불국토를 장엄하게 만들어내겠다 – 이에 대해 현장은 아당성판불토공덕장엄(我當成辨佛土功德莊嚴–나는 불토 공덕의 장엄을 힘써 이루겠다)이라 번역하였고, 의정(義淨)은 아당성취장엄국토자(我當成就莊嚴國土者–나는 장엄한 국토라는 것을 이루겠다)라고 번역한다. 구마라집은 보살장엄불토불(菩薩莊嚴佛土不–보살이 불토를 장엄하게 하겠느냐, 아니냐)이라고 번역하고, 보리유지는 아장엄불국토(我莊嚴佛國土–나는 불국토를 장엄하게 한다), 진제(眞

諦)는 아당장엄청정불토(我當莊嚴淸淨佛土-나는 청정불토를 장엄하게 해야한다)라고 한다.

현장이 번역한 부분에서 불토의 공덕 장엄이라는 말이 쉽게 와 닿지 않는다. 공덕이 장엄하다는 것인지, 불토가 장엄하다는 것인지의 문제이다. 나중에 검토하겠지만, 산스크리트어에서 '불국토의 장엄을 창조하겠다'라는 뜻이 있으므로 그런 노력을 포괄하여 그것을 '공덕'이라고 표현할 수 있기 때문에 완전히 없는 뜻을 만든 것은 아니다. 또 산스크리트어의 미묘한 표현을 나타내기 위해서 우리말로는 조사를 정밀하게 사용하면 되는데, 그런 표현이 없는 한자어로는 '공덕'이라는 표현이 들어감으로써 노력한다는 의미를 전달할 수 있기 때문에 삽입한 것으로 보인다. 그러나 우리말로는 그냥 '불국토를 장엄하게'라고 사용하고, '창조하겠다'라는 표현도 너무 거창하므로 단순히 '만들어내겠다'라는 표현을 사용하면 보살의 의지도 표현되고 새로운 불국토를 만드는 뜻도 포함되기 때문에, 우리말로 번역하는 것이 한자어로 치장하는 것보다 훨씬 쉽고 의미전달도 명료하다.

여기서 불토(佛土) 혹은 불국토(佛國土)란 무엇일까? 불토라고 해도 모든 것이 전달되지만, 한자로 불토(佛土)라고 쓴 것과 한글로 불토라고 쓴 것은 느낌이나 파악의 시간이 다르다. 그래서 한 글자를 첨가하여 불국토라고 하면, 한글로만 표시하여도 뜻의 소통이 원활하므로, 여기서는 불국토라는 말을 사용하기로 한다. 대승불교에서는 정토(淨土, Pure Land)란 표현을 사용하는데, 이는 붓다와 보살의 순수한 주거로서 천상의 영역을 의미하는 것이다. 정토(淨土)는 특별히 중국, 동아시아의 전통에 따른 것이고, 산스크리트어에서 이와 상응하는 말이 불토(佛土, Buddha field)이다. 불토(佛土)의 개념은 이미 명백하게 다르마 전통으로부터 나왔다. 즉 고대의 다르마적인 우주론에서 신성한 대륙이었던 우타라쿠루(Uttarakuru)로부터 진화되어 온 개념이고, 경험적 명상과 무아지경을 통해서 접근이 가능한 영역이었다.

대승 경전에 있어서 많은 불국토가 있다. 관세음보살과 문수보살은 깨달음을 얻고 각자의 불국토를 얻었다. 법화경에 의하면, 붓다의 제자들인 사리불, 마하가섭, 수보리, 목련존자, 붓다의 아들인 라훌라는 그들 자신의 불국토를 가진다. 그리고 불국토의 상대적인 시간은 달라서 불국토에서의 하루는 다른 곳에서의 몇 년에 해당한다.

불국토는 아미타붓다의 예처럼 보살의 의도와 열망 때문에 점차 문서화되었지만, 다른 곳에서는 화신(化身)과 보신(報身) 이론이 서로 얽히어 붓다의 다른 활동에 의해 노력 없이 저절로 나타난 것으로 이해되기도 했다.

산스크리트어본에는 kṣetra(field, A holy district, 영토, 신성한 지역, 국토) – vyūhān (distribution, arrangement, 조화, 배치, 장엄한) niṣ(일어난)_pādayiṣyām(빠트리게 하는), 즉 '국토를 장엄하게 만들겠다', '영토를 조화롭게 하겠다'라는 등으로 번역된다. 그렇기 때문에 콘체는 'create harmonious Buddhafields (조화로운 불국토를 만들어낼 것이다)', 막스뮐러는 'create numbers of worlds(수많은 세상을 만들어낼 것이다)', 레드파인은 'bring about the transformation of a world(세상을 변신시킬 것이다)'고 번역하였다. 조화로운 불국토를 장엄(莊嚴)이라고 제일 먼저 번역한 구마라집으로 인하여 그 뒤의 한문 번역가들이 영향을 많이 받아 그로 인해 정토(淨土)라는 개념과는 괴리(乖離)가 생기게 되었다. 그럼에도 구마라집이 그 번역으로 불국토의 장엄이라는 개념을 제시하여 일반인들로 하여금 찬란하고 정적에 쌓인 불국토를 연상하게 함으로써 화려함과 종교적 숭고성을 각인시켰으니 그 공덕 또한 작은 것은 아니라고 생각하며 동양인에게 그러한 이미지가 어울린다고 보이므로 장엄하다고 번역한다.

그것은 사실이 아니다 – 구마라집은 의역(意譯)하면서 단순히 '그렇지 않습니다'라고 대답하지만, 보리유지는 불실어(不實語–바른 말을 하지 않다), 진제는 허망언(虛妄言), 현장은 비진실어(非眞實語), 의정은 망어(妄語)라고 줄여 말한다. 산스크리트어본은 vi(非, 아니다 vi가 非로 같은 발음이 나오는 것이 신기하다)로 tathaṁ(thus, so, 그렇다)이니 '그런 것이 아니다'라고 해석하면 된다. 문맥상 갑자기 거짓을 말하는 것이라는 답변보다는 조금 완곡한 부정이 어울리고 원문도 그런 뜻으로 보인다.

'불국토의 장엄, 불국토의 장엄'이라는 것은, 여래가 장엄하지 않다고 말하셨고, 그래서 불국토의 장엄, 불국토의 장엄이라고 부른다. – 이 부분에서 '불국토의 장엄'이라는 구절의 중복을 빼고 구조를 보면, '불국토의 장엄을 여래는 장엄하지 않다고 말하였고, 그래서 여래는 불국토의 장엄이라고 부른다'가 된다. 이 부분을 간략화시킨 구마라집의 번역은 장엄불토자 즉비장엄 시명장엄(莊嚴佛土者 卽非莊嚴 是名莊嚴)이다. 이 뜻은 '장엄한 불토라는 것은 장엄함이 아니라, 이 이름이 장엄이다'이다. 이것을 알기 쉽게 그 앞 구절과 대응하여 '이 이름이 장엄이다'고 보통 번역하는데, 그것을 '이름 하여 장엄이라 한다'고 하는 견해도 있다. 즉 앞의 번역은 부정적인 뜻이 있다는 것이다. 부정적인 뜻을 과도하게 적용한 번역은 '이 이름이 장엄일 뿐이다'인데, 그렇게 번역하면 '이름이 장엄'이라는 것은 아무 가치가 없다는 뜻이 아닌가 해서, 한문의 문법에 맞게 '이름 하여 장엄이다'고 번역하여 긍정적인 뜻을 가지도록 번역한다는 것이다.

그런데 그렇게 본다면 불국토가 장엄하다는 것은 장엄한 것이 아니고, 이름 하여 장엄이다라고 번역되는데, 장엄한 것이 아닌데 이름 하여 장엄이므로, 이름이 장엄일 뿐이라는 뜻으로 결국 돌아오게 된다. 그러나 사실 어떻게 번역하든 그 뜻은 같다. 즉 여래는 국토가 장엄하다고 하는 것은 장엄한 것이 아니라, 이름이 장엄이라 붙여졌을 뿐이라는 것을 강조하는 것이다.

오히려 그런 같은 뜻을 가지고 다투는 것보다 붓다가 왜 이런 설법을 하는가에 주목해야 한다. 위의 구절을 더 간략화하면, '장엄은 장엄이 아니라, 이름이 장엄이다'가 되는데 이 의미가 제대로 설명되지 않고 있다. 달을 가리키는데 손가락만 보는 격이다. 이름 하여 장엄이건, 이 이름이 장엄이건 의미상 차이가 거의 없는 것 같은데, 그것만 가지고 다투기에는 너무 큰 의미를 놓치고 있는 것이다. 금강경에서 이런 식으로 명시적인 구조를 가지는 것이 몇 가지 있다.

국토장엄, 대신(大身-큰 신체), 복덕(福德), 반야바라밀(般若波羅密), 제일바라밀(第一波羅密), 일체법(一切法), 구족색신(具足色身), 미진중(微塵衆), 세계(世界), 일합상(一合相), 아견인견중생견수자견(我見人見衆生見壽者見), 법상(法相) 등은 모두 구마라집 번역에서 딴 단어들이다.

이 단어들은 장엄의 구조(붓다가 설하신 장엄은 장엄이 아니라, 그 이름이 장엄이다)와 같거나 비슷한 구조를 가진다. 보통 사람들이 착각을 일으키기 쉬운 사례들로 보이고, 이러한 것들에 대해 생각해 봄으로써 붓다의 가르침의 진수에 조금 더 가까이 갈 수 있을 것이다.

그러면 이런 논리 구조를 처음 보는 사람들이 느끼는 것은 무엇일까? 먼저 저자의 처음 소감을 솔직하게 말해 본다. 대부분의 초심자들이 그렇듯 구마라집본으로 읽었는데 한자의 운율이 딱딱 맞고, 읽는 동안 저절로 뜻이 머리에 쏙쏙 들어오는 느낌이었다. 불국토의 장엄 편을 읽을 때, '장엄불토자 즉비장엄 시명장엄'이라고 읽는데, 첫인상으로 '장엄한 불토라는 것은 장엄이 아니라 그 이름이 장엄이다'라는 뜻으로 읽혔다. 불국토라는 것이 무엇일까라는 생각보다 불국토는 붓다가 있는 곳이겠지, 당연히 그곳은 장엄하겠지 하는 추측을 했고, 그러한 장엄함은 과연 어떤 풍경을 가지고 있으며, 그곳에 있는 것은 느낌일까? 이런 의문을 해결해 주는 구절로 보았는데, '그곳은 장엄하지 않고 이름만 장엄한 것이다'라는 해답에 머리가 멍멍해지는 느낌이었다. 이것은 현대 철학에서의 언어철학을 표현한 것일까? 아니면 관념과 대상이 분리되기 때문에 실체를 우리는 가질 수 없다는 칸트의 물 자체(Ding an sich)의 개념을 보여주는 것인가? 하여튼 특별한 생각이 떠오르면서 이 부분을 조금 관심 있게 보아야겠다는 생각이 들었다. 그리고 '불설반야바라밀 즉비반야바라밀 시명반야바라밀'에 이르러 궁극의 깨달음인 반야바라밀의 정의를 알 수 있을 것 같다는 기대감으로 읽었는데 충격을 받고 놀라게 되었다. 반야바라밀의 경지라는 것은 휘황찬란한 빛들이 번쩍이는 그런 느낌을 주는 것이거나, 붓다의 품격에 맞게 '조용한 가운데 정돈된 좋은 기운들이 은은히 움직이는 경지'로 생각하고 있었는데, 반야바라밀은 반야바라밀이 아니라니~! 그리고 그 이름만 반야바라밀이라니~!

그 뒤로 이 부분을 어떻게 봐야 하는지에 대해서 여러 자료를 찾아보았으나 제대로 답을 구하지 못했다. 금강경 14절이나 대반야바라밀경의 여러 구절을 보면, 이 경전을 듣고 놀라지 않고 공포와 두려움이 없다면 그는 최상의 놀라운 사람일 것이라는 구절이 있다. 왜 이런 구절이 들어가 있을까? 실제로 금강경의 내용에는 상식을 파괴하고 논리를 파괴하는 구절들로 가득하다. 특히 '장엄의 논법'이라는 것을 듣고 예전 사람들은 놀라고 두렵지 않았을까? 현대 인간들은 소설보다 더한 뉴스를 보면서 어지간한 지식에도 흔들리지 않으므로, 소박한 예전 사람들을 상상해 보면 수긍이 가는 구절이다.

그렇다면 우리는 이 구절을 보고 이제는 어떻게 생각해야 할 것인가? 누구나 불국토가 장엄하리라고 생각하겠지만, 그것은 장엄하지 않다면서 이름만 혹은 표현만 장엄하다고 말한다면, 불국토의 현재 혹은 미래 상태와 그런 상태를 표현하는 '장엄'이라는 언어로서의 표현이 별개의 것이라는 것을 나타내는 것이 아닐까라고 생각한다. 이는 교육을 받은 현대인들은 대개 그렇게 생각할 것으로 보인다. 과연 붓다가 무려 2500년 전에 이런 내용을 깨달음이라는 형태로 알았던 것일까? 그럴 가능성도 있어 보인다. 명상 과정에서 혹은 순례 과정에서 세상 만물을 관찰하면서 언어와 대상의 괴리를 느꼈을 가능성도 있고, 탁발을 하면서 그 과정에 만나는 사람들을 예의 주시 관찰하여 인간 마음의 상태에 대한 전문가가 되었을 것이라 보인다. 붓다는 실체와 그 실체를 표현하는 언어의 불일치를 이렇게 표현했을 가능성도 있다.[86)]

그런데 또 하나의 설명도 있다.[87)] 이에 따르면 '장엄의 논법'의 구조는 앞에 설명한 바와 달리 '장엄은 장엄이 아니요, 그래서 장엄이다'라고 보는 것이다. 결국 한자로 된 번역이 아니라 산스크리트어본의 구절을 다시 볼 수밖에 없게 되는데, 산스크리트어로는 '불국토의 장엄은 여래에 의해 장엄이 아니라고 말하여지고, 그러므로 불국토의 장엄이라고 말하여진다'라고 번역된다(핵심 구절만 간략화한 번역임). 이 구절을 구마라집처럼 '장엄이 아니고 이름이 장엄이다'라고 해석도 가능하고, 다른 설명처럼 '장엄은 장엄이 아니고 그래서 장엄이다'라고도 해석이 가능하다. 그러면 뒤의 설명의 논거는 무엇인가? 우리는 마음을 열고 모든 가능성을 맞이할 준비를 해야 한다. 이 부분의 논의를 전개하는 글이

---

86) 그런데 실제로 붓다의 이런 말들이 실체와 언어의 분리를 의미하는 것이라고 보면서 서양 철학자의 사상과 비교하는 책이 있다. 비트겐슈타인과 불교철학(크리스 거드문센)에서 러셀과 비트겐슈타인의 주장과 반야경 및 능엄경 등의 설법의 비교를 통하여 그 유사성을 보여주고 있다.

87) 이하에서는 Asian Philosophy, vol, 10, No. 3, 2000에 실린 시게노리 나가토모(Shigenori Nagatomo)의 The Logic of the Diamond Sutra: A is not A, therefore it is A라는 논문을 위주로 설명한다.

조금 길지만 요지를 간추려 말한다(논문에서는 A를 가지고 말하지만, 여기서 이해하기 쉽게 장엄이라는 단어를 대입하겠다. 그리고 논문이 길게 늘어지는 문장이므로 읽기 쉽도록 고쳐 보았다).

금강경은 모순처럼 보이는 선언이 현실에 대한 불교의 이해를 분명히 표현한다. 일본의 불교논리학자 하지메 나카무라는 이것을 '아님의 논리(logic of not)'라 부른다. '장엄은 장엄이 아니고, 그래서 그것은 장엄이다'라는 것이다. 이것은 아리스토텔레스의 논리의 견지에서 보면, 이 논리를 언어적으로 공식화한 것은 완전히 모순이고 터무니없다. 우리는 이를 보며 직관적으로 그것이 모순되거나 잘해 봐야 역설적이라고 판단한다. 그런데 왜 우리는 이런 식으로 직감하는 것일까? 우리의 개념적인 계획 속에 우리로 하여금 이러한 판단을 강제하는 어떤 것이 있을까? 보통의 개념적인 계획과 모순되는 경전 자체의 다른 개념적인 계획이 있는 것일까?

'아님의 논리'를 총체적인 방법으로 보기 위해서 금강경의 제목을 일단 살펴보아야 한다. 산스크리트 제목이 바즈라체디까 Vajraccedhikā 쁘라즈나 빠라미따 prajnāpāramitā라는 것에 대해 앞에서 두 가지 뜻이 있다고 했지만, 이 논의를 전개하기 위해서 처음의 제목에서 그 뜻이 '번개처럼 찢다'로 생각하면, 인간의 인지활동으로부터 생기는 의심과 집착을 째는 힘을 수사(修辭)적으로 표현하고 있다고 본다. 그리고 모든 의심과 집착을 끊는다는 경전의 아이디어를 다시 생각하면, 그런 것을 인식하는 인체와 인지되는 것의 무의식과 깊이 연결되어 있기 때문에, 의심과 집착을 끊기 위해서는 의식하지만 깊이 숙고하지는 않는 이성적 의지의 억압하는 힘과는 구분되어야 한다. 그 이성적 의지라는 것은 예를 들면, 칸트가 그의 첫 번째 비판론(순수이성비판)에서 다루었던 것과 같은 것을 말한다.

그리고 제목의 두 번째 항목인 prajnāpāramitā는 '지혜의 완성'을 의미한다. 여기서의 지혜는 자연에 대해 차별이 없는 형태의 지식이므로 아리스토텔레스가 형이상학에서 제안한 보편적인 것의 이론적 지식으로 지목했던 지혜의 의미와는 명확히 구분된다(말하자면 지식과 지혜의 차이로 보면 된다). 지혜의 완성은 인간의 인지적 활동으로부터 모든 의심과 집착을 자르는 것이므로 여기서 다이아몬드나 번개는 마음의 비차별적 활동을 의미한다.

금강경에서는 인간을 보살과 바보스러운 보통 사람으로 나눈다. 내가 있다는 관념-아상(我相)을 가진 사람이 보통 사람의 특질이라고 주장한다. 사실 아상(我相)이라는 것은 조금 특별하다. 스스로를 인식하는 주체를 인식당하는 객체로 보는 것이다. 그렇게 본다면 보통 사람의 측면에서 인식되는 것은 없는 것이다. 즉 그것들은 각자의 존재 이유 때문에 상호의존하고 있다. 말하자면 파악하는 행위 덕분에 파악되는 것인데도 '나'에 대한 발상이 떠오르는 것은 바보스러운 보통 사람의 측면에서는 인식되는 것이 없는 것을 인식한다고 인식하는 것이다.

이러한 관계를 전문적인 표현으로 보면, 현상학의 창시자 훗설에 의하면 "~에 대한"이라고 되어 있는 것은 "~에 대한" 의식이라고 할 수 있다. 이것이 의식의 기본적 구조이고, 그 의식의 행위와 그에 다른 인식의 내용, 즉 대상 사이의 관계를 알려주는 것이다. 유식학파의 용어에 따르면, 파악하는 국면과 파악되는 국면 사이의 관계로 형성된다. 또 초기의 하이데거 이론에 의하면, 보통 인간의 특성 가운데 하나는 그들이 세계의 일상성 속에 몰두하고, 그들의 실존적 기초의 질문은 의식하지 못한다고 했다.[88] 하이데거는 비본질적 삶과 본질적 삶을 구분함으로써 마치 불교에서 깨달음을 향해 가는 보살과 어리석은 보통 사람을 구분한 것과 같은 결론을 보여준다. 그 보살에 대한 자격은 바보이며 보통의 사람에게 주어진 성질을 넘어서 확장된 것이다. 이것은 중생의 관념(sattva-samjnā), 영혼의 관념(jiva-samjnā), 개인의 관념(pudgala-samjnā)과 같은 모든 것이 영원한 것 같은 생각을 부정하는 것을 포함한다.

주체는 자아의식에 의존하고, 대상을 차별화하는 기능은 자신의 개인적 욕망과 이익에 따라 작동한다. 보살이 법에 집착하면 그것은 형이상학적 물질을

88) 이에 대해서 김종욱 교수의 '불교로 이해하는 현대철학' 동영상 강의 중 19강에서 27강 사이의 강좌가 잘 정리되어 있다.

가정[89]하는 것으로 이끌게 되고, 이는 물질적 존재론의 창조가 된다. 즉 '내'가 존재한다는 생각을 적용하면 그것은 영원한 '나'를 가정하는 것이므로, 형이상학적 의미를 지니는 '나'라는 존재를 물질화 절대화하는 것이다. 반대로 보살이 법이 아닌 것에 집착하면, 그것은 허무주의(nihilism)로 이끌리게 된다. 이 양 입장은 인식론적 입장에 내재하는 것이다. 더욱 중요한 점은 이것이 바보스러운 보통 인간의 경우에는 의식되지 않고 발생한다. 즉 의식적인 인식을 하지 않고, 사람들은 그들 자신을 중심적 존재로 이해하고, 그럼으로써 그것이 그들의 대인관계에까지 확장되고, 또한 자연에 대한 관계도 그렇게 된다. 결국 이것은 보통 사람이 법이나 법이 아닌 것에 사로잡히게 되는 양자택일의 태도를 필연적으로 만들게 된다.

금강경은 보살이 판단을 하고 현실을 이해하는 작동원리로써 양자택일의 태도를 취하는 것을 비판하고 있다. 오히려 양자부정(neither-nor)의 논리적 입장을 취하기를 권한다. 언어적으로는 법이나 법이 아닌 것에 대한 긍정이나 부정을 옹호하지 않고, 존재론적으로는 존재를 긍정하는 것이나 부정하는 것이나 모두 부정한다. 이 양자부정의 관점은 보살에 대한 전체론적인(holistic) 관점을 제공한다.

그러나 양자부정의 입장을 취하는 것만으로 보살로 하여금 모든 생각으로부터 떠나게 할 수는 없다. 이런 입장을 취하더라도 여전히 긍정을 부정하거나 부정을 부정하는 태도가 남아 있다. 그래서 경전이 양자부정의 택일에 대하여 단순한 긍정이나 부정에 의해 수반되지 않는 제3의 관점을 보여주고 있다고 보아야 한다.

모든 사물의 상태는 자아가 없다는 발상(일종의 법무아法無我)은 자아의식에도 적용되어야 한다(인무아人無我를 확장하여 의식에까지 적용). 그래서 금강경은 비이원론적(둘이 아니다), 비자아논리적 입장을 제시하는 것이다. 머문다는 것[90]은 그 자체로

89) 형이상학은 존재의 근본을 탐구하는 것으로, 서양에서는 형이상학적 진리들을 직접적인 경험으로는 알 수 없다는 견해가 많지만, 동양에서는 직접적으로 인간이 존재의 근본을 경험할 수 있다는 견해가 많으며, 사색이나 추론 신념에 의존할 필요는 없다고 한다. 여기서 형이상학적 물질을 가정한다는 것은 서양 철학적 관점으로는 불가능하다.

90) 이 책에서는 머문다는 것을 '의존하는 것'으로 번역하였으나, 본 논문의 뜻을 살리기 위해서 논문에 dwell on이라고 된 것을 '머문다'고 그대로 번역하기로 한다.

의미에 있어서 절대적이거나 핵심적인 것이 될 수 없다. 머물지 않는 것과의 대비 속에서 의미가 있는 것이다. 그러나 하나를 부정한 것이 그 부정한 것을 긍정하는 것은 상대적인 상태만 얻을 수 있기 때문에 의미가 없다. 왜냐하면 부정된 것 또한 긍정된 것에 의존하기 때문이다. 그렇기 때문에 양자택일의 논리는 긍정하는 대상을 단순히 부정하면서 그 부정하는 것을 택하기 때문에 역시 부정하는 것에 집착하게 되는 결과가 되는 것이다. 그렇기 때문에 그것이 성숙된 결론을 가지기 위해서는 부정하는 것 그 자체를 부정해야 한다. 금강경은 이러한 점 때문에 집착하지 않는 입장을 옹호한다. 이러한 것은 그 대상뿐만 아니라 부정의 행위 자체에도 적용되어 대상에도 집착하지 않고 대상이 아닌 것도 집착하지 않는 것이다. '머묾'이 '머묾'이라는 실체론이나 '머묾'은 '머묾이 아니라'는 허무주의를 피하기 위해서 금강경은 제3의 관점을 취한다. 그것은 '머묾도 아니고, 머물지 않는 것도 아니다'는 것이다. 여기서 우리는 양자택일을 피하게 되는 것이다. 바보스러운 보통 사람은 집착을 부정하기 위해서 비집착을 긍정하여 비집착에 집착하게 되는 우(愚)를 범하게 되는 것이다. 그래서 긍정을 부정함으로써 부정을 긍정하게 되고, 이 긍정을 다시 부정하게 되는데, 이러한 부정의 반복이 논리적 차원에 남아 있는 한 무한히 반복된다. 이러한 점을 회피하기 위해서는 이원론적 논리적 입장으로부터 떠날 필요가 있는데 이것이 경전에 언급된 것이다. 보살이 생각의 모든 대상으로부터 떠난다는 것은 무의식과 몸(body)에 관련되어 있다. 이것이 지적이나 논리적으로 접근하는 것보다 더 근본적이다.

한편 금강경은 양자택일의 논리와 구분되는 그 자체의 논리시스템을 제공하지는 않는다. 이는 금강경의 주요 관심사가 보통 사람들을 언어적 구속으로부터 자유롭게 하려는 실존적 관심의 측면이 있고, 긍정이나 부정하는 것이 그러한 사람들이 가장 친밀하고 쉽게 접근할 수 있지만, 그에 내재하는 한계를 지적하여 그들이 그것으로부터 떠나도록 지도하려는 측면이 있기 때문이다.

'금강경이 작성된 시기는 증가하는 불탑(佛塔)의 숭배를 목격한 때이고, 그와 함께 미륵불과 같은 미래의 믿음도 증가했다. 그리고 꿈이나 환각, 명상에서 붓다를 보기를 원했던 자의 숫자가 증가했다. 그러나 금강경은 붓다의 이미지

를 보려는 욕망을 긍정하지 않았고, 사람들에게 고차원의 붓다에 관해 가르치기를 시도했다.'

금강경이 추천하는 방법은 마음이 머물지 않는 곳을 찾으라는 것이다. 그러면 마음의 머묾은 머묾이 아니기 때문이라는 것이다.

이것이 언어로 표현될 수 없는 이유는, 주어부도 아니고 서술부도 아닌 명상의 영역에서 발생하기 때문에, 주체와 객체가 분리되기 전의 상태를 경험하여 발생하는 것으로써, 경험하는 자와 경험되는 자가 분리되지 않는 상태가 순수한 경험이다. 법도 아니고 법이 아닌 것도 아니라는 것은 이원적이며 양자택일적 논리의 틀 저 위로 초월한 것을 의미한다. 명상은 언어를 초월한 무의 존재의 기반을 탐색하는 방법이기 때문에 이를 사용할 수밖에 없다.

장엄은 장엄이 아니라는 말은, 사람들이 매일 경험하는 이원론적이고 자아논리적 구성에서 벗어나게 하려는 시도이다. 이렇게 장엄을 부정함으로 인하여, '장엄'이라는 상태를 비실체화 비존재화로 옮긴다. 그리고는 양자부정의 논리를 통하여 보통의 인간들이 매일 접하는 양자택일적 논리를 버리고, 명상의 실천을 통해 받아들여지는 제3의 관점을 제공하는 것이다.

A가 A가 아니라는 것은 A도, not A도 모두 실체가 아니라는 것을 암시한다. 존재론적 측면에서 그것들은 둘이 아니고 하나이다. 그래서 A라고 할 때의 A는 A의 비실체화라는 발상을 의미한다. 즉 A는 처음에 개념적 언어적인 사실로 상정되어 부정을 거치면서 새롭게 긍정되면서 비실체화 되는 것이다.

금강경에서 이원론과 자아 논리적 관점을 벗어나게 하는 이러한 관점의 추천에도 불구하고, 이러한 관점은 현재 살아남지 못한 것으로 보인다. 미국이 주도한 세계화의 여파로 불교가 오랫동안 소중하게 여겨왔던 사물과 사건 사이의 상호 관련성의 철학이 파기되었지만, 이제 오존층이 희박해지고 극지역의 빙하가 녹는 등 범지구적인 환경적 문제를 만나게 되었다. 이것은 데카르트 이후의 환원주의의 영향으로 부분적 기술의 성과에 매달린 결과로 보인다. 따라서 모든 것을 연기와 상호 관련성의 관계로 보는 불교의 논리를 어떻게 전파하고 세계인의 의식 속에 파급시키느냐에 따라 이러한 문제의 해결이 달라질 것이다.[91]

결론적으로, 장엄은 장엄이 아니고 그래서 장엄이라는 구절은 장엄이라는 언어에 구속되지 말아야 한다는 뜻을 함의(含意)하고 있다고 보인다. 그러나 장엄이 장엄이 아닐 수는 있지만, 그래서 장엄이라는 것은 무슨 뜻일까? 장엄이 장엄이 아니면, '더러움'이거나 '초라함'이 될 수도 있는데, 왜 다시 '장엄'이라고 결론짓는 것일까? 이는 단순히 하나를 부정하는 것이 다른 개념이 될 수 있다는 것이 아니라, 그 '하나' 내에서의 논리이기 때문이다. 앞의 논의를 적용하면, 처음에 언급하는 불국토의 장엄이라는 것은 우리가 개념적 언어적으로 생각하는 뜻을 말하는 것이고, 그것이 장엄이 아니라는 것은 장엄이라는 개념에 구속되지 말 것을 말하는 것이다. 그래서 장엄이라는 것은 형식화된 언어화된 장엄은 빠져나가고 진정한 장엄, 비실체화 된 장엄만이 남았으므로 이제야 장엄이라 부를 수 있다고 보는 것을 말한다. 이렇게 본다면 전통적인 해석과 같은 결론이 된다. 그러나 같은 해석에 도달하는 길은 많이 달랐다고 보인다.

그래서 수보리여, 보살 마하살은 이와 같이 어느 것에도 의존하지 않고 그 마음을 내어야 한다. 형상에 의존하지 않고 그 마음을 내어야 한다. 형상이 아닌 것에도 의존하지 말고 그 마음을 내어야 한다. 소리, 냄새, 맛, 감촉, 법에도 의존하지 않고 그 마음을 내어야 한다."

위 장엄에 대한 논리적 구조 뒤에 바로 이 글이 있기 때문에, 불국토의 장엄을 장엄이 아니라고 이해할 때의 의미를 보충할 수 있다. '보살은 어느 것에도 의존하지 않고 그 마음을 내어야 한다'는 글 속에는, 의존하지 않는 이유까지 포함되어 있다. 즉 앞의 장엄이라는 구조 속에서 파악된 '장엄'이라는 외형적 의미에 머물러서는 안 된다는 것이다.

의존하지 않고 – 보통 한역(漢譯) 금강경을 번역한 경우에 머물지 않는다는 번역을 하는데 그것은 무슨 뜻인가? 한역(漢譯)에는 부주(不住)라고 표현하는데, 콘체는 unsupported(의지되지 않는), 뮐러는 independent(독립적인), 레드파인은

91) 이 마지막 부분은 이론적인 것을 현재의 현실에 적용한 결과인데, 그 점에 대해서는 과연 그런 현실 말고, 이제 새로운 조류가 형성되어 현대인들의 마음에 차지하는 비중이 커져가고 있다는 점을 언급하고 싶다.

not attached(집착되지 않는)이라고 표현한다. 14절의 설명에서 자세히 언급하겠지만, 원문의 apratiṣthitaṃ을 번역하는데 있어서 이제는 한글의 고유한 뜻을 사용해야 할 때이다. pratiṣthita에는 stand(서다)라는 의미와 depend(의존하다)라는 뜻이 모두 있다. 그래서 머물다의 뜻이 거동이나 행동을 나타내는 것이 아닌 한, 영문 번역처럼 하거나 한글로는 '의존하지 않는'이라는 뜻이 가장 적당하다고 보인다. 이렇게 번역한 것과 예전의 번역을 비교해 보자.

어느 것에도 머물지 않고 그 마음을 내어야 한다.
어느 것에도 의존하지 않고 그 마음을 내어야 한다.

형상에 머물지 않고 그 마음을 내어야 한다.
형상에 의존하지 않고 그 마음을 내어야 한다.

위 문장을 보면, 두 번째 문장이 첫 번째 문장보다 의미가 바로 머릿속에 쏙 들어오는 것을 느낄 수 있다. 왜냐하면 두 번째 문장은 한자를 번역한 것이 아니라, 원문의 뜻에 있는 것을 표현하였기에 더 정확한 뜻이 되는 것이다. 그래서 우리는 금강경을 읽으면서 바로 뜻을 파악할 수 있도록 이렇게 번역한다.

그 마음을 내어야 한다 – 위와 같이 외형적 의미에 고착(固着)되지 말라는 것은 이해가 가지만, 그 마음을 내어야 한다는 것은 또 무슨 뜻일까? 마음을 낸다는 것에 대하여 구마라집은 (여시)생청정심(生淸淨心)이라고 했으니 청정한 마음이 생겨난다는 뜻이다. 보리유지는 그 번역에 추가로 이무소주(而無所住)를 붙여서 청정한 마음이 생겨난 후에 머무는 바가 없다로 번역했다. 진제는 생(여시)무주착심(無住著心)이라고 했으니 머물고 집착하는 마음이 없다고 하였다. 현장은 (여시)도무소주응생기심(都無所住應生其心)이라 하였으니 모두 머무는 바가 없이 그 마음을 생겨나게 하라고 번역하였다. 의정은 부주어사(不住於事)라 하였으니 일에 머물지 말라는 뜻으로 하였다.

산스크리트어는 apratiṣṭhitaṁ(의존하지 않는) cittam(마음 짓기를) ut(웃, 위로) pād

(빠져) ayitavyaṁ(있게 하는), 즉 뒷부분은 위로 빠져 있게 하니, 일으켜 세우다, 생기게 하다로 번역할 수 있다. 그러므로 의존하지 않는다는 것은 마음을 생겨나게 한다는 뜻으로 번역하면 된다. 그런데 콘체는 produce an unsupported thought라고 번역하였으니, 그 뜻은 '어떤 것에도 좌우되지 않는 생각을 내어야 한다'는 것이 된다. 그리고 막스 뮐러도 '독립적 마음을 낸다'는 번역을 하고, 레드파인은 어디에도 집착되지 않는 마음을 내어야 한다고 번역하였다.

의존하지 않는다는 뜻은 어디에도 집착하지 않는다는 뜻이다. 그래서 콘체와 뮐러는 '아무것에도 기대지 말고, 그 마음 자체를 내도록 해야 한다'는 뜻을 보여준다.

어느 것에도 의존하지 않고 그 마음을 내어야 한다 – 이 구절의 한역(漢譯)은 구마라집이 응무소주이생기심(應無所住而生其心–머무는 바 없이 마음을 내다)이라는 8자로 표현한 유명한 구절이다. 그래서 이것은 외워두면 항상 마음을 잡을 수 있을 것이다. 그러나 그 정확한 뜻은 사실 한국인에게 가슴 깊이 들어오지는 않는다. 산스크리트 원문의 뜻은 어떤 것에도 의존하지 말고 독립적으로 생기는 마음이 진정한 마음이고 깨달음으로 갈 수 있다는 뜻이다. 그런데 한문을 번역하면 '마음이 머무르지 않는다는 것'은 도대체 무엇을 말하는 것인가? 마음이 움직이지 말 것을 말하는지, 어떤 대상에 고정되지 말 것을 말하는지 애매하다. 물론 이 구절로 육조 혜능대사가 깨달음을 얻었다는 일화는 유명하지만, 그 정확한 뜻은 명료하지가 않다. 그래서 원문의 뜻을 헤아린 이 책과 같이, '어느 것에도 의존하지 않고 그 마음을 낸다'는 번역이 필요하다. 이 번역은 읽거나 들으면 무슨 뜻인지 금방 알 수 있는 것이다.

구마라집은 이 책의 번역 순서와는 다르게 색성향미촉법에 의존하지 않는 마음을 내라고 하고는, 결론적으로 아무것에도 의존하지 않는 마음을 내라고 번역하였다. 구마라집 개인의 깨침을 표시하는 것이겠지만, 원문과 같이 전제로서 이 부분을 제시하고 구체적으로 색성향미촉법에 의존하지 말라는 서술 구조도 이해하기가 쉽다.

소리, 냄새, 맛, 감촉, 법에도 의존하지 않고 그 마음을 내어야 한다. – 즉 앞의 해석이 바른 이유는 외계의 감각에 좌우되지 말라는 뜻으로 해석되기 때문이다. 그런데 여기 '법'에 의존하지 말라는 구절에 대하여 콘체는 '법'을 mind-objects(마음의 대상)라고 번역한다. 많은 부분에서 콘체는 법을 mind-objects라고 번역하는데 특별한 이유가 있는 것일까? 한역(漢譯)들은 모두 이를 법(法)으로 번역하고, 산스크리트어도 dharma라고 되어 있는 부분이다. 결국 이 부분은 앞서 4절에서 자세히 말한 바와 같이 '의식의 대상'으로 해석해야 한다. 그래서 육경(六境)을 나열하면서 나올 때는 '법'이라고 번역하지만, '의식의 대상'인 다르마(법)를 의미하는 것으로 보는 것이 맞겠다.

이 부분 구마라집의 번역을 보면, 불응취법(不應取法) 불응취비법(不應取非法). ~(중략)~ 법상응사(法尙應捨) 하황비법(何況非法)이다. 법도 취하지 말고, 비법도 취하지 말고(중략), 법도 버리는데 비법이야 당연히 버리는 것이다라는 구절에서 말하는 것이 이 절에서 말하는 '마음의 대상'이 아니라, 가르침을 뜻하는 것이라 보인다. 그러나 여기서 말하는 법은 '마음의 대상', 혹은 '인식의 대상'이라고 보는 것이 한글번역으로는 정확한 번역이 되는 것이다.

소리가 아닌 것, 향기와 맛과 감촉과 법이 아닌 것에도 의존하지 않고 그 마음을 내어야 한다. 어느 것에도 의존하지 않고 그 마음을 내어야 한다. - 현장의 번역에는 이 구절이 들어가 있다. 즉 색성향미촉법 외에 비(非)색성향미촉법(色聲香味觸法)을 언급하고 있다. 이 구절은 정말로 의미가 있는 구절인지, 단순히 색성향미촉법에 대응하기 위한 구절인지 판단해야 한다. 여기서 의존하지 않는 마음을 생겨나게 하는 것이 색성향미촉법이라는 감각대상에 의존하지 말라는 뜻이라면, 그러한 감각대상이 아닌 것에도 의존해서는 안 될 것이라 보인다. 감각대상도 아닌 것은 그 대상의 본연의 성질이 더 없을 것이기 때문인 것이다. 그런 의미에서 이왕 색성향미촉법에 의존하지 않는다면, 비(非)색성향미촉법에 더더욱 의존해서는 안 될 것이기 때문에 당연한 구절로 보인다. 그래서 이 당연한 구절을 넣을 것인지, 언급해 줄 것인지의 문제에서 원문에는 없고 오직 현장만이 이 구절을 표시하였기에 이 책에는 넣지 않았다.

수보리여, 만약 사람이 몸을 갖추고, 그것이 큰 몸인데, 이런 모습의 자아 존

재가 마치 수메루산 왕과 같다고 하면, 그 자아 존재는 크다고 할 수 있는가?

수보리가 대답했다. 큽니다, 세존이시여. 큽니다, 잘 가신 이여! 그 자아 존재는 큽니다.

그것은 무슨 이유에서인가 하면, 세존이시여, 자아 존재, 자아 존재라는 것은 여래께서 존재가 아니라고 설하였고, 그래서 자아 존재라고 부릅니다. 세존이시여, 그것은 존재가 아니고, 존재가 아닌 것도 아닙니다. 그래서 자아 존재라고 부릅니다.

사람이 몸을 갖추고, 그것이 큰 몸인데 – 원문에는 puruṣo(사람이) bhaved(~이다) upeta(endowed with, 갖추다) kāyo(body, 몸) mahākāyo(큰 몸)이라서, '사람이 갖춘 몸과 큰 몸이 있으면'이다. 갖춘 몸과 큰 몸을 같이 나열하면 어색해서 몸을 갖추고 그것이 큰 몸이라는 뜻의 번역으로 바꾼다.[92] 한역(漢譯)에서 구마라집은 이 부분을 생략하였다.

이런 모습의 자아 존재가 마치 수메루산 왕과 같다고 하면 – 몸, 즉 신체에 대한 설명 후에 자아 존재라는 개념을 끄집어내고 있다. 여기서 자아 존재는 ātma-bhāvaḥ를 번역한 것인데, 이것이 신체를 나타내는 '몸'과는 어떤 관계에 있는가? 신체에 해당하는 '몸'은 kāya이고, 이는 같은 문장에서 나온 말이므로 분명히 구분하는 의미로 사용한 것이다. sva-bhāva라는 단어는 '사물의 진정한 본성'(the real nature of a thing)을 나타낸다. 이것을 불교에서 own-being이라고 영문으로 표기하고, 한자로는 자성(自性)이라고 번역한다. 즉 자아(ātma) 뒤의 bhāva는 emotion(감정), spirit(정신, 원기), soul(정기, 기백), existence(존재, 실재)의 뜻을 가지고 있다. 여기서 어떤 뜻을 사용할지는 문맥에 따를 수밖에 없다. 그래서 우리는 이 단어를 '자아'의 '진정한 본성'이라는 뜻으로 사용하는 것이 좋을 듯하다. 어떤 성질, 본질을 나타내는 뜻을 가져서 성(性)이라는 표기를

92) 이에 대해 이기영 역 금강경, 206면에는 몸을 갖춘다는 것은 붓다의 32상을 가지고 있고, 그 밖의 신체적 특성을 잘 가지고 있다는 의미이므로, 균형 잡힌 몸으로 번역하는 것이 좋겠다고 하는데, 일리 있는 견해이다. 그러나 그런 몸을 가지고 있다는 표현이 있는데도 몸을 갖춘다고 하였으니 그대로 번역하기로 한다.

사용하는 것이 어울린다. 그래서 이것을 자아성(自我性)이라고 하면 좋겠지만, 생소한 단어이므로 자아 존재라 번역하고 자아의 본질을 의미하는 것으로 보기로 한다. 콘체는 이를 personal existence(개인적 존재)라고 번역하고, 레드파인은 self-existence(자아 존재)라고 번역하였다. 한역(漢譯)에서 현장은 자체(自體)라고 번역하는데, 한자 뜻으로 보면 자체(自體)가 '사물 본래의 몸체'이니 영어 번역의 뜻과도 같지만, 우리말로 번역 중에 사용하면 같은 뜻으로 여겨지지 않으니 '자아의 본질'로 보기로 한다. 어떤 이는 마음의 크기(즉 자부심 같은 것)를 말한다고 하는데, 산스크리트어 번역상 가능하기는 하지만 문맥과는 다르다고 볼 것이다. 콘체는 이 단어를 나중에 13절과 15절에 나올 때는 '모든 소유물(all their belongings)'이라고 번역한다고 하면서 붓다고사의 책에는 이것이 '몸'이거나 '오온(五蘊)을 합친 것'의 뜻이 있다고 하였다.93) 그것은 (자아나 개인의) 단순한 개념이 발생하는 것은 '이것이 내 자신이다'고 말하는 어리석은 사람들의 사용법에 의존하기 때문이다. 그래서 자아에 속하는 것으로 간주되는 것, 자아를 둘러싼 존재, 자아를 둘러싸고 지어지는 것으로 보이는 모든 총체를 말한다고 한다. 결국 이 뜻은 자아를 구성하는 여러 가지의 각각을 지시하는 단어로 보아야 하는 것이다.

그러므로 자아 존재가 수메루산 왕과 같다고 하는 것은 신체의 크기가 그렇다는 것을 말하는 것은 아니다. 자아의 본질이 그만큼 크다는 것을 말한다. 한역(漢譯)에서, 특히 구마라집의 번역에서 신체로 번역하였기에 우리는 몸의 크기를 수메루산 왕과 비교하는데, 비유한다고 전제했기 때문에 별 어색함을 못 느꼈지만, 사실상 신체와 수메루산을 비교하는 것이 아니라 자아의 본질과 산을 비교하는 것이다. 이것은 무슨 차이가 있는 것인가? 몸과 산을 비교하는 것이 몸이 크다는 것을 강조하는 것에는 도움이 되겠지만, 자아의 본질과 산을 비교하는 것은 자아 속에 들어 있는 무형의 본질의 크기를 상상하게 하는 효과가 있다.

수메루산 왕 – 자아 존재의 크기를 수메루산에 비유하는 것인데, 우리가 보

93) Edward Conze, Buddhist Wisdom, 46p

통 수미산이라 부르는 것이다. 수메루산 왕이라는 것은 무엇일까? 수메루는 Sumeru라는 산스크리트어이고, 이를 한자로 옮긴 것은 수미산이다. 수메루는 불교 우주론에서 세상의 가운데에 있는 산 이름이다. 어원적으로 그 산의 고유한 이름은 메루(Meru)인데, 메루에 칭송하는 뜻의 su가 덧붙여져서 수메루(Sumeru)라 칭하여 '아주 훌륭한 메루excellent Meru' 혹은 '놀라운 메루wonderful Meru'라고 하였다('잘 가신 이'를 의미할 때에 su+gata라고 한 것을 기억하면 된다). 수메루의 개념이 힌두의 신화 개념과 밀접하기는 하지만 여러 면에서 다른 점이 있다. 바수반두(Vasubandhu)에 따르면, 수메루는 8만 요자나(100만 킬로미터, yojanas는 보통 8마일 정도, 12.8킬로미터)의 높이로, 그 산의 밑의 깊이도 8만 요자나로 지구의 바닥까지 닿는다고 한다. 그렇지만 불교 경전에서 크기와 안정성의 비유로 많이 사용되는 개념이다.

수메루는 모래시계와 같은 모양으로 중간이 오목하고 산으로 올라가거나 땅 밑으로 갈수록 불룩해지는 모양이라서 중간쯤의 높이, 즉 4만 요자나(50만 킬로미터) 정도에서는 2만 평방 요자나(25만 평방킬로미터, 즉 77,000평 정도)의 넓이를 가진다고 한다. 수메루는 바다와 산의 만다라 모양의 복합체의 중간에 있다. 수메루의 정면은 해자(垓字-방어용 경계 연못)와 같이 둘러싼 대양으로 되어 있고, 그것은 차례로 가락지 모양으로 된 산에 의한 벽으로 둘러져 있다. 그 산들은 다시 바다로 둘러싸여 있는데 각 바다는 넓이와 높이에 있어서 수메루산에 가까운 쪽부터 좁아진다. 그래서 7개의 바다와 그것을 둘러싼 7개의 산이 있는데, 우리에게 알려진 것은 작은 섬일 뿐인 잠부드비파로 인간이 사는 곳이다. 수메르의 바로 남쪽에 있다. 현장과 의정은 묘고산(妙高山)이라는 용어를 사용하고 있다.

그런데 한역(漢譯)에서는 수미산 왕이라고 하는데 그 표현은 제대로 된 것일까? 좀 전에 보았듯이 메루라는 산을 칭송하기 위해서 수메루라고 했으니 수미산으로 번역하였으면, 그 자체가 왕(王) 자를 붙일 필요가 없을 것인데, 다시 왕(王) 자를 붙였으니 이는 수미산이라는 여러 산들이 있고 그중의 왕 수미산이라는 뜻일까? 그냥 수미산이 워낙 거대한 산이라 왕과 같은 이미지가 있어서 붙인 말일까? 산스크리트어본에는 sumeruḥ(수메루) parvata(산)-rājaḥ(왕)라고 되어 있다. 한자본이 이를 그대로 번역하였는데 크다는 뜻을 강조하기 위한 것으로 보인다. 콘체는 '산들의 왕인 수메루와 같이'라고 번역하고 있다. 불교의 세계관에서는 삼천대천세계의 각 세계마다 제일 큰 산을 수메루산이라고 하므로 여기서는 그러한 수메루산 중에 제일 큰 산을 산의 왕이라고 표현한 것이라 번역한다. 그래서 원문의 순서와 같이 수메루산 왕이라고 한다.

자아 존재가 수메루산 왕과 같이 크다고 하면, 크다고 할 수 있는가라는 질문은 당연히 크다는 대답이 나올 것을 기대하고 있다. 여기의 크다는 질문은 수메루산 왕의 크기와 자아 존재의 크기를 비교하는 것이므로 상대적인 비교를 나타내므로 당연히 크다.

그 자아 존재는 크다고 할 수 있겠는가? - 그런데 장로 수보리의 대답은 단순한 긍정을 넘어서서 지금까지의 설법에 따른 새로운 깨달음의 답도 하게 된다. 대답을 듣기 전에 추측해 보면 그것이 매우 큰데 그것이 큰 이유는 수메루산 왕과 같이 거대해서 그런 것이라기보다는 '거대한 것은 거대한 것이 아니고, 그래서 거대하다'라는 대답을 기대한다.

수보리가 대답했다. 큽니다, 세존이시여. 큽니다, 잘 가신 이여! 그 자아 존재는 큽니다. - 구마라집은 '매우 큽니다'라고 간단히 대답하고 만다. 즉 구마라집은 몸과 수메루산을 비교하여 그 몸이 크다고 대답한 것이다. 그러나 수보리의 대답은 큰 몸속에 들어 있는 자아 존재가 수메루산 왕과 같다고 비유하면 그것이 큰 것이라고 대답하는 것이다. 즉 단순히 형체의 크기로 따지는 것이 아니라, 자아의 본래적 성질의 크기와 수메루산을 비교하여 크다는 것이다.

그것은 무슨 이유에서인가 하면, 세존이시여, 자아 존재, 자아 존재라는 것은 여래께서 존재가 아니라고 설하였고, 그래서 자아 존재라고 부르기 때문입니다. - 이 부분에서 앞의 '장엄'에 해당하는 패턴이 반복되고 있다. 그래서 우리는 이 패턴이 항상 적용되는지, 특정한 곳에서는 아닌지를 일단 검토해야 한다. 그래서 이런 패턴을 금강경의 논리라고 부르자. '장엄이 장엄이 아니고,

그래서 장엄이라 부른다'는 금강경의 논리 양식에서 제일 처음 언급되는 것은 우리가 일상적으로 사용하는 용어와 대상이다. 두 번째 부정하는 말은 그 용어와 대상이 본질을 나타내는 것이 아님을 말하기 위함이고, 마지막의 것은 용어와 대상이 부합하는 경지를 말한다.

몸과 수메루산을 비교하는 것과 자아 존재와 수메루산을 비교하는 것은 이 구절을 해석할 때 분명한 차이를 보여준다. 즉 몸과 비교한 것으로 본다면 구마라집처럼 간단히 설명하고 말겠지만, 자아 존재와 비교했을 때는 원문의 복잡한 논리 구조를 사용할 필요가 있는 것이다. 즉 한역(漢譯)의 구마라집 버전[94]에서는 몸만 언급하고 있다. 세존은 큰 몸이라고 생각하느냐고 물었고, 수보리는 크다고 대답하면서 그 몸은 크다고 답하였는데, 그것에 대한 이유에서 '크다'는 부분은 빠지고 몸에 대해서만 말하고 있다. 일반적인 논리로는 몸이 크다고 한 이유는 그것이 몸이 아니기 때문이라는 결론이 된다. 이 결론으로 유추하면, 몸이 아니기 때문에 몸은 수메루산 왕과 같이 클 수 있고 크다고 말할 수 있다. 몸이라면 그렇게 클 수 없고 크다고 말할 수도 없다는 결론이다. 그렇게 논리적으로 어긋나지는 않지만, 과연 무엇을 말하고자 하는지 알 수가 없다.

그래서 원문의 뜻으로 보도록 하자. 그런데 산스크리트어본은 문장의 골격이 다르다. 상당히 길게 이어지고 있는데, 구마라집은 위와 같이 간략화하여 정리한 것이다. 그것은 bhāva를 몸으로 번역하면 그렇게 간략화하지 않을 경우 해석에 많은 곤란이 예상되기 때문일 것이다. 원문의 골격은 위에 제시한 글과 바로 아래 제시한 글을 합친 것으로 상당히 길고 내용상의 중복도 없다. 위 원문에 해당되는 부분의 구마라집 번역은 하이고(何以故) 불설비신(佛說非身) 시명대신(是名大身)일 뿐이다. 그래서 구마라집은 자기가 이해한 금강경으로 번역한 것이라는 것을 알 수 있다.

원문의 골격은 자아 존재는 존재가 아니고, 그래서 자아 존재라고 부른다는

94) 譬如有人 身如須彌山王. 於意云何, 是身爲大不 修菩提言, 甚大世尊, 何以故 佛說非身 是名大身(사람에 비유하여 몸이 수미산 왕과 같다면, 네 뜻이 어떠냐? 이 몸은 크지 않겠는가? 수보리가 말하였다. 큽니다 세존이시여, 왜 그런가? 붓다는 몸이 아니라 설하였지만, 이 이름이 큰 몸입니다)

구절과 뒤의 구절을 합친 것이다. 자아 존재는 자아의 본래적 성질이므로, 그래서 부르는 것만으로 자아의 본래적 성질을 알 수 있는 것이 아니므로 존재(본래적 성질)가 아니며, 그래서 자아 존재라 부르는 것이다. 이렇게 해석하면 뜻이 통하지 않겠는가? 그리고 금강경의 논리 양식에도 맞는 것으로 보인다.

세존이시여, 그것은 존재도 비존재도 아닙니다. 그래서 자아 존재라고 부릅니다. – 앞에도 말하였지만 구마라집의 번역에는 이 부분이 전혀 없다. 자아 존재를 몸이라고 번역하는 한, 몸이라는 주제를 가지고 계속되는 말은 의미가 없이 느껴졌을 것이다. 한역(漢譯)을 참조한 번역가들도 그 정도로 그치고 있다. 또 원문을 참고한 번역가들은 이 구절이 해석하기 힘들어서 법신(法身)의 개념을 말하는 것이라고 해설하는 경우도 있다. 즉 몸이라는 뜻이 반복되니 단순히 몸이라는 개념만 가지고는 해석에 어려움이 생기는 것이다. 자아 존재라는 개념을 사용하여 이 구절을 해석해 보기로 하자.

존재도 비존재도 아니라는 뜻이 무엇일까? 있는 것도 없는 것도 아니라는 뜻이니 이는 실재하지 않으면서도 실재하는 것처럼 보이는 것, 그러면서도 아무것도 없다고는 할 수 없는 것을 말하는 것이다. 앞에서 말한 ātma- bhāva를 '오온이 합쳐진 것' 내지 '자아를 구성하는 요소'로 본다면, 자아(ātma)가 존재하지 않는다는 붓다의 가르침이 있으므로, 그것을 구성하는 요소들도 존재하지 않는다고 해석할 여지가 있다. 그래서 존재가 아니라고 말한다. 그런데 기원 전후에 발생하여 그 뒤 몇 백 년간 가장 대중적이고 유력한 학파인 설일체유부(說一切有部)에서는 자아(自我)는 존재하지 않지만 그것을 구성하는 오온(五蘊)은 존재할 수 있다고 하여 독자적인 이론으로 한 시대를 풍미하였고, 그에 따라 75법이 독자적으로 존재한다고 주장하였으니 자아 존재가 비존재라고 말할 수도 없는 것이다.

결국 이것을 한역(漢譯)으로 보는 것과 원문에서 번역한 것으로 보는 것은 단순한 문자의 차이가 아니라 내용의 차이까지 있어 앞으로 더 정밀하게 살피도록 하여야 한다.

11절
공덕을 비교하다

세존께서 말하셨다. "수보리여, 어떻게 생각하느냐? 갠지스 큰 강에 있는 모래알만큼의 갠지스 강들이 있다면, 그 많은 강들에 있는 모래알은 많다고 하겠는가?"

수보리가 대답하였다. "세존이시여, 갠지스 강의 모래알만큼의 강들의 수도 많겠는데, 하물며 그런 많은 강들에 있는 모래알들이야 얼마나 많겠습니까?"

세존께서 말하셨다. "수보리여! 내가 너에게 말한다, 너에게 알려주겠다. 만약 어떤 여자나 남자가 그 모든 강들의 모래알만큼 많은 세계를 칠보로 가득 채워 여래, 아라한, 바르게 깨달은 분들에게 보시를 한다면, 수보리여! 어떻게 생각하느냐? 그 여자나 남자는 이로 인하여 큰 공덕을 쌓겠는가?"

수보리가 대답하였다. "큽니다. 세존이시여, 큽니다. 잘 가신 이여!, 그 여자나 남자는 그로 인하여 측정할 수 없고 헤아릴 수 없는 공덕을 쌓을 것입니다."

세존께서 말하셨다. "다시 또 수보리여, 여자나 남자가 그만큼의 세계들을 칠보로 가득 채워 여래, 아라한, 바르게 깨달은 분들에게 보시를 한다면, 그리고 좋은 가문의 아들과 딸이 이 법문에서 단지 네 구절로 된 게송을 뽑아서 다른 이들에게 자세히 알게 하고 설명해 준다면, 이로 인하여 측정할 수 없고 헤아릴 수 없는 더 많은 공덕을 쌓을 것이다."

[해설]

이 절의 제목을 소명태자가 무위(無爲)에 복덕(福德)이 있다고 한 것은 내용과 잘 맞지 않다. 만약 무위(無爲)가 여기 나와 있는 내용 중 어느 것을 지시하는 것이라면 그것은 보시의 공덕을 말하는 것일 테고, 보시의 공덕을 유위(有爲)로 본다면, 그러한 칠보로 가득 채우는 보시 없이 단지 이 법문이나 네 구절로 된 게송을 독송하고 타인에게 설명해 주는 공덕이 무위(無爲)라는 것이리라. 제목에 붙인 무위(無爲)라는 말이 과연 그런 것을 말하는지 의문은 남는다.

무위(無爲)라는 말이 앞에서도 나왔는데, 즉 '성인(聖人)은 무위로 그 차별을 삼다'라는 구절이다(7절의 마지막 구절이다). 그렇기 때문에 무위(無爲)를 할 줄 안다는 것(이것을 할 줄 안다는 것은 무위의 뜻과는 모순된다)은 상당한 깨달음의 경지에 올라갔다는 것을 의미하기 때문에, 무위에 복덕이 있다는 말 자체는 무의미한 말이 아니다. 그런데 무위(無爲)가 보시를 하지 않는 단순한 유위(有爲)의 부정이 아니라, 그러한 유위(有爲)와 차별화되는 다른 행동을 함으로써 유위(有爲)와는 구분되는 어떠한 위(爲)를 말하는 것일 수 있다. 웬만한 위(爲)는 모두 유위(有爲)로 평가받을 것인데, 여기 무위(無爲)라고 예시된 행위는 단순히 금강경의 법문이나 네 구절로 된 게송을 독송하고 남에게 설파하는 행위를 의미하는 것이라고 보는 것은 또한 오해일 것이다. 그러한 겉으로 드러난 행위는 무위(無爲)라고 평가받을 수야 없지만, 그러한 행위가 나타나는 것은 무위(無爲)에 의함이라고 보아야 할 것이다.

또 이러한 제목은 본문의 내용에서 강조하는 대단한 보시와 비교하여 보잘것없어 보이지만, 경전의 내용을 숙지하고 전파하는 그 공덕을 강조하는 것인데, 소명태자는 이를 무위(無爲)라고 규정지어 버린 점을 잊어서는 안 된다. 그래서 이는 붓다가 금강경에서 누누이 언급하는 무위와는 다르다고 볼 것이다.

소명은 제목을 '무위하는 것에 복덕이 있다(무위복덕분無爲福德分)'고 하였다.

[설명]

세존께서 말하셨다. "수보리여, 어떻게 생각하느냐? 갠지스 큰 강에 있는 모래알만큼의 갠지스 강들이 있다면, 그 많은 강들에 있는 모래알은 많다고 하겠는가?

갠지스 강 – 구마라집이 항하(恒河)라고 번역한 뒤, 보리유지도 그렇게 번역하였으나 진제(眞諦)는 항가(恒伽)라고 하고, 현장과 의정은 극가하(殑伽河)라고 번역하였다. 산스크리트어본에는 gaṅgā ayāṁ이라고 되어 있다. 이 gaṅgā는 갠지스 강의 산스크리트어 표기이다. '항하' 혹은 '항가'는 산스크리트어의 음을 빌려 표기한 것이므로, 한글로 번역할 때는 '강가'라고 하거나, '갠지스'라고 쓰는 것이 맞다.

원래 인도 문명의 발상지는 인더스 강 유역이다(인더스 강은 인도의 서북부 지역이다). 인더스 강 유역에서 문명이 처음 전개된 이유는 물이 풍부하고 토지가 경작에 유리하다는 지리적 장점이 있었지만, 카스피해 유역에 발흥한 아리안 족이 유럽 쪽을 향했을 때는 게르만 족이 되었고, 중동 지역으로 내려갔을 때는 페르시아 문명을 이루었고, 중아시아 지역의 초원을 가로질러 내려올 때는 인더스 문명을 이루었다. 그 아리안 족은 원주민인 드라비다 족을 복속시켜서 카스트 제도를 만들었는데, 그들이 브라만 계급이 된 것은 당연하다 하겠다. 그런 인더스 문명이 동쪽으로 이동하여 갠지스 강 유역에 자리 잡아 기존의 문명을 발전시켜 갠지스 문명이라 부를 만한 것이 되었다(갠지스 강은 인도의 동북 지역이다). 따라서 인도인들에게 갠지스 강은 천년만년 흐르는 변치 않는 숭배의 대상이 되었다. 갠지스 강의 길이는 2,506킬로미터이고, 강 유역의 면적은 84만 평방킬로미터이다.

붓다 당시에도 갠지스가 얼마나 인도인들의 마음속에 뿌리박혀 있는지 금강경에까지 인용되고 있다. 갠지스 강에 있는 모래의 수만큼 많은 강들이 있다면, 그 많은 강들의 모든 모래의 수가 많다고 하지 않겠는가? 정말 상상을 초월하는 숫자이다. 그러므로 붓다의 이런 질문은 당연히 많다는 대답을 기대하고 하는 질문이다.

그런데 보통 이런 가정(假定)을 말할 경우에 한자 번역본들은 약(若)이란 글자를 먼저 사용하는데, 구마라집부터 그런 표현이 없고 단지 "갠지스 강의 모래 숫자와 같이 같은 수의 강이 있는 것과 같이 그 모래 수가 많으냐"고 평범한 의문문으로 만들고 있다. 현장본에 이르러서야 가사(假使)라는 표현을 넣고 있다. 산스크리트어본에는 yābatyo(여기~만큼)이라는 표현을 사용하고 있는데, 이를 한자로 여(如)로 번역한 것으로 보인다. 현장은 그 뜻을 좇아 가사(假使)라고 번역하였다. 한자로 약(若)이라는 가정법을 쓰는 것은 산스크리트어에 sacet(그 만약에)라고 되어 있을 경우이다.

수보리가 대답하였다. "세존이시여, 갠지스 큰 강의 모래알만큼의 강들의 수도 많겠는데, 하물며 그런 많은 강들에 있는 모래알들이야 얼마나 많겠습니까?

– 수보리의 대답도 이제는 세련된 수사법을 사용하고 있다. 단순히 많다는 대답을 넘어서 논리적인 결론에 따라 많다는 답을 하고 있다. 이 부분을 원문대로 번역하면, '**세존이시여, 그렇게 많은 갠지스 강들이 있는데, 하물며 그런 수의 갠지스 강들의 모래알들이야**'이다. 이대로 번역하면 한글로 읽을 때, 갠지스 큰 강과 그 큰 강의 모래알에 해당하는 갠지스 강을 혼동할 가능성이 있어서 바로 머리에 들어오지 않는다. 그래서 갠지스 큰 강의 모래알과 같은 수의 강들은 '많은 강'으로 표현하였다. 그래서 한글로 읽으면 그대로 무슨 뜻인지 머릿속에 들어오게 바꾸었다.

'많겠는데'는 '많은데'로 번역하는 것이 정석이지만, 한글 문장으로 표현하기 위해 가정법적인 느낌을 살리기 위해서 넣었다. 마지막의 '얼마나 많겠습니까'는 없는 부분이지만, 원문의 뜻을 그대로 살리면서 넣었다.

세존께서 말하셨다. "수보리여! 내가 너에게 말한다, 너에게 알려 주겠다. 만약 어떤 여자나 남자가 그 모든 강들의 모래알만큼 많은 세계를 칠보로 가득

채워 여래, 아라한, 바르게 깨달은 분들에게 보시를 한다면, 수보리여! 어떻게 생각하느냐? 그 여자나 남자는 이로 인하여 많은 공덕을 쌓겠는가?

내가 너에게 말한다 - 현장은 오금고녀(吾今告汝)라고 단순히 표현하였지만, 구마라집은 아금실언고녀(我今實言告汝), 즉 내가 지금 너에게 진실한 말로 이르겠다라는 뜻이다. 하지만 현장본에는 '오금고녀'라는 말 뒤에 개각어녀(開覺於汝)라고 하여 '너는 알기 시작해라'라는 말을 덧붙였으니, 구마라집은 이 말들을 합쳐서 의역(意譯)한 것이다. 한역(漢譯)들은 금(今-지금)이 모두 들어가 있으나, 원문에도 없고 영역(英譯)에도 지금이라는 뜻은 없다.

너에게 알려주겠다 - 산스크리트어본에는 ārocayāmi(내가 알리게 하다) te subhūte(너 수보리에게), prati(~towards, ~를 향하여) veda(speaking well, 잘 말하다) ayā(~게) mi(내가) te(너에게)로 되어 있다. 이는 '내가 너에게 알려주고, 잘 말해 주겠다'이다. 그래서 콘체는 'I annouce to you, ~make known to you'라고 위와 같이 번역하였다. 뮐러는 'I tell you, ~announce to you'라고 하여 '말하고, ~알리다'로 하였다.

그 모든 강들의 모래알만큼 많은 세계를 - 원문에는 '여기 그 안의 갠지스 강에 있는 모래알들만큼의 세계를'이라고 되어 있다. 앞에서와 같이 '갠지스 큰 강'과 '그곳의 모래알만큼의 강들'과 '그 강들의 모래알의 수'가 혼동을 줄 수 있으므로 '모래알만큼 많은 강들'을 '모든 강들'이라고 표현하였다.

만약 어떤 여자나 남자가 그 모든 강들의 모래알만큼 많은 세계를 칠보로 가득 채워 여래, 아라한, 깨달은 분들에게 보시한다면

어떤 여자나 남자 - 원문에는 단순히 '어떠한 여자나 남자나'로 되어 있지만, 구마라집은 선남자(善男子) 선여인(善女人)이라고 한다. 이에 따라 의정을 제외한 한역(漢譯)은 모두 그렇게 하였는데 의정은 '사람이 있어'라고 번역하였다. 금강경을 전체적으로 보면 처음 시작할 때에는 선남자(善男子) 선여인(善女人)에게 좋은 말을 해주는 식으로 시작하지만, 경전의 내용이 고조되면서 특별한 경우

가 아니면 초심자로서의 선남자 선여인은 단순히 여자나 남자로 바뀌는 논조이다. 그래서 원문을 따르는 것이 옳다.

모든 강들의 모래알만큼 많은 세계를 칠보로 가득 채워 – 구마라집 번역을 보면, '모든 갠지스 강의 모래알만큼의 삼천대천세계를 칠보로써 채워 보시한다면'이다. 즉 이 번역에서 삼천대천세계의 숫자는 갠지스 강의 모래알만큼의 강들이 있고, 그 모든 갠지스 강의 모래알만큼에 해당되는 삼천대천세계가 있다는 뜻이다. 갠지스 강에 모래 숫자가 많지만, 그 모래만큼 많은 숫자의 강들이 있고, 다시 그 모든 강들의 모래 숫자에 해당되는 세계가 있는데 그런 수만큼의 삼천대천세계라고 할 수도 있고, 삼천대천세계의 숫자가 그런 정도에 이른다고 볼 수도 있다. 어느 쪽이 맞을까? 다른 한역(漢譯)들은 그냥 '모든 강들의 모래알만큼의 세계'라고만 번역한다.

8절에서 삼천대천세계를 설명하였는데, 그것은 일천의 세계를 세 번 곱한 것이므로 10억 개의 세계를 말한다고 하겠다. 따라서 삼천대천세계는 10억 개의 세계이므로, 갠지스 강의 모래 수를 생각해 보면 그 숫자가 삼천대천세계를 훨씬 뛰어넘는다는 것을 알 수 있다.[95] 각주에서 보듯이 8경(京) 4천조(兆) 개의 강들이 있고, 다시 그 강들의 모래 숫자에 해당되는 세계들이 있다면,[96] 이는 8절에서 나온 삼천대천세계를 훨씬 뛰어 넘는다. 따라서 이 부분의 해석은 그런 숫자 정도의 삼천대천세계가 있다는 가정을 말하는 것이다. 현장은 삼천대천세계라는 용어를 사용하지 않고, 갠지스 강들의 모래와 같은 수의 세계가 있어서 놀라운 칠보로 보시를 한다고 번역하였다.

8절에서 보았듯이 삼천대천세계는 산스크리트어에 나와 있는 표현인데, 왜 그런 표현을 쓰지 않았을까? 8절과 달리 산스크리트어본에는 11절에 해당하는

95) 모래의 평균 크기를 한 변이 1밀리미터로 잡는다면, 1입방밀리미터라고 볼 수 있다. 1평방킬로미터에 모래가 들어가는 수는 1조 개에 달하고, 가령 깊이로 1미터만 잡아도 1평방킬로미터의 깊이 1미터에 들어가는 숫자는 1,000조 개에 달한다. 갠지스 강의 유역이 84만 평방킬로미터이므로, 그 유역의 모래 숫자는 8경 4천조 개에 이른다.

96) 시범삼아 계산해 보면, 8경 4천조 개에 다시 8경 4천조의 모래가 있으니 이는 그 제곱에 해당한다. 조 단위 숫자를 빼고 앞부분만 계산하면, 8경*8경은 64구(溝)에 해당한다. 경(京)은 10의 16승이고, 구(溝)는 10의 32승이다. 참고로 아승지(阿僧祇)는 10의 56승, 나유타(那由他)는 10의 60승이다. 그런데 묘하게 10의 52승을 항하사(恒河沙)라고 하는데, 이는 갠지스 강의 모래 숫자라는 뜻으로 실제의 모래 숫자보다 훨씬 많은 수를 한자어로 표시하고 있다.

표현이 없다. 즉 '그런 숫자에 해당하는 loka-dhātūn(세계들을) 칠보로 가득 채운다'고 번역된다. 아마도 구마라집은 loka-dhātūn을 단순히 '세계'라고 번역하지 않고, 8절의 삼천대천세계와 관련지어 번역한 것으로 보인다. 그렇지만 위에서 보았듯이 삼천대천세계의 숫자와 갠지스 강의 모래알만큼의 강의 모래 숫자는 비교 자체가 되지 않는 숫자이다. 따라서 불교적 우주를 설명하는 것과 여기서 단순히 비유를 든 것을 구분하기 바란다. 영문 번역본에서 콘체와 레드파인 모두 many world systems라고 하여 '많은 세계들'이라고 하였다. 따라서 그냥 비유법으로 이해한다면 엄청나게 많은 세상들을 칠보로 가득 채워 보시하는 경우를 말한다.

수보리가 대답하였다. 큽니다. 세존이시여, 큽니다. 잘 가신 이여!, 그 여자나 남자는 그로 인하여 측정할 수 없고 헤아릴 수 없는 공덕을 쌓을 것입니다.

– 여기서 상대적 비교가 아닌, 절대적 기준으로서의 보시에 대한 공덕을 묻고 있다. 그래서 그 많은 세계를 칠보로 채우는 보시를 하는 것이니 절대적으로도 큰 공덕을 쌓는다고 대답한다. 여기서 절대적 기준이라고 하였지만, 단순한 절대성만으로는 아무것도 말할 수 없다. 즉 그러한 세계를 채우는 보시를 하여도 우주 전체와 비교하면 또 크지는 않기 때문이다. 비록 절대적으로 보이는 것이라도 수보리가 대답할 때는 비교가 가능한 대상이 있다. 그것은 바로 우리 인간의 크기, 평소에 보시를 하는 물건, 그 물건의 가치의 고하(高下), 보시하는 물건의 양 등에 비추어서 크다고 대답하는 것이다.

세존께서 말하셨다. "다시 또 수보리여, 여자나 남자가 그만큼의 세계들을 칠보로 가득 채워 여래, 아라한, 바르게 깨달은 분들에게 보시를 한다면, 그리고 좋은 가문의 아들과 딸이 이 법문에서 단지 네 구절로 된 게송을 뽑아서 다른 이들에게 자세히 알게 하고 설명해 준다면, 이로 인하여 측정할 수 없고 헤아릴 수 없는 더 많은 공덕을 쌓을 것이다.

이 11절의 결론 부분이고, 큰 뜻은 어떠한 재물들로 성의를 다해 보시를 한다 하더라도 금강경의 본뜻을 지키고 타인에게 이해시키는 공덕에 비할 바 없다 하는 것이다. 여기서 이 "법문내지 사구게에 따라"라는 부분에 대해서 구마라집은 "이 경전 가운데 내지 사구게등을 받아 지닌다"고 번역하였다. 이 한자의 배열 순서를 해독하기 어려운데, 어차경중(於此經中) 내지수지사구게등(乃至受持四句偈等), 이렇게 구분하여 볼 것인지, '이 경전내지 받아 지니는 사구게등에서'라고 읽을 것인지의 문제가 있다. 이는 보리유지 번역도 마찬가지이다. 진제는 종차경전내지사구게등(從此經典乃至四句偈等)이라고 붙여서 읽도록 번역하였다. 그래서 진제 번역에 의하면, '이 경전내지 사구게등에 따라서'라고 번역되므로, 계속해서 '이를 공경수지하고 타인을 위해 설해 준다면'이라고 매끈하게 번역된다. 이는 현장의 번역본도 마찬가지로 어차법문내지사구가타(於此法門乃至四句伽陀)라고 하였는데, 이는 '이 법문내지 사구가사에서'라고 번역되고, 그 뒤 계속해서 '수지, 독송, 구경통리 및 넓게 타인을 위해 설해 준다면'이라고 역시 같은 구조로 번역된다. 그런데 의정은 다시 구마라집과 같은 구조로 돌아가 버린다.

또 이 경전과 네 구절로 된 게송을 수지 독송할 것인지, 이 법문과 네 구절로 된 게송을 수지 독송할 것인지의 문제가 있다. 구마라집, 진제, 의정은 '경전'이라고 하였고, 보리유지와 현장은 '법문'이라고 번역하였다. 산스크리트어본으로 따져 보기 전에 문맥으로만 보면, 경전과 경전에서 뽑은 네 구절로 된 게송이라는 뜻이 맞을 것으로 보인다. 법문에서 뽑은 네 구절로 된 게송이라는 것은 좀 이상한 표현이 된다. 그런데 사구게라는 표현을 빼고 본다면, 경전이 아니라 경전의 핵심 내용인 법문이 가치가 있는 것이라 하겠는데, 수지 독송한다는 측면에서는 다시 경전이라는 번역이 맞을 것으로 보인다.

산스크리트어본에서 이 부분은 'ito(여기) dharma-paryāyād(법문) antaśaś(단지) catuṣ(4, 四) pādikām api gāthām(가사) udgṛhya(뽑아)'이다. 즉 '여기 법문에서 단지 네 구절로 된 게송이라도 뽑아'라고 해석된다. 그래서 법문을 설한 내용을 경전이라고 보면 같은 뜻이라 볼 수도 있다. 사실 경전이 완성되고 나서 붓다가 주석을 달게 되면, 이 경전에서 네 구절로 된 게송을 뽑아서 공부하라고 하겠지만, 현재 경전의 내용이 진행 중이므로(즉 법문을 하는 중이므로) 경전에서 네 구절로 된 게송을 뽑으라는 말은 앞뒤가 안 맞고, 현재 설법하고 있는 법문 중에서 네 구절로 된 게송을 뽑으라는 말이 논리적으로 맞을 것이다.

그런데 한편으로 생각해 보면, 네 구절로 된 게송을 언급하는 시점을 고려하고 후세인들이 네 구절로 된 게송이라고 뽑은 것97)이 이 절의 뒷부분을 제시하고 있으므로, 이미 법문이 행해졌거나 경전이 완성된 다음이 아니면 말할 수 없는 것들이므로, 비록 법문은 현재 진행형이지만 이미 경전의 내용이 완성되어 있었다는 것을 알 수 있다. 즉 붓다 사후 500년이 지나 그 설법을 재현한다고 하지만, 경전의 골격이 완성되어 있기 때문에 이 법문에서 네 구절로 된 게송이라도 뽑아서 공부하라는 언급이 가능한 것이다.

산스크리트어본에 의하면, 경전이나 법문을 공부하라는 것이 아니라 법문에서 네 구절로 된 게송이라도 뽑아서 공부하고 남들에게 가르치라는 것은 어법상 분명하다. 그러나 이는 갠지스 강의 모래알만큼의 많은 강들의 모래알만큼의 세계에 바치는 칠보의 보시에 대비한 것이므로, 즉 극대의 비유를 한 다음에 경전에서 더욱 작은 네 구절로 된 게송이라는 극소의 비유를 제시하는 것인데, 이는 대비효과(콘트라스트 효과)로 듣는 사람에게 강하게 충격을 주기 위한 것이라 할 것이다. 그러므로 경전이나 법문을 통째로 공부할 필요가 없다는 식의 해석은 정말 잘못된 것이라 할 수 있다. 네 구절로 된 게송이라도 공부하고 남들에게 가르치는 것의 가치는 무한한 것이기 때문에 이런 비유가 가능하고, 그렇다면 네 구절로 된 게송을 넘어서 경전 자체나 법문을 공부하는 공덕은 얼마나 엄청날 것인가?

그런데 여기 칠보로 64구(溝-구는 10의 32승이다)에 해당하는 세계를 채우는 보시를 한 것에 비해, 단지 네 구절로 된 게송이라도 공부하고 가르치는 보시의 공덕이 비교할 수 없이 크다는 것은 어떤 비교에 의해서 그런 것일까? 즉 공덕이라는 것은 보시가 누적되어 쌓인 것이라고 보면, 보시의 물질적 측면보다 정신적 측면의 우위를 강조한 것이다. 남들에게 법문이나 네 구절로 된 게송의 내

97) 대부분의 불교 관련 서적들은 32절에 있는 게송을 사구게를 열거할 때 가장 먼저 들고 있다.

용을 알려주고 이해시키는 공덕을 강조하고 있다. 불교의 핵심과제는 고(苦)를 해결하는 것이고, 그러한 고(苦)의 해결은 정신적으로만 가능하다. 즉 이를 극복할 수 있는 방법은 깨달음밖에 없는 것이다. 물질적 원조가 일시적 삶의 고(苦)를 덜어줄 수는 있지만, 그것이 해결책이 될 수는 없기 때문에 위와 같은 결론이 나온 것이다.

12절
법문을 가르치는 장소를 탑묘와 같이 생각하라

"또다시 수보리여! 어떤 지역에서건 이 법문으로부터 단지 네 구절로 된 게송이라도 뽑아서 설하여지고 설명되어진다면, 그곳은 일체의 신들-인간-아수라의 세계에서 탑묘가 있는 것과 같이 될 것이다."

"하물며 이 법문을 완전히 마음에 새기고, 독송하고, 철저히 이해하고, 다른 사람에게 자세히 설명해 주는 사람에게는 무슨 말을 하겠는가?"

"수보리여! 그들은 최고로 놀라움을 갖춘 자가 될 것이다. 수보리여, 그곳은 스승이나 지혜로운 분이 머무는 곳이다."

[해설]

금강경의 위상(位相)을 알려주는 글이다. 금강경이 있는 곳이면 온 세상의 모든 존재들이 공경하고 붓다가 있는 것과 같이 대해야 한다고 말한다. 또 붓다의 탑이 있는 것과 같이 대하라는 것은 당시의 탑묘에 대한 권위를 알려주는 말이다. 금강경이 있다는 것만 하여도 그렇게 대단한데, 사람이 그 내용을 수지 독송한다면, 그 위력은 얼마나 대단할까?

이 절은 특히 금강경 자신의 존재뿐만 아니라, 금강경의 내용의 가치까지 알려주는 글이다. 실제로 지금까지 살펴본 금강경의 내용은 하나하나가 현실 생활에서 자각치 못하고 있는 사실을 알려주고 있고, 그러한 내용을 공부한다는 것이야말로 인간이 살아가면서 꼭 거쳐야 하는 공부라는 점을 알 수 있다.

그곳에 스승이나 지혜로운 분이 머무는 곳이므로, 항상 경배하고 마음의 평안을 얻는 장소로 사용된다.

소명은 제목을 바른 가르침을 존중하라(존중정교분尊重正教分)고 달았다. 그러나 이 절에서 바른 가르침이 아니라, 금강경이 있는 장소에 대하여 탑묘를 경배하는 것과 같은 마음을 가지라는 것이 주된 내용이다. 탑묘가 바른 가르침이라고 하기에는 많이 미진한 감이 있으니 그 제목은 잘못되었다고 할 수 있다.

[설명]

또다시 수보리여! 어떤 지역에서건 이 법문으로부터 단지 네 구절로 된 게송이라도 뽑아서 설하여지고 설명되어진다면, 그곳은 일체의 신들-인간-아수라의 세계에서 탑묘가 있는 곳과 같이 될 것이다.

어떤 지역 – 구마라집은 '그러한 장소'라고 하였고, 보리유지는 소유처(所有處), 진제는 소재처(所在處), 현장은 지방소(地方所), 의정은 국토(國土)라고 하였다. 산스크리트어 pṛthivī(earth, 지구, land, 토지)-pradeśa(region, 지역)를 번역한 말인데, '지구 상의 어떤 지역'이라는 뜻이다. 콘체는 spot of earth(지구 상의 지역), 뮐러는 part of world(세계의 일부)라고 번역하였다. 어떤 지역이라고 하면 되겠다.

이 법문으로부터 단지 네 구절로 된 게송이라도-구마라집과 진제는 이 부분을 '경전'이라고 번역하였다. 그렇지만 원문에는 법문(dharma paryāyād)이라고 되어 있으니 법문이라 번역한다. 보리유지와 현장, 의정은 모두 법문이라고 번역하였다. '이 법문으로부터'는 원래 간략화를 위해 '이 법문에서'라고 계속 번역해 왔지만, 여기서는 앞부분에 '어떤 지역에서'라는 장소의 부사가 있어서 중복되는 것을 없애기 위하여 변용하였다.

네 구절로 된 게송이라도 뽑아서 설하여지고 설명되어진다면 – 원문은 주어가 없기 때문에 모두 수동태로 번역하게 되는데, 보통 주어를 찾아서 능동태로 번역해 왔지만, 특히 이 부분은 누가 주어가 될지 불명확하여 원문대로 번역한다.

구마라집본에서는 경을 설하는 곳을 말하고 있다. 그러나 진제(眞諦) 이후의 번역가들은 경전의 존재뿐만 아니라 경전을 공부하는 것까지 포함하는 장소로 번역하였다. 그런데 그 공부 방법이 모두 다르다. 진제는 독송강설(讀誦講說)하는 경우를 말하고, 현장은 선설(宣說-말해 주고), 개시사구게(開示四句偈-사구게를 보여주다)를 말하고, 의정은 해설(解說)하는 것을 말한다. 산스크리트어본에서는 이 부분에 bhāṣyeta(speak, 설하여지거나) saṁpra kāśyeta(자세히 밝혀주거나)라고 되어 있다. 즉 현장이 직역한 것으로 보인다. 콘체는 taught or illumined이라 하였는데, illumine은 illuminate와 동의어이므로 '가르치거나 밝혀주다'이다. 막스 뮐러는 preached and explained (말해 주고 설명하다), 레드파인은 spoken or explained (말하거나 설명하다)이라고 위와 같이 번역하고 있다.

산스크리트어본에는 이 말들이 수동태로 되어 있어서 번역은 수동형으로 '말해지거나 설명되어진다면'으로 한다. 영어 번역가들 콘체와 레드파인이 and를 사용하지 않고 or를 사용하는 것을 유의하면, 이 글은 선택형으로 번역하는 것이 맞다. 산스크리트어의 vā가 '~하거나'이기 때문에 그런 것이다.

그곳은 일체의 신들-인간-아수라의 세계에서 탑묘와 같은 곳이 될 것이다.

그곳 - 현장은 '이 지방'이라고 하였는데, '그곳'이라고 번역하는 것이 어감에 좋다. 다른 번역가들은 차처(此處), 차지(此地)라고 하였으니, '이 장소' 혹은 간단히 '이곳'이라는 의미로 본다. 원문은 앞에서 말한 '어떤 지역'이라는 pṛthivī-pradeśa(지구 상의 지역)이라는 말을 반복하여 사용하지만, 앞 구절에 나왔기 때문에 단순히 '그곳'이라고 번역한다.

일체의 신들-인간-아수라의 세계에서 - 구마라집은 일체세간의 신들과 사람과 아수라라고 번역하였다. 보리유지도 그 말을 따랐으나, 진제는 일체의 사람과 신들과 아수라라고 번역하였다. 즉 일체세간에 존재하는 주체들을 그냥 존재하는 일체의 주체로 바꾼 것이다. 그리고 신들과 인간의 위치도 바꾸어 인간을 앞쪽으로 나열하였다. 물론 비슷한 뜻이 되기는 하겠지만, 일체세상 속에 있는 주체들과 세상 여부는 관계없는 일체의 주체들은 조금 다른 느낌이 든다. 이를 현장은 그냥 '세간의 신들 및 인간, 그리고 아수라'라고 약간 변경하였는데, 의정(義淨)은 다시 '일체의 신들과 인간 아수라'라고 정리하였다. 산스크리트어본에는 sa(모든) deva(신) mānuṣ(인간) āsurasya(아수라) lokasya(세계)로 되어 있다. 즉 '일체의 신들과 인간과 아수라의 세계'라고 번역이 된다(여기서 신神을 신들이라고 복수로 번역한 것은 소리로 듣거나 얼핏 보더라도 그것이 바로 신을 뜻함을 알기 위함이다). 즉 구마라집 기준의 한역본은 일체 세상에 있는 위의 주체들이 공경하게 된다는 결론을 내는데, 산스크리트어본에는 신들과 인간과 아수라의 세계에서 공경 받는 장소가 된다는 것이다. 물론 당연히 그들이 공경하는 것을 강조하느냐, 그 장소가 공경 받는 장소가 되느냐의 차이라서 뜻에 큰 차이는 없지만, 원문에는 '장소'가 된다는 것이 강조되고 있다. 영어번역본에서 콘체는 '신들과 인간과 아수라의 전체 세계를 위한 진정한 성지(聖地)가 된다'라고 하며 이는 막스 뮐러, 레드파인도 같은 구조이다.

즉 신, 인간, 아수라가 단수로 사용되어 그들의 세계를 나타내므로 신들, 인간들, 아수라들이 사는 세계에서 그들이 공경하는 것이 아니라, 그들이 사는 **세계에서** 공경 받는 장소라는 뜻이다.

신(神)들 – 붓다의 열 가지 별칭 중에 '신과 인간의 스승'이라는 것이 있다(천인사天人師 혹은 삼계三界의 도사). 디바(deva)라는 용어는 욕계(Realmd of Desire)와 색계(Realm of Form), 무색계(Realm of Formlessness)[98]에 있는 여러 하늘에 있는 존재에 사용되는 용어다. 욕망이 없기 때문에 그들은 상대적으로 고통이 없지만, 여전히 까르마의 법칙에 지배받으며 다시 태어날 운명을 가지고 있다. 그래서 그들 역시 법(다르마)을 찾고 있는 것이다. deva라는 용어에서 영어로 deity(신), divine(신성한), diva(유명 여가수) 등의 단어가 생겨났다.

인간 – 신들과 사람과 아수라라고 나열했는데, 동물과 다른 존재들은 포함되지 않는다. 그것은 동물이나 굶주린 유령들, 지옥에서 고통 받는 범죄자들은 단지 도덕적 행동에 관계되는 가르침만 이해할 수 있을 뿐이기 때문이다.

아수라 – asura는 어원적으로 '천상의 존재가 아닌'의 뜻이다. 원래 페르시아에서는 그들이 최상위 신으로 모시던 아후라(Ahura)로부터 온 것으로 보이는데, 영어로는 a spiritual, divine being(영적이고 신성한 존재), an evil spirit(악의 정신)이라는 정반대의 뜻을 가지고 있다. 또 신과 영원한 적대관계에 있는 최상위의 악마라는 뜻도 있다. 고대 인도에서 아후라(Ahura)라는 이름으로 최상위

98) 이 3개의 세계를 삼계라 한다. 붓다의 지위에 도달하지 못한 사람이 아직 극복되지 못한 무명(無明)의 미혹(迷惑)으로 인하여 탄생과 죽음을 반복하는데, 이러한 미계(迷界)를 셋으로 나누어 부르는 말이다. 이 삼계는 다시 이십팔천(28heavens)으로 세분된다.

신으로 숭앙받았던 존재인데, 아리안 족이 인도를 지배하게 되자 아후라는 왕좌에서 멀어지고 낙원으로부터 추방된 신들의 우두머리로 여겨지게 되었다. 기본적으로 아수라는 신들의 까르마를 가지고 있다. 그들은 항상 신들과 적대적이지만, 법(다르마)에 대한 특별한 호감을 가지고 붓다의 보호자로 나타난다. 어원적으로 수라(sura)가 신(神)이라는 뜻이므로, 그것을 부정하는 a를 붙여서 아수라라고 했다고도 하는데, 이럴 경우 아수라는 신의 반대세력, 즉 적대세력이 된다. 이는 원래의 '아후라'라는 용어와 발음과 운율이 비슷하게 아수라로 바뀐 것으로 보는 것은 타당성이 있다.

이 부분에 대하여 대반야바라밀다경에 의하면, 붓다가 제석천에게 말하기를 "좋은 가문의 아들과 딸이 이 반야바라밀다경을 쓰고, 청정한 곳에 두어 공경공양하며, 존중하며 찬양하는 노래를 하면, 비록 듣지 않고, 받아 지니지 않고, 열심히 공부하지 않고, 그 뜻을 생각하지 않고, 다른 사람에게 알려주지 않아도, 경전이 있는 나라의 수도는 사람이거나 사람이 아니거나 일체의 횡액이나 질병 등의 상해를 받지 않는다. 왜냐하면, 이 반야바라밀다의 큰 주문이 있는 곳은 삼천대천세계 및 십만 무량무수무 변세계를 위하여 있는 바, 사대왕중천내지 색구경천의 신들과 아수라등이 상시로 수호하고 공경공양하며 존중의 찬가를 부른다"[99]고 되어 있다. 즉 여기서 아수라가 반야바라밀다의 지혜를 보호하는 수호자로 나온다.

이 금강경뿐 아니라 대반야바라밀경의 효력에 대한 경전의 내용이 있다. '좋은 가문의 아들과 딸이 이 깊은 지혜를 받아들여서 마음에 새기고, 말하고, 공부하고, 널리 퍼뜨리며, 반복하고, 현명하게 주의를 기울여서, 전쟁이 진행 중인 곳에 가서, 그가 눕거나, 걷거나, 앉거나, 서게 된다. 그때 현명하게 주의를 기울이면, 어떤 활이나 칼이나 돌덩어리도 맞지 않게 된다. 왜냐하면 그들은 긴 시간 동안 지혜의 완성을 수행하면서, 그들 자신의 탐욕과 증오와 망상의 화살과 칼을 완전히 파괴시켰다. 그들은 자신의 잘못된 견해, 집착, 사악한 충

99) 대반야바라밀경 501권, 반야경 18000송 편에 해당

동의 화살과 칼을 완파시켰다. 그들의 몸을 향해 겨누어진 화살과 칼은 실제로 그들을 해칠 수 없다.'100)

이 효력에 대한 글을 하나 더 보면, '좋은 가문의 아들과 딸이 이 지혜의 완성을 받아들여서, 마음에 새기고, 말하고, 공부하고, 퍼뜨리고, 현명하게 주의를 기울이면, 만약 그가 일체지지(一切智智)가 부족하지 않을 경우, 누군가가 그에게 약물을 주입하거나 불구덩이에 던지거나, 칼로 찌르거나, 물속에 던져도 그에게 영향을 미치지 못한다. 왜 그런가 하면, 그는 자신이나 다른 사람 혹은 양쪽 모두에 대한 집착을 가지고 있지 않고, 그는 형태나 촉감… 불법(佛法) 심지어 일체지지(一切智智)에도 집착하지 않는다. 그는 그것들에 신경을 쓰지도 않으므로, 그의 마음을 자신이나 다른 사람의 평화를 방해하는 데 두지 않는다. 그는 즉각적이고 올바르고 완전한 깨달음을 취득한다'고 한다.

탑묘가 있는 것과 같이 될 것이다– 산스크리트어로 caitya bhūto bhavet, 즉 '짜이뜨야가 있는 곳이 되겠다'이다. 짜이뜨야(caitya)는 고대 인도에서는 성스러운 장소를 말하였고, 자연적인 숲이나 샘, 인공적인 영묘(靈廟)나 성지(聖地)를 포함한 개념이었다. 그래서 스투파(stupa)라는 말보다 훨씬 광범위하게 사용되었는데, 나중에 혼란스러워져서 붓다의 유물을 보관하기 위해 세운 원뿔 모양의 구조물에 대해서만 사용하였다. 이 부분에서 현장은 붓다의 영묘(靈廟)라는 번역을 하고 있다. 그러므로 짜이뜨야는 원래는 성역(聖域) 혹은 성소(聖所)였지만, 나중에 그 속에 건축된 스투파(탑)와 같은 뜻으로 쓰인다. 여기서는 스투파라는 탑의 뜻으로 사용되었다.

그러한 숭배의 행동에 추가하여 순례자들은 역시 스투파를 칠보와 과일과 꽃과 향과 성화(聖畵)와 경전으로 보시하며 기리게 되었다. 의정(義淨)이 7세기경에 인도를 방문했을 때, 그는 연기(緣起)의 노래가 특히 유행하고 있다고 보고했다.

---

100) 지혜의 완성 10만송 중 243면, 반야경 18,000송 편에 해당

지혜의 완성 8,000송에서,[101] 붓다는 신들의 왕인 샤크라(제석천天帝釋, 그의 성은 마가摩伽, 이름은 교시가憍尸迦이다)에게 말하기를 좋은 집안의 아들과 딸이 이 반야바라밀다의 대신주(大神咒)를 쓰고, 청정한 곳에 두어 공양공경하고 찬가를 부르면 그것을 듣지 않고, 수지독송, 정근수학, 이치를 생각하지 않고도, 남에게 가르치지 않아도, 이곳에 있는 자들은 일체의 재앙, 횡액, 질병 상해를 당하지 않는다[102]고 하였다.

그곳에서 중생들은 신들과 용(龍)과 귀신이 항상 수호하고 있다. 다만 그들의 과거 행위로 인한 벌은 별개이다.[103] 왜냐하면 과거 미래 현재의 모든 붓다가 그곳에 앉아서 최고의 깨달음을 얻었고, 그래서 공포도 없고 원한도 없고 몸과 마음에 해로움도 없이 안락하다. 반야바라밀다가 있는 곳도 이와 같음을 알아라. 일체의 신들과 용, 아수라가 항상 보호하는 곳이다. 그리고 일체 중생이 모두 공경한 예를 받쳐야 하는 곳이다. 그것은 왜 그런가 일체 중생이 돌아갈 장소이기 때문이다.[104] 여기서 붓다는 짜이뜨야(caitya)를 성역의 의미로 사용하고 있다.

– 구마라집은 이 부분에 개응공양(皆應供養)이라고 번역하였다. 보리유지와 진제, 현장이 모두 같이 번역하였지만, 의정은 개응우요이위경례(皆應右繞而爲敬禮-모두 오른쪽으로 둘러서 존경하는 예를 갖추어야 한다)라는 번역을 하고 있다. 즉 탑묘와 같은 곳이 될 것이다는 것은 공경하고 예를 갖추는 것이므로, 원문을 직접적인 뜻으로 번역하는 것이 더 직역이라고도 볼 수 있다.

하물며 이 법문을 완전히 마음에 새기고, 독송하고, 철저히 이해하고,

---

101) Edward Conze, the perfection of wisdom in eight thousand lines & its verse summary, 105p. 및 대반야바라밀경 540권 동시 참조

102) 若善男子, 善女人等, 書此般若波羅蜜多大神咒王, 置淸淨處供養恭敬, 尊重讚歎, 雖不聽聞, 受持, 讀誦, 精勤修學, 如理思惟, 亦不爲他開示分別, 而此住處國邑王都人非人等不爲一切災橫疾疫之所傷害。

103) 天, 龍, 鬼神常來守護, 唯除宿世惡業應受。

104) 何以故? 憍尸迦！過去未來現在諸佛皆坐此處, 證得無上正等菩提, 得菩提已施諸有情無恐, 無怖, 無怨, 無害身心安樂。當知般若波羅蜜多隨所住處亦復如是, 一切天, 龍, 阿素洛等常來守護。憍尸迦！如是般若波羅蜜多隨所住處, 當知是處卽眞制多, 一切有情皆應敬禮 (~) 所以者何? 是諸有情歸依處故。」

다른 사람에게 자세히 설명해 주는 사람에게는 무슨 말을 하겠는가?

이 법문을 완전히 마음에 새기고 – 현장은 이 부분을 차법문구족구경(此法門具足究竟–이 법문을 충분히 끝까지 새기다)라고 번역하였다. 구마라집 이하 다른 한문 번역가들은 단순히 진능(盡能–할 수 있는 한 다하도록, 능력을 다하여)이라는 표현들을 사용했다. 또 마음에 새긴다는 것을 수지(受持–받아 지니다)라고 하였는데, 마음에 새긴다는 뜻과 물리적으로 받아 지니는 것은 다르다고 보인다. 산스크리트어본에는 sakala(entire, 완전히) sam(함께) āp(얻다) ta(~어진)_ṁ(~을) 즉 '완전히 함께 얻은 것을'이라는 표현을 사용한다. 다음 dhār(dhr은 bear, 간직하다) ay(~하게) iṣya(~할 것) nti(~이라면), 즉 간직하게 할 것이라면

그러므로 '이 법문을 완전히 갖추어 마음에 새기고'라고 번역되지만 중복 표현을 없애기 위해 '이 법문을 완전히 마음에 새기고'라고 번역한다.

콘체는 bear in mind(마음에 간직하다), 레드파인은 memorize(기억해 두다)라고 하였으니 위의 번역과 같은 뜻이다.

독송하고 – 한역자들은 모두 독송(讀誦)이라고 번역하였다. 산스크리트어본의 vāc(말하다, 영어의 voc으로 변했으니, vocal, vocalize 등 말로 표현하는 것을 나타냄) ay(~하게) iṣya(~것) nti(~이라면)으로써, '말하게 하고'이다. 한자어로 독송(讀誦)이라는 표현이 적절하다.

철저히 이해하고 – 현장 외에는 이 부분을 번역한 한역(漢譯)은 없다. 현장은 구경통리(究竟通利–구경은 철저하게 조사하다는 뜻이고, 통리는 지성이 진리를 꿰뚫을 정도의 칼과 같이 예리한 것을 말한다)라고 하여 '세상 이치의 마지막까지 통하여'라는 번역을 하였는데, 산스크리트어본에는 pary(circuit, adjoining, 주위에, 인접한) avāp(reach, obtain, get, 도달하다, 가지게 되다) syanti(~것이라면), 즉 '경계의 끝 근처에 도달한 것이라면'이다. 이런 뜻이 있으니 현장이 구경통리(究竟通利)라고 번역한 것이다. 그리고 다른 한역자들이 진능(盡能)이라는 말을 앞쪽에 붙인 것은 '능력이 다하도록'이라는 의미를 넣기 위한 것이었다. 콘체는 study, 레드파인은 master this entire teaching이라고 번역하였으니 우리는 철저히 이해하다로 번역한다.

다른 사람에게 자세히 설명해 주다 – 내면적 묵상과 법문을 이해한 후에는

다른 사람에게 설명해 주는 것이 중요하다. 다른 사람에게 단순히 법문을 알려주는 것과 그 법문의 내용을 설명해 주는 것은 다른 것이다. 단순히 법문을 알려주는 것은 경전을 읽어주면 되는 것이고, 그 내용을 설명해 주는 것은 본인이 내용을 이해한 후에야 가능한 것이므로, 앞의 논리 순서대로 따르면, 이 부분은 본인이 모두 이해한 후에 다른 사람에게 알려주는 것이라서 다른 사람에게 내용을 설명해 주는 것이다. 그런데 이 부분에 대해서 구마라집은 번역을 하지 않았다. 보리유지, 진제도 마찬가지이다. 현장에 들어와서 '다른 사람에게 널리 베푸는 설명을 하다'고 추가되어 있는데 의정은 이 부분이 없다. 그렇다면 시간의 진행에 따라서 산스크리트본의 내용이 추가된 것은 아닐 것이다.

콘체는 illuminate it in full detail for others(다른 사람에게 완전한 세부사항까지 설명하다)라고 번역하였고, 막스 뮐러는 fully explain it to others(다른 사람에게 완전하게 설명하다), 이는 레드파인도 마찬가지이다. 이 부분이 나중에 추가되었는지는 몰라도 다른 사람에게 설명해 주는 것의 가치를 부정할 수는 없으므로 이 부분의 번역에도 포함시킨다.

무슨 말을 하겠는가? – 앞부분에서 경전이 존재하고, 사구게가 음송(吟誦)되는 것만으로도 신들과 인간과 아수라가 경배하는 장소가 되는데, 사람이 그것을 공부하고 다른 사람에게까지 설명해 주는 곳이라면, 그 얼마나 성스럽고 대단한 곳일까에 대한 대비효과를 주는 부분이다. 이 부분은 비유를 위한 구문이기 때문에 구마라집처럼 대비효과를 주기 위한 하황(何況–하물며 어찌 더 그렇지 아니할까)라는 용어를 써서 간략하게 쓰는 것이 문학적 가치는 있되, 그 기초를 다져야 하는 일반인으로서는 이런 간략한 표현보다는 이 책처럼 산스크리트어본의 내용을 제대로 표현하는 것이 좋을 것으로 보인다.

수보리여! 그들은 최고로 놀라움을 갖춘 자가 될 것이다. 수보리여, 그곳은 스승이나 지혜로운 분이 머무는 곳이다.

그들은 – 이 문장에서는 앞의 법문을 배우고 남에게 가르치는 사람을 받는 것이므로, 영역본들은 '그들은'이라고 하였다. 한역(漢譯)들은 시인(是人–이 사람)이라고 하였는데 같은 뜻으로 보아야 한다.

최고로 놀라움을 갖춘 자가 될 것이다 – 구마라집은 최상제일희유지법(最上第一希有之法)을 성취한 자라고 표현하였는데, 여기서 '법'에 해당하는 dharma가 원문에는 없다. 진제는 무상(無上)희유지법, 즉 '더 이상 위가 없는 얻기 힘든 법'이라는 뜻이다. 그런데 현장은 최승희유공덕(最勝希有功德)이라고 하였다. 최승(最勝)이라는 말은 '가장 잘 이긴다'는 뜻이므로, 앞의 구마라집이나 진제와 같은 뜻으로 봐도 되지만, 법(法)이라는 것을 공덕(功德)이라고 다르게 번역하였다. 그래서인지 의정(義淨)은 그것이 법(法)인지 공덕(功德)인지 결론을 내리지 않고, '그런 사람은 최고로 제일로 드물다' 정도의 번역을 하고 있다.

산스크리트어본에는 '그들은 최상의 경이로움을 성취한 사람이 될 것이다'이다. 콘체는 most wonderfully blest라고 하여, '가장 놀랍게 축복을 받을 것이다'로, 막스 뮐러는 endowed with the highest wonder(최고의 경이가 부여되다)로 하였고, 레드파인은 이 부분을 생략하였다. 희유(希有)라는 부분은 '놀랍다, 경이롭다'로 번역해야 한다.

여기서 경전이 있는 곳을 신성시하는 법문의 구절 뒤에, 경전을 공부하고 남에게 설명해 주는 것에 대한 칭찬을 하는 구절이 이어진다. 따라서 그런 칭찬을 받는 사람은 최상의 법을 얻을 것인가, 최상의 공덕을 이룰 것인가, 의정(義淨)처럼 세상에서 정말 드문 사람이 될 것인가의 문제를 검토해 보아야 한다. 산스크리트어본에 의하면 '그들은 ~이 될 것이다'의 구문이기 때문에 의정(義淨)의 번역이 가장 정확한 번역이 된다 하겠다.

한편으로 생각하면, 여기서 말하는 그들이 경전을 마음에 새기고 독송하고 완전히 이해하고 남들에게 설명해 준다는 정도로 아직 깨달음의 경지에 들어갔다고 볼 수 없기 때문에(즉 아직 붓다나 보살이 되지 않았기 때문에), 그들이 최상의 놀라운 사람이 될 것이다라는 문맥과 그들이 최상의 제일의 법을 성취할 것이다라는 문맥은 조금 다른 느낌을 준다. 또 그들이 그렇게 노력하는 점을 보면, 그들의 당대(當代)에 법(法)을 성취할 수 있느냐는 의문이 있다. 그래서 이렇게 공부하고 노력하는 것이 쌓여 공덕을 이룬다고 본다면, 현장의 번역도 일리가 있다. 의정(義淨)이 말한 바와 같이, 그들이 세상에 최상의 제일 드문 사람이 된다는 것은 무엇에 관하여가 빠진 번역이다. 물론 미루어 짐작하면 법에 관하여, 혹은 공덕에 있어서 그런 사람이 될 것이라는 뜻일 것이다.

그곳에는 스승이 있거나, 스승을 대표하는 현명한 분이 있는 곳이다.

그곳 – 구마라집이 '이 경전이 있는 곳'이라 번역하였는데, 한자로 시경전소재지처(是經典所在之處)이다. 그런데 진제(眞諦)는 이 부분을 시토지처(是土地處), 즉 '이 토지가 있는 곳'이라 하고, 현장은 차지방소(此地方所), 즉 '이 지방이 있는 곳', 의정은 간략히 우차방소(又此方所)라 하였다. 산스크리트어본에는 앞에서 나온 pṛthivī pradeśe, 즉 국토 중의 지방이다. 콘체는 역시 that spot of earth 지구의 그 지점, 막스 뮐러와 레드파인은 the place, 그 장소라고 번역하였다.

스승이나 지혜로운 분이 머무는 곳 – 구마라집이 붓다가 있는 곳이거나 존중받는 제자들이 있는 곳이란 번역을 하였고, 보리유지는 붓다와 존중받는 사불(似佛–붓다와 같은 존재)이라고 번역하였다. 진제는 대사(大師–큰 스승)와 존중할 만한 인물로 번역하였는데, 현장은 대사(大師–큰 스승)와 존중할 만한 장소와 불교에 같이 가는 자로 번역하였다. 그런데 의정(義淨)은 다시 붓다가 있는 곳이라고 번역하였다.

원문에는 śāstā(one who rules, teaching, direction, advice, 가르침) vi_hara_ti(정주하다, 머문다) anyatara – anyataro(anyone of many, 여럿 중 한 명, one after another) vā(~거나) vijña(intellect, Buddhi, 지혜로운) guru(정신적 스승) sthā_anīyaḥ(stay, 머물러야 하는), 즉 스승이 계시거나 또는 지혜로운 분이 머물러 있는 곳이라고 번역된다. 콘체는 스승이거나 그를 대표하는 성인이 머무른다고 번역하였다. 막스 뮐러는 스승이 머물거나 잇따라 현명한 교사의 장소가 된다고 번역하였고, 레드파인은 스승이 머물거나 지혜의 스승을 대표하는 사람이 머문다고 하였다.

붓다의 열반과 기독교의 시작 사이의 시기에 스투파는 불교에 귀의한 초심자들 사이에 중요한 숭배의 대상이 되었다. 그리고 그것이 대승불교의 발전에 기초가 되었다고 말하는 사람도 있다. 스투파는 스승을 대표할 뿐만 아니라 스투파 자체가 스승이었다. 스투파는 달을 가리키는 손가락의 역할을 했다. 그러나 그것이 달과 분리된 것은 아니었다. 열반의 불길뿐만 아니라 스투파도 붓다의 화신(apparition body)이므로 붓다의 법신(法身), 보신(報身)과 같이 보았다. 이와 같이 이러한 가르침이 있는 곳은 붓다의 삼신(三身)이 존재한다. 이러한 가르침을 실천하고 다른 사람에게 설명하는 사람들에게 공간과 시간에서 나타나는 공덕을 낳고 받는다.

스투파를 어느 정도의 숭배의 대상으로 보아야 하는지에 대해서, 사크라(제석천)는 붓다에게 묻는다.105) 지혜의 완성을 필사하고 사본을 만들어 숭배하는 것과 여래의 유물을 스투파에 넣어서 보관하여 숭배하는 것 중에서 어느 것이 더 큰 공덕을 쌓는 것입니까?

붓다는 직접 대답하지 않고 돌려서 대답한다. 즉 여래가 완전한 깨달음과 일체지(一切智)를 얻었는데, 어떤 수행이 그렇게 되도록 하였느냐?

사크라는 "여래가 지혜의 완성을 수행하였기 때문입니다" 하고 대답한다.

붓다는 말하기를, 여래는 육체적 특성으로부터 그 이름을 얻은 것이 아니고, 그가 일체지(一切智)를 얻었기 때문이다. 여래의 일체지는 지혜의 완성으로부터 나온다. 여래의 육체적 특성은 지혜의 완성의 과정에서 나온 결과일 뿐이다. 이것으로부터 일체지를 인식하였고, 붓다의 몸이 나왔고 법신이 나왔다.

결국 붓다는 가르침을 배우는 사람의 공덕을 우선하였고, 그 다음으로 스투파를 경배하는 자를 언급하고 있다.

105) Edward Conze, Perfection of Wisdom in eight thousand lines & its verse summary, 106p

13절
지혜를 완성했다고 하지 말라

이런 말이 있자, 수보리가 세존에게 말하였다. "세존이시여! 이 법문을 무엇이라 부를까요? 저희들은 어떻게 기억하여야 할까요?"

이 말을 듣고, 세존께서는 장로 수보리에게 말하셨다. "수보리여! 이 법문은 '반야바라밀다'라 부른다. 이와 같이 기억하여라.

그것은 무슨 이유에서인가? 수보리여! 여래가 말한 반야바라밀다는, 여래에 의해 바라밀다가 아니라고 설하여졌고, 그래서 반야바라밀다라고 부른다."

"수보리여, 어떻게 생각하느냐? 여래가 설한 그 어떤 법이라도 있는가?" 수보리가 답하였다. "없습니다. 세존이시여! 여래가 설하신 그 어떤 법도 없습니다."

세존께서 말하셨다. "수보리여, 어떻게 생각하느냐? 삼천대천세계에 땅의 먼지입자들이 많다고 할 수 있는가?"

수보리가 답하였다. " 많습니다, 세존이시여, 많습니다. 잘 가신이여, 땅의 먼지입자들은 많습니다." "그것은 무슨 이유에서인가 하면, 세존이시여, 여래가 설하신 땅의 먼지입자는 먼지입자가 아니라고 여래가 설하셨고, 그래서 땅의 먼지입자라고 부릅니다."

"또한 여래가 설하신 세상의 체계라는 것은 체계가 아니라고 여래가 설하셨고, 그래서 세상의 체계라고 부릅니다."

세존께서 말하셨다. "수보리여, 어떻게 생각하느냐? 32가지 특징에 의해, 여래, 아라한, 바르게 깨달은 분이라고 봐야 하는가?"

수보리가 답하였다. "그렇게 볼 수 없습니다. 세존이시여! 32가지 특징에 의해, 여래, 아라한, 깨달은 분으로 보아서는 안 됩니다.

그것은 무슨 이유에서인가 하면, 세존이시여! 여래가 설하신 32가지 특징은, 여래께서 특징이 아니라 설하셨는데, 그래서 32가지 특징이라 부릅니다."

세존께서 말하셨다.

"또다시 수보리여, 만약 여자나 남자가 갠지스 강의 모래알과 같이 많은 자아 존재를 희생하고, 그리고 이렇게 갠지스 강의 모래알과 같이 많은 겁(劫) 동안에 그 자아 존재를 희생한다 하여도,

그리고 만약 이 법문으로부터 단지 네 구절로 된 게송을 뽑아서 남들에게 자세히 가르쳐주고 설명해 준다면,

이 후자가 이로 인해서 측정할 수 없고 셀 수 없는 더 많은 공덕을 쌓을 것이다."

[해설]

드디어 이 경전의 이름을 명명하는 장면이 나온다. 최상의 바른 깨달음에 관한 경전이라는 뜻을 한자어나 영어로 표현하면 금강경이나 완전한 지혜라고 할 수 있다.

그리고 반야바라밀다가 바라밀다가 아니라서 반야바라밀다라 부른다는 구절, 먼지들이 먼지가 아니므로 땅의 먼지라 부른다는 구절, 세상의 체계는 체계가 아니고 그래서 세상의 체계라는 구절들의 예를 들면서 32가지 특징에 대한 언급을 하게 된다. 32가지 특징에 사로잡히지 말자는 결론을 말한 후에도, 갠지스 강에 자아 존재를 희생하는 것보다 법문을 공부하는 공덕이 더 크다는 결론을 보여준다.

이 장면에 와서 수보리의 질문에 붓다는 이름을 알려줄 뿐만 아니라 그것이 어떤 효력이 있는지를 보여준다. 그는 이 가르침을 우선 가르침 자체에 적용하고, 그다음으로 가르쳐지는 세계에 적용하고 그것을 여래의 특징에 적용한다. 그렇게 적용한 결과가 실상을 뚫어보라는 가르침이다. 그리고 어떤 희생을 하여도 법을 가르치는 공덕과는 비교할 수 없음을 가르치고 있다.

소명은 제목을 '법과 같이 받아 지녀라(여법수지분如法受持分)'고 하였다.

[설명]

이런 말이 있자, 수보리가 세존에게 말하였다. "세존이시여! 이 법문을 무엇이라 부를까요? 저희들은 어떻게 기억하여야 할까요?"

'이 법문을 무엇이라 부를까요'라는 구절은 아직 가르침의 내용을 들어본 적이 없기 때문이고, 이 자리에서 처음 알게 되었다는 것을 의미한다. 즉 금강경의 내용은 평소 붓다의 가르침과 달리 새로운 내용이 있는 것으로 보아야 한다. 그래서 여태까지 과거의 붓다의 가르침과는 다른, 좀 더 심화된 내용을 가진 것이라 보인다.

그런데 구마라집의 번역에는 이 경전의 이름을 무어라 할지 묻는다. 당하명차경(當何名此經)인데, 보리유지는 이 법문의 이름을 무엇이라 할지 묻는다. 당하명차법문(當何名此法門)이라고 번역하였지만, 다시 진제는 경전의 이름을 묻는다. 이를 현장은 다시 법문(法門)의 이름을 묻는 것으로 바꿔 번역하였다. 아직 경전의 내용이 진행 중에 있다면, 법문의 이름을 묻는 것이 맞을 것이고, 경전이 끝나는 지점이라면 법문(法門)을 총정리하는 경전의 이름을 묻는 것이 맞을 것이다. 그래서 여기부터 금강경이 끝나는 지점이라는 지적이 있다. 콘체는 실제의 내용이 여기서 끝났고, 그다음부터는 후세에 부가된 것으로 본다. 물론 뒷부분을 계속 보면서 느끼게 되지만, 앞에 나온 내용이 반복되는 것이 많고, 이제까지의 내용이 반복되는 부분도 많다. 그러나 부가되었다고 보더라도 취할 만한 내용이 많이 있으니 속단할 수는 없다.

그런데 원문에는 법문(dharma paryāyaḥ)이라고 분명히 들어가 있다. 또 사실 전반부의 내용만 하여도 금강경을 읽는 사람에게 새로운 사고의 충격을 주기에 충분하다. 금강경이 성립된 때로부터 2000년을 훨씬 지난 지금 새로운 사고방식과 현대적인 기술과 과학, 철학의 체계를 공부한 사람에게도 그 충격은 거대하다고 보인다. 이러한 사고(思考)의 충격을 여기서 끝내버리기에는 그 받은 충격을 소화하는데 부족하다고 생각된다. 이에 뒷부분을 보면서 앞에서 느꼈던 충격을 줄이면서 마무리할 필요가 있다고 보인다. 그리고 금강경의 내용이 붓다 사후 500년 정도 뒤에 이루어진 것임을 상기하면, 그 내용의 대부분이 금강경이 작성된 제9회 결집 이전에 이미 많이 있었기 때문에[106] 그것을 축약하면서 창의적인 사고의 글들이 들어간 것으로 보아야 한다. 그래서 이 금강경은 원저자들이 이미 구상해 두었던 틀에 충실히 따른 것이라고 보인다.

저희들은 어떻게 기억하여야 할까요 – 구마라집은 받아 지닌다는 표현을 봉지(奉持)라고 번역하였다. 산스크리트어로 dhārayāmi는 holding, containing의 뜻이 있으므로 내가 가지다, 지니다로 해석이 가능하다. 그런데 콘체는 이를 물리적인 소지의 뜻이 아닌, 'bear it in mind'라고 번역하여, 마음속에 지닌다고 번역하였다. 이는 뮐러가 learn it이라고 하여 배운다고 하였고, 레드파인은 remember it이라고 하여 기억하는 것으로 하였는데, 붓다의 뒤의 대답을 보면 '어떻게 간직할 것인지'의 질문에 evam cainaṁ dhāraya(이와 같이 지니도록 하라)라고 대답하기 때문에 물리적인 보관이나 간직하는 것이 아니라, 머릿속에 간직하는 것, 즉 기억하고 배우는 것의 뜻이 있는 것으로 보인다. 그렇다면 한문 번역가들은 산스크리트어를 문자 뜻대로 번역하였고 그 진정한 뜻은 정신적인 보관이나 간직을 의미하는 것이다.

물론 이름이라는 것은 어떤 대상을 대표하여 요약하는 유용한 연상(聯想)기호이고, 그 이름을 듣는 것은 그 대상을 연상시킨다. 그런 의미에서 무엇을 공부하거나 누구에게 알려줄 때, 그 가르침의 이름이 무엇인지를 알고 하는 것은 가르침보다 이름에 집착하는 단점이 있는 반면에, 목표를 두고 공부하게 하여 훨씬 많은 성과를 얻는 장점도 있다.

---

106) 대반야바라밀경은 총 600권으로 이루어졌는데, 현장이 주로 번역하였다. 붓다 사후에 불교도를 중심으로 1회부터 16회까지의 결집이 이루어졌고, 각 결집에서 붓다의 가르침을 정리했다. 그래서 제1회 결집에서는 반야경의 1권에서 400권까지가 정리되었고(반야경 10만송), 제2회 결집에서는 반야경 401권에서 478권(2만 5천송), 제3회는 479권에서 537권(1만 8천송), 제4회는 반야경 538권에서 555권(8천송), 제5회는 556권부터 565권, 제6회는 566권에서 573권, 제7회는 574권에서 575권(700송–만수실리분), 제8회는 576권(나가실리분), 제9회는 577권(능단금강분), 제10회는 578권(150송), 제11회에서 제15회까지는 1800송, 제16회는 2100송이다.

이 말을 듣고, 세존께서는 장로 수보리에게 말하셨다. "수보리여! 이 법문은 '반야바라밀다'라 부른다. 이와 같이 기억하여라.

이 법문은 ~라 부른다 – 역시 구마라집과 진제는 '이 경전을'이라고 번역하였지만, 아직 가르치는 중이고 원문에도 있는 바와 같이 '이 법문을'이라고 번역한다. 보리유지와 현장도 '법문'이라고 번역한다.

'반야바라밀다'라 부른다 – 경전의 이름에 있어서, 구마라집은 '이 경의 이름은 금강반야바라밀이라 부른다'고 하였으니, 금강반야바라밀경이 경전의 이름이라고 하였다. 진제는 단순히 '반야바라밀'이라 하였으니 경전의 이름은 반야바라밀경이 된다. 현장은 법문의 이름을 '능단금강반야바라밀다'라고 한다. 의정은 13절 부분이 통째로 없지만, 14절 부분에서 '반야바라밀다'라 이름 한다고 하였다. 만약 음을 차용한 번역을 취한다면 '반야바라밀'인지, '반야바라밀다'인지 결정해야 한다.

금강경의 제목과 달리 현재 13절의 본문에는 prajñāpāramitā라 부른다는 것만 있기 때문에 번역은 이것으로 한정해야 한다. 그러므로 진제와 의정의 번역이 정확하다. 한국에서는 '반야바라밀'과 '반야바라밀다'는 거의 같은 빈도로 사용되기 때문에 원문의 음대로 하는 것이 맞다.

원문의 prajñāpāramitā(반야바라밀다)의 뜻은 어떤가? 앞의 prajñā(반야)가 지혜(intuitive wisdom)라는 뜻임에 반대하는 사람은 없다. 뒤의 pāramitā는 pārama(highest, supreme) + itā(추상명사화)로 볼 것인지, pāram(beyond, 넘어간) + ita(~로 된 것)로 볼지의 문제이다. 그런데 사전에서는 pāramitā(gone to the opposite shore 저편으로 간, perfection in ~의 완성)의 뜻을 동시에 보여주고 있다. 그래서 앞의 뜻으로 해석하면 '지혜의 완성', 혹은 '궁극적인 지혜'를 의미하고, 뒤의 뜻으로 해석하면 '저편으로 이끄는 지혜'라고 번역된다. 아상가Asanga(무착無着)와 대부분의 인도 주석가들은 앞의 해석을 선호하고, 나가르쥬나Nāgārjuna(용수龍樹)와 대부분의 중국 주석가들은 뒤의 해석을 선호한다. 처음의 뜻이 완성된 지혜라면, 두 번째 해석에 따르면 '지혜' 중에서 특히 '저편으로 가는 지혜'를 특정 한다. 완성된 최고의 지혜가 이 세계를 살아가는 지혜라고 보면, '저편으로 가는 지혜'는 그것과는 다른 차원의 지혜라고 볼 수 있다. 그래서 저 뜻이 무엇인지를 정확하게 아는 것이 필요하다. prajñāpāramitā(반야바라밀다)의 용어 분석만으로 그 뜻을 정하기 힘들다면, 이 용어를 어떻게 사용하느냐에 따라 분별할 수밖에 없다.

보통 육바라밀을 언급할 때 보시, 지계, 인욕, 정진, 선정, 지혜의 바라밀이라 칭한다. 그런데 처음부터 보시의 바라밀을 '저편으로 넘어가는 보시', 지계, 인욕, 정진, 선정의 바라밀을 '저편으로 넘어가는 지계, 인욕, 정진, 선정' 등으로 번역하는 것은 이상하다. 보시의 완성, 지계의 완성, 인욕의 완성, 정진의 완성, 선정의 완성이라고 번역하는 것이 정당하다고 생각된다. 14절 중간쯤에 나오는 제일바라밀(혹은 최고의 바라밀)이라 번역되는 parama-paramita의 바라밀다를 '완성'이라고 번역하여 '최상의 완성'이라는 뜻이 가능하기 때문에 전자의 뜻이 명백하다고 본다.

콘체는 '저 너머로 간 지혜(wisdom which has gone beyond)'라고 번역하였는데, 이는 후자와 같이 보는 견해이다. 막스 뮐러는 '초월적 지혜(transcendent wisdom)'라고 하였으니 후자를 택한 것으로 보이고, 레드파인은 '지혜의 완성'이라고 번역하였다. 콘체는 자신의 번역서 제목을 항상 '지혜의 완성'[107]이라고 붙이면서 금강경을 번역할 때는 다르게 번역하였다.

이 부분을 표기할 때, '쁘라즈냐빠라미따'라고 할 수는 없다. 반야바라밀다라는 것은 음을 흉내 낸 것에 불과하여도 반야(般若)가 무엇인지, 바라밀(波羅密)이 무엇인지 불교에 관심 있는 사람이라면 모두 알기 때문에 반야바라밀다라고 하기로 한다. 그 뜻을 살려서 '지혜의 완성'이나 '저편으로 간 지혜'라고 하는 것이 그렇게 나쁜 것은 아니지만, 한자어 '반야바라밀다'가 동양 사람들에게 주는 무게감과 여기 13절에서 경전의 이름을 말하는 곳이기 때문에 본문과 같이 번역하기로 한다.

그리고 반야바라밀다와 아뇩다라삼먁삼보리, 즉 '최상의 바른 깨달음'과의 관계는 무엇인가? 반야심경(般若心經)의 구절 중에 '삼세제불 의반야바라밀다 고

107) 그의 유명한 책 제목에서 '지혜의 완성'이라 썼다. **Perfection of Wisdom** in 8,000 Lines and its Verse Summary (1958), The Large Sutra on **Perfect Wisdom** with divisions of Abhisamayālaṅkāra (1961)

득아뇩다라삼먁삼보리(三世諸佛 依般若波羅蜜多 故得阿耨多羅三藐三菩提)'를 보면, 과거 현재 미래의 모든 붓다들은 반야바라밀다에 의지하여 최상의 바른 깨달음을 얻는다는 구문을 가지고 있다. 이를 보면, 반야바라밀다, 즉 지혜를 완성하여 바른 깨달음을 얻는 것이니 반야바라밀다는 수단이요, 최상의 바른 깨달음은 목표의 관계에 있는 것이다.

현장이 능단이라는 말을 붙인 것은 무슨 이유에서일까? 어떤 것도 자를 수 있다는 의미인데, '금강'이라는 용어가 무엇으로도 부술 수 없는 단단한 것을 상징하므로, 그 '금강'으로 무엇이든 자르겠다는 뜻으로 사용한 것일까? 그 금강(金剛)마저도 자른다는 뜻으로 사용한 것일까? 앞의 그 '무엇'이라는 것은 깨달음으로 가는 길을 막는 망상과 환상, 집착 등을 말하는 것이다.

산스크리트어본의 처음에는 경의 이름이 적혀 있지 않았다. 즉 콘체본에는 경의 이름을 찾을 수가 없다. 그런데 막스 뮐러본에서 최초로 vajracchedika라고 제명을 붙였는데, 이것은 교정 출판자가 붙인 것으로 추정하고 있다. 오히려 산스크리트어본의 제일 마지막 부분에 āryavajracchedikā라는 부분에서 고귀한 금강, 혹은 고귀한 번개로 자르는 것의 의미 단어가 나오기 때문에 이 부분을 강조하여 제목으로 사용한 것이라 보기도 한다. 그러나 현장이 그 의미를 살린 것을 보면, 현장 당대에도 제목으로 사용한 것으로 보인다.

그래서 금강경의 산스크리트어본의 제목에 vajracchedika nama 즉 '바즈라쩨디까라고 이름 하는'라고 시작하는 부분을 현장이 능단(能斷)이라 번역한 것이다. vajra의 뜻을 어떻게 보느냐에 대한 문제가 가로놓여 있다. 이는 thunderbolt(번개), diamond(금강)의 두 가지 뜻이 있는데, 뒤의 ccedika는 chhidh를 어근으로 '자르다, 찢다'를 의미하는데, 능동의 뜻을 가지면 chhidh가 e로 바뀌면서 cched로 된다. 뒤의 ika는 '~하는 것'으로써 찢는 것으로 번역된다. 즉 번개로 자르는 것, 다이아몬드로 자르는 것, 이 두 가지 번역이 다 가능한데, 일단 금강경이라는 말이 워낙 알려져 있으니 그냥 금강으로 알아둔다.

그런데 그리스로마 신화의 제우스와 같이 전지전능한 신들의 왕은 번개를 무기로 사용한다. 이는 인도 신화에서 인드라가 번개를 무기로 사용하는 것과도 같다. 즉 고대에서 번개는 너무 빠르고, 그 빛이 눈에 확연히 드러나기 때문에 고대인들의 기술로 대응할 수단이 없는 것에서 번개를 다루는 자를 최고의 신으로 놓았다고 보인다. 그래서 번개로 무엇이나 자르는 지혜의 경전이라고 본다. 현장이 능단이라는 말을 사용한 것은 무엇이나 자른다는 의미와 금강의 의미를 동시에 보여주기 위한 고심에 찬 번역이라 보인다.

이와 같이 기억하여라 – 즉 이름은 반야바라밀다이고, 뜻은 '지혜의 완성'이라고 기억하면 된다.

그것은 무슨 이유에서인가? 수보리여! 여래가 말한 반야바라밀다는, 여래에 의해 바라밀다가 아니라고 설하여졌고, 그래서 반야바라밀다라고 부른다."

이 반야바라밀다를 뜻으로 새겨서 번역하면, '여래가 말한 지혜의 완성은, 여래에 의해 완성이 아니라고 설하여졌고, 그래서 지혜의 완성이라고 부른다'이다. 뜻으로 새겨서 번역하면 그 뜻이 정확해지는 느낌이 든다. 반야바라밀다를 '저편으로 가는 지혜'의 뜻으로 해석하면, '저편으로 가는 지혜는 저편으로 간 것이 아니라고 설해졌고, 그래서 저편으로 가는 지혜라고 부른다(콘체의 번역은 이렇게 되어 있다)'이다. 이 뜻은 비논리적으로 보이는데, '지혜가 가는 것인지 아닌지의 뜻'으로 보이기 때문이다. 그리고 여러 번 언급했지만, 바라밀다는 '완성'으로 해석하는 것이 올바른 것으로 보인다. 결국 반야바라밀다는 지혜의 완성으로 해석하여 논리를 전개해야겠다.

유의할 점은 모든 한역(漢譯)들은 '반야바라밀(다)는 반야바라밀(다)가 아니고, 그래서 반야바라밀(다)라고 부른다'는 번역을 한 것이다. 즉 원문을 한자로 번역한다면, '반야바라밀다는 바라밀다가 아니고, 그래서 반야바라밀다라 부른다'고 하여야 하는데, 원문에 반야란 부분이 누락된 것으로 생각하여 반야바라밀다라고 보충해서 번역했다. 과연 의도적으로 '바라밀다'라고만 한 것인지, '반야' 부분을 누락했는지도 생각해 보아야 한다.

붓다가 말한 이 부분의 뜻을 이해하는 것은 중요하다. 구마라집의 문장을 보면, '붓다가 설하신 반야바라밀은 반야바라밀이 아니요, 이 이름이 반야바라밀이다'라고 간명하게 하였다. 그 간명함에 그 글을 읽는 우리는 뇌리 속에 파고드는 하나의 각성이 생기는데 그것이 단순함의 위력이다. 반야바라밀이 무엇인가? 불경을 파고드는 모든 사람이 오매불망 알려고 하는 것이고, 그 반야바라밀의 세계가 어떤 것일지 궁금해 하는 사람들에게 반야바라밀은 반야바라밀이 아니고, 이름이 반야바라밀일 뿐이라고 말한다. 즉 아무 대답도 주지 않는 것이다. 여기서 알게 되는 것은 우리가 반야바라밀이라 아는 것은 사실 반야바라밀이 아니라는 의미를 주고, 또 하나는 반야바라밀은 이름일 뿐이니 이름만이 아닌 진실한 반야바라밀을 찾아야 할 것이라는 생각이다.

우리가 살아가면서 부닥치는 여러 대상과 사물은 그 자체가 거짓은 아니다. 그것을 거짓으로 바꾸는 것은 우리의 개념화, 금강경의 표현으로는 집착이 원인이다. 그래서 그 집착을 끊기 위해서 금강경에서는 법도 버리고, 법이 아닌 것도 당연히 버려야 한다고 한다. 그렇게 버리는 것에 대해서도 또다시 버려야 된다는 집착에 휩싸인다면 그것조차 버려야 하는 것이다. 이것은 우리의 개념이 만들어낸 집착이고, 우리의 개념은 주로 우리가 사용하는 언어가 만들어내기 때문에 이 언어의 세계를 초월하여 현재 언어로 이루어지는 붓다의 설법의 가르침조차도 버려야 하는 것이다. 그런 의미에서 '반야바라밀은 반야바라밀이 아니다'라는 구절은, '**붓다가 말하신** 반야바라밀은 반야바라밀이 아니다'라는 구절로 바꾸어 생각해 보면, 붓다는 자신의 가르침이 언어에 의한 것임을 분명히 인식하고, 그러한 반야바라밀은 명칭에 지나지 않으며 진정한 반야바라밀이 아님을 밝히는 것이다.

이렇게 본다면, 반야바라밀은 언어 속에 있는 것이 아니고, 언어를 떠나서(초월해서) 있다고 보아야 한다. 그것이 무엇인지 경전을 읽는 것만으로 찾기는 힘들지만, 우리가 생각으로 무엇을 떠올린다면 그것은 반야바라밀이 아님을 확실히 알게 해주는 기능을 한다.

앞에서 한역(漢譯)들과 달리, 원문은 반야바라밀다는 바라밀다가 아니고, 그래서 반야바라밀다라 부른다고 하였다. 의도적으로 바라밀다만 언급한 것이라면 무슨 뜻이 되는 것일까? 즉 뜻으로 해석해 보면, '여래가 말한 지혜의 완성은, 여래에 의해 완성이 아니라고 설하여졌고, 그래서 지혜의 완성이라고 부른다'가 된다. 단순히 글자상의 차이가 나는 이상의 무엇이 있는 것일까? 의도적인 것으로 생각하고 해석하면 지혜를 완성했다고 하지만, 그것은 아직 완성된 것이 아니므로 완성이라 할 수 없고, 그렇게 미진한 점을 빼고 난 후에는 지혜를 완성한 것이라 부를 수 있다는 뜻이다. 즉 지혜를 완성했다고 생각하고 부르지만, 그렇게 생각하는 것은 아직 완성한 것이 아니다. 이렇게 보면, 이 부분은 저 앞의 9절에서 나왔던 '흐름에 든 자', '한번만 더 온 자', '다시 오지 않을 자', '아라한' 들이 스스로 그런 인식을 가진다면, 아직 그러한 단계가 되지 않았다는 결론을 연상시킨다. 물론 이 부분은 다음의 구절들, 즉 땅의 먼지 입자, 세계 체계의 체계 등의 예가 나올 때 다시 검토하기로 한다.

대반야바라밀경(지혜의 완성 8,000송)에서[108] 수보리는 반야바라밀다는 단지 이름이기 때문에, 이와 같이 이름으로는 무엇을 얻을 수 없고, 우리는 단순히 명목상의 실체와 관련된 이름을 말할 뿐이다. 그래서 반야바라밀다는 있는 바도 없고, 얻을 수도 없다. 이름으로는 반야바라밀다이다. 반야바라밀다인한 이름이다. 이와 같이 두 개의 법은 서로 비슷하지만 같지 않고 얻을 수도 없다. 오직 그 이름에 상응하는 것은 우리가 얻을 수 없다고 명확하게 밝히고 있다.

그래서 반야바라밀다라고 부른다 – 이 부분이 나중에 첨가된 부분이라는 주장이 있다.[109] 즉 고려대장경에 없는 부분인데도 시중에서 무분별하게 첨가된 판본을 참조한다는 것이다. 실제로 구마라집본에는 '시명반야바라밀'이라는 말이 있지만 보리유지, 진제본에는 '반야바라밀이 아니다'라는 것으로 끝나고 다음 문장으로 들어간다. 그러나 현장본에는 다시 '그래서 여래는 반야바라밀이라 부른다'는 구절이 있고, 산스크리트어본과 콘체와 뮐러, 레드파인본에도

108) 대반야바라밀경 545권 중간, 世尊！如是般若波羅蜜多但有名字, 如是名字亦不可得, 但依語言假施設有, 是故般若波羅蜜多亦無所有, 實不可得。名字, 般若波羅蜜多, 如是二法展轉相似, 同無所有, 俱不可得。

109) 김용옥, 금강경강해, 265-267면

모두 기재되어 있다. 판본을 엄격하게 따진다면 그 견해가 맞을 수도 있겠지만, 붓다의 진의를 추적하는 이 책에서는 '그래서 반야바라밀이라고 부른다'는 것이 지금까지의 붓다의 논리(혹은 금강경의 논리)에 어긋나지 않고, 오히려 원문과 다른 여러 판본에도 들어가 있는 문장이라서 그대로 번역문에 사용한다.

만약 '그래서 반야바라밀다라 부른다'는 구절이 없고, 그것이 붓다의 진의라면 어떤 의미가 있을까? 즉 다른 구절에서는 일단 부정을 한 뒤에, 그래서 그 대상의 이름이라고 불린다는 말을 하면서 반야바라밀다는 그래서 '반야바라밀다라 부른다'는 것은 진리에 어긋나기 때문에 붓다가 언급하지 않았다면 어떨까 하는 것이다. 물론 반야바라밀다를 특별 대우할 필요는 있겠지만, 다른 모든 것은 그 실상이 실상이 아니고, 그 이름이 그것일 뿐인데 반야바라밀다는 그렇지 않다는 뜻이 된다. 즉 반야바라밀다는 그 실상이 반야바라밀다가 아니고, 그 이름도 반야바라밀다가 아니라는 뜻이 된다. 즉 마지막 구절이 없음으로써 반야바라밀다라 부르지도 못하는 것이니, 반야바라밀다에 대한 설명을 위해서 그것을 언급하는 것은 논리적 모순에 빠지고, 금강경의 논리라는 체계성을 잃게 되는 것이다.

수보리여, 어떻게 생각하느냐? 여래가 설한 그 어떤 법이라도 있는가?

수보리가 답하였다. "없습니다. 세존이시여! 여래가 설하신 그 어떤 법도 없습니다."

여래가 설한 그 어떤 법이 있는가 – 여래가 많은 법, 혹은 제대로 된 법, 혹은 정통파 법을 말하였는지를 묻는 것이 아니라, 그중에서 어떤 법 하나라도 말하였는지 묻는 것이다. 법에는 유위법과 무위법이 있고, 적은 법(소법少法)이라는 말은 현장이 번역한 것인데, 이는 의정(義淨)도 그 용어를 사용한다. 구마라집과 보리유지는 그냥 법이라고 번역하였는데, 이는 문장의 맥락을 보면 여래가 단순히 법을 설한 바가 있느냐의 의미가 아니라 그 법의 일부라도 설한 바가 있는지의 수사법을 사용한 문장이므로 현장의 번역이 정확한 것이다. 진제(眞諦)는 하나의 법이라도 있느냐고 번역하였는데, 법이 다수의 것이라는 것을 전제하고 본다면, 진제의 번역 또한 문맥에 맞는 번역이라 할 것이다. 즉 '작은 법'이 아니고, '적은 법'임을 유의하여 보아야 한다. '적은 법'에 대응하는 것은 '큰 법'이 아니라 '많은 법', '다수의 법'이다. 그러므로 그렇게 많은 법 중의 일부인 '적은 법'을 말하였느냐고 번역하는 입장이 현장과 의정이고, 그 '적은 법' 중의 하나라도 말하였는지의 입장을 보여주는 것이 진제이다.

산스크리트어본에는 kaścid(무슨, 어떤) dharma(다르마, 법)이라 되어 있는데, 콘체는 any dharma(어떤 법), 뮐러는 anything(dharma) (어떤 것, 법), 레드파인은 any such dharma(어떤 그런 법)이라고 번역하였다. 문자 그대로만 보면 '여래가 가르친 법'이 있느냐고 번역도 가능하지만, 문맥상 '여래가 가르친 아주 조그만 것'이라도 있느냐의 뜻이기 때문에, 현장이나 진제의 번역이 맞지만 한글로 표현하는 데는 '그 어떤 법이라도 있느냐'가 정확한 느낌을 준다고 보인다.

세존께서 말하셨다. "수보리여, 어떻게 생각하느냐? 삼천대천세계에 땅의 먼지입자들이 많다고 할 수 있는가?"

수보리가 답하였다. " 많습니다, 세존이시여, 많습니다. 잘 가신이여, 땅의 먼지입자들은 많습니다."

"그것은 무슨 이유에서인가 하면, 세존이시여, 여래가 설하신 땅의 먼지입자는 먼지입자가 아니라고 여래가 설하셨고, 그래서 땅의 먼지입자라고 부릅니다."

"또한 여래가 설하신 세상의 체계라는 것은 체계가 아니라고 여래가 설하셨고, 그래서 세상의 체계라고 부릅니다.

삼천대천세계 – 산스크리트어 trisāhasra mahā sāhasraṁ loka dhātuṁ를 번역한 것이다. tri(삼三) sāhasra(천千) mahā(대大) sāhasraṁ(천千) lokadhāt-uṁ(세계世界), 즉 삼천 개의 큰 천 개의 세계라는 뜻이다. 대천의 한자는 大千이지 大天이 아님을 주의한다. 앞에서도 말하였지만 소천세계를 1,000개 모아서 중천세계, 그것을 다시 1,000개 모아서 대천세계가 이루어지는 것이다. 그래서 콘체는 '10억 개의 세계'라고 번역하였고, 뮐러와 레드파인도 '수십억 개의 세계 체계'라고 번역하였다. 수십억 개의 세계 체계 속에서 먼지들이 많은지 묻는 것인데, 논리적으로만 따지면 많을 수밖에 없다.

땅의 먼지입자 – 구마라집과 보리유지, 진제는 단순히 미진(微塵-작은 먼지)이라고 번역하였고, 현장은 대지미진(大地微塵), 의정은 지진(地塵)이라고 번역하였다. 이렇게 먼지 앞에 대지(大地) 혹은 지(地)가 붙는 것과 그냥 미진(微塵)이라고 하는 것의 차이가 없는 것일까? 물론 모두 삼천대천세계에 있는 미진(微塵)의 뜻이므로 같다고도 볼 수는 있다. 그러나 이 구절을 해석하게 되면 뜻이 조금 달라진다. 즉 미진(微塵)은 대지(大地)의 먼지를 말하는 것이라 보는데, 대지를 구성하는 먼지 혹은 티끌이라는 견해가 있다.110) 즉 단순히 작다는 것 외에 지구를 구성하는 기본 단위이기 때문에 작은 먼지가 거론되었다고 보는 것이다. 산스크리트어본에는 pṛthivī(earth, 지구, earth regarded as one of the elements, 원소의 하나로서 땅-地) + rajaḥ(dust, 먼지, 꽃가루)를 붙여서 한 단어로 사용하는데, 여기서는 원소로서의 지수화풍(地水火風)111) 중의 땅인 지(地)를 의미하는 것으로 보인다. 그래서 현장과 의정이 지진(地塵)이라고 사용할 때는 땅 입자로서의 먼지를 의미하기 위함이다. 콘체는 '10억 세계의 세계 체계 속에서 먼지입자의 수'라고 번역하여 그 뜻을 분명히 하고 있다. 레드파인은 '우주의 수십억 세계 체계 속에서 먼지의 입자'라고 번역하였는데, 이는 단순히 작다는 의미에서 거론된 것이 아니라 구성분자로서의 먼지입자를 거론하기 위함이 명확해 보인다. 산스크리트어 자체가 pṛthivīrajaḥ라고 아예 땅을 나타내는 뜻과 합쳐진 단어로 사용된 것, 그 뒤 문맥에서 '먼지입자'는 '먼지'가 아니라고 하다가 바로 '세계'는 '세계'가 아니라고 하는 점이 세계의 구성분자이기 때문이라고 보이기 때문에 그렇다.

그리고 단순히 먼지가 아니라 먼지입자라 번역하는 또 다른 이유가 있다. 설일체유부인 구사론에서의 원자론적 이론에서는 세 가지 원자의 실재를 주장한다. 즉 가장 미세한 원자로서의 파라마아누paramā-aṇu, 형상으로서의 원자인 아누aṇu, 미세한 티끌로서의 원자 라자스rajas이다. 여기서는 티끌, 즉 먼

---

110) 각묵, 금강경 역해, 213면

111) 지구, 물, 불, 공기의 네 요소는 초기불교에서 고통을 이해하고, 그 고통으로부터 해방시키기 위한 기본 요소이다. 이 네 가지 요소는 견고함, 유연함, 기온, 움직임의 성질을 가지고 있어서 지수화풍으로 추상화시킨다. 즉 물질의 사실적인 측면보다 그것을 감각적으로 느끼고 감지하는 성질을 말한다.

지 수준의 예를 들고 있다. 파라마아누를 7개 합친 것이 아누로서 형상의 원자이고, 이것은 입방체로 되어 있다. 이 형상의 원자 일곱으로 미세한 티끌의 원자를 구성하는데, 이 수준에서는 미래의 붓다인 보살의 눈에 보일 수가 있다고 한다.[112] 지금 원자론적 이론의 세 가지 입자 중에서 가장 큰 티끌로서의 먼지를 여기서 거론하고 있다. 그래서 단순히 땅의 먼지로 번역하지 않고, 땅의 성질을 가진 먼지로 번역하는 것이 정답이지만 그런 뜻을 담고, 원소로서의 땅의 성질을 가졌다는 뜻을 포함하여 '땅의 먼지입자'라고 번역한다. 나중에 30절에 가면, 결국에는 가장 미세한 원자인 파라마아누의 예가 나올 것이다.

땅의 먼지입자는 먼지입자가 아니라고 여래가 설하셨고, 그래서 땅의 먼지입자라고 부른다 – 이 부분은 한역(漢譯)들과 원문의 번역이 다르다. 구마라집의 번역(보리유지, 진제도 유사하다), 제미진여래설비미진시명미진(諸微塵 如來說非微塵 是名微塵)은 '모든 작은 먼지는 여래께서 작은 먼지가 아니라 설하였고, 이 이름이 작은 먼지이다'로 되어 있고 다른 한자 번역도 비슷하다. 즉 앞에서 장엄의 논리와 같이 현상으로서의 작은 먼지를 부정하고, 작은 먼지의 본질적인 점을 인식한다고 해석하면 되도록 되어 있다. 현장과 의정은 약간 다르다. 의정의 번역을 보면, 제지진 불설비진고명지진(諸地塵, 佛說非塵, 故名地塵)으로써 '모든 **땅의 먼지**는 붓다께서 **먼지**가 아니라 하였고, 그래서 **땅의 먼지**라 이름한다'고 되었는데, 구마라집과의 차이는 '땅의 먼지' 전체를 부정하지 않고 '먼지'만을 부정하였다.[113] 그 정확한 의미는 산스크리트어본과 비교하여 설명하는 것이 맞을 것이다. 미리 약간 언급하면 땅의 먼지는 땅을 구성하는 먼지가 없으니, 그러한 구성요소가 없는 것으로 이루어진 땅의 본질을 인식하라는 것이다. 이러한 구성을 하는 이유를 파악하지 못한 한역(漢譯)들은 일부를 부정하지 않고, 역자들의 생각에 따라 전부를 부정하는 것으로 보충하였는데, 원문이 일부만 부정한 뜻을 파악하지 못한 것으로 보인다.

112) 다카쿠스 준지로, 불교철학의 정수, 82면

113) 현장의 번역, 대지미진여래설비미진, 시고여래설명대지미진(大地微塵, 如來說非微塵, 是故如來說名大地微塵)은 '대지의 작은 먼지는 여래께서 작은 먼지가 아니라 하였고, 그래서 여래는 설하시기를 대지의 작은 먼지라 이름 한다'이다. 이는 의정의 번역 구조와 같지만, 대지의 작은 먼지라 번역하여 '작은'이라는 점이 해석에 신경을 쓰이게 함으로써 그 맥락파악을 어렵게 함으로써, 의정의 번역을 예로 든다. 여기서도 대지의 구성성분으로서의 작은 먼지라는 것을 부정하고 있다.

원문의 번역, '땅의 먼지입자는 먼지입자가 아니고 그래서 땅의 먼지입자라 부른다'를 해석해 본다. 세계의 일부분인 땅을 구성하는 것이 땅의 먼지입자인데 그것은 먼지입자가 아니라고 설하였으니, 세계의 일부분인 땅을 구성하고 있다는 점을 부정하는 것이다. 즉 그러한 땅을 구성하는 먼지입자로서의 입자성을 부정하고 나서야 땅의 먼지입자라고 부르게 됨으로써 땅이라는 본질만을 인식할 수 있다. 현재 땅의 먼지입자로서의 먼지입자임을 부정하는 발언은 땅을 구성하는 필수요소로서의 입자임을 부정하여 땅이라는 것이 공(空)함을 보여주려는 의도가 보인다. 이렇게 해석한다면 여기서부터는 지금까지의 금강경의 논법에 변화가 있는 것이 감지된다. 구마라집 등은 아직 원문의 변화가 의미의 차이를 만드는 것을 모르고, 앞에서 한 것과 같은 구조로 파악하여 번역을 한 것으로 보이지만, 현장과 의정은 그 차이를 감지하고 정확하게 반영한 것이라 보인다.

지금까지 금강경의 논리는 '하나'를 거론하면 그 전체를 부정하고, 다시 그 '하나'의 본질을 긍정하는 입장이었는데, 여기서부터는 '하나'를 분리하여(즉 해체하여) 그중의 일부를 부정하는 논법이다. 그것이 무슨 의미가 있는지는 앞으로도 나오므로 천천히 알아보기로 하자.

한편 레드파인은 이 구절을 물질적 세계에 있어서 먼지입자의 존재는 우주의 존재에 의존하고, 우주의 존재는 먼지입자의 존재에 의존하며, 그래서 먼지입자와 우주는 실재가 아니며, 독립적으로 존재하지 못하며 영원한 실재가 아니다. 그래서 모든 물질적인 것은 아무리 크거나 작더라도 자성이 비어 있고, 그것을 실재(實在)로 보는 우리의 시각도 잘못된 것이라고 말한다.[114] 그러나 이것이 과연 물질적 세계의 비어 있음을 말하기 위한 것인지, 전체와 부분의 관계를 보여주기 위한 것인지는 아직 섣불리 확정할 수 없다. 문맥상으로 보면 반야바라밀다의 개념, 여래가 설한 법의 개념, 먼지입자의 개념, 세상 체계의 개념, 여래의 특징 개념들의 순서로 13절에서 나열되기 때문에 갑자기 물질적 세계의 비어 있음을 의미한다고 하기에는 무리가 있다. 우리가 사용하

114) Red Pine, Diamond Sutra, 212~213p

는 개념을 현상으로 파악하지 말기를 바라는 설법이라고 보는 것이 좋을 것 같다.

그런데 한역(漢譯)을 보면, 구마라집과 보리유지, 현장은 이 부분을 말하는 사람을 수보리가 아니라 붓다인 것으로 번역하고 있다. 진제와 의정은 수보리가 계속 말하는 것으로 번역하였는데, 영역(英譯)이나 원문에는 수보리가 계속 말하는 것으로 되어 있다.

또한 여래가 설하신 세상의 체계라는 것은 체계가 아니라고 여래가 설하셨고, 그래서 세상의 체계라고 부릅니다. – 이 부분도 먼지 입자의 예와 같이, 이제 세계라는 대상으로 확대되어 사고의 확장을 꾀한다. 무한한 수의 먼지 입자로 구성되는 세상의 체계 또한 체계가 아니고, 그래서 세상의 체계라는 것이다.

세상의 체계 – 원문의 loka-dhātus를 번역한 것이다. 원래 loka는 단독으로 world(세계)의 뜻도 있지만, human race(인간의 종족)라는 뜻도 있다. 그래서 dhātu(element, root, 구성요소)라는 것과 결합하여 세상의 체계, 즉 세계라고 번역한다. 그래서 앞에서도 삼천대천세계와 같이 하나의 단어로 표현했는데, 이 구절에 와서는 원문에 세계를 분리하여(해체하여) 설명하고 있다. 우리도 세계를 세상의 체계로 분리하여 번역하기로 한다. 한역(漢譯)들은 세계를 분리하지 못하고 모두 '여래가 설하신 세계는 세계가 아니고, 그래서 세계라고 부른다'의 번역을 보여주고 있다. 한글처럼 정밀한 언어는 이를 세상의 체계라고 쉽게 분리해 볼 수 있으나 한자는 그렇게 분리해서 사용할 수가 없다. 콘체와 레드파인은 세상의 체계(world-system)와 체계(system)로 분리하여 번역하고 있다. 이는 뮐러도 sphere of world와 sphere(체계)로 분리하였다.

세상의 체계는 체계가 아니고, 그래서 세상의 체계이다 – 이 부분은 앞에서 땅의 먼지입자는 먼지입자가 아니라고 부정하였기에 세상의 체계를 구성하는 체계도 부정된다. 즉 지수화풍(地水火風)으로 이루어지는 땅의 성분을 부정하였으니 이제 그 세계를 구성하는 체계 중의 하나가 부정되어 체계도 부정되는 것이다. 이런 점으로 보면 금강경의 논리는 치밀하게 구성된 것이 분명하다. 세상의 체계는 세계를 구성하는 체계가 독립적으로 존재하지 않음을 인식한 후에야 진정한 세상의 체계를 알게 된다는 것이다.

세존께서 말하셨다. "수보리여, 어떻게 생각하느냐? 32가지 특징에 의해 여래, 아라한, 바르게 깨달은 분이라고 봐야 하는가?"

수보리가 답하였다. "그렇게 볼 수 없습니다. 세존이시여! 32가지 특징에 의해 여래, 아라한, 깨달은 분으로 보아서는 안 됩니다.

그것은 무슨 이유에서인가 하면, 세존이시여! 여래가 설하신 32가지 특징은, 여래께서 특징이 아니라 설하셨는데, 그래서 32가지 특징이라 부릅니다."

32가지 특징 – 구마라집은 단순히 '32상', 보리유지와 진제는 '32대인상', 현장은 '32대사부상', 의정은 '32장부상'이라고 표현하였다. 산스크리트어로는 dvātriṁśan(32) mahā(큰, 대, 大)-puruṣa(남자, man, male)-lakṣaṇais(특징, mark, sign)인데, 단어 그대로 번역하면 '32대인상'이라는 번역이 맞다. 이를 콘체는 32marks of the superman(32개의 초인의 특징), 뮐러는 32signs of a hero(32개의 영웅의 특징), 레드파인은 '32개 완전한 인간의 특성'이라고 번역한다. 여기서 이 32개의 상은 붓다 혹은 전륜성왕의 특징으로 알려져 있기 때문에 불교에 관심이 있는 사람이라면 거의 고유명사화된 것이라 느낄 정도이기 때문에, 구마라집도 그냥 '32상'이라고 번역하였고 실제로 그대로 뜻이 통하기 때문에, 이 책에서도 32가지 특징으로만 번역한다.

특징에 의해 – 한역(漢譯)들은 '32상으로써', 영역(英譯)들은 '32상에 의해서'라는 표현을 사용한다. 원문으로는 두 가지 모두 가능한데 간결하게 번역한다.

여래, 아라한, 바르게 깨달은 분이라고 봐야 하는가 – 이 문장의 순서가 조금 거꾸로 된 느낌이지만, 그 뜻은 '32가지 특징을 갖추면 여래, 아라한, 바르게 깨달은 분이라 할 수 있는가'의 문제이다. 누누이 반복되지만 여래, 아라한, 바르게 깨달은 분은 특징이 없는 것으로 특징을 한다고 하였으니, 32가지 특징으로 그것을 판별할 수는 없다는 것이다.

그렇게 볼 수 없습니다. ~ 보아서는 안 됩니다 – 이 부분을 보리유지는 단순히 '불야(不也)', 진제는 '불가(不可)'라고만 답변하는 것으로 끊었는데 그것은 그 뒤에 이유에서 나오는 구절이 반복되므로 중복을 피하려는 것이다, 구마라집은 '불가(不可)~득견여래(得見如來)', 현장과 의정은 '불응(不應)~관어여래(觀於如來)'라고 하였는데 그 뜻이 약간씩 다르다. 구마라집이 사용한 견(見)은 단순히 시각적으로 보는 것을 말하므로, '여래를 보는 것을 얻는 것이 가능하지 않다'라는 뜻이 된다. 현장과 의정이 사용하는 관(觀)은 단순히 시각적인 것 외에 분석적으로 사물을 보는 의미를 포함한다. 따라서 현장과 의정의 번역에 의하면, '당연히는 여래라는 특징을 가졌다고 하여 여래를 볼 수는 없다'는 뜻이 된다. 이 부분의 산스크리트어로서 draṣṭavyaḥ가 사용되었는데, 이는 단순히 보다(see)가 아니라 관찰하다(observe)의 뜻이므로 현장과 의정의 번역이 맞다. 그렇지만 우리말로 번역하면 '보다'라는 뜻이 양쪽으로 모두 사용될 수 있으므로, 한글 번역으로는 '보다'를 사용한다. 영문 번역가들도 모두 'can not be seen'으로 '보일 수 없다'로 번역한다.

앞에서 32상의 특징을 생략했지만, 32상의 주요 특징으로는 물갈퀴가 있는 손가락[115]과 발가락, 무릎 아래까지 늘어진 팔, 몸통 속으로 집어넣을 수 있는 페니스, 금으로 된 색깔의 피부, 40개의 치아, 깊고 푸른 눈, 두 눈썹 사이의 하얀 곱슬, 검은 곱슬머리, 머리의 정수리에 부드럽게 융기된 부분, 순수하게 공명하는 목소리, 후광 등이 있다. 그런데 이 특징들에 의해서 여래를 보지 말 것을 강조하는 곳인데도, 그 특징을 나열한다는 것은 아이러니가 될 것이라 생략한다. 이러한 특징은 능가경(楞伽經, Lankavatara Sutra)에 기재되어 있다.

32가지 특징 – 32상은 붓다나 전륜성왕이 될 사람에게 나타나는 32가지의 특징이다. 이를 한자로 32상(相)이라고 간단히 표현하기는 하지만, 이제 동양권에서는 32상이라는 말은 붓다임을 나타내는 하나의 상(相)이 되어 그에 집착하는 생각이 형성되어 버렸다. 그래서 32상이라는 말보다 32개의 특징이라는

115) 최완수 님의 불교문화 바로 알기 강좌에서는 미투라의 불상에서 손가락을 모두 표현하면 부러지기 쉬워서 물갈퀴처럼 단단하게 만들 수밖에 없었다고 하는데, 그래서 이 부분도 32가지 특징의 하나로 추가되었다는 설명도 한다. 그렇다면 정말로 특징에 의해 여래를 보아서는 안 될 것이다.

말이 그런 집착된 마음을 조금이나마 벗어나게 해준다. 상(相)이라고 표현된 것은 산스크리트어 lakṣaṇā인데, 이는 mark, sign, character로서 표시, 특징 등의 뜻이므로 특징이라고 번역하면 제일 좋다. 그래서 32상은 특징이 아니라 설하신 뜻을 우리는 이제 모두 알 수 있다. 즉 32상은 수행의 결과로 공덕이 쌓여 나타난 것이고, 그 수행의 결과로 깨달음을 얻은 것의 결과인 것이다. 그렇게 이해하면 여기 이 구절은 금방 파악된다. 32상이라는 것은 여래의 특징이 아니고, 여래가 여래임은 그 깨달음에 있는 것이다. 그래서 우리는 이제 32상이라 부르지만, 그것은 여래의 속성이 아니므로 특징이 아니라고 말할 수 있고, 그런 사실을 알고 난 다음에는 32상이라 불러도 여래와 이름을 혼동하지 않게 되는 것이다.

세존께서 말하셨다.

또다시 수보리여, 만약 여자나 남자가 갠지스 강의 모래알과 같이 많은 자아 존재를 희생하고, 이렇게 갠지스 강의 모래알과 같이 많은 겁 동안에 그 자아 존재를 희생한다 하여도,

그리고 만약 이 법문으로부터 단지 네 구절로 된 게송을 뽑아서 남들에게 자세히 가르쳐주고 설명해 준다면,

이 후자가 이로 인해서 측정할 수 없고 셀 수 없는 더 많은 공덕을 쌓을 것이다.

여자나 남자가 – 이 부분을 한역(漢譯)에서 의정을 제외하고, 모두 '좋은 집안의 아들과 딸들 –선남자 선여인(善男子善女人)'이라고 번역하였다. 의정은 '남자와 여인이 있다면'이라고 하였는데 원문의 남녀 순서를 바꾸었다. 콘체와 뮐러는 '여자와 남자'라고 하였는데, 레드파인은 '남자와 여자'라고 하였다.

앞에서도 말하였지만, 금강경 설법이 진행되면서 초심자로서의 '좋은 가문의 아들과 딸들'이 아니라, 이제는 '여자와 남자'로서 보살행을 가는 사람을 대표하고 있다고 보인다. 특히 원문에서는 법문을 공부하는 경우는 '좋은 가문의 아들과 딸'이고, 자아 존재를 희생하는 경우는 그냥 '여자와 남자'라는 표현을

쓴다.

갠지스 강의 모래알과 같이 많은 자아 존재를 희생하고 – 구마라집과 보리유지는 '신명(身命)으로써 항하강에 보시'한다는 번역을 하였고, 진제는 '항하강의 모래 숫자와 같이 신명(身命)을 버려 보시'한다고 번역하였다. 현장은 '긍가하(殑伽河)의 모래 등과 같은 자아 존재를 그 모래 수에 해당하는 겁(劫) 수만큼 자아 존재를 버린다'고 번역하였다. 산스크리트어본은 dine dine(매일 매일) gaṅgānadī(갠지스 강) vālukā(모래알) samān(같은) ātma(자기) bhāvān(존재들을) parit-yajet(포기하겠다면), evaṁ(이같이) parityajan(포기하여), gaṅgānadī(갠지스 강) vālukā(모래알) samān(같은) kalpāṁs(겁들에) tān(그들) ātmabhāvān(자기 존재를)parityajet(포기한다면), 즉 원문에 충실한 현장의 번역이 눈에 띈다.

여기서 parityajet는 포기한다(renounce, forsake, sacrifice)의 의미인데, 구마라집, 보리유지, 진제, 의정은 모두 보시로 번역하였다. 그러나 현장만이 버린다(사捨)는 뜻을 사용하고 있다. 보시와 희생은 다른 것이다. 보시는 가지고 있는 것 중에서 베푸는 것을 말하지만, 희생은 재물을 의미하는 것이 아니라 본인의 노고(勞苦)에 의한 것을 말한다. 따라서 재물의 물적인 개념을 보시로 표현하고, 신체와 정신을 타인에게 바치는 것은 희생으로 표현하는 것이 맞을 것이다. 그런 의미에서 원문의 용어는 정확하고, 현장이 정확하게 표현한 것이라 보인다. 영역자들은 renounce(포기하다), sacrifice(희생하다)는 용어를 사용하고 있다.

여기서 신명(身命)이라고 된 것은 현장이 자체(自體)라고 하였고, 보통 한글로 몸이라고 번역하지만, 앞서 10절에서 이것은 자아 존재라고 하는 것이 좋겠다고 하였다. 즉 ātam-bhāvā는 단순한 몸의 뜻으로 번역하지 않는 것이 좋기 때문에, 한역(漢譯)에서 신명(身命)이나 자체(自體)라는 특별한 용어를 고른 것이다.

그런데 이 부분을 번역하면서 의문이 생기는데, 자아 존재를 버리는데 한 번의 보시가 아니라 또 갠지스 강의 모래만큼의 자아 존재와 그 정도 시간의 계속적인 자아 존재를 버리는 것의 과장이 심한 것으로 보인다. 현장과 구마라집의 번역에 260년의 차이가 나는 것으로 보아 산스크리트어본에서 뒷부분이 첨가된 것으로 보인다. 특히 신명(身命)으로 갠지스 강에 보시하는 것은 지금까지의 물질적 보시와는 다른 차원의 보시이고, 단 하나뿐인 목숨을 보시하는 것의 중요성을 생각해 볼 때, 구마라집 당시의 원본이 일회성의 보시로 완결되는 것으로 기재되었을 것이라 보이는데, 그 뒤에 다시 갠지스 강의 모래 수와 같은 겁의 시기 동안 수많은 목숨을 보시한다는 과장된 표현은 금강경의 앞부분에서 붓다가 계속적으로 예를 든 갠지스 강의 모래 수만큼의 엄청난 숫자에 영향을 받은 후세 사람들이 이 부분도 그렇게 고친 것이라고 여겨진다. 그 부분(갠지스 강의 모래 수와 같은 겁 동안 자아 존재를 희생하는 부분)을 빼고 번역하면 문장이 더 간결해진다. 그래서 콘체의 산스크리트어본과 영문 번역본에도 이 부분은 빠져 있다.

금강경의 진행에 따라 보시의 정도에서 보시의 가치와 범위가 증가하고 있다. 앞 절까지는 물질적 세계에서 가장 가치 있는 것의 대표로서 칠보(七寶)를 어느 정도 보시하느냐의 양적인 문제였는데 이제는 목숨을 희생하는 것이다. 그리고 공간적 확대만으로는 보시의 엄청난 양을 표현하기 힘들어 시간의 개념을 도입하고 있다. 여기서 사용되는 겁(劫)은 kalpa(영겁永劫)의 번역인데, 고대 인도에서 세계의 창조와 붕괴를 포함하는 시간이다.

그리고 만약 이 법문으로부터 단지 네 구절로 된 게송을 뽑아서 남들에게 자세히 가르쳐주고 설명해 준다면,
이 후자가 이로 인해서 측정할 수 없고 셀 수 없는 더 많은 공덕을 쌓을 것이다.

이 법문 중에서 – 구마라집과 진제, 의정은 '이 경전 가운데서'라고 번역하였고, 보리유지와 현장은 '이 법문 가운데서'라고 번역하였다. 사구로 된 게송이라도 끄집어내어 가르친다면 단순히 경전 중의 아무것이나 말하는 것이 아니고, 법문의 핵심을 가지고 있는 사구로 된 게송을 말한다고 보는 것이 옳다. 산스크리트어본에는 dharma-paryāyād(법문)라고 되어 있고, 사구게를 여기서 뽑으라는 것은 11절에서 상세히 논한 바 있으므로 생략한다. 다만 11절에서 영문 번역가들의 번역을 언급하지 않았는데, 콘체는 '법에 대한 강의 discourse on Dharma' 막스 뮐러는 '법에 대한 조약 treatise of the Law', 레드파인은 '법의 가르침dharma teaching'이라고 하여 '법문'으로 모두 보고 있다.

이 경전을 통하여 붓다는 반복적으로 '가르침을 보시'하는 것의 위대성을 강조하고 있다. 공양(供養) 중 법공양이 제일이라는 말이 전해 오지만, 물질적인 보시나 신체적인 포기로 인한 소신공양 등이 큰 공덕이 아님을 확실히 해둔다.

–'중력 gravity'이라는 영화에서, 산드라 블록을 위해 구명줄을 놓고 스스로 떨어져 혼자서 우주공간에 추락하는 조지 클루니의 대사 중에 "You shoud see the sun shining on the Ganges, it's amazing.(너는 갠지스 강에서 솟는 태양을 꼭 봐야 한다. 너무 놀랍다.)"는 감탄을 한다. 죽음을 앞두고도 그런 말을 하는 것은 정말로 대단한데, 묘하게 우리가 지금 읽고 있는 금강경에 갠지스 강의 비유가 많이 나오는 것과 대비가 된다. 그런데 생각해 볼 것은 지상의 갠지스 강에 해가 떠오르는 것을 보는 것과 인공위성 궤도의 고도에서 갠지스 강의 해가 떠오르는 것을 보는 것이 같은 느낌일까, 완전히 다른 느낌일까?

14절

관념을 떠난 보시를 하라

이때 장로 수보리는 실로 법의 충격으로 눈물을 흘렸다. 그가 눈물을 닦고 나서 세존에게 이렇게 말하였다. "놀랍습니다. 세존이시여, 너무나 놀랍습니다. '잘 가신이'여, 여래는 제일 앞서 길을 나아가는 사람들, 최고의 길을 나아가는 사람들의 이익을 위하여, 이렇게 법문을 잘 설해 주셨습니다. 세존이시여, 이로부터 저에게 지혜가 생겼습니다. 세존이시여, 저는 이런 형태의 법문을 전에 전혀 들어본 적이 없습니다."

"세존이시여! 여기 경전에서 말해지는 것을 듣고 진정한 관념을 내는 자들은 최고로 놀라움을 갖춘 보살들이 될 것입니다. 그것은 무슨 이유에서인가? 세존이시여, 이 진정한 관념, 그것은 실로 진정한 관념이 아니기 때문입니다. 그래서 여래는 진정한 관념, 진정한 관념이라고 말하십니다."

"세존이시여, 제가 이 법문이 설해질 때, 받아들여 믿는 것은 어려운 일이 아닙니다. 세존이시여, 그러나 미래에, 최후의 시간에, 최후의 시대에, 최후의 500년에 선법이 붕괴하는 때에, 또한 어떤 중생들이 있어서, 세존이시여, 이 법문을 배우고 마음에 새기고 독송하고 이해하고 남들에게 자세히 설명해 준다면, 그들은 최고의 경이로움을 갖춘 자가 될 것입니다."

"그리고 다시 세존이시여, 그들은 자아의 관념이 생기지 않을 것이고, 중생의 관념, 영혼의 관념, 개인의 관념이 생기지 않을 것입니다. 또한 그들에게는 그 어떤 관념도, 관념이 아닌 것도 생기지 않을 것입니다."

"그것은 무슨 이유에서인가? 세존이시여, 그 자아의 관념, 그것은 관념이 아니고, 중생의 관념, 영혼의 관념, 개인의 관념, 그것들은 관념들이 아니기 때문입니다. 그것은 무슨 이유에서인가? 붓다 세존들께서는 일체의 관념을 떠난 분들이기 때문입니다."

이렇게 말해지자 세존께서 장로 수보리에게 말하셨다. "그렇다 수보리여, 그러하다. 경전이 설해지는 때에 놀라지 않고 두려워하지 않고 공포에 빠지지 않는 중생들은 최고의 경이로움을 갖춘 자들이 될 것이다.

그것은 무슨 이유에서인가? 수보리여, 최고의 바라밀, 이것이 여래에 의해 설하여졌는데, 그것은 역시 바라밀이 아니기 때문이다. 그리고 다시 수보리여, 여래가 최고의 바라밀을 설하였는데, 그것은 셀 수 없는 붓다와 세존들이 설하신다. 그러므로 최고의 바라밀이라고 부른다."

"또한 참으로 다시 수보리여, 여래의 인욕바라밀, 그것은 실제로 바라밀이 아니다. 그것은 무슨 이유에선인가? 수보리여, 깔링가왕이 내 사지의 마디마디 살점을 잘라내었는데, 그때 당시에 나에게 자아의 관념이나, 중생의 관념이나, 영혼의 관념이나, 개인의 관념, 그 어떤 관념도 관념이 아닌 것도 없었기 때문이다."

"그것은 무슨 이유에서인가? 수보리여, 만약에 그때 나에게 자아의 관념이 있었더라면, 분노의 관념이 역시 당시에 생겼을 것이다. 만약 중생의 관념, 영혼의 관념, 개인의 관념이 있었더라면, 또한 그때에 나에게 분노의 관념이 생겼을 것이다."

"그것은 무슨 이유에서인가? 수보리여, 내가 지나간 과거의 500의 생(生)을 회고해 보니, 나는 인욕(忍辱)을 말하는 선인(仙人)으로 있었는데, 그때에도 역시 나에게는 자아의 관념이 있지 않았고, 중생의 관념도 없고, 영혼의 관념도 없고, 개인의 관념도 없었기 때문이다."

"그래서 수보리여, 보살 마하살은, 일체의 관념을 없애고, '최상의 바른 깨달음'의 마음을 내어야 한다. 형상에 의존하지 않는 마음을 내어야 하고, 소리, 냄새, 맛, 촉감, 마음의 대상에도 의존하지 않는 마음을 내어야 한다.

법에도 의존하지 않는 마음을 내어야 하고, 법이 아닌 것에도 의존하지 않는 마음을 내어야 하고, 어떠한 것에도 의존하지 않는 마음을 내어야 한다."

"그것은 무슨 이유에서인가? 의존이라는 것은 실로 의존이 아니기 때문이다. 그래서 여래는 말한다. 보살은 의존함이 없이 보시를 해야 한다. 형상, 소리, 냄새, 맛, 감촉, 마음의 대상에 의존하지 않고 보시를 해야 한다."

"또한 다시 수보리여, 보살은 일체 중생들의 이익을 위해서 이런 형태의 보시를 하여야 한다. 그것은 무슨 이유에서인가? 수보리여, 중생의 관념, 그것은 실로 관념이 아니기 때문이다. 이와 같이 여래에 의해 설해진 일체 중생들은 그래서 중생이 아니기 때문이다.

그것은 무슨 이유에서인가? 수보리여, 여래는 사실을 말하는 자이고, 진실을 말하는 자이고, 있는 그대로 말하는 자이고, 다르지 않게 말하는 자이고, 여래는 거짓을 말하는 자가 아니기 때문이다."

"그러나 실로 다시 수보리여, 여래가 완전히 깨달았고 가르쳤으며, 깊이 생각하였던 법에는, 진실도 없고 거짓도 없다. 수보리여, 보살이 사물에 지배되어 보시를 하는 것은, 마치 사람이 어둠에 들어가서 아무것도 보지 못하는 것과 같다. 수보리여, 보살이 사물에 지배되지 않고 보시를 하는 것은, 마치 눈이 있는 사람에게 밤이 새고 태양이 떠오를 때 가지가지의 형상이 보이는 것과 같다."

"또다시 수보리여, 좋은 가문의 아들과 딸이 이 법문을 배우고 마음에 새기고 독송하고 이해하고 다른 이들에게 자세히 설명해 준다면, 수보리여, 여래는 붓다의 지혜로 그들을 알며, 붓다의 눈으로 그들을 본다. 수보리여, 그들 모두가 측정할 수 없고 셀 수 없는 공덕을 쌓고 얻게 될 것임을 여래는 안다."

[해설]

청중을 감동시키는 놀라운 지혜의 말들이 계속되어 이제 장로 수보리는 감동하게 되었다. 그러한 감동은 붓다의 말을 깊이 마음에 새기면서 그 오의를 이해하게 되었기에 가능한 것이다. 주석가들은 여기서 수보리가 '이런 가르침을 들어본 적이 없다'는 고백에 대해서 아직 수보리의 단계가 낮기 때문이라는 말도 하고 있다. 그러나 지금 붓다 사후 2500년이 지나서 새로운 학문과 사고방식을 배운 후학들도 처음 듣는 이야기이고, 금강경의 감동이 이미 시작되어 있는 순간인데 수보리에 대한 그러한 평가는 가혹하다.

수보리는 역시 미래에도 불법이 살아 있을지 걱정하면서 질문하고 있다. 그리고 수보리의 입을 빌려 붓다가 말한 것을 반복하면서 각종의 관념을 낳지 못하게 예방하고 있다.

그러자 붓다 역시 자신의 가르침이 최고의 완성이 아니라고 부정하면서, 깔링가왕 시절의 전생 이야기를 꺼내고 있다. 일체의 관념이 없다는 것이 무엇인지, 신체를 절단하는 사례를 들어 실감나게 묘사하는 것이다.

그리고 지금까지 보시와 지혜의 바라밀을 예로 들어 이야기하였지만, 여기서는 인욕바라밀을 새롭게 예로 들어 말하는 것을 특징적으로 볼 수 있다. 이 인욕바라밀에 있어서도 자아, 중생, 영혼, 개인의 관념이 없는 것이 중요하다는 점을 강조하고 있다. 즉 일체의 관념을 없애는 것이 보시의 바라밀, 인내의 바라밀, 지혜의 바라밀을 수행하는 데 있어서 필수적이라는 것을 보여준다.

그리고 사물에 지배되어 보시를 하는 것은 어두운 곳에서 앞을 볼 수 없는 것이며, 사물에 지배되지 않는 것이 태양이 비추는 곳에서 사물을 명확하게 인식하는 것과 같다는 비유로서, 재차 집착을 벗어나기를 당부하고 있다.

소명은 제목 '관념을 떠나 적멸로(이상적멸분離相寂滅分)'라고 하였다.

[설명]

이때 장로 수보리는 실로 법의 충격으로 눈물을 흘렸다. 그가 눈물을 닦고 나서 세존에게 이렇게 말하였다. "놀랍습니다. 세존이시여, 너무나 놀랍습니다. '잘 가신이'여, 여래는 제일 앞서 길을 나아가는 사람들, 최고의 길을 나아가는 사람들의 이익을 위하여, 이렇게 법문을 잘 설해 주셨습니다. 세존이시여, 이로부터 저에게 지혜가 생겼습니다. 세존이시여, 저는 이런 형태의 법문을 전에 전혀 들어본 적이 없습니다."

법의 충격으로 눈물을 흘렸다 – 수보리가 한 번도 들어본 적이 없는 법문을 듣고 가슴에 꽝하는 소리와 함께 저절로 감동하는 장면인데, 이 부분을 제대로 번역한 것이 없어 보인다. 구마라집은 문설시경(聞說是經–이 경전을 설하는 것을 듣고) 해심의취(深解義趣–그 뜻을 깊게 이해하여) 체루비읍(涕淚悲泣–눈물 흘리며 슬피 울며)라고 번역하였다. 감성적인 표현이라 보리유지, 의정도 비슷하게 번역하였다. 산스크리트어본에는 dharmavegenāśrūṇi prāmuñcat로써 vegena의 vega는 충격, 힘(shock, force)인데, 그래서 법의 힘, 즉 법력(法力)으로 번역하기도 한다. 현장은 법의 위력으로 번역하였다. 콘체는 법의 충격(impact of Dharma), 막스 뮐러와 레드파인은 '법의 힘(force, power of Dharma)'으로 번역하였다. 그러나 법의 힘으로 번역한다면, 수보리가 감동하는 것이 인위적이라는 느낌을 줄 수밖에 없다. 법에 대한 깊은 이해를 바탕으로 스스로 감동하기 위해서는 그 법을 듣고 충격을 받아서 감동하는 것이 맞을 것이다. 따라서 여기서 '법의 충격'으로 번역하는 것이 맞다.

이렇게 말하였다 – 여기서 '이렇게'를 생략하여 번역하기도 하고, '이것을'이라고 번역하기도 하는데, 한글로 번역한다면 생략하여도 무방하다. 한글 문장의 어감을 본다면 '다음과 같이'라고 번역하는 것이 더 옳을 것이다.

놀랍습니다. 세존이시여, 너무나 놀랍습니다. 잘 가신이여 – 원문의 āścaryaṁ을 '드문 일입니다', '경이롭습니다' 등으로 번역하는데, '드문 일입니다'고 번역한 사람도 많지만 그것은 한역본의 희유(希有)를 번역한 것에 불과하고, 그것조차도 희유(稀有-드물다)라는 한자어 용어와 뜻을 같이 사용한다고 하는 식의 번역에 불과하다. 문맥상 '드문 일입니다'라는 말은 어울리지 않는다. '경이롭습니다' 혹은 '놀랍습니다'로 번역한다. āścaryaṁ(wonderful, marvellous) '놀라운'의 뜻이다.

제일 앞서 길을 나아가는 사람들 – 이 부분에 해당하는 한역(漢譯)은 현장본 외에는 없다. 산스크리트어로 agra(primal, foremost, 최초의, 맨 앞의, 으뜸가는) –yāna(수레, 승乘) saṁprasthitānāṁ(함께 서 있는, 들어선)인데, '제일 앞서 길을 나아가는'으로 번역하는 것이 좋다. 구마라집은 이 부분이 없고, 현장은 최상승자(最上乘者)라고 번역하였는데 우리말 어감에 맞지 않고, 한자 뜻으로는 '최상의 수레에 탄 자'라는 뜻이 된다. 콘체도 이 부분은 번역하지 않았다. 그가 제시하는 산스크리트어본에는 이 부분이 있는데도 번역하지 않은 것은 영어로 번역한 후에 새로 수집한 산스크리트어본일 가능성이 많다. 뮐러는 영어로는 agra를 foremost라고 번역하면서, 그것이 '열반으로 이끄는 길'이라는 설명을 붙였으니 이는 '바르게 가는 길'이라는 뜻으로 사용하였다. 바로 뒷문장이 '최상의 길'이라는 최상급 비교급을 사용하였지만, 여기서는 비교급을 사용하지 않았는데, 이 단어는 자체가 최상급의 뜻을 가지고 있다. 단어의 뜻으로만 보면, 여러 가지 수레 중 제일 앞에 있는 수레를 말하는 것이므로, '제일 앞의 수레를 탄 것'을 말하는지, '제일 앞의 수레'라는 것이 수레를 탄 자 중 가장 빨리 나아가서 제일 앞이 된 것이냐, 같이 출발하는 여러 수레들 중의 제일 앞에 탄 것에 불과한 것인가의 문제가 되겠지만, '제일 앞서'라는 번역으로 족하다. 사전적인 의미로는 stepping in front to defy the enemy(적을 무시하고 최전선으로 나섬), first vehicle(첫 번째 수레)이라는 뜻이 있어서 문맥에 따라 결정해야 한다. 뒷부분의 최상의 길을 나아가는 사람들과 대비하기 위해서 '좋은 가문의 아들과 딸'이 보살의 길을 가는 것을 언급하고 있으므로, 보살의 길에 먼저 뛰어든 사람들을 의미하는 것으로 해석한다.

이익을 위하여 – artha(prosperity 번성, wealth 재화) aya(~위하여), 바로 이 앞의 '제일 앞서 길을 가는 사람들'과 바로 뒤의 '최상의 길을 나아가는 사람들'의 '이익을 위하여'라는 부분은 현장을 제외한 한역(漢譯)에는 없다. 많은 주석가들은 이 부분들이 나중에 추가되어 대승의 기치를 세우기 위함이라는 해석을 하고 있다. 그래서 콘체본에도 이 부분이 없는데, 그러나 최초로 산스크리트어 금강경을 정리한 막스 뮐러는 이 부분이 있다.

최고의 길을 나아가는 사람들 – 현장은 발취최승승자(發趣最勝乘者)라고 하였으니, 그 뜻은 '최고로 뛰어난 수레를 향하여 떠나다'의 뜻이다. 그래서 '최고의 길을 향해 가는 사람'으로 번역하는 것이 옳다. 산스크리트어로는 śreṣṭha-yāna로 최상급의 표현을 하였다. 앞의 구절과 비교하여 같이 보면, 제일 앞서 길을 향해 가는 사람을 위해 법문을 하였고, 그 길이 최고의 길이므로 최고의 길을 향해 가는 사람을 위해 법문을 한 것이라는 뜻이다.

지혜가 생겼습니다 – 지혜를 구마라집과 보리유지는 혜안(慧眼), 진제(眞諦)는 성혜(聖慧), 현장은 지(智)라고 하였다. 콘체는 cognition, 뮐러는 knowledge, 레드파인은 awareness라고 표현하였다. 산스크리트어로 jñānam은 knowledge이면서 좀 더 상위의 지식을 의미한다. 지금은 붓다의 설법이 무르익어 설법의 주요 내용이 모두 나온 뒤이기 때문에 단순히 수보리에게 지식이 생긴다는 것은 무용한 일이 될 것이고, 지혜가 생긴 것이라고 보는 것이 좋겠다.

이러한 형태의 법문을 전에 전혀 들어본 적이 없습니다. – 이러한 형태의 법문이라는 것을 구마라집은 '이와 같은 경(經)', 보리유지, 현장은 '이와 같은 법문', 진제는 '이와 같은 경전', 의정은 '이와 같은 심오한 경(深經)'이라고 하였다. 의정의 번역은 원문에 evaṁ(이러한) rūpa(형태)에서 rupa, 즉 형태 자체를 '깊은 내용을 설한 형태'라고 해석하면 가능할 수도 있다. 여기서 보통의 경전이나 법문에 비해서 이 금강경의 특별히 다른 형태는 무엇일까? 금강경 시작과 끝이 불교 경전의 체제와 같기 때문에 형식상의 다른 점을 말하는 것은 아니다. 오히려 경의 내용이 일반의 상식을 벗어나고, 보통의 논리로는 그 내용을 가늠하기 힘들기 때문에 수보리로서는 이런 고백을 하는 것이라 보인다.

'들어본 적이 없습니다'를 뮐러는 '그러한 법의 가르침이 나에 의해 전에 들려본 적이 없다'라고 산스크리트어 원문에 직역을 하고 있는 것은 1절에서 언급한 바와 같다. 그러나 우리말로 '내가 들어본 적이 없다'고 하는 것이 맞다.

수보리가 이런 형태의 법문을 들어본 적이 없다는 것에 착안하여, 이 금강경이 다른 경전보다 나중에 만들어졌다는 통설과는 달리 상당히 초기에 만들어진 것이라는 추정을 할 수도 있다. 그러나 나는 오히려 '이런 형태의 법문'이라고 하였기 때문에, 이 이전에 이미 여러 형태의 법문과 법의 내용이 설해졌을 것이라 보므로, 금강경이 붓다의 여러 설법 이전에 만들어졌을 가능성은 희박하다고 본다. 특히 금강경을 전체적으로 보면, 내용 자체가 붓다가 아함경이나, 팔리어로 남아 있는 수타피타카 Sutta-pitaka에서 말한 소박한 내용이 아니라, 고차원적인 사유 방법을 담고 있는 것으로 보아서도 그러하다.

세존이시여! 여기 경전에서 말해지는 것을 듣고 진정한 관념을 내는 자들은, 최고로 놀라움을 갖춘 보살들이 될 것입니다.

그것은 무슨 이유에서인가? 세존이시여, 이 진정한 관념, 그것은 실로 진정한 관념이 아니기 때문입니다. 그래서 여래는 진정한 관념, 진정한 관념이라고 말하십니다.

첫 문장의 앞부분은 구마라집 역에 의하면, '만약 사람이 있어 이 경전을 들으면 믿는 마음이 청정해지고 실상(實相)을 낳게 된다. 이 사람은 제일 놀라운 공덕을 이룰 것임을 알라'고 하였는데, 보리유지도 비슷하게 번역하였다. 현장은 '아주 깊은 경전(甚深經典)을 듣는다면 진실(眞實)상(想)을 낳는다'고 하였다.

첫 문장의 뒷부분의 경우, 현장은 '성취가 최고로 놀라움을 알라'라는 문장으로 성취(成就)를 명사적으로 사용한다. 구마라집은 '공덕을 이룬다'는 문장이 되므로 성취(成就)를 동사로 사용한다. 즉 현장은 '그 성취가 제일 희유하다'고 번역하고, 구마라집은 '이 사람이 제일 희유한 공덕을 성취한다'인데, 원문에 공덕이라는 단어가 없으므로, 구마라집은 '공덕'이라는 목적어를 만들어 넣은 것이다. 현장의 경우 희유(希有)라는 표현을 이 절에서 계속 사용하는데 이를 '드물다'는 뜻으로 사용하면 안 되는 이유는, 문맥을 보면 세상에서 가장 놀라울 것이라는 뜻, 혹은 한자어로 경이(驚異)롭다는 번역을 사용하는 것이 맞기 때문이다. 드물다는 뜻으로는 희유(稀有)라는 한자어를 사용해야 한다.

진정한 관념 – bhūta-saṁjñā이 원어인데 이를 '진실한 산냐'라고 할 것인지, '진실한 상(相)', '진실한 인식', '진실한 지각'이라고 할 것인지의 문제가 있다. bhūta(true)는 진실한, 진정한의 뜻이 있다. '산냐'라고 표현하는 것은 또 '산냐'가 무엇이냐의 개념 정의를 해야 되는 문제가 있고, 구마라집이 사용한 '상(相)', 현장이 사용한 '상(想)'은 한국어에서 독립적으로는 잘 쓰지 않는 말이며, 그래서 이를 '관념'으로 하면 좋다고 3절에서 말하였다.

진실한 관념으로 할 것인지, 진정한 관념을 할 것인지 선택의 어려움이 있지만, 진실한 관념이라고 하면 '진실에 대한 관념', 즉 '무엇이 진실하다고 생각하는 관념'을 의미하기도 하고, 진실이 있다는 관념을 가리킨다고 착각할 수도 있어 여기서 사용되는 용법과 맞지 않을 수 있다. 진정한 관념이라는 것은 관념 자체의 진짜냐 가짜냐를 판가름하는 말이기 때문에 여기서 적합하다. 그러면 여기서 말하는 진정한 관념이란 무엇을 말하는 것일까? 그것은 '무엇이 있다는 관념'이 생기지 않는 상태를 말하는 것이다. 즉 '자아의 관념', '중생, 영혼, 개인의 관념'이 사라져 없어지고, 진정한 관념만 남아 있는 상태를 말한다. 이 진정한 관념에 대하여 구마라집과 보리유지는 실상(實相), 진제는 실상(實想), 현장은 진실상(眞實想), 콘체는 true perception(진정한 지각), 뮐러는 true idea, 레드파인은 perception of its truth(진실을 감지) 등의 표현으로 번역한다. 이것은 우리가 어떤 것에도 의존하지 않는 실체에 대한 관념을 말하는 것이다. 그래서 우리의 생각과 생각의 대상이 진정하게 일치하는 것을 말한다. 서양 철학에서는 전통적으로 실체에 대한 인식은 실체 자체와는 같아질 수가 없기 때문에 인식에 의한 실체의 포착은 불가능한 것으로 알아왔지만, 동양에서는 그것이 가능하다고 하여 여러 가지 방법을 사용하였는데, 그중 가장 유명한 것이 선(禪)이라고 알려진 것이다. 그러나 여기서는 붓다의 가르침과 같이 '무엇이 있다는 관념'이 생기지 않음으로써 진정한 관념을 가지게 된다고 본다. 아무런 편견 없이, 그 무엇에도 의존하지 않는 관념을 내어야 한다는 것이 지금까지의 중간 결론이다.

이것을 한자로만 보았던 사람들은 실상(實相)이 무엇인지 그 해독에 힘들어하는 것으로 보인다. 한자의 뜻으로 본다면, '존재의 있는 그대로의 모습'이라고 해석하면 되겠지만, 그것이 지금까지의 설법과 무슨 관계가 있는지 이해하지 못하는 것으로 보인다. 그러나 문맥상 붓다의 통상을 벗어나는 내용, 즉 무엇에 의존하는 관념을 버리라는 놀라운 강연이 있는데, 그런 것에 의존하지 않는 관념, 바로 그것이 진정한 관념인 것이다. 어렵게 고민하지 말고 붓다를 믿고 그대로 배우고 이해하면 된다.

최고로 놀라움을 갖춘 보살들이 될 것입니다. – 그래서 '진실한 관념'을 내는 자들은 다른 것에 의존하지 않는 관념을 낸 사람이므로, 최고로 놀라운 경지를 구현한 보살이 된다.

그것은 실로 진정한 관념이 아니기 때문입니다. – 즉 '자아, 중생, 영혼, 개인이 있다는 관념'을 벗어나서 진정한 관념을 내는 사람은 어떤 것에도 의존하지 않는 관념을 낸 사람이다. 그런데 그것을 다시 생각하면 그것도 진정한 관념이 아니다. 즉 단순히 무엇이 있다는 관념을 벗어난 것이 진정한 관념을 가지게 되었다는 말이 아니고, 진정한 관념을 내었기에 실체를 직접 인식하게 되었을 때가 진정한 관념이다. 그래서 네 가지 관념을 벗어났기 때문에 진정한 관념을 낸 것이라 하고, 실체를 직접 인식하는 관념이 아직 되지 않았기 때문에 진정한 관념이 아니고, 그러한 부정을 극복하였기 때문에 진정한 관념이라고 부른다.

14절부터는 각 번역본들의 구조가 조금씩 달라지고 있다. 구마라집과 보리유지, 의정의 번역본에는 이 부분이 축약되고 편집되어 있는데, 보리유지와 진제는 반야바라밀다를 덧붙이고 있고, 현장은 보살이라는 용어 대신에 중생이라는 용어를 사용하고 있다.

세존이시여, 제가 이 법문이 설해질 때, 받아들여 믿는 것은 어려운 일이 아닙니다.

세존이시여, 그러나 미래에, 최후의 시간에, 최후의 시대에, 최후의 500년에 선법이 붕괴하는 때에, 또한 어떤 중생들이 있어서, 세존이시여, 이 법문을 배우고 마음에 새기고 독송하고 이해하고 남들에게 자세히 설명해 준다면, 그들은 최고의 경이로움을 갖춘 자가 될 것입니다.

받아들여 믿다 - 구마라집과 보리유지는 신해(信解-믿고 이해하며), 수지(受持-받아 지니다)라 하였고, 현장은 영오(領悟-핵심을 깨달음) 신해(信解)라고 번역하였는데, 산스크리트어본에서 사용된 용어인 avakalpaya는 fit to be conceived of(맞는다고 느끼는)의 뜻이므로 받아들인다고 번역하고, adhimukta를 confident(확신하는), inclined(끌리는)이므로 믿는다고 번역한다.

어려운 일이 아닙니다 - 수보리나 당시의 제자들은 붓다에게 직접 법문을 듣고 있기 때문에 이해가 되지 않는 것은 즉석에서 질문으로 해답을 구할 수 있다. 그래서 성문(聲聞)이라는 제자들은 소리를 직접 듣는다는 뜻을 가지고 있고, 대부분이 아라한의 경지로 승격되었다. 그래서 다음에 나올 미래에는 이 가르침이 어찌될지 걱정하고 있는 것이다.

미래에, 최후의 시간에, 최후의 시대에, 최후의 500년에 - 구마라집은 시간 단위를 줄여서 내세(來世-미래), 후오백세(後五百歲-뒤의 500년)라고 단순히 표현하였다. 보리유지, 진제는 아예 후오백세도 생략하였다. 현장은 내세(來世), 후시(後時), 후분(後分) 후오백세(後五百歲)라고 하였는데, 현장의 번역은 산스크리트어본과 같다.

선법이 붕괴하는 때에 - 선법(善法)이라고 표현된 것을 도해하여 아래에 보인다. sad-dharma를 번역한 것인데, 그냥 좋은 법이라는 뜻이다. sad는 good(좋다)이라는 뜻인데, 이를 현장은 정법(正法-바른 법)이라고 하였다. 정법(正法)과 선법(善法)은 다른 것인가? 콘체는 good doctrine(좋은 원리), 뮐러는 good law(선법), 레드파인은 '법'이라고 표현하였다. 좋은 법이나 바른 법이나 같은 뜻을 가리키지만 원문과 같이 선법이라고 번역한다.

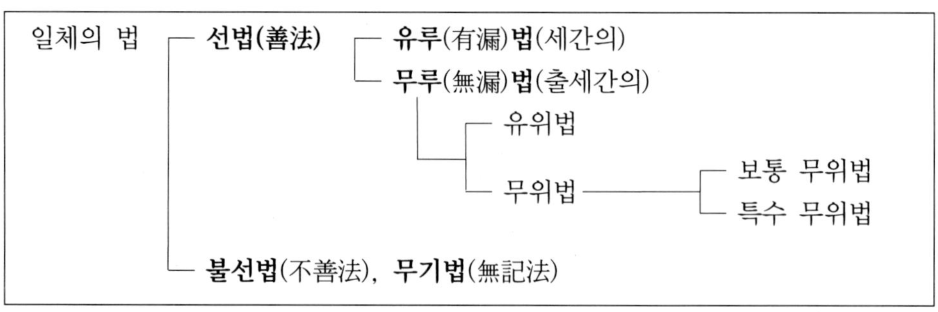

불교에서 말하는 법의 분류를 시도해 보기로 한다. 위의 표는 불교 관련 서적들에서 언급되는 법과 관련된 것들을 정리한 것이다.

처음 나오는 개념들이 선법, 불선법, 무기법, 유루법, 무루법이다. 유위법과 무위법은 앞의 7절에서 소개한 바 있다.

선법은 이치에 맞고 자신과 세상을 이익 되게 하는 법이다. 그래서 사성제(四聖諦-고집멸도), 팔정도(八正道) 등을 말한다. 불선법은 5악[116], 10악[117] 등을 말하고, 무기법은 선법도 불선법도 아닌 법이다.

여기서 무기법은 선법이나 불선법이라도 까르마의 효과를 가지지 않는 행동이다. 선법은 증장하고, 불선법은 거부하고, 무기법은 무시한다. 선법에 있어서 세속적인 것이 보통의 사람에게 발견되고, 초현세적인 것은 성인의 바른 길에 포함되어 있다.

유루(有漏)법, 무루(無漏)법 - 여기서 루(漏)는 새어나오는 것을 말하므로, 유루는 새어나오는 것이 있고, 무루(無漏)는 그것이 없다는 것이다. 무엇이 새어나오느냐? 그것은 인간이 번뇌로 인하여 악업을 행하고 그래서 고(苦)가 삶에 새어나오는 것을 말한다. 번뇌와 고의 누출로 계속 윤회하게 된다. 그래서 고(苦)의 누출을 증장시키는 것을 유루법이라 하고, 번뇌가 끊어진 상태를 무루법이라고 한다. 그래서 사성제 중에서 집제(集諦)는 번뇌 그 자체를 말하므로 유루이고, 고제(苦諦)는 번뇌 자체는 아니지만 번뇌를 증장시키는 것이므로 유루이다. 멸제(滅諦)는 번뇌가 끊어진 상태이므로 무루이고, 도제(道諦)는 번뇌를 끊어지게 하는 길을 말하므로 무루이다.

무루법은 다시 유위법(有爲法)과 무위법(無爲法)으로 나뉘는데, 유위법의 요소는 경험적이고 관례적인 세계와 관련되어 있고 삼계에 있으며 인과에 의존한다. 즉 여러 인연이 함께 모여서 만들어진 것이라는 의미에서 유위(有爲)이다. 사성제(四聖諦) 중 무루법으로 분류된 도제(道諦)도 유위법에 해당한다. 무위법은 인연

116) 5악은 오계(五戒)를 어기는 것을 말한다. 살생(殺生), 투도(偸盜), 사음(邪淫), 망어(妄語), 음주(飮酒)가 그것인데, 음주는 앞의 4악을 범하는 동기가 되므로 5악에 포함시켜 경계하고 있다.

117) 10악은 신구의(身口意) 3가지로 짓는 10가지 악업이다. 몸으로 짓는 것은 살생, 투도, 사음, 입으로 짓는 것은 망어, 양설(兩舌), 악구(惡口), 기어(綺語), 뜻으로 짓는 것은 탐욕(貪慾), 진에(瞋恚), 사견(邪見)이다. 묘하게 앞의 5악에 포함된 음주는 10악에 포함되지 않는다.

의 화합이 아니라 생멸과 변화를 떠난 절대적이며 항상 존재하는 진리의 세계를 말한다. 그래서 궁극적 실재와 관련되어 삼계에 속하지 않고 인과를 벗어난다. 진여(眞如)가 좋은 예이다. 보통의 무위법은 모든 성인의 정신적 흐름에서 명확히 나타나는데, 특수한 무위법은 오직 붓다의 십력(十力)과 같은 것을 말한다.

법문을 배우고 마음에 새기고 독송하고 이해하고 남들에게 자세히 설명해 준다면 – 법문에 대한 공부를 강조하는 부분으로 반복되는 표현이다. 그런데 금강경의 부분에 따라 약간씩 반복되는 표현이 달라진다. 15절에서는 경전을 베껴 쓰는 것 –사경(寫經)도 이 표현에 추가된다. 여기서 금강경으로 공덕을 쌓는 방법이 나오는데, 금강경의 법문을 배우고 그 내용을 마음에 새기고, 소리 내어 읽으면서 그 내용의 인과관계 및 역사적인 배경을 하나씩 이해하여야 하고, 공부가 완성되면 남들에게 설명해 주는 것이 최고의 공덕을 쌓는 것이다. 그냥 한번 읽어보고 그 내용의 요지를 아는 것만으로는 법문의 내용이 체득(體得)되지 않는 것임은 우리의 경험으로 잘 알고 있다. 그래서 어떤 관념이 형성되지 않도록 끝없이 학습하는 것, 또 관념이 형성되지 말아야 한다는 그런 관념도 생기지 않을 때 지혜가 완성되는 것이다.

최고의 경이로움을 갖춘 자가 될 것이다 – 경이로움은 āścaryeṇa를 번역한 것인데, 구마라집과 현장이 희유(希有)라고 하였다. 이를 앞에서도 말한 바와 같이 '드물다'고 해석하면 안 되는 것임이 문맥상 분명하다. 즉 최고의 놀라운 사람이 될 것이다. 경이로운 사람이 될 것이라고 번역해야 한다.

그리고 다시 세존이시여, 그들은 자아의 관념이 생기지 않을 것이고, 중생의 관념, 영혼의 관념, 개인의 관념이 생기지 않을 것입니다. 또한 그들에게는 그 어떤 관념도, 관념이 아닌 것도 생기지 않을 것입니다.

그것은 무슨 이유에서인가? 세존이시여, 그 자아의 관념, 그것은 관념이 아니고, 중생의 관념, 영혼의 관념, 개인의 관념, 그것들은 관념들이 아니기 때문입니다.

그것은 무슨 이유에서인가?

붓다 세존들께서는 일체의 관념을 떠난 분들이기 때문입니다.

그리고 다시 – 구마라집 보리유지, 현장, 의정은 하이고(何以故–무슨 이유에서인가)로 시작한다. 진제는 '세존이시여'로 시작한다. 그런데 산스크리트어본에는 api to khalu punar(또한 그러나 참으로 다시)라고 되어 있으니 간단히 '그리고 다시'라고 번역한다.

그들은 자아의 관념이 생기지 않을 것이고 – 여기서 말하는 그들이란, 바로 앞에서 최후의 500년에 금강경의 법문을 읽고 공부하여 남들에게 설명해 주는 사람들을 말한다. 그들은 법문을 이해했기 때문에 자아가 있다는 관념이 생기지 않는 것이다.

그 어떤 관념도, 관념이 아닌 것도 생기지 않다 – 이 부분은 한역(漢譯)에는 전혀 나와 있지 않다. 산스크리트어본과 뮐러, 레드파인은 이 부분이 있다. 6절에서 네 가지 관념이 발생하지 않고, 추가로 관념도 관념이 아닌 것도 발생하지 않는다는 부분에서 설명한 바가 있다. 법에 대한 관념과 법이 아닌 것에 대한 관념은 여기서 언급하지 않고 있다.

그것들은 관념들이 아니기 때문입니다 – 금강경 법문을 배우고 이해한 사람이 왜 그러한 관념이 생기지 않는지에 대한 이유를 보여주고 있다. 앞서 6절에서는 법문을 배우고 이해하면 자아 등에 대한 관념이 생기지 않는다고만 설하였는데, 왜 그런 관념이 생기지 않는지를 14절에 와서 보여준다. 즉 '자아의 관념'은 '관념'이 아니라는 것이다. 관념이 아니라는 말은 무슨 말인가? 보통 불교에서는 '자아'라는 것은 존재하는 실체가 아니라고 본다. 즉 자아는 모든 것에 기대어 존재하는 것이기 때문에 '자아' 단독으로 어떤 독립적인 존재가 되지 못한다. 그래서 '자아'는 없다는 것을 불교의 깊은 가르침으로 보고 있다. 일반적인 설명에 따른다면, '자아라는 관념'은 실체가 없는 가상의 것에 대한 관념이기 때문에, '없는 것'에 대한 관념이므로 관념이 아니라고 할 수 있다. 그런 네 개의 관념은 진정한 관념이 아니기 때문에 그러한 관념이 생기지 않는다.

미래에, 최후의 시간에, 최후의 시대에, 최후의 500년에 선법이 붕괴하는 때에, 어떤 중생들이 있어서, 이 법문을 배우고 마음에 새기고 독송하고 이해하고 남들에게 자세히 설명해 주는 경우에 그들은 최고의 경이로움을 갖춘 자가 되고, '자아의 관념, 중생, 영혼, 개인의 관념'이 생기지 않는다. 그런 관념은 관념이 아니기 때문이다.

붓다 세존들께서는 일체의 관념을 떠난 분들이기 때문입니다 – 관념에 사로잡히지 않고, 관념 자체를 벗어나는 것이 깨달음으로 가는 첩경이다. 여기서 '관념을 떠난다'는 것은 무슨 뜻일까? 관념 자체가 생기지 않는다는 것인가, 생기는 관념을 분리해 볼 수 있는 능력을 말하는 것일까. 보통은 관념 자체가 생기지 않는다는 뜻으로 해석한다. 한자 번역에서 구마라집과 현장이 이(離)일체상이라고 하였는데, 그것을 일체의 관념에서 떨어져 있음으로 해석하거나 모든 상을 떠난 것으로 해석하여도 전자의 뜻으로 사용한 것이 대다수이다. 콘체는 ~left behind(뒤에 남기고 떠나다)로 하였고, 뮐러와 레드파인은 free from(~이 없다)이라고 하였으니 일체의 관념 자체가 발생하지 않는다는 뜻이다. 산스크리트어 apagatā는 '떠나버린(gone, departed)'이다. 사실 일체의 관념을 벗어난다는 것이 무엇인지 붓다 세존이 되지 않고서는 알 수 없는 노릇이다. 그러나 대략적으로 생각해 볼 수 있는 것은 사물이나 대상이 있을 때 그것을 인식하는 행위로써 우리가 개념적으로 인식할 것인가, 사물이나 대상을 있는 그대로 볼 것인가의 차이는 분명히 있다. 즉 대상을 개념적으로 인식하여 그것이 개념적 인식에 의한 것이라는 것을 즉시 부정하는 것은 '생기는 관념을 분리하는 것'이고, 사물 자체를 있는 그대로 직시하는 것은 '아무런 관념이 생기지 않는 것'이다. 앞에서 말한 바와 같이 실체를 직접적으로 인식하는 것을 말하는 것이다. 그래서 언어나 논리를 떠나서 사물을 직시하라는 것이 계속되는 가르침이다. 따라서 아무런 관념이 생기지 않은 상태라는 측면에서는 관념이 아니고, '직접적인 인식'이라는 측면에서는 관념이라 할 수 있는 것이다.

이렇게 말해지자 세존께서 장로 수보리에게 말하셨다. "그렇다 수보리여, 그러하다. 경전이 설해지는 때에 놀라지 않고 두려워하지 않고 공포에 빠지지 않는 중생들은 최고의 경이로움을 갖춘 자들이 될 것이다.

그것은 무슨 이유에서인가?

수보리여, 최고의 바라밀, 이것이 여래에 의해 설하여졌는데, 그것은 역시 바라밀이 아니기 때문이다. 그리고 다시 수보리여, 여래가 최고의 바라밀을 설하였는데, 그것은 셀 수 없는 붓다와 세존들이 설하신다. 그러므로 최고의 바라밀이라고 부른다."

놀라지 않고 두려워하지 않고 공포에 빠지지 않는 – 경전이 설해져서 그 내용이 기존의 상식과 너무 배치되기에 발생하는 현상을 묘사하고 있다. 경전의 내용이 최고의 지혜를 보여주기에 놀라게 되고, 현재를 영위하는 기존 체계를 끊어야 하기에 두려워하게 된다. 이를 구마라집은 불경(不驚), 불포(不怖), 불외(不畏)라 하였다. 현장도 불포(不怖) 대신에 불구(不懼)라는 용어를 사용하지만 다 비슷한 뜻이다. 이러한 심리상태를 야기하는 원인에 대한 설명으로는 두 가지가 있다. 먼저 금강경이 강조하는 원리는 결국 아무런 원리도 없다는 점을 알게 되고 그 점을 강조할 경우, 그러한 것에 대해 놀라고 두려워할 수 있다. 그 다음 금강경의 내용을 처음 듣는 사람의 입장에서 자아의 관념이 없어야 된다는 것과 법에 대한 관념도, 법이 아닌 것에 대한 관념도 버려야 한다는 가르침을 접한다면, 누구나 생소하고 놀라게 되고, 그러한 관념이 없어진 상황에서의 결과를 생각해 보면, 의지할 것이 하나도 없게 된다는 두려움이 생길 것이다. 그런데 금강경이 진정 아무 원리가 없는 것이라는 점을 강조하는 설명은 그야말로 금강경을 피상적으로 이해한 결과일 것이라고 보인다. 아무런 원리가 없다는 법문에서 어떤 원리를 찾아내는 것이야말로 금강경을 진정으로 이해한 것이고, 미래의 500세 이후에 법문을 배우고 이해한 사람이 최고의 경이로운 사람이 될 것이라고 분명히 말하고 있는 것이다. 이 구절은 이런 상황을 보여주는 것인데, 붓다 자신도 이 법문의 내용이 파격적이라는 것을 잘 알고 있다는 것을 알 수 있으며, 또 듣는 자에게 미리 마음의 준비를 시키는 장면이다.

최고의 경이로움을 갖추는 자 – 미래의 500세에 법문을 배우고 이해하는 자도 최고의 경이로움을 갖춘 자이고, 그러한 이해의 결과로 어떠한 관념도 발생하지 않기 때문에, 이 경전이 설해져도 그 내용에 대해서 놀라움이나 두려움이 생기지 않는 것도 최고의 경이로움을 갖춘 자에 해당되는 것이다.

최고의 바라밀 – 구마라집은 바라밀을 제일바라밀이라고 번역하였는데 이 구마라집본으로 공부한 사람은 여기서 말하는 제일바라밀이 육바라밀(六婆羅密) 중의 첫 번째인 보시의 바라밀로 착각하는 경우가 많다. 산스크리트어로는 parama-pāramitā이기 때문에 '최고의, 최상의' 바라밀이라고 번역해야 한다. 현장도 최승(最勝) 바라밀이라고 번역하였다. 여기서 말하는 최고의 바라밀이 반야바라밀을 말하는 것인지, 그 외의 다른 바라밀을 말하는 것인지의 문제가 생긴다. 따로 최고의 바라밀이라고 분류상 지정된 것은 없고, 보통은 육바라밀(六婆羅密) 중에서 제일 마지막의 '지혜의 완성'인 반야바라밀을 최고의 바라밀로 본다. 문맥의 흐름으로 볼 때, 관념을 버리는 것을 실천하는 것이 최고의 바라밀이다. 모든 붓다 세존들이 관념을 버렸다는 앞부분의 구절과 상통하는 것이고, 최고라는 이름을 붙일 가치가 있는 바라밀이라는 점에서 이는 반야바라밀을 의미한다고 보인다. 그래서 반야바라밀은 최고의 바라밀이다.

그렇게 본다면, 경전의 대부분이 13절에서 끝났다는 일반적인 설명과 달리 14절에서 그 내용을 더 확실히 명시적으로 선언해 주는 부분이 이 부분이다.

이 최고의 바라밀은 원어로 parama-pāramitā이다. 이를 prajñā pāramitā와 비교해 보면, 최고의 바라밀과 반야바라밀이다. 이때 바라밀을 어떻게 해석할 것인지의 학설 중에서 바라밀을 pāra + mita로 보는 견해에 따라, '저 언덕으로 간 that which has gone beyond'로 본다면, '최고의 바라밀'을 '저 언덕으로 간 최고'라는 뜻밖에 되지 않는다. 반야바라밀이라고 할 때에는 '저 언덕으로 가는 지혜'라고 해석되지만, 파라마바라밀은 저렇게 쓸 수 없기 때문에 바라밀은 인도학자의 통설에 따라 '완성 perfection'으로 해석하는 것이 맞다. 그래서 파라마바라밀은 '최고의 완성'으로 해석한다.

셀 수 없는 붓다와 세존들이 설하신다 – 즉 이분들은 모두 관념을 버린 분들이고, 무수한 붓다 세존들이 관념을 버리라고 설법하신다는 말까지 하면서, 관념을 버리는 것이 최고의 바라밀의 증거임을 보여준다.

그래서 최고의 바라밀이라 부른다 – 무수한 붓다와 세존들이 관념을 버리라고 설하시는 이유는 이것이 최고의 바라밀이기 때문이다. 왜 최고인가? 육바라밀을 수행해 가는 과정에서 이 바라밀은 앞의 다섯 가지 바라밀을 모두 망라한 바라밀이기 때문이다.

또한 참으로 다시 수보리여, 여래의 인욕바라밀, 그것은 실제로 바라밀이 아니다.

여기서 이제 화제를 돌리고 있다. 이 내용을 보면 소명태자가 분(分)을 나눈 것은 잘못된 것으로 보인다. 여기 이 인욕바라밀에 대한 새로운 분(分)이 시작하는 것으로 하였더라면 문맥을 정리하기 쉬었을 것이다.

지금까지 보시(布施)로 인한 공덕을 계속 언급하여 왔고, 물질적 보시와 대비하여 법문을 보시하는 것을 비교하여 왔다. 그런데 한편으로 생각해 보면, 법문을 보시한다는 것은 그 법문을 이해한 후에나 가능한 것이니 그야말로 반야바라밀을 수행한 사람이 하는 것이라고 보면, 육바라밀이 생기기 전의 원형인 보시, 인욕, 지혜의 삼바라밀을 이 금강경에서 모두 거론하고 있는 것이다. 그래서 처음의 보시와 마지막의 지혜로 모든 내용을 전개하다가 이제 결국 인욕바라밀을 소개하고 있다. 소위 구색(具色)을 맞추는 것이다. 보시와 지혜의 대비만으로도 붓다가 무슨 말씀을 하는지 완전한 뜻은 몰라도 추정은 가능했는데 이제 거기에 더하여 인욕바라밀을 언급하고 있으니 이도 전체 내용을 판단하는데 좋은 참고가 될 것으로 보인다.

또한 참으로 – api tu khalu punaḥ를 순서대로 번역하면, '또한 그런데 참으로 다시'가 된다. 모두 다 번역문에 넣는 것보다 문맥에 따라 사용하는 것이 좋겠다.

인욕바라밀 – 인욕(忍辱)이란 참는 것을 말하는데, 우리가 통상적으로 사용하는 용어는 아니다. kṣānti(forbearance, endurance, 인내)의 번역으로 인욕(忍辱)을 예전부터 사용하여 왔고 한자어로서 '욕됨을 참다'라는 뜻을 쉽게 알 수 있기 때문에 '인내의 바라밀'이라기보다 불교에서 보통 사용하는 인욕바라밀이라는 용어를 쓰기로 한다. 인내는 육체적 고통과 정신적 고통을 참는 것이 있고, 소위 존재에 대한 고통이라는 실존적 고통도 있다. 그런데 이런 것을 참는다는 것은 무슨 의미일까? 보통 고통에 대한 인간의 반응은 희망이라는 요소가 작용하여 고통을 참게 해준다. 육체에 대하여 생기는 고통은 육체가 충분히 견딜 수 있을 때는 실질적 고통도 아니고, 그것을 참는 것도 인내라고 할 것까지 없다. 육체가 견딜 수 없는 정도의 고통이라면, 치료가 필요한 것일 수도 있다. 정신적 고통도 마찬가지다. 나이가 들고 연륜이 쌓일수록 웬만한 외부의 자극은 견딜 수 있는 상태가 나타난다. 그것은 육체와 정신의 내성(耐性)이 단련과 경험에 의해 길러지기 때문이다. 이것은 단순히 육체적 정신적 단련을 통한 것만은 아니고, 수많은 고통을 겪으면서 고통의 원인을 분석하고, 그것에 대한 육체와 정신의 대응에 의해서 길러진 것이다. 그래서 인내의 바라밀, 인욕바라밀은 단순히 고통을 참는 것만으로 그 자체 완성의 길로 가는 것이 아니다. 지혜의 바라밀과 상호 관련 속에서 고통을 분석하고 원인을 제거하는 지혜가 없이는 단순히 크게 참는 것밖에 되지 않는다. 그래서 최고의 바라밀이라는 것이 지혜의 완성인 지혜의 바라밀이고, 그 중간 과정은 지혜의 바라밀로 가기 위한 과정인 것이다. 남방불교에서는 이러한 인내관을 길러주기 위해서 일부러 무덤을 찾고, 해골로 목걸이를 하는 등 장식품을 사용하면서 인내와 용기를 북돋아주기도 하지만, 지혜의 바라밀의 일부라도 사용하지 않는다면 그것은 단순히 그런 것에 익숙해지고 무감각해진 것일 뿐이다.

육바라밀은 보시(布施) 지계(持戒), 인욕(忍辱), 정진(精進), 선정(禪定), 지혜(知慧)의 순서로 되어 있는데, 지금까지 보시의 바라밀은 예를 많이 들었고, 주로 보시의 가치를 따질 때 칠보라는 물질적 보시와 법문이라는 정신적 보시로 비교하였다. 금강경에서는 인욕바라밀 외에 지혜의 바라밀 즉 세 가지를 보여주는데, 이들은 모두 육바라밀과 관련이 있다. 보시의 바라밀은 욕망을 부수면서 그것이 철저히 수행되면 도덕성에 바탕을 둔 지계의 바라밀이 된다. 인내의 바라밀은 욕망을 없애면서 그것이 철저히 수행되면 어떤 일도 참을 수 있는 정진의 바라밀이 된다. 지혜의 바라밀은 망상을 깨뜨리면서 그것이 철저히 수행되는 명상을 통해 선정의 바라밀을 완성한다.

그것은 실제로 바라밀이 아니다 – 앞에서 말한 금강경의 논리가 다시 시작되는 것으로 보았는데, 원문에서는 여기서 그치고 그래서 바라밀이라 부른다는 구절은 없다. 한역(漢譯)은 '그래서 제일바라밀이라 부른다'는 구절이 현장본에만 있다. 다른 한역(漢譯)에도 없고 원문에도 없기에 없는 것으로 표기한다.

인욕바라밀이 바라밀이 아니라는 단언은 무슨 뜻일까? 그 이유는 바로 뒤 구절에 나온다. 즉 네 개의 관념이 없었기 때문에 바라밀이 아니라는 것이다. 이 뜻은 그런 관념이 없으니 바라밀을 수행한다는 의식도 없는 것이고, 그런 의미에서 바라밀이 아니라고 하는 것이다.

그것은 무슨 이유에선인가?
수보리여, 깔링가왕이 내 사지의 마디마디 살점을 잘라내었는데, 그때 당시에 나에게 자아의 관념이나, 중생의 관념이나, 영혼의 관념이나, 개인의 관념, 그 어떤 관념도 관념이 아닌 것도 없었기 때문이다.

깔링가왕 - 한자로는 가리왕(歌利王-구마라집, 보리유지) 갈리왕(羯利王-현장)으로 음역했다. 산스크리트어본에는 깔링가왕 Kalinga rājā으로 되어 있다. 그런데 구마라집과 현장이 가리왕 혹은 갈리왕으로 하였기 때문에 Kali rājā(깔리왕)의 오기라는 설이 많다. 다만 진제는 迦陵伽王(가릉가왕), 의정은 羯陵伽王(갈릉가왕), 콘체와 뮐러는 산스크리트어본과 같이 깔링가왕으로 표시하였고, 레드파인은 King Kali(깔리왕)으로 번역하였다. 보통 Kali가 '나쁜, 죄악의'라는 뜻이므로 붓다의 살을 발라낸 나쁜 왕이라는 뜻으로 보면 된다는 것이다. 물론 붓다의 전생에 관한 이야기를 나타내는 본생담이 인도 전통의 우화(寓話)를 바탕으로 하기 때문에 그런 말도 일리가 있겠지만, 산스크리트어본에 명백히 깔링가왕이라고 되어 있고, 진제와 의정도 그렇게 번역하였으니 한글로 바로 음역하여 깔링가왕이라 번역한다.

이 깔링가왕에 대하여 필자가 개인적으로 알아본 결과도 소개한다. 깔링가는 고대 인도의 중동부 지역에 있던 초기 국가인데, 현재의 오디샤주와 서부벵골 지역을 포함하는 국가였다. 그리고 칼링가의 북부 접경 지역에는 왕사성과

보드가야가 있다. 풍부한 부(富)와 좋은 토양으로 갠지스 강의 지류도 흐르는 곳인데, 기원전 261년에 마가다국의 아쇼카 대왕과 전투에서 패퇴하여 멸망한 나라이다. 그런데 그 전투의 이름을 '피비린내 나는 깔링가 전투(bloody Kalinga War)'라고 부른다.

원래 깔링가국의 왕은 카라벨라인데, 그는 인도대륙의 자이나교의 중흥에 역할을 하였지만 인도 역사에서는 무시되고 있었다. 그의 제국은 강력한 해양 제국으로서 상업교역으로 스리랑카, 미얀마, 타이, 베트남, 캄보디아, 보르네오, 발리, 수마트라, 자바까지 연결되어 있고, 식민지로는 스리랑카와 몰디브, 말라이군도를 두고 있었다.

그런데 저 '피비린내 나는 깔링가 전투'는 세계 역사상 가장 피가 많이 흘렀던 전투 중의 하나이다. 얼마나 피가 많았던지 그 전쟁터 옆을 흐르는 다야강(Daya River)이 살해된 피로 붉게 변했고, 여기서 깔링가 병사 15만 이상, 아쇼카의 전사 10만 이상이 죽었다고 한다. 아쇼카는 자기 눈으로 유혈의 참상을 보았고, 자신이 그 원인이라고 느낀다. 그 참혹한 결과 때문에 아쇼카 왕이 불교를 지도 원리로 삼았는데, 이는 아쇼카의 칙령에도 나온다.[118] 그는 자신의 남은 인생을 비폭력과 법에 의한 승리에 바친다고 하였다.

붓다의 본생담이 고대 전설이나 우화를 각색한 것이라고 한다. 그러나 그러한 고대 전설은 사실 몇 백 년 전의 이야기가 주인공의 변형, 스토리의 변형에 의해 비논리적이지만 아득한 옛날의 일이므로 용인되는 분위기로 이야기가 전해진다. 현재의 금강경이 처음 글자로 작성된 것이 이러한 깔링가 전투로부터 몇 백 년이 지났으니 당시의 피로 뒤덮인 강의 이미지, 깔링가국이 자이나교를 국교로 삼았으니 불교와는 대치되는 이미지를 가지고, 또 깔링가국의 영토가 붓다의 깨달음의 고향인 왕사성과 보드가야의 접경지역까지 걸쳤던 것이 붓다의 살점을 도려내는 이미지를 형성하여 그것들의 종합 이미지에 의해 이러한

118) http://www.cs.colostate.edu/~malaiya/ashoka.html#KALINGA의 13, 경애하는 신은 부모, 친구, 친척, 노예들이 부상당하고, 죽고, 사랑하는 자와 떨어지게 된 것에 대해 고통스러워합니다. 더욱이 살아남은 자들이 그들을 볼 때 더 고통스러워합니다. ~(중략)~ 그리스를 제외하고는 브라만과 수도사가 없는 국가는 없습니다. 그리고 다른 종교에 헌신하지 않는 국가는 없습니다. 깔링가국을 정벌한 후 수십만을 죽인 것이 신을 고통스럽게 합니다. ~(중략)~ 이제는 다르마(법)에 의한 정벌이 있어야 하고, 그것이 최고의 정복이라고 경애하는 신은 생각하십니다.

이야기가 만들어진 것이라고 보인다.

사지의 마디마디 살점을 잘라내었는데 – 현장은 단지절육(斷支節肉–마디마디의 살을 잘라내다)이라는 표현을 썼는데 같은 뜻이다. 원문에는 aṅgapratyaṅga로서, aṅga(limb)는 사지, 혹은 마디로서 '마디마디' 혹은 '사지마다'로 번역한다. māṁsa(flesh, meat, 살점)이다. 콘체와 뮐러는 cut my flesh from every limb(모든 마디에서 살점을 잘라내다)로 번역하였다. 레드파인은 '팔다리를 자르고, 귀를 자르고, 코를 자르고, 살을 잘라내었다'고 번역하였는데, 콘체나 뮐러, 한자본에도 없는 것으로 보아서 길깃 산스크리트본을 참조한 것이라 보인다.

그 어떤 관념도 관념이 아닌 것도 없었기 때문이다 – 이제 네 가지 관념 외에 또 다른 관념도 발생하지 않아야 하는 것을 말하고 있다. 즉 일체의 관념이 없었다는 것인데, 그러한 관념이 없어야 한다는 것에 또다시 집착할 것을 염려하여 관념이 아닌 것도 없었다고 한다. 지금까지 금강경에서 한 논의를 보면, 아무것에도 의존하지 않고 대상을 인식하는 것, 즉 대상을 대상 자체로 보는 상태를 지향하고 있다. 그래서 어떤 관념도 생기지 않는 것을 이상적으로 보지만, 그런 관념이 생기지 않도록 집착하는 것을 경계하고 있다.

관련된 본생담 – 깔링가왕은 한때 그의 첩들과 같이 사냥을 갔다. 점심을 먹기 위해 잠시 멈추었을 때, 왕은 내려서 낮잠을 잤고 여자들은 숲으로 들어가서 꽃을 따다가 수도사 크샨티가 명상을 위해 앉아 있던 곳에서 만났다. 그들은 그의 고요함에 충격을 받고 그의 앞에 꽃을 내려놓고 보시했다. 크샨티는 그때 그들에게 설법을 하였다. 왕이 깨어나 그 장면을 보고 갑자기 분노가 치밀었다. 크샨티는 그들에게 인내를 가르치는 것이라 설명했으나, 왕은 크샨티를 시험하기 위해 그의 손을 잘라내고 발과 최후로 귀와 코를 잘랐다. 왕은 크샨티가 미동도 하지 않는 것을 보고, 자기가 한 일의 참혹 무도함을 깨달아 크샨티에게 용서를 빌었다. 크샨티는 자기는 화가 나지 않았으며, 용서를 빌 필요도 없다고 하였다. 왕이 크샨티에게 화가 나지 않은 것을 증명하라고 하자 크샨티는 말하기를, "만약 내 마음에 화가 없다면, 나의 몸은 원래 상태로 복구가 될 것"이라 하였다. 크샨티는 생애 동안 축적한 복덕의 결과로 몸이 즉시

회복되었다. 그리고 왕에게 말하였다. "너는 내 몸의 부분을 잘라내기 위해서 망상의 검을 사용하였다. 내가 붓다가 되면, 나는 너의 욕망을 잘라내기 위해 지혜의 검을 사용할 것"이라고 하였다. 그 뒤 깔링가왕은 붓다의 1대 제자인 카운디냐(Kaundinya)로 환생했다고 전해진다.

그것은 무슨 이유에서인가?

수보리여, 만약에 그때 나에게 자아의 관념이 있었더라면, 분노의 관념이 역시 당시에 생겼을 것이다.

만약 중생의 관념, 영혼의 관념, 개인의 관념이 있었더라면, 또한 그때에 나에게 분노의 관념이 생겼을 것이다.

분노의 관념 - 구마라집과 보리유지, 진제, 의정의 번역본에는 이 구절이 없다. 현장은 에상(恚想-분노의 생각)이라고 번역하였는데, vyāpāda는 악의(惡意), 악감(惡感)을 나타내지만, 한글로만 쓰면 오히려 그 느낌이 약해지고 의미도 모호해지기 때문에 분노라는 표현을 사용한다. 영어로 성냄(anger-레드파인), 악의(malevolence-뮐러)라고 표현하고 있다. 자아라는 관념이 있으면, 그 자아의 본체나 자아가 가지고 있다고 추정되는 사지를 잘라내는 경우에 당연히 분노의 관념이 발생한다. 그래서 자아라는 관념이 없다면, 그 육신조차도 객관화해서 보기 때문에 분노의 관념이 없을 것이라는 것이다.

여기서 vyāpāda-saṁjña(분노의 관념)라는 표현을 보면, 이때의 '산냐'라는 것은 구마라집의 상(相)이나 현장의 상(想), 또 이 책에서 사용하고 있는 관념(觀念)이라는 용어보다는 감정(感情)이나 마음이라는 용어가 어울린다. 즉 보통 '산냐'라고 할 때의 해석으로 '생각이 고착화되어 벗어날 수 없는 생각' 정도를 의미하는데, 육신을 칼로 도려낼 때 생기는 것은 고착화된 생각이 아니라 감정이나 마음일 것이다. 즉 분노의 감정이 발생하였을 것이라는 번역이 정확하다. 물론 그것은 '감정'이 아니라 저 마음의 밑에 도사리고 있던 '감정의 씨앗'이 있었기 때문에 바로 분노의 생각이 떠오른 것이라는 해석도 가능하고, 그 '감정의 씨앗'이 '산냐'라고 해석할 수도 있다. 다른 곳에서의 '산냐'의 용어 사용과 달리, 여기서는 육신의 살을 자르는 것에 대한 순간적인 반응의 측면으로 본다면 기존의 '산냐'라는 용어의 사용법과는 조금 다르다는 점을 언급해 두고 싶다. 저 마음 깊은 곳에서 육신의 완전성에 대한 관념은 누구나 가지고 있으며 그것을 깨트리기는 너무 어렵다. 그래서 '내가 있다'는 관념을 없앤 사람은 그 '내'가 없기 때문에 분노의 감정이 발생하지 않는다고 해석하는 것이 정론일 것이다. 그래서 구마라집과 보리유지도 진한(瞋恨-원통하다)이라고만 표현하고, 진제는 그것에 상(想)자를 붙여서 진한상(瞋恨想)이라고 하였다(각묵의 책에는 瞋(부릅뜰 진)을 嗔(성낼 진)으로 표기했는데, 뜻으로 보면 뒤의 것이 맞을 수도 있지만 원문을 참조하면 앞의 것이 맞다). 개인적으로 번역을 해가면서 느껴지는 점은 이 부분 때문에 13절 이후는 추가된 것이라는 의심이 든다.

그런데 이 문제는 조금 달리 생각해 볼 만한 가치가 있다. 물론 자신이라고 알고 있는 육신에 대해서 살을 도려낸다는 것은 자아의 관념이 없는, 깨달은 사람으로서 객관적으로 아무 관련 없이 있을 수 있다는 점은 이해가 가지만, 그것을 바라보는 제3자의 입장에서도 그러할 것인가이다. 비록 자신의 육체가 아니라도 누군가 다른 사람의 사지의 살을 도려내는 것을 목격한다면, 그러한 행위를 하는 자에게 분노의 감정이 생기지 않겠는가? 또 한편으로 보면, 그런 육신을 잘리는 고통을 당하는 본인의 경우는 일체의 관념을 떠났다는 측면으로 파악하고, 그것을 쳐다보는 사람의 경우에 느끼는 분노의 감정이란 것은 붓다의 자비의 마음에 비추어서 그런 것으로 보는 것이다. 이러한 감정이나 관념을 일관되게 통합하는 것에 깨달음의 어려움이 있다. 즉 이렇게 분노가 발생하는 것은 생명의 관념, 중생의 관념을 버리지 못한 것으로 보기 때문에 이것마저 극복해야 하는 것이다.

중생의 관념, 영혼의 관념, 개인의 관념 - 망상은 욕망과 분노를 낳게 되는데 이러한 망상이 깨달음의 길을 막고 있다. 관념이 없는 상태가 붓다의 속성은 아니다. 그렇게 된다면 바위는 완전히 깨달은 것이 될 것이다. 그러나 바위는 망상이 생길 소지가 없이 영원히 있을 것이고, 그런 망상이 생길 소지가 있는 중생인 우리는 먼저 망상을 없애는 것이 지향점이다.

그것은 무슨 이유에서인가?

수보리여, 내가 지나간 과거의 500의 생(生)을 회고해 보니, 나는 인욕(忍辱)을 말하는 선인(仙人)으로 있었는데, 그때에도 역시 나에게는 자아의 관념이 있지 않았고, 중생의 관념도 없고, 영혼의 관념도 없고, 개인의 관념도 없었기 때문이다.

그래서 수보리여, 보살 마하살은, 일체의 관념을 없애고, '최상의 바른 깨달음'의 마음을 내어야 한다. 형상에 의존하지 않는 마음을 내어야 하고, 소리, 냄새, 맛, 촉감, 마음의 대상에도 의존하지 않는 마음을 내어야 한다.

법에도 의존하지 않는 마음을 내어야 하고, 법이 아닌 것에도 의존하지 않는 마음을 내어야 하고, 어떠한 것에도 의존하지 않는 마음을 내어야 한다.

그것은 무슨 이유에서인가?

의존이라는 것은 실로 의존이 아니기 때문이다.

그래서 여래는 말한다. 보살은 의존함이 없이 보시를 해야 한다. 형상, 소리, 냄새, 맛, 감촉, 마음의 대상에 의존하지 않고 보시를 해야 한다.

회고해 보니 – 산스크리트어로 abhijānāmi인데, 분명히 안다로 번역하는 것도 있지만, 앞부분의 abhi를 towards(~로 향하여)로 보며, 전체를 remember(기억하다), recall(회고하다)로 보는 것이 맞다. 구마라집은 념(念–알다), 현장은 억(憶–기억하다)으로 번역하였고, 콘체와 레드파인은 recall(회상하다), 뮐러는 remember(기억하다)로 번역한다.

인욕(忍辱)을 말하는 선인(仙人) – kṣāntivādī ṛṣi는 문자 그대로 해석하면 인욕(忍辱)을 말하는 선인(仙人)인데, 구마라집과 현장은 줄여서 인욕선인(忍辱仙人)으로 번역하였다.

'없고'와 '생기지 않았고' – '자아의 관념이 없고'와 '자아의 관념이 생기지 않았고'라고 할 때의 의미는 분명히 차이가 있다. 어떤 문제가 발생하였을 때, 저 마음 밑의 깊은 곳에 '자아의 관념'이 자리 잡고 있다면, '자아의 관념'이 그 다음의 행동과 마음가짐을 결정하기에 '자아의 관념' 자체가 마음속에 없는 것이 정답이다. 그래서 완성된 성인(聖人)이라면 '없고'라는 말을 써야 될 것이고, '생기지 않다'는 것은 '생기려다가 마는 경우'도 있을 수 있다는 의미에서, 거의 완성되어 가는 보살에게 사용하는 것이 맞을 것 같다. 부정의 뜻을 나타내는 산스크리트어의 na는 '없다, 아니다'의 뜻을 동시에 가지고 있으므로, 그러한 관념이 생기지 않는 것을 부정하는지, 관념 자체의 존재를 부정하는지 살펴야 할 것이다. 여기 구절에서는 babhūva(became-되다, exist-존재하다의 과거)는 두 가지 해석이 모두 가능하다. 그래서 인욕선인(忍辱仙人)으로서 이미 경지에 오른 것으로 보아서 '자아라는 관념이 없다'로 번역하였다.

일체의 관념을 없애고 - 산스크리트어로 없애고는 vivarjayitvā를 사용하는데, 콘체와 뮐러는 get rid of(제거하다, 없애다)의 뜻으로 사용하였다. 뮐러는 put aside(옆으로 치우다)로 번역한 것인데, 위 vivarjayitvā의 vi(분리하여)라는 뜻을 살리기 위한 것으로 보인다. 구마라집은 리(離), 현장은 역시 vi의 맛을 살리기 위해 원리(遠離-멀리 치우다)로 번역하였다. 지금까지 제시된 한정된 관념을 없애는 것이 아니라, 일체의 모든 관념을 없애야 된다는 설법에 이르렀다. 여기서 생기는 의문은 도대체 일체의 관념을 없앤다면 우리의 생활 기준은 무엇이 될 것인가? 보통 반복되는 경험과 그 대응에 따라 서서히 관념이 형성되고 그것을 기준으로 인간은 삶을 살아나가는 요령을 터득한다. 그래서 일정한 관념이 생활의 구심점 역할을 하는 것이다. 일체의 관념을 버리는 것은 기존에 형성된 주위 질서에 적응하기 쉬웠던 방법을 포기하는 것이다. 그리고 모든 것을 새로운 시각으로 대응하기 바라는 것이다. 추가하면 일체의 관념을 버리는 것은 수단이지 목표가 아니다. 일체의 관념을 버리는 것은 논리와 언어의 구속을 떨치고, 존재를 여과 없이 받아들이는 것이다. 그렇게 되어 여래를 볼 수 있고, 니르바나의 경지에 도달하는 것이다. 물론 대승불교 입장에서는 그 목적을 중생의 구제에 두는 것이지만, 그래서 모든 중생을 해방시키기 위한 단호한 결심에 의해서만이 보살은 진정으로 그들을 자유롭게 할 수 있다.

형상에 의존하지 않는 마음을 내어야 하고 - 일반적으로 '형상에 머무르지 않는 마음'이라고 번역하는데 그 뜻이 제대로 와 닿지 않는다. 구마라집이 pratiṣṭhitaṁ을 주(住-머물다)로 번역하는 바람에 그 번역이 대종을 이루는데,

실제로 pratiṣthita에는 stand(서다)라는 의미와 depend(의존하다)라는 뜻이 동시에 담겨 있다(2절에 처음 등장하는 sthātavyaṁ과 구분할 필요가 있다). 콘체는 이를 support(뒷받침하다, 의지하다)로 번역하고, 뮐러는 believe in(~의 존재를 믿다)이라고 한 다음 괄호로 depend(의존하다)라는 것을 추가하고 있으며, 레드파인은 attach(집착하다)라는 단어를 사용한다. 한국어로 매끄럽게 해석하기 위해서는 '형상에 의존하지 않는 마음을 내어야 하고'라고 하여 '의존하고'를 사용하는 것이 좋겠다.

소리, 냄새, 맛, 촉감, 마음의 대상에도 의존하지 않는 마음을 내어야 한다. – 머무르지 않는 마음이라고 하는 것보다 훨씬 머리에 잘 들어온다. 여기서 다르마라고 표기된 것을 '법에도 의존하지 않는'이라고 번역하는데, 콘체가 '마음의 대상'이라고 번역하여 그렇게 번역하는 사람도 많다. 한자 번역가들은 모두 법(法)으로 번역하였고, 뮐러는 '어떠한 것(법)'이라는 애매한 번역을 하였다. 실로 형상, 소리, 냄새, 맛, 촉감이 외부로부터 들어오는 자극물이라면, 그러한 자극에 의존하지 않고 마음을 내는 것이 보살 마하살이 수행해야 할 것이므로, 그것들의 제일 뒤에 나오는 dharma를 법(法)이라고 볼 것이냐, 마음의 대상으로 볼 것이냐의 문제는 쉽게 해결된다. 색성향미촉(色聲香味觸)과 마지막의 법(法)이 일련의 동등한 나열이라고 보면, 이것을 마음의 대상으로 보는 것이 적절하다. 즉 마음이 색성향미촉(色聲香味觸) 외의 자극을 받아 그것에 의존하는 마음을 내면 안 된다고 하여야 할 것이다. 그래서 여기서의 '법'을 마음의 대상으로 해석하는 것은 정당하다. 앞에서는 그럼에도 번역에서는 '법'이라 하기로 했지만, 여기서는 바로 뒤 부분에 법에 의존하지 않는 부분이 나오므로, 구분을 위해서 여기에서는 '마음의 대상'이라고 번역한다.

법에도 의존하지 않는 마음을 내어야 하고, 법이 아닌 것에도 의존하지 않는 마음을 내어야 하고, 어떠한 것에도 의존하지 않는 마음을 내어야 한다. – 법에도 의존하지 않는다는 것은 원문에 사용된 '다르마'를 '법'으로 번역한 것이다. 여기서의 법은 유위법으로써 '발생하는 마음의 분류'라고 보는 것이 맞다. 바로 앞의 법–마음의 대상–에 의존하지 않는 마음을 내어야 한다는 부분과 중첩될 수 있는 부분이 있지만, 설일체유부에서 말하는 법을 의미하는 것이라고 본다. 이 부분에 해당하는 것으로 현장의 번역본에서 부주(不住)비색성향미촉법(非色聲香味觸法) 응생기심(應生其心)을 들 수 있다. 즉 색성향미촉법이 아닌 것에도 의존하지 않고 마음을 내라고 하는 말이다. 결국 이 말은 어떤 것에도 의존하지 않는 마음을 내라는 말이다.

어떠한 것에도 의존하지 않는 마음 – 이 부분이 결론 부분이다. 어떠한 것에도 의존하지 않는 마음이란, 그 마음을 내었을 때 아무런 관념에도 지배받지 않고, 관념이 아닌 것에도 지배받지 않는 독자적인 사유에 의한 마음을 의미한다. 그런데 이미 세상살이를 경험하고 지친 중생들이 '어떤 것에도 의존하지 않는 마음'을 일상생활에서 구현하기란 쉽지 않다. 그래서 출가를 하고, 명상을 하고, 참선을 하는 것이다.

의존한다는 것은 실로 의존하는 것이 아니기 때문이다. – 계속 반복되는 논리의 구사이다. 무언가에 의존한다는 것은 의존하는 것이 아니다. 이것을 제대로 해석하는 사람이 없다. 어떤 분은 그 뜻이 난해하다고 고백하면서 아무 설명 없이 넘어간다. 이 부분은 앞의 구절에 대한 이유를 말하고 있다. 즉 앞에서 인욕선인으로서 네 가지 관념이 없었고, 따라서 보살은 어느 것에도 의존하지 않는 마음을 내어야 한다고 설하면서, 그 이유는 의존은 의존이 아니기 때문이라는 것이다. 문장 구조를 보면, 의존할 대상은 아무것(혹은 가치)도 없기 때문에 그것에 의존하는 것은 아무것에도 의존하지 않는 것이다. 결국 문맥에 따라서, 여기서 말하는 의존은 어떤 것에도 의존하지 않는 관념이 생긴다면, 의존이라는 말 자체가 성립될 수 없다는 뜻이다. 이 부분을 구마라집은 약심유주(若心有住) 즉위비주(卽爲非住)라고 하였는데, 이는 '만약 마음에 머무는 바가 있다면, 그것은 머무는 것이 아니다'는 뜻이다. 한역(漢譯)들이 모두 그렇게 번역할 수밖에 없는 것은 원문에서 다른 번역을 허용하지 않기 때문이다. 그래서 위와 같은 문맥으로 해석하여야 한다.

그래서 여래는 말한다. 보살은 의존함이 없이 보시를 해야 한다. 형상, 소리, 냄새, 맛, 감촉, 마음의 대상에 의존하지 않고 보시를 해야 한다 – 이 부분에 구마라집은 단순히 '색에 머물지 않고 보시를 해야 한다'라고만 번역하였는데, 색성향미촉법(色聲香味觸法)에 의존하지 않는다고 하기에는 너무 번잡한 것으로 본 것 같다. 앞부분에서 현장의 번역어 응무소주이행보시(應無所住而行布施-마음에 머무는 바 없이 보시를 해야 한다)와 다른 곳에서 언급되는 부주상보시(不住相布施-상에 머물지 말고 보시하라)는 한자어로 쉽게 이해할 수 있는 용어이며, 술어처럼 외워놓아도 좋을 것 같다.

그리고 색성향미촉법이라고 연달아 나올 때는 법이 마음의 대상이지만, 법이라 번역하기로 하였다. 그렇지만 앞부분에서 법을 마음의 대상으로 번역하였기 때문에 14절에서는 마음의 대상으로 번역한다.

금강경의 구절들은 모듈화되어 있는 느낌이라서, 각자 쉬운 방법으로 읽고 해석을 정확하게 해주면 될 것으로 본다.

또한 다시 수보리여, 보살은 일체 중생들의 이익을 위해서 이런 형태의 보시를 하여야 한다.

그것은 무슨 이유에서인가? 수보리여, 중생의 관념, 그것은 실로 관념이 아니기 때문이다. 이와 같이 여래에 의해 설해진 일체 중생들은 그래서 중생이 아니기 때문이다.

그것은 무슨 이유에서인가? 수보리여, 여래는 사실을 말하는 자이고, 진실을 말하는 자이고, 있는 그대로 말하는 자이고, 다르지 않게 말하는 자이고, 여래는 거짓을 말하는 자가 아니기 때문이다.

일체 중생들의 이익을 위해서 - 보살이 보시를 하는 이유를 밝히고 있다. 일체 중생들의 이익을 위한다는 뜻에서, 금강경이 대승경전임을 분명히 보여준다.

이런 형태의 보시 - 이런 형태라는 것은 아무것에도 의존하지 않는 보시를 말한다. 즉 보시의 물건, 보시의 상대방, 보시를 하는 자에 대한 의식을 하지 않고, 오로지 보시 자체를 위한 보시이다. 이러한 보시는 실로 수양이 되지 않은 사람은 하기 힘든데, 우리가 은연중에 아무런 의식을 하지 않고 마음에서 우러나서 보시를 하면 이러한 순간적인 보시가 공덕을 쌓게 된다.

중생의 관념, 그것은 실로 관념이 아니기 때문이다 - 앞의 구절과 연관시켜 본다면, 일체 중생들의 이익을 위해서 아무것에도 의존함이 없는 보시를 하는 것은, 중생의 관념은 관념이 아니기 때문에 따라서 그러한 관념에 의존하지 않는 보시가 가능한 것이다. 한 번 더 상기하자면, 중생의 관념이라는 것은 중생이 존재한다는 관념이므로, 중생은 존재하지 않기 때문에 중생이 존재한다는 관념은 '없는 것에 대한 관념'이므로 관념이라고 할 수 없다.

일체 중생들은 중생이 아니기 때문이다 – 중생의 관념은 관념이 아니기 때문에 우리가 중생이 있다고 생각하는 관념이 없어진 이상, 중생도 사라지는 것이다. 그러므로 앞의 '일체 중생'은 존재한다고 생각되는 '중생'을 의미하고, 뒤의 '중생이 아니다'의 중생은 우리에게 관념이 없어진 뒤에 '중생'이라는 것도 남지 않은 상태를 의미한다.

여래는 사실을 말하는 자이고, 진실을 말하는 자이고, 있는 그대로 말하는 자이고, 다르지 않게 말하는 자이고, 여래는 거짓을 말하는 자가 아니기 때문이다 – 보살이 일체의 중생을 위해 보시를 하라고 한 뒤에, 중생의 관념이 없어야 한다고 하였고 중생도 없다고 말하였으니, 이 말을 듣고 의심을 하는 자가 많을 것이다. 그래서 다시 그러한 말들이 사실임을 강조하고 있다. 이런 부분을 보면 붓다 자신이 무슨 말을 하고 있는지 잘 자각하고 있으며, 항상 청중들이 들어서 의심할 만한 부분에서는 그 믿음을 버리지 말도록 확신을 주는 말을 덧붙인다.

이 부분을 구마라집은 여래는 진어자(眞語者–진실한 말을 하는 자), 실어자(實語者–알찬 말을 하는 자), 여어자(如語者–말 그대로를 말하는 자), 불광어자(不狂語者–헛된 말을 하지 않는 자), 불이어자(不異語者–사실과 다른 말을 하지 않는 자)라고 다섯 가지로 구분하였으나, 현장은 실어자(實語者), 체어자(諦語者–진실한 말을 하는 자), 여어자(如語者), 불이어자(不異語者)라고 하여 네 가지만 들고 있다.

그러나 실로 다시 수보리여, 여래가 완전히 깨달았고 가르쳤으며, 깊이 생각하였던 법에는, 진실도 없고 거짓도 없다

수보리여, 보살이 사물에 지배되어 보시를 하는 것은, 마치 사람이 어둠에 들어가서 아무것도 보지 못하는 것과 같다

수보리여, 보살이 사물에 지배되지 않고 보시를 하는 것은, 마치 눈이 있는 사람에게 밤이 새고 태양이 떠오를 때 가지가지의 형상이 보이는 것과 같다.

여래가 완전히 깨달았고 가르쳤으며, 깊이 생각하였던 법에는, 진실도 없고 거짓도 없다 – 여래의 법에는 진실도 없고 거짓도 없다는 것은 무슨 말일까? 우리는 어떤 것이 진실이라면 그것은 거짓이 아니고, 진실이 아니라면 거짓일 것이라는 이분론적인 생각으로 가득 차 있다. 진실도 없고 거짓도 없다는 말 속에는 진실과 거짓의 평가 대상이 될 수 없다는 뜻이 들어 있다. 그러한 평가 대상이 될 수 없다는 것은 무슨 말인가? 어떤 것이 진실인지를 판별하려면 평가 기준이 있어야 한다. 모든 진실은 조건에 의존하고 시간의 흐름과 함께 거짓으로 변한다. 우리는 진실과 거짓을 우리 관념의 잣대로 평가하기 때문에 관념이 없어진 상태에서는 대상을 있는 그대로 보게 된다. 그래서 진실이나 거짓을 말하지 않게 된다. 이 지혜의 완성인 반야바라밀은 버려야 될 관념을 가지고는 이해할 수 없는 것이다. 붓다는 여래의 말이 진실이라고 하고는 가르치는 것이 진실도 거짓도 아니라고 하는데 의문이 간다. 그러나 붓다의 방편에 의한 설법이라고 보면, 이것은 언어에 집착하는 사람들을 위해 가르친 것이라 보인다.

사물에 지배되어 보시를 하는 것은, 어둠에 들어가서 아무것도 보지 못하는 것과 같다.

사물에 지배되어 – 구마라집은 심주어법(心住於法–마음이 법에 머물러)라고 번역하였지만 전혀 다른 뜻이 되어 버렸다. 현장은 약타어사(若墮於事–사물에 떨어진다면)라고 하였다. 산스크리트어 vastu- patitaḥ를 '경계에 떨어진'이라고 번역한 것도 있으나, 도대체 경계에 떨어졌다는 것이 무슨 뜻인지 설명을 읽기 전까지 알 수 없으니 그런 번역은 이 책에 맞지 않다. 여기서 vastu는 사물, 대상의 뜻이므로, '사물에 집착하여', '사물에 지배되어'라고 번역하는 것이 좋겠다. 뮐러는 immerse라는 단어를 사용하여 '몰두하다, 담그다'의 뜻으로 번역하였다. '사물에 떨어진'의 뜻은 사물에 집착한 것도 되고, 사물에 지배된 것도 된다. 앞서 무주상보시(無住相布施)를 풀어 쓴 것이라고 보면 된다. 즉 사물에 지배되어 보시를 하는 자는 어둠 속에 있는 것과 같아서 사물의 진면목을 볼 수가 없다. 그 뒤 구절의 사물에 지배되지 않는 보살은 '가지가지의 형상을 볼 수 있는데', 그것은 어둠 속에서는 형체도 제대로 볼 수 없지만, 빛이 있으면 형체는 당연하고, 형상의 구체적인 면들을 한눈에 볼 수 있는 것과 같다는 것이다.

이 부분을 원문으로 번역하면, **"그것은 마치 사람이 어둠에 들어가서 아무것도 보지 못하는 것과 같으므로, 이와 같이 사물에 지배된 보살은 '사물에 지배되어 보시'를 하는 것으로 보아야 한다"**이다. 그것은 원문으로 명백하고, 구마라집을 제외한 한역본, 영역본에도 똑같은 구조로 번역된다.

그런데 이 부분에서 구마라집의 번역이 문장의 순서를 바꾸어서 명쾌한 느낌을 준다. 즉 '보살이 법에 머물러 보시를 하는 것은, 마치 사람이 어둠에 들어가서 아무것도 보지 못하는 것과 같다'이다. 원문에서는 어둠에 들어가는 비유를 앞에 두었기 때문에 읽는 사람에게 임팩트가 약하다. 다만 구마라집의 번역은 '사물에 지배되어'를 '법에 머물러'로 하였고, 원래라면 '법에 머문 보살은 법에 머물러 보시를 한다'고 할 것을 보살을 수식하는 부분을 삭제해 버렸다.

그래서 우리도 구마라집과 같이 번역하여 표기하도록 한다. 원문과 같이 번역하면 아무리 읽어도 그 뜻이 모호해지므로 구마라집이 생략한 부분은 충분히 생략할 가치가 있어 보인다고 평가된다.

보살이 사물에 지배되지 않고 보시를 하는 것은, 마치 눈이 있는 사람에게 밤이 새고 태양이 떠오를 때 가지가지의 형상이 보이는 것과 같다. – 역시 구마라집 번역의 골격을 따왔다. 물론 구마라집의 번역은 '보살이 마음이 법에 머물러 보시를 하는 것은, 마침 사람이 눈이 있어서 햇빛이 비추어 여러 가지 색을 보는 것과 같다'로써 원문과 다른 점은, '사물을 법으로' 하였고, '밤이 새다'는 표현을 생략하였다. 원문을 그대로 번역하면, **'마치 눈이 있는 사람이, 밤이 새고 태양이 떠오를 때, 가지가지의 형상을 볼 수 있는 것과 같이, 사물에 지배되지 않는 보살은 사물에 지배되지 않고 보시를 하는 자라고 보아야 한다'**이다. 앞에서와 같이 구마라집을 제외한 한역(漢譯)들, 영역(英譯)들은 모두 원문과 같이 번역하였지만, 앞과 같은 이유로 구마라집 번역의 골격을 취한다.

또다시 수보리여, 좋은 가문의 아들과 딸이 이 법문을 배우고 마음에 새기고 독송하고 이해하고 다른 이들에게 자세히 설명해 준다면, 수보리여, 여래는 붓다의 지혜로 그들을 알며, 붓다의 눈으로 그들을 본다. 수보리여, 그들 모두가 측정할 수 없고 셀 수 없는 공덕을 쌓고 얻게 될 것임을 여래는 안다.

법문을 배우고 마음에 새기고 독송하고 이해하고 다른 이들에게 자세히 설명해 준다면 – 구마라집은 수지(受持)하고 독송(讀誦)하는 것까지만, 보리유지는 수행(修行)하는 것도 포함하였다. 진제는 타인을 위해 경전을 설하는 것까지 포함하고, 현장은 정형적인 문구를 몇 개 추가하고 있다. 그렇지만 우리는 원문에 따라서 이 법문을 배우고 마음에 새기고 독송하고 이해하고 다른 이들에게 자세하게 설명해 주는 것을 기억해 두면 된다. 우리가 법문의 뜻을 아는 순서도 그런 순서이다. 즉 먼저 배우고, 반복해 읽어서 법문의 구절을 마음에 새기고, 그것을 소리 내어 독송해 보고, 의미가 통하지 않는 부분은 찾아서 이해하도록 하고, 그 이후에 다른 사람에게 설명해 주는 순서이므로, 이런 공부 과정이 논리적인 순서로 설명되어 있다는 것을 알아두자.

붓다의 지혜로 그들을 알며, 붓다의 눈으로 그들을 본다. – 제6절의 부분과 12절의 '배우고 독송하고'의 구절들을 조합하여 새로운 구절을 만들었는데, 앞에서 관련되는 분야를 설명하였다. 그런데 구마라집은 '붓다의 지혜로 이 사람을 알고, 이 사람을 본다'고 하여 불안(佛眼)으로 본다는 부분이 없다. 보리유지는 실각시인(悉覺是人-이 사람을 알아채다)이라는 구절이 있는데 이는 현장도 마찬가지이다.

6절의 원문과 이 부분의 원문은 똑같다. 중간에 '수보리'라는 호칭 하나만 누락되어 있을 뿐이다. 그래서 영역(英譯)의 경우 콘체, 뮐러, 레드파인은 문장의 구조를 거의 같이 하였고(중간에 수보리를 호칭하는 경우에 위치가 약간 차이를 두고 있고, 현재형과 미래형을 약간 바꾸는 정도), 사용한 용어들도 6절의 번역과 14절의 번역에서 같은 단어를 골라서 사용하였다. 그런데 한문 번역가들은 6절과 14절의 번역에서 많은 차이를 보인다. 즉 문장구조를 환골탈태라고 할 정도로 바꾸었고 사용하는 용어도 다르다.[119] 한역(漢譯)의 경우 6절과 14절의 번역된 뜻이 비록 비슷할지라도, 이 번역들이 산스크리트어 원문에서 번역한 것이 아님을 강력하게 추정하도록 해준다. 아마도 최초의 번역가인 구마라집의 번역본의 골격을 기초로 누락된 용어를 보충해 넣고, 자신만의 단어로 바꾸어 넣는 번역을 한 것이라 보인다. 그러나 진제의 번역은 자신의 골격을 유지하고 있고, 현장도 골격은 유지하였으나 수식어에서 많은 차이를 보인다. 이에 반해 영역자들은 원문에서 직접 영어로 번역한 것을 쉽게 알 수 있다. 주석의 비교표에서 보듯이 원문의 문장 구조는 6절과 14절이 똑같은데, 구마라집이 그것을 바꾸어놓으니 구마라집의 문장 구조를 모두 따라가고 있는 것이다.

수보리여, 그들 모두가 측정할 수 없고 셀 수 없는 공덕을 쌓고 얻게 될 것임을 여래는 안다 - 여래는 그들을 안다는 부분은 구마라집과 진제, 의정은 번역하지 않았다. 보리유지와 현장은 실각시인(悉覺是人-이 사람을 깨닫게 된다)으로 하였는데 그것으로 문장이 끝난 것처럼 표시하고 있다. 원문에도 buddhāste tathāgatena(6절에는 중간에 Subhūte가 있는데, 이 절에는 없다)로 문장이 끝나는 것으로 표시되어 있다. 그래서 콘체도 이렇게 해석하였다. 콘체는 '그들은 여래에 의해 완전히 알아졌다'로 하였다. 결국 이 부분만 가지고는 무슨 뜻인지 모호하다. 그들이 여래에 의해서 무엇을 알았는지 깨닫는다는 것으로 해석해도 '이 사람을 깨닫다'는 말의 뜻도 대상이 애매하다. 구마라집과 보리유지, 현장, 그리고 뮐러마저도 이 부분을 번역하지 않은 것도 이해가 간다. 특히 직역을 중시하던 현장이 이 부분을 뺀 것은 일부러 번역하지 않은 것으로 보인다. 그런

---

119) <구마라집>如來悉知悉見 是諸衆生 得如是無量福德(6절)
卽爲如來 以佛智慧 悉知是人 悉見是人 皆得成就 無量無邊功德(14절)
<보리유지>如來悉知是諸衆生。如來悉見是諸衆生。須菩提。是諸菩薩生如是無量福德聚(6절)則爲如來以佛智慧。悉知是人悉見是人悉覺是人。皆得成就無量無邊功德聚(14절)
<진제>如來悉知是人悉見是人。須菩提。是善男子善女人生長無量福德之聚(6절)如來悉知是人悉見是人。生長無量福德之聚(14절)
<현장>善現！如來以其佛智悉已知彼，如來以其佛眼悉已見彼。善現！如來悉已覺彼一切有情，當生無量無數福聚，當攝無量無數福聚(6절)
則爲如來以其佛智悉知是人，則爲如來以其佛眼悉見是人，則爲如來悉覺是人，如是有情一切當生無量福聚(14절)
<의정>如來悉知是人，悉見是人，彼諸菩薩當生當攝，無量福聚(6절)
佛以智眼悉知悉見，當生當攝無量福聚(14절)

데 원문에서 뒷부분과 같이 연결하여 번역하면, 이 책의 번역과 같이 매끄럽게 번역되고, 붓다의 의도도 충분히 느껴진다. 그리고 레드파인도 고심 끝에 이렇게 번역한 것으로 보인다. 각묵의 책은 번역 순서는 원문과 같지만, 문장이 연결되는 것으로 번역하여 이 책의 번역과 같은 결과가 되었다[120]. 그리고 원문에 따라 번역할 경우에는 다음과 같이 되는 것도 표기해 둔다. **여래는 그들을 완전히 안다. 수보리여, 그들 모두는 측정할 수 없고 셀 수 없는 공덕을 쌓고 얻게 될 것이다.** 이렇게 번역하면, 앞부분의 그들을 완전히 안다는 구절은 무슨 뜻이고, 무슨 용도인지 알 수 없게 되는 것이다.

공덕을 쌓고 – 산스크리트어를 문자 그대로 보면 '공덕의 무더기를 쌓는다'가 되지만 우리가 통상적으로 쓰는 말이 '공덕을 쌓다'이므로, 공덕의 무더기가 바로 공덕이므로 공덕의 무더기를 공덕으로 표현한다.

120) 각묵, 금강경 역해, 263면

15절
법문의 효력은 불가사의하다

"다시 또 수보리여, 여자나 남자가 오전 중에 갠지스 강의 모래알과 같이 많은 자아 존재를 희생하고, 그와 같이 낮과 저녁에도 자아 존재를 희생하고, 그리고 이런 방법으로 수많은 백천만억겁 동안에 자아 존재를 희생한다 하여도, 이 법문을 들은 후 거부하지 않는다면, 이것이 실로 그로부터 측정할 수 없고 셀 수 없는 커다란 공덕을 쌓은 것이다. 더구나 이것을 사경(寫經)하고 배우고 마음에 새기고 독송하고 이해하고 다른 이들에게 자세히 설명해 준다면 더 이상 무슨 말을 하겠는가?"

"또다시 수보리여, 이 법문은 불가사의하고 비교할 수 없다. 그리고 수보리여, 이 법문은 제일 앞서 길을 나아가는 사람들, 최고의 길을 나아가는 사람들의 이익을 위하여 여래가 설하였다."

"이 법문을 배우고 마음에 새기고 독송하고 이해하고 다른 이들에게 자세하게 설명해 준다면, 수보리여, 여래는 붓다의 지혜로 그들을 알고, 수보리여, 여래는 붓다의 눈으로 그들을 본다. 수보리여, 그들 모든 중생들이 측정할 수 없는 공덕을 쌓고, 불가사의하고 비교할 수 없고 측정할 수 없고 셀 수 없는 공덕을 갖춘 자들이 될 것임을 여래는 안다.
수보리여, 그들 모든 중생들은 깨달음을 어깨에 걸칠 것이다."

"그것은 무슨 이유에서인가? 수보리여, 이 법문은 적은 믿음을 가진 중생에게는 들릴 수가 없기 때문이다. 자아를 보는 자, 중생을 보는 자, 영혼을 보는 자, 개인을 보는 자들에게도 마찬가지다."

"보살의 서원이 없는 중생들은 이 법문을 듣거나 배우거나 기억하거나 독송하거나 이해할 수가 없다. 그러한 것은 있을 수가 없다."

"또다시 수보리여, 어떤 지역에서건 이 경전이 설해지면, 그곳은 모든 신들-인간-아수라의 세계에서 공경을 받아야 할 것이고, 숭배되어야 하고, 오른쪽으로 도는 예우를 받아야 하는 장소가 될 것이다. 그곳은 붓다의 탑묘가 있는 것과 같이 될 것이다."

[해설]

보시의 강도가 점점 높아지고 있다. 칠보로 삼천대천세계를 채우는 보시, 갠지스 강의 모래알과 같은 수의 갠지스 강이 있다면 그 많은 갠지스 강의 모래알과 같은 수의 세계가 있는 곳을 칠보로 채우는 보시, 이제 물질적 보시를 넘어서 자아 존재를 희생하는 예를 들고 있다. 그것도 한 번의 희생이 아니라, 갠지스 강의 모래알만큼 많은 시간을 계속해서 자아 존재를 희생하는 예를 들고 있다. 그러면서 그러한 보시보다도 법문을 공부하는 공덕이 훨씬 크다는 것을 강조하는 것이다.

그리고 이 법문이 제일 앞서 길을 나가고 제일 높은 곳을 겨냥하는 사람을 위해서 가르친 것이라 한다. 또 법문을 공부하는 방법으로 경전을 서사(書寫)하는 것이 추가되었다.

그리고 금강경을 가르치는 장소는 공경의 장소가 될 것이고, 신들과 인간과 아수라들이 보호하는 장소가 되고, 붓다의 유품을 모셔두는 스투파와 같은 성지(聖地)의 대접을 받을 정도로 중요한 장소가 될 것이라고 한다. 이는 금강경의 위상을 말하는 것인데, 그만큼 중요하다는 것이다.

소명은 제목을 '이 경전을 소지하는 복덕(지경공덕분持經功德分)'이라고 하였다.

[설명]

다시 또 수보리여, 여자나 남자가 오전 중에 갠지스 강의 모래알과 같이 많은 자아 존재를 희생하고, 그와 같이 낮과 저녁에도 자아 존재를 희생하고, 그리고 이런 방법으로 수많은 백천만억겁 동안에 자아 존재를 희생한다 하여도, 이 법문을 들은 후 거부하지 않는다면, 이것이 실로 그로부터 측정할 수 없고 셀 수 없는 커다란 공덕을 쌓은 것이다. 더구나 이것을 사경(寫經)하고 배우고 마음에 새기고 독송하고 이해하고 다른 이들에게 자세히 설명해 준다면 더 이상 무슨 말을 하겠는가?

여자나 남자 – 앞서 '좋은 가문의 아들과 딸'이라고 할 때는 아들이 앞에 나왔으나, 여기서는 '여자'를 먼저 언급하고 있다. 콘체와 뮐러는 그 순서대로 번역하였으나, 레드파인은 영어의 어순상 '남자와 여자'로 번역하였다. 그런데 한자 번역가들은 예외 없이 선남자(善男子) 선여인(善女人)으로 하였다. 이는 여자와 남자의 순서를 바꾼 것일 뿐만 아니라, 금강경의 시작에서부터 나왔던 선남자(善男子) 선여인(善女人)이 '좋은 가문의 아들과 딸'로서 보살행을 가고자 하는 초심자의 느낌을 준 것의 의미까지도 바꾼 결과가 되었다. 이들이 몸으로 보시하는 장면을 보면, 초발심(初發心)을 가지고 보살행을 떠나는 입장이 아니라, 이미 상당한 수준의 공부를 하여 몸을 희생하는 경지에 이르렀기에 선남자(善男子) 선여인(善女人)이라는 용어는 어울리지 않는다. 원문과 같이 '여자와 남자'라고 번역하는 것이 옳다.

오전 중, 낮과 저녁 – 고대 인도에서는 하루를 아침, 중일(中日), 오후 세 개로 나누었는데, 각각은 약 4시간 계속되었다. 밤을 시간적으로 구분할 때에도 북두칠성의 움직임에 의해 세 가지로 나누었다.

자아 존재를 희생하고 – 한자 번역본들은 모두 희생을 보시(布施)로 번역하였다. 그러나 산스크리트어본의 paritaja는 희생하다, 바치다는 뜻이다. 그래서 콘체와 레드파인은 renounce(포기하다), 뮐러는 sacrifice(희생하다)로 번역하였다. 또 자아 존재를 몸으로 표현하였는데, 진제는 신명(身命), 현장은 자체(自體)라고 번역하여 단순한 몸과는 다른 뜻을 표현하고 있다. 원문의 ātma-bhāvā를 자아 존재로 번역하는 것에 대해서는 13절에서 설명하였다.

한자 번역가들은 자아 존재를 포기하고 희생하는 것을 일종의 보시로 생각하였는데, 몸을 바치는 것을 무작정 보시라고 볼 수는 없다. 보시는 받는 자에게 도움이 되는 것이고, 희생은 주는 자 자신을 위한 것이다. 그런데 몸을 희생하는 것에 인도적 전통의 맥락이 들어 있다는 것을 알아야 한다.

보통 몸을 희생한다고 할 때는 소신(燒身)공양을 상기하는데, 여기서는 인도의 전통적인 신화에 나오는 푸루샤의 희생을 말하고 있다. 푸루샤는 우주에 스며들어 있는 자아이고, 신들에 의해서 절단되어서 우주를 구성하게 된다. 그의 마음은 달이 되고, 그의 눈은 태양이, 그의 숨결은 바람이 되었다. 리그베다에 의하면 푸루샤는 태고 시절의 거인이었는데, 그의 몸을 희생하여 그의 몸으로부터 세계가 나왔고, 카스트 제도의 네 종류의 신분이 나왔다. 즉 브라만, 크샤트리아, 바이샤, 수드라가 그것이다. 푸루샤는 1천 개의 머리와 1천 개의 다리를 가졌는데, 푸루샤로부터 비라지(Viraj)가 나왔고, 이 비라지는 두 번째 창조물로 여성이다. 이 비라지를 통해서 푸루샤는 죽으면서 자기가 만든 세계에 다시 태어나게 된다. 그래서 자기를 희생하는 것은 새로운 삶의 탄생을 의미하므로 인도에서 몸을 희생한다는 것은 새로운 세상에 태어나는 것을 상기시킨다. 그들은 희생이 적절히 실천되면 성스러운 반응을 낳게 되고 희생이 클수록 반응이 더 크다고 생각하였다. 그러나 희생은 공간적으로나 시간적으로 한계를 가진다. 석가모니는 고행(苦行)을 통하여 그러한 희생의 극단을 택하는 것의 무용성을 알았고, 그래서 중도의 길을 걷게 되었다.

수많은 백천만억겁 - 산스크리트어로는 bahūni(많은) kalpa(겁劫) koti(구지俱胝-천만) niyuta(나유타那庾他) śata(백百) sahasra(천千)를 번역한 것이다. 겁(劫)이라는 것은 무한한 시간이다. 꼬띠Kotī는 한자로 구지(俱胝)인데, 이도 무한한 시간이지만 천만이라는 것이 정설이다. 그러나 여러 문헌에서 꼬띠는 10만에서 1,000억까지 사용된다. niyuta는 발음으로는 니유따이지만 한자어로 나유타라 사용된다. 나유타의 유(庾)를 유(由)로 사용하기도 하지만, 대반야바라밀경에는 앞의 글자를 사용하므로 나유타(那庾他)라고 표기한다. 산스크리트어 사전에는 '매우 큰 수' 내지 '백만'으로 나오는데, 천억에서 10의 60승까지 표시되기도 한다. 이렇게 애매하게 큰 수를 번역하는데, 과학적인 숫자가 아니고 수사학적인 용어들이므로 적당히 크다는 느낌을 주면 된다고 본다. 그래서 구마라집은 양을 잴 수 없는 백천만억겁이라고 하였고, 현장은 구지나유타(俱胝那庾他) 백천겁이라 하였다.

겁(劫)에 대한 개념 - 불교에서 말하는 겁(劫)이란 가장 긴 시간을 말하는 단위이다. 여기에 전통적으로 들고 있는 비유가 두 가지 있다. 하나는 겁(劫)이 시작될 때, 한 변이 16마일(25.749킬로미터)에 달하는 거대한 육면체를 100년마다 방문하면서 겨자씨를 하나씩 넣으면 한 겁(劫)이 끝날 때 그것이 다 차게 된다고 한다. 또 하나는 겁(劫)이 시작될 때, 높이와 밑변이 각 16마일인 바위산이 있으면, 100년에 한 번씩 방문하여 작은 실크 조각으로 바위산을 문지르면 겁(劫)이 끝날 때 바위산이 닳아 없어진다고 한다. 그런데 이런 개념을 단순하게 표현하는 설도 있다. 즉 겁(劫)은 네 종류가 있는데, 기본 단위의 겁(劫)은 1600만 년이고, 소겁(小劫)은 1000겁(劫)으로써 16억 년, 중겁(中劫)은 소겁(小劫)의 20배로써 약 3200억 년, 대겁(大劫)은 4중겁(中劫)으로써 1조 2800억 년이라고 한다.

브라만교에서 1겁(劫)은 브라만의 하루로 43억 2천만 년이다(묘하게도 지구의 나이가 45억 4천만 년이다).

거부하지 않는다면 - 법문의 내용에 공감이 가기 때문에 거부하지 않는 경우를 말한다. 현장은 '비방(誹謗)하지 않는다면'이라고 번역하였는데, 단순히 비방하지 않는 것으로 엄청난 공덕을 쌓는 것은 이상하다. 그래서 구마라집도 '믿는 마음이 거스르지 않는다면'으로 번역하였다. 산스크리트어 pratikṣipet는 throw towards(~를 향하여 던지다)이므로 두 가지 의미가 다 가능하지만, 이 구문의 뒷부분에서 공덕을 쌓을 것이라는 구절과 일치하는 해석으로는 거부하지 않는다를 채택한다. 콘체와 레드파인은 reject(거부하다), 뮐러는 oppose(반대하다)로 번역하였다.

사경(寫經) - 경전을 베껴 쓰고의 뜻이다. 서사(書寫)라고 한자로 번역되었지만 사경(寫經)이라는 용어가 통상 사용되므로 그렇게 번역한다. 그런데 이 부분이 공덕을 쌓는 제일 앞에 나와 있다. 법문을 익히는 순서 중에서 초보적인 단계인 것이다. 일단 베껴 쓰면서 배우고 독송하는 단계로 나아가는데, 이것은 문화적인 차이가 있기 때문이다. 인도에서는 전통적으로 모든 것을 암송에 의해 지혜를 전승하기 때문에 사경을 한 문헌은 찾아보기 힘들다. 그리고 베껴 쓴다는 말이 15절에야 나오는 것으로 보아서, 14절 이후는 암송에 의한 지혜의 전승이 글로 나타낸 문서로 전승되어가는 것을 시사하고 있고, 14절 이후가 초기 금강경(13절까지)의 뒤에 추가된 흔적을 보여주는 것이라 느껴진다.

단지 거부하지 않는 것으로 엄청난 공덕을 쌓는데, 이를 베껴 쓰고 배우고 마음에 새기고 독송하고 이해하고 남들에게 설명까지 해주는 공덕은 당연히 훨씬 더 큰 공덕이 될 것이다. 필자가 이 경전을 쓰기 위해서 관련 자료를 찾고, 금강경의 구절구절 단어 하나씩을 찾아보며 이해를 하다 보니 지인들에게 그 내용의 대요를 설명해 주는 경우가 생긴다. 이 붓다의 진의를 찾는 글을 쓰면서 스스로도 많이 변화해 가는 것을 느끼게 된다. 그러니 단지 배우고 독송함으로 끝나는 이때까지의 과정을 넘어서 사경(寫經)도 해보고, 이해를 위해서 이리저리 공부도 하는 가운데 변화가 발생할 것으로 본다.

또다시 수보리여, 이 법문은 불가사의하고 비교할 수 없다. 그리고 수보리여, 이 법문은 제일 앞서 길을 나아가는 사람들, 최고의 길을 나아가는 사람들의 이익을 위하여 여래가 설하였다.

법문은 불가사의하고 비교할 수 없다 – 법문의 가치를 평가하는 글인데, 사실 지금까지의 내용들로 보면 여타의 경전들과는 다른 단순한 내용만으로 구성되면서도 인간의 지식이나 논리로 파악하기 힘든 내용들로 구성되어 있다. 이 부분을 금강경 앞에서 나온 구절과 대비하여 보면, 다른 가르침과 비교하여 금강경의 가르침은 어떤 특성이 없어 보인다. 이 가르침은 마음으로 인식되기도 힘들다. 즉 언어의 영역을 넘고 말로 토론될 수도 없는 것이다. 그래서 이런 가르침은 믿기가 힘들고 이해하기도 어렵다. 그래서 붓다는 계속적으로 반복하여 이 가르침은 대단한 것이니 계속 믿으라는 법문을 하고 있는 것이다.

제일 앞서 길을 나아가는 사람들 – 구마라집과 의정은 대승(大乘)이라고 표시하였고, 현장은 뜻에 맞게 최상승(最上乘)이라고 번역하였다. agra-yāna는 최우선, 제일 먼저, 가장 중요한 길로 번역되는데, 영어로는 foremost이다. 즉 '탈것(승乘)' 혹은 길 중에서 가장 중요한 '탈것', 제일 앞의 '탈것'이므로, 대승불교를 전파하는 금강경에서는 그것을 대승(大乘)이라고 번역하는 것도 맞고, 이 책처럼 '제일 앞서'로 번역하여도 좋다. 대승(大乘)이라는 용어는 다시 대승(大乘)이라는 말에 집착하는 느낌을 준다.

최고의 길을 나아가는 사람들 - '탈것'인 승(乘)을 '길'로 번역하는 이유는 최고의 '탈것'이라는 것도 우스운 번역이 될 것이고, 보통 한자어로 표현되는 최상승(最上乘)이 언뜻 '최고로 상승(上昇)한다'는 의미를 주기 때문이다. 그래서 최상의 길, 최고의 길로 번역하는 것이 좋다. 콘체만이 '탈것 vehicle'이라고 번역하고, 뮐러와 레드파인은 'path 길'이라고 번역한다. '제일 앞선 길'과 '최고의 길'을 비교하면, 앞의 것이 소위 대승불교를 택한 이들을 의미하는 것이라면, 뒤의 것은 그들이 택한 길을 최고도로, 즉 궁극의 끝까지 수행하려는 자를 의미한다고 보인다.

이 법문을 배우고 마음에 새기고 독송하고 이해하고 다른 이들에게 자세하게 설명해 준다면, 수보리여, 여래는 붓다의 지혜로 그들을 알고, 수보리여, 여래는 붓다의 눈으로 그들을 본다. 수보리여, 그들 모든 중생들이 측정할 수 없는 공덕을 쌓고, 불가사의하고 비교할 수 없고 측정할 수 없고 셀 수 없는 공덕을 갖춘 자들이 될 것임을 여래는 안다.

법문을 배우고 익혀서 남들에게 설명해 주는 공덕은 비교하기 힘든 공덕이 된다는 것을 거듭해서 강조하고 있다.

이 부분은 14절 마지막에 언급했고, 6절과 비교하여 설명하였던 문장 구조를 그대로 가지고 있다. 다만 14절에서 '그들 모두가 측정할 수 없고 셀 수 없는 공덕을 쌓고 얻게 될 것임을'의 부분이 '그들 모든 중생들이 측정할 수 없는 공덕을 쌓고, 불가사의하고 비교할 수 없고 측정할 수 없고 셀 수 없는 공덕을 갖춘 자들이 될 것임을'의 부분으로 바뀐 차이점이 있다. 14절에서도 말한 바와 같이 구마라집이 원문의 같은 문장 구조를 다시 6절과 같이 번역하자, 보리유지와 의정은 구마라집과 같이 다시 6절의 문장 구조로 바꾸었다. 진제와 현장은 자신의 구조를 유지하고 있다. 이것을 보면, 한역본을 참고하기 위해서는 구마라집, 진제, 현장본을 주로 하는 것이 좋겠다는 결론을 갖게 된다.

수보리여, 그들 모든 중생들은 **깨달음을 어깨에 걸칠 것이다.**

이 부분도 앞부분처럼 '모든 중생들이 어깨에 깨달음을 걸칠 것임을 여래는 안다'라는 번역으로 하는 것이 맞지만, 문장이 너무 길어져서 따로 빼놓았다. 여래가 말하는 것이기 때문에 여래가 그것을 안다는 확신을 주지 못하는 느낌은 있지만, 여래가 단언하는 듯한 말투이기 때문에 큰 차이가 없어서 번역의 매끄러움을 위해 단독으로 표시한 것이다. 레드파인만이 이 부분을 '여래가 안다'라는 종속절로 번역한 것은 14절과 같다. 뜻을 헤아려 보면 이렇게 해석하는 것이 옳다고 본다.

깨달음을 어깨에 걸칠 것이다 – 이 부분 해석에 다툼이 있다. 산스크리트어 samāṁśena를 해석할 때, 이를 sa + māṁśa로 볼 것이냐, sama + aṁśa로 볼 것이냐의 문제가 있다. 앞의 것으로 보면, māṁśa가 flesh이므로 '육신과 더불어'라는 뜻이 되고(1설), 뒤의 것으로 보면, sama(equal, 같이) + aṁśa가 shoulder(어깨), obtaining equal(같이 가지다)라는 뜻이 모두 있어서, '어깨에 둘러메고(2설)', '똑같이 나누고(3설)', '어깨에 걸치고(4설)'의 뜻이 된다. 또 하나의 견해는 samāṁśena를 svaṃśena로 잘못 베낀 것이며, '자기의 어깨에 깨달음을 걸머진다'고 번역하는 것이 맞는다는 견해이다.[121] 한역(漢譯)들은 모두 어깨에 짊어지다의 뜻으로 번역한다. 구마라집은 즉위하담(卽爲荷擔–깨달음을 짊어지다), 현장은 기견하담(其肩荷擔–깨달음을 그 어깨로 짊어지다)라고 번역하였다. 현장은 뒤의 견해(2설)를 취하는 것이 분명하다. 의정은 즉위이견하부(卽爲以肩荷負–어깨로써 짊어지다)라고 하여 그 뜻을 명확하게 보여준다(2설). 각묵은 '육신과 더불어 깨달음을 이루다'라고 하여 앞의 설을 택하고 있다(1설). 콘체는 '깨달음의 똑같은 몫

121) 일본의 우정(宇井) 박사는 svaṃśena라고 보면, svam이 own(자신의) 뜻이므로, '자신의 어깨로 깨달음을 짊어진다'라고 번역된다는 것이다. 이기영 역 금강경 208면에서 인용.

을 나눌 것이다(equal share)라고 하고, 뮐러는 깨달음을 똑같이 기억하다(equally remember)'라고 하여 모두 3설을 택한다. 레드파인은 '그들의 어깨에 똑같이 깨달음을 입을 것이다'고 하여 2설과 3설의 뜻이 들어가면서 4설을 취하고 있다.

레드파인이 그렇게 번역한 이유는 skandha(무더기, 덩어리)라는 단어는 공덕의 무더기라는 복합어에서 보면, 어깨 아래의 몸체를 의미한다. 그래서 불가사의하고 비교할 수 없고, 측정할 수 없고, 셀 수 없는 공덕에 의해서 보살은 붓다의 계보에 참여하고, 그들의 어깨에 깨달음의 가사(袈裟)를 입는다는 것이다. 1설처럼 해석하면 문맥에 전혀 맞지 않다. 법문을 배워서 공덕을 쌓는 설법을 하고 있는데 갑자기 육신을 가지고 깨달음을 이룬다는 사상이 출현하는 것은 이해하기 힘들다. 2설을 택할 경우 깨달음을 어깨에 짊어진다는 것은 깨달음을 물체로 다룬다는 것인지 그 뜻이 명료하지 않다. 3설의 경우 깨달음을 똑같이 나눈다는 것은 전혀 의미가 없는 문장으로 보인다. 4설이 의미가 통하고, 입는다보다는 '걸치는 것'으로 바꾸어 번역한다.

걸치다 – 산스크리트어로는 dhāra는 holding(들다), supporting(받치다) wear(입다) 등의 뜻이므로 하담(荷擔–짊어지다, 부담하다) 혹은 입다, 둘러메다의 뜻이다.

그것은 무슨 이유에서인가? 수보리여, 이 법문은 적은 믿음을 가진 중생에게는 들릴 수가 없기 때문이다. 자아를 보는 자, 중생을 보는 자, 영혼을 보는 자, 개인을 보는 자들에게도 마찬가지다.

적은 믿음 – 원문에는 hīna 소승불교의 추종자를 겨냥하는 말이지만, 여기서는 소승이라고 번역하지 않고, 적은 믿음이라고 번역한다. 소승(小乘)이라는 용어는 대승불교를 주장하는 사람들이 열등하다고 비난하기 위해서 사용하는 용어이기 때문에 사용하지 않는 것이 좋다. 사실 소승(小乘)불교의 가르침이 대승불교가 추구하는 내용보다 전혀 열등하지 않다. 개인의 깨달음의 완성이 있고서야 더 큰 중생구제를 갈 수 있는 것이지, 깨달음의 언저리에 가지도 못하면서 중생을 구제한다는 큰 목표만으로 대승이라고 주장하는 것은 우스꽝스러운 일이기 때문이다. 보통 hina를 inferior(열등한, 하위의), lesser(더 적은)이라고 번역하지만, 여기서는 그냥 '적은 믿음'이라고 번역한다. 믿음이라고 번역한 산스크리트어는 adhimukti인데, 이 단어가 다른 곳에서는 결단이라는 뜻도 가지고 있다. 그래서 적은 결단을 가진 자라고 번역해도 뜻은 비슷하다.

보는 자 – 구마라집과 현장이 견(見) 자를 사용하여, 산스크리트어 dṛṣṭikair (견見이 있는 자에게)라는 뜻을 살리고 있다. 콘체도 'have a self in view'라고 같이 번역하였다. 이를 한글로 번역할 때 기존에 사용된 견(見)을 살려 견해라고 할 것이냐의 문제인데, 견해는 '사물이나 현상에 대한 의견이나 생각'이므로, '견해'라는 말을 쓰는 순간 새로운 개념의 틀에 갇히는 결과가 된다. 그래서 한글로 그냥 사용할 수 있고 매끄럽게 번역되면 되도록 한글로 사용하는 것이 좋겠다. 그런 면에서 '보는 자'라고 번역하였다.

지금까지의 경전을 살펴보면, 보살은 자아, 중생, 영혼, 개인의 관념을 없애고 그들 자신이 해방되어야 진정한 보살이 되는데 붓다는 이 원칙을 다시 말하고 있다. 그리고 더 나아가서 중생이 이러한 관념을 가지고 있으면, 그들은 이 가르침을 듣지도 못한다고 한다. 그래서 우리는 이러한 가르침을 듣고 이해한다면 이러한 관념을 탈피해 가고 있는 것이라 볼 수 있다.

자아를 보는 자, 중생을 보는 자, 영혼을 보는 자, 개인을 보는 자 – 여기서 '자아를 보는 자'는 '자아가 있다고 보는 자'를 줄인 말이다. 그 뒤에도 '중생이 있다고 보는 자', '영혼이 있다고 보는 자', '개인이 있다고 보는 자'를 역시 줄인 말이다.

보살의 서원이 없는 중생들은 이 법문을 듣거나 배우거나 기억하거나 독송하거나 이해할 수가 없다. 그러한 것은 있을 수가 없다.

서원(誓願) – pratijña는 vow(맹세, 서원), promise(약속)이므로 '보살이 되기로 맹세나 서원이 없는', '보살이 되기로 약속하지 않은'의 뜻이 된다. 콘체는 '맹세'라고 번역하였고, 뮐러는 '자인'이라 번역하고, 레드파인은 '열망'이라고 번역하였다. 본뜻은 '진정한 보살이 되기로 굳은 마음을 가지지 않은'의 뜻이므로 모두 비슷한 뜻이다.

과연 보살이 되기를 열망하지 않는 사람은 법문을 듣거나 배우거나 기억하거나 독송하거나 이해할 수가 없는 것인가? 비록 중생이라도 법문을 듣고 배우고 마음에 새기고 독송하는 것은 할 수 있지 않을까? 이 부분이 한역(漢譯)들에는 없다. 직역을 중시하는 현장본에는 없는 것으로 보아 원문에 부가된 구절이 아닌가 하는 생각이 든다.

또다시 수보리여, 어떤 지역에서건 이 경전이 설해지면, 그곳은 모든 신들-인간-아수라의 세계에서 공경을 받아야 할 것이고, 숭배되어야 하고, 오른쪽으로 도는 예우를 받아야 하는 장소가 될 것이다. 그곳은 붓다의 탑묘가 있는 것과 같이 될 것이다.

금강경이 설해지는 곳은 모든 존재들의 공경을 받고, 그 장소는 붓다의 탑묘가 있는 것과 같이 성스러운 곳이 된다는 것이다. 이 또한 금강경의 무한한 가치를 역설해 주는 말이다. 이 구절로 인하여 금강경의 신묘한 효능에 대해 대반야바라밀경의 구절도 있다.

금강경 10만송에는 좋은 가문의 아들과 딸이 반야바라밀다를 간직하고, 연구하고, 현명하게 참여하는 장소에서는 마왕이나 다른 이생(異生)이 생각을 방해하지 못한다. 그것은 그들이 이 반야바라밀다를 듣게 되면서 악의(惡意)를 끝내기 때문이라고 한다.[122]

오른쪽으로 도는 예우를 받아야 하는 장소 - 오른쪽으로 돈다는 것은 시계 방향으로 도는 것을 말한다. 돌아야 하는 대상을 오른쪽에 두고 돌게 되는데, 자연히 그것이 시계 방향이 되는 것이다. 인도에서 오른쪽을 중시하기 때문에 생긴 풍습이다. 따라서 금강경이 설해지는 곳에 참배할 때는 오른쪽으로 돌면서 예를 표하여야 한다고 금강경에 적혀 있다. 이상하게도 오른쪽은 우리말로 '옳은 쪽'이므로, 꼭 인도의 풍습이라기보다 오른쪽이 바른쪽이라는 의미를 부여한다. 한자본들은 어느 쪽으로 돈다는 말없이 그냥 위요(圍繞)라는 말을 쓰고, 현장만이 원문과 같이 '붓다의 묘와 같이 오른쪽으로 돌아'라고 번역하고

122) Conze, The Large Sutra on Perfect Wisdom, 225p

있다.

붓다의 탑묘의 존재 – 산스크리트어로 짜이트야 caitya-bhūtaḥ인데, 앞서 12절에서 설명한 바 있다. 즉 '탑묘가 있는 것과 같이'의 뜻으로 번역한다.

탑묘가 있는 것과 같이 될 것이다 – 원문으로 '탑묘가 있는 것과 같이 될 것이다'이지만 한글로 그 뜻을 표현한다면, 탑묘가 있는 것과 같이 공경 받을 것이다로 하는 것이 좋다. 구마라집은 제일 끝부분에 이제화향이경기처(以諸華香而散其處–온갖 꽃과 향초로 그 장소를 공경하였다)라는 구절을 추가하였는데, 원래 '탑묘가 있는 것과 같이 될 것이다'라고만 번역하면 그 뜻이 명확하지 않아 추가한 것으로 보인다. 그런데 구마라집이 추가한 구절은 혼자서 만들어낸 구절이 아니고, 대반야바라밀경 103권에 있는 구절을 간략히 줄여서 만들었다. 그곳에는 '이 장소는 많은 진리가 있는 곳이며, 중생 모두가 공경의 예를 바치고, 꽃들이 만발하는 곳이다 ~ 등(燈)을 밝히고 공양한다'[123]는 구절들이 있는데, 구마라집이 사용한 이제화향이경기처(以諸華香而散其處)는 대반야바라밀경의 당이종종상묘화만(當以種種上妙花鬘), 도산등향(塗散等香)을 줄인 말로 보인다.

[참고]

석가모니가 열반에 들고 그의 몸이 화장되었을 때, 다비식이 끝난 후 붓다의 사리 등 유골이 8등분 되어 북부 인도의 8왕국의 스투파에 놓여졌다. 다음 세기에 이 스투파들은 아쇼카 왕에 의해 열려졌고, 그 내용물은 인도 전역을 통해서 더 나누어지고 분배되었다. 이 유물의 일부분은 결국 7세기에 중국으로 갔고 당 왕조가 10세기에 무너지면서 분실되었다. 그리고 그것들은 시안의 한때 장한사였던 북쪽의 폐허 복구 당시인 수십 년 전에 다시 발견되었다.

---

123) 當知是處卽眞制多，一切有情皆應敬禮，當以種種上妙花鬘, 塗散等香, 衣服, 瓔珞(영락), 寶幢(보당), 幡蓋(번개), 衆妙, 珍奇, 伎樂(기악), 燈明而爲供養(등명이위공양)。

16절
까르마를 없애는 법문

"또한 그리고 수보리여, 그들 좋은 가문의 아들과 딸이 이런 형태의 경전을 배우고, 마음에 새기고, 독송하고, 이해하고, 철저하게 생각하고, 다른 이들에게 자세히 설명해 주어도, 그들은 멸시를, 심한 멸시를 받을 수 있다.

그것은 무슨 이유에서인가? 그들 중생들은 전생에서 생긴 악업으로 악도에 떨어져야 할 것인데, 지금 여기에서 그 멸시를 받는 것 때문에, 그들의 전생의 악업이 파괴될 것이고, 붓다의 깨달음을 얻을 것이다."

"수보리여, 나는 과거의 연등여래, 아라한, 바르게 깨달은 분의 이전의, 더 이전의, 셀 수 없는, 전혀 셀 수 없는 겁들을 기억하고 있다. 팔백사십만 구지 나유타의 붓다가 계셨는데, 나는 그분들을 모셨고 불편함이 없도록 모셨다."

"다시 또 수보리여, 내가 그 붓다 세존들을 모셨고 불편함이 없도록 모셨지만, 그러나 최후의 시각에, 최후의 순간에, 최후의 500년에 선법(善法)이 붕괴할 시기에, 이런 형태의 경전을 배우고 마음에 새기고 독송하고 이해하고 남들에게 자세히 설명해 준다면, 수보리여, 이 공덕에 비하면, 저 앞의 공덕은 백분의 일에도 미치지 못하고, 천분의 일에도, 10만분의 일에도, 1억분의 일에도, 100억분의 일에도, 10조분의 일에도, 십만 구지나유타분의 일에도 미치지 못한다. 측정할 수도 없고, 부분에도 미칠 수 없고, 계산할 수도 없고, 비교할 수도 없고, 비밀스런 의미로도 알 수 없고, 비유를 하여도 미치지 못한다."

"더욱이 수보리여, 만약 내가 그들 좋은 가문의 아들과 딸이 그때에 쌓고 얻게 될 공덕을 말한다면, 중생들은 미쳐버리거나 마음이 혼란해질 것이다. 다시 또 수보리여, 여래가 설한 이 법문은 불가사의하고 비교할 수 없고, 불가사의한 과보 또한 기대되어질 것이다."

[해설]

이제 이 법문을 배우고 연구하는 자들이 그것을 남에게 설명해 주는 과정에서 멸시를 당하고 경멸로 고통을 받게 될 것인데, 그것을 어떻게 극복할 것인지의 설명이다. 그들이 과거의 업보로 인하여 지금 멸시와 모욕을 당하는 것을 직시하고, 수행을 멈추지 말라는 말이다. 그리고 이런 멸시와 모욕은 나중에 좋은 업보가 되고 공덕이 쌓일 것이라는 의미까지 있다.

그리고 석가모니가 과거 생에 수많은 붓다를 모셨고, 그로 인해 많은 공덕을 쌓았고 결국은 석가모니 붓다가 되었지만, 미래에 이 법문을 배우고 공부하며, 남들에게 설명해 주는 공덕은 석가모니 자신의 공덕보다 엄청나게 크다는 것이다.

그 공덕이 얼마나 큰지를 설명하는 것은 다른 사람들을 미치게 하고 놀라게 할 것이라 언급하지 않겠다고 하는 것이니, 그 얼마나 그 공덕이 큰지를 암시한다.

금강경 300송이라는 작은 글에서 불법을 닦으면서 생길 수 있는 수행의 어려움을 미리 대비하여 설하고 있는 점을 보면서 이 경전이 얼마나 주도면밀하게 준비되었는지 새삼 느끼게 된다. 그리고 이 16절의 내용은 전반부에 전혀 나오지 않는 새로운 내용이기 때문에 계속 읽는 분들은 새로운 흥미를 느낄 것이라 본다.

소명은 제목을 '업장(業障–까르마)을 깨끗하게 할 수 있다(능정업장분能淨業障分)'고 하였다.

[설명]

또한 그리고 수보리여, 그들 좋은 가문의 아들과 딸이 이런 형태의 경전을 배우고, 마음에 새기고, 독송하고, 이해하고, 철저하게 생각하고, 다른 이들에게 자세히 설명해 주어도, 그들은 멸시를, 심한 멸시를 받을 수 있다.

그것은 무슨 이유에서인가?

그들 중생들은 전생에서 생긴 악업으로 악도에 떨어져야 할 것인데, 지금 여기에서 그 멸시를 받는 것 때문에 그들의 전생의 악업이 파괴될 것이고, 붓다의 깨달음을 얻을 것이다.

철저하게 생각하고 -원문의 yoniśas는 wisely(현명하게), fundamentally(근원적으로), thoroughly(철저하게)의 뜻이다. 단어 자체가 yoni(source, 근원) śśa(으로부터)이기 때문에 종합적으로 세 가지 뜻으로 사용할 수 있는 말이다. 그래서 이 뜻들을 뒤의 manasi(마음에) kariṣryanti(행하여서)에 대입하여 생각해 보면, '마음을 현명하게 사용하여', '마음의 근원에서 작용하여', '마음을 철저하게 작동시켜서'의 뜻이 될 것이다. 그래서 문맥으로 생각해 볼 때, 법문을 이해한 후에 남들에게 자세히 가르쳐주는 중간 단계라고 보면, 이해한 후에 완전히 체득(體得)하는 단계가 나와야 하므로 근원으로부터 마음 작용을 하는 것이므로 '철저하게 생각하고'로 번역한다. 콘체는 이 부분이 없고, 뮐러는 '철저하게 마음으로 가져간다', 레드파인은 '철저하게 숙고하다'로 번역하였다. 한자 번역본에는 유일하게 현장이 여리작의(如理作意- 이치에 맞게 정신을 사용하고)로 하였고, 나머지는 번역하지 않았다.

멸시를, 심한 멸시를 받을 수 있다 - 이 부분에 해당하는 구마라집, 보리유지, 진제의 번역은 경천(輕賤-가볍게 경멸)이고 현장은 경훼(輕毁), 의정은 경욕(輕辱)이다. 산스크리트어 paribhūta는 멸시받다, 경시되다, 무시되다의 뜻이 있으므로 한역(漢譯)에서 사용된 용어들은 우리가 사용하지 않는 단어이므로 멸시받다로 번역한다.

이런 좋은 내용의 경전을 다른 사람에게 상세하게 설명해 주는 것이 왜 멸시를 받게 될 것인가? 이 경전의 내용이 인간이 통상적으로 사용하는 언어나 논리를 벗어난 지혜이기에 그것을 듣는 사람들이 놀라고 두려워하며, 급기야 자기들의 그런 반응을 숨기기 위해서 그것을 말한 사람을 멸시하는 반대의 감정이 나온 것이다. 이것이 멸시를 하는 자의 입장이라면, 이제 멸시를 당하는 이유에 대해서 다음 구절에서 밝히고 있다.

전생에서 생긴 악업 – 전생(former lives, past lives)에 대해 구마라집과 보리유지는 선세(先世)라는 용어를 사용하였는데, 진제는 과거세(過去世) 중 소조악업(所造惡業–만들어진 악업)이라는 말로 명확하게 번역하고 있다. 악업에 대해서는 나쁜 업이라는 말이 더 정확하기는 하지만, 우리가 보통 사용하는 용어로써 악업(惡業)은 악독한 업이나 사악한 업을 말하는 것이 아니고, 나쁜 업이라는 뜻을 표현할 때 악업이라는 용어를 사용하기에 여기에 사용하여도 큰 무리가 없다.

악도에 떨어져야 할 것인데 – 산스크리트어 apāyasaṁvartanīyāni를 분해하면 apāya는 going away(떠나가다), destruction(파괴), evil(악), loss(손실)의 의미를 지녔다. saṁ(함께) +vartanīya는 to be stayed(머물다), dwelt in(안에 거주하다)의 뜻이다. ani는 (~하는데)이다. 그러므로 이를 모두 합쳐서 '악과 함께 살아가야 하는데'의 뜻이 된다. 악(惡)과 함께 살아간다는 것은 인간의 생(生)을 살다가 추락한 결과가 되므로, '악도(惡道)에 떨어져야 하는데'라는 뜻이 된다. 악도라는 용어는 단독으로는 잘 사용하지 않는 용어이다. 지옥, 아귀, 축생을 합쳐서 삼악도(三惡道)라는 용어를 쓰기 때문에 그것들을 대표하는 것으로 사용하는 것으로 한다.

지금 여기에서 멸시를 받는 것 때문에, 전생의 악업이 파괴될 것이고 – 지금 멸시와 모욕, 경멸을 받는 것이 인내의 씨앗을 뿌리는 것이고, 그것이 인욕바라밀을 수행하는 것과 같다는 점이 지적되어야겠다. 그러한 인내의 씨앗이 영글어가면서 좋은 과실을 맺을 것이다. 그리고 멸시와 경멸을 받는 과정에서 다시 이 가르침이 과연 어떤 것인지 자문해 볼 수 있는 기회가 생긴다는 점에서도 긍정적인 면을 볼 수 있다.

붓다의 경전을 읽다 보면 균형미가 느껴진다. 논리와 언어를 떠나기를 권유하면서 논리적으로 납득할 수밖에 없는 내용들을 설법한다. 지금 이것도 현생에서 일어나는 여러 현상은 전생의 행위에 의한 것이라고 명확하게 선언하고 있으며, 일단 그것을 믿기만 하면 모든 것이 논리 정연한 하나의 체계를 형성한다. 그렇지만 이 부분에서 약간의 논리적 문제점이 생각나는데, 금강경을 배우고 남들에게 자세히 설명하는 가운데 발생하는 멸시를 필연적으로 보는 것인지, 혹시 멸시를 당할지도 모른다는 의미인지 분명치 않다. 붓다는 멸시를 받는 이유를 설명하지 않고, 멸시를 받는 원인을 설하였을 뿐이다. 따라서 앞에서 필자가 지적한 것과 같이 금강경의 내용이 범인(凡人)의 생각을 넘는 내용이기 때문에 멸시를 받는다면 이 구절이 그 해답을 제시한다.

업(Karma) – 까르마라는 단어는 kri라는 어근에서 나왔는데 '만들다', '하다'라는 뜻을 가지고 있고, '행위'를 가리킨다. 보통 의도적 행위의 결과를 말한다. 비록 그러한 결과가 성숙하기에 여러 생애가 걸릴지라도. 불교에 의하면, 까르마는 신체(身體)나 행동, 입(말), 마음(생각)의 어떤 행위로부터 유래된다고 한다. 그래서 몸과 입, 뜻(身口意)에 대하여 우리의 가장 최근 생애의 과정 동안의 이러한 세 가지의 집합적인 것(보통 일곱 생애의 합이라고 말한다)이 우리의 현재 조건을 지운다. 그러나 우리는 새로운 까르마를 낳음에 의해 우리의 까르마를 변화시킬 수 있다는 점이 긍정적인 점이다.

수보리여, 나는 과거의 연등여래, 아라한, 바르게 깨달은 분의 이전의, 더 이전의, 셀 수 없는, 전혀 셀 수 없는 겁들을 기억하고 있다. 팔백사십만 구지나유타의 붓다가 계셨는데, 나는 그분들을 모셨고 불편함이 없도록 모셨다.

이 구절을 시작하기 전에 현장은 하이고(何以故)가 있다. 그러나 산스크리트어본에는 이에 해당하는 tat kasya hetoḥ가 없다. 영문 번역본들도 모두 없는 것으로 번역하였다. 앞의 문장의 이유를 나타내는 구절들이 아니기 때문에 없는 것이 맞는다고 본다.

과거의 – 보통 연등여래 이전의 과거를 기억한다고 번역하는데, 뮐러는 연등여래 이후의 제불(諸佛)을 말하는 것으로 번역하였다. 이는 진제(眞諦)도 그렇게 해석하고 있다. 이에 해당하는 산스크리트어의 para가 beyond(~을 넘어서, ~을 지나서)의 뜻이 있어서 그런 해석의 여지도 있지만, 문맥상 '이전의, 더 이전의' 라고 번역하는 것이 맞겠다.

팔백사십만 구지나유타 붓다 – 원문은 catur(4) + aśīti(80) + buddha(붓다) + koṭi(꼬띠) + niyuta(나유타) + śata(100) + sahasrāṇi(1000)으로 이루어진 문장이다. 꼬띠와 나유타는 엄청나게 큰 수를 표시하는 단위로 쓰이는데 앞 절에서 말했듯이 다른 문헌들에서 꼬띠는 10만에서 1,000억까지 사용된다. 나유타는 산스크리트어 사전에는 '매우 큰 수' 내지 '백만'으로 나오는데, 천억에서 10의 60승까지 표시되기도 한다. 따라서 꼬띠와 나유타를 큰 수라는 정도만 인식하고, 따로 번역하지 말고 구지나유타라고 표시하는 것이 맞을 것 같다. 그렇게 보면, '84*100*1000 구지나유타 모든 붓다'이고, 이는 840만 구지나유타 제불(諸佛)이다.

이 표시에서 구마라집은 '8백4천만억 나유타 모든 붓다'라고 하였고, 현장은 '84구지나유타 백천 모든 붓다'라고 하였다. 콘체는 '840만 구지나유타 붓다'라고 하고, 뮐러와 레드파인은 '840만*100만*1조의 다른 붓다'라고 하였다. 결과적으로 콘체의 번역으로 표기되었다.

불편함이 없도록 모셨다 – 한역(漢譯)에서 무공과(無空過–잘못이 없다), 무위범(無違犯, 현장), 무위배(無違背, 의정)이라고 번역하였다. 영역(英譯)도 without estrange(소원함이 없이, 콘체), please(기쁘게 하다, 뮐러), without fail(실수 없이, 레드파인) 등으로 모두 약간씩 다른 표현을 하고 있다. 원문은 na(아니다, 없다) virāgitāḥ(dislike–싫어함, irritation–짜증, aversion–혐오)이다. 그래서 모시는 것을 기뻐하다, 흔쾌히 모시다, 모시는 데 불편함이 없었다라고 번역하는 것이 제일 맞는 것으로 보인다.

다시 또 수보리여, 내가 그 붓다 세존들을 모셨고 불편함이 없도록 모셨지만, 그러나 최후의 시각에, 최후의 순간에, 최후의 500년에 선법(善法)이 붕괴할 시기에, 이런 형태의 경전을 배우고 마음에 새기고 독송하고 이해하고 남들에게 자세히 설명해 준다면, 수보리여, 이 공덕에 비하면, 저 앞의 공덕은 백분의 일에도 미치지 못하고, 천분의 일에도, 10만분의 일에도, 1억분의 일에도, 100억분의 일에도, 10조분의 일에도, 십만 구지나유타분의 일에도 미치지 못한다.

측정할 수도 없고, 부분에도 미칠 수 없고, 계산할 수도 없고, 비교할 수도 없고, 비밀스런 의미로도 알 수 없고, 비유를 하여도 미치지 못한다.

최후의 500년에 선법이 붕괴할 시기에 – '선법'이라고 할 것인지 '정법'이라고 할 것인지는 앞서 설명한 바 있다. 이 구문에서 '최후의 500년에, 선법이 붕괴할 시기에'라고 볼 것인지, '최후의 500년의 선법이 붕괴할 시기에'라고 볼 것인지의 문제가 있다. 구마라집은 후말세(後末世), 보리유지는 후세말세(後世末世)라고 단순히 정리하였고, 진제는 후말세오백세시(後末世五百歲時)로 같은 것으로 보았고, 현장은 후오백세정법멸장시(後五百歲, 正法將滅時)라고 병렬적으로 본다. 뮐러와 레드파인은 선법이 붕괴하는 시기를 별도의 시기가 아니라, 마지막 500년이 일어나는 일을 설명하는 식으로 번역하였다. 원문을 보면 병렬하는 것으로 되어 있는데, 어느 설을 취하든 그 뜻은 크게 달라지지 않으므로 위와 같이 번역한다.

백분의 일에도 미치지 못하고, 천분의 일에도, 10만분의 일에도, 1억분의 일에도, 100억분의 일에도, 10조분의 일에도, 십만 구지나유타(백천억조분의 일)**에도** – 1억분의 일은 '일구지분의 일', 100억분의 일은 '100구지분의 일', 십조분의 일은 '10만 구지분의 일', 백천억조분의 일은 '10만 구지나유타분의 일'로 환산되는데, 앞서도 말했지만 구지와 나유타는 숫자의 측정치가 달라질 수 있으므로, '구지'와 '나유타'를 표기하는 것이 좋을 것이다.

측정할 수도 없고, 부분에도 미칠 수 없고, 계산할 수도 없고, 비교할 수도 없고, 비밀스런 의미로도 알 수 없고, 비유를 하여도 미치지 못한다. – 전체적인 뜻은 '비교할 수 없이 큰 공덕'이라는 뜻이므로 세부적인 것이 크게 중요하지는 않다. '측정할 수도 없고'는 수(數)로 측정하지 못하는 것이고, '부분에도'는 뒤의 공덕의 아주 작은 일부도 되지 않는다는 것이다. '접근하여 배울 수도 없고'는 원문 upaniṣad가 '접근하다'는 뜻과 '비밀스런 의미'라는 뜻이 있는데, 문맥상 '비밀스런 의미'라고 번역한다. 뮐러는 '접근하여도'로 번역하였고, 레드파인은 '특징으로 묘사하여도'로 번역하였다. 현장은 유비(喩比–견주어 깨우치다)

로 하였다. 콘체는 '비교'라고 번역하였지만, 바로 앞에 '비교할 수도 없고'가 있기 때문에 위 글과 같이 번역한다.

더욱이 수보리여, 만약 내가 그들 좋은 가문의 아들과 딸이 그때에 쌓고 얻게 될 공덕을 말한다면, 중생들은 미쳐버리거나 마음이 혼란해질 것이다.

다시 또 수보리여, 여래가 설한 이 법문은 불가사의하고 비교할 수 없고, 불가사의한 과보 또한 기대되어질 것이다.

그렇게 쌓게 될 공덕이 너무 크기 때문에 그 공덕이 얼마나 될지 붓다가 차마 말하지 못하겠다는 표현을 과장법을 사용하여 표현하고 있다. 이 구절로 보면 붓다의 수사법(修辭法)도 경지에 오른 분으로 보인다.

그때에 쌓고 얻게 될 공덕 - 그때란 언제를 말하는가? 선법이 붕괴되는 시기에 이 경전을 배우고 남들에게 설명하는 때를 말한다. 잠깐 드는 의문은 그때가 되기 전에 배우고 남들에게 설명하는 경우의 공덕은 그만큼 크지 않다는 것인데, 왜 그때가 되었을 때의 공덕이 그렇게 클까? 법이 붕괴되는 것을 막는 공덕이 추가되기 때문이라고 본다.

미쳐버리거나 마음이 혼란해질 것이다 - 산스크리트어로는 unmādaṁ(미침), cittavikṣepaṁ(마음이 혼란)이므로, 원문 그대로 번역하는 것이 좋을 듯하다. 보리유지와 의정은 심즉광란의혹불신(心則狂亂疑惑不信)으로 비슷하게 번역하였고, 콘체는 frantic(미치고) and confused(혼란한)으로 직역하였다.

불가사의한 과보가 기대되어지다 - 불가사의라는 말은 우리가 생각도 할 수 없다는 뜻으로 사용하는 말이므로 따로 번역할 필요가 없다. 과보(果報)라는 말은 앞서 언급된 공덕(功德)이라는 말과 어떤 관계일까? 과보(果報)의 원어는 vipāka로써 ripe(익은), effect(효과), result(결과)의 뜻이다. 현장이 이숙(異熟-다르게 익다)이라고 번역할 때는 '익은 것'을 의미하였으나, 현대의 산스크리트어 사전은 원래의 의미를 찾을 필요 없이 현재 경전의 의미를 바로 표시해 주기 때문에 어원적인 분석까지는 필요 없을 것 같다. 사전의 뜻인 '결과'라고 하는 것보다 과보(果報)라는 말이 통용되기에 그렇게 번역한다. 그런데 진제의 번역에는 '사람이 수행을 한다면 얻는 과보도 불가사의하다'고 하여 경전에 따라 수행하여 과보를 얻는 것을 추가하고 있다. '수행'이라는 것을 추가한 것이 논리적으로 맞는 것으로 보이지만, '수행'의 문구가 없이도 당연히 수행에 의해서 과보가 생기는 것이 추정되므로 따로 추가하지는 않는다.

과보가 불가사의하다는 것은 생각도 할 수 없을 정도로 크다는 것이다. 앞에서 말한 공덕이 엄청나게 크다는 것과 관련지어 보면, 공덕은 결과를 기대하지 않고 쌓이는 것이고, 과보는 공덕이 쌓인 결과로 나오는 결과물이다. 따라서 여태까지 공덕이 쌓이는 것만 강조하다가 이제 그 결과물인 과보가 불가사의할 정도로 크다는 것이 처음으로 나타난다. 듣는 자로 하여금 이제는 직접적으로 공덕의 가치를 실감할 수 있는 용어를 사용하여 설득력을 더하고 있다. 결국은 법문을 공부하라는 것을 점점 강조하기 위한 논법이다.

17절

법도 없고 자아도 없고 일체법이 불법이다

이때 장로 수보리가 세존에게 말하였다. "세존이시여, 보살의 길을 가는 자는 어떻게 머물러야 하고 어떻게 수행해야 하며, 어떻게 그 마음을 조절해야 합니까?"

세존께서 말하셨다. "수보리여, 보살의 길을 가는 자는 이렇게 마음을 내어야 한다. 내가 일체 중생을 무여열반의 세계에서 완전한 열반으로 이끌 것이다. 이렇게 그 중생들을 널리 열반하게 하여도, 어떤 중생도 전혀 열반에 들지 못하였다.

그것은 무슨 이유에서인가? 수보리여, 만약 보살에게 중생의 관념이 생긴다면 그는 보살이라 불릴 수 없다. 영혼의 관념이나 개인의 관념이 생긴다면 그는 보살이라고 부를 수 없기 때문이다.

그것은 무슨 이유에서인가? 수보리여, 보살의 길을 가는 자라고 부를, 그러한 법이라는 것은 없기 때문이다.

수보리여, 이를 어떻게 생각하는가? 여래가 연등여래의 곁에서 '최상의 바른 깨달음'을 깊이 알게 된 그 어떤 법이라도 있는가?"

이렇게 말해지자, 장로 수보리는 세존에게 말하였다. "제가 세존께서 설하신 것의 의미를 알기로는, 여래가 연등여래 아라한 바르게 깨달은 분의 곁에서 '최상의 바른 깨달음'을 깊이 알게 된 그 어떤 법도 없습니다."

이렇게 말해지자 세존께서 장로 수보리에게 말하셨다. "그렇다 수보리여, 그러하다. 수보리여, 여래가 연등여래 아라한 바르게 깨달은 분의 곁에서, 최고의 바른 깨달음을 깊이 알게 된 그 어떤 법은 없다.

만약 수보리여, 어떤 법이 여래에 의해 깊이 알아졌다면, 연등여래께서 나에게 '젊은 바라문이여! 그대는 미래에 석가모니라는 이름을 가진 여래 아라한 바르게 깨달은 사람이 될 것이다'라고 예언하지 않았을 것이다. 여래 아라한 바르게 깨달은 분이 '최고의 바른 깨달음'과 같은 법을 자각하지 못하였기 때문에, 연등여래는 그러한 예언을 한 것이다.

그것은 무슨 이유에서인가?
수보리여, 여래라 함은 '진정한 그러함'을 일컫는 말이기 때문이다.
수보리여, 여래라 함은 '생겨남이 없는 법'을 일컫는 말이기 때문이다.
수보리여, 여래라 함은 '법마저도 없어짐'을 일컫는 말이기 때문이다.
수보리여, 여래라 함은 '결코 생겨나지 않음'을 일컫는 말이기 때문이다.
그것은 무슨 이유에서인가? 생겨남이 없음이 최고의 원리이기 때문이다.

수보리여, 어떤 자라도 여래 아라한 '바르게 깨달은 분'이 '최상의 바른 깨달음을 자각하였다'고 말한다면, 그는 거짓을 말하는 것이다. 수보리여, 그는 있지도 않은 사실로써 나를 비방하는 것이다.
그것은 무슨 이유에서인가? 수보리여, 여래가 최상의 바른 깨달음을 얻었다고 할 어떤 법은 없기 때문이다.

더욱이 수보리여, 여래가 자각하고 가르친 법에는 진실도 없고 거짓도 없기 때문이다. 그래서 여래는 일체법이 불법(佛法)이라고 설한다.
그것은 무슨 이유에서인가? 수보리여, 여래는 일체법은 법이 아니라고 설하였기 때문이다. 그래서 일체법을 불법(佛法)이라 부른다.

수보리여, 그것은 마치 사람이 몸을 갖추고, 큰 몸을 가진 것과 같다."
장로 수보리가 말하였다. "세존이시여, 여래께서 사람이 몸을 갖추고 큰 몸을 가진 것이라 설하였는데, 세존이시여, 그것은 여래께서 몸이 아니라고 설하였습니다. 그러므로 몸을 갖추고 큰 몸을 가진 것이라 말하여집니다."

세존께서 말하셨다. "그렇다 수보리여, 보살이 '내가 중생들을 열반에 들게 하리라'고 말한다면, 그를 보살이라고 불러서는 안 된다.

그것은 무슨 이유에서인가? 수보리여, 보살이라 부를 어떤 법이 있는가?"

수보리가 대답하였다. "그렇지 않습니다. 세존이시여, 보살이라 부를 그 어떤 법은 없습니다."

세존께서 말하셨다. "수보리여, 중생, 중생이라는 것, 여래는 중생이 아니라고 설하였다. 그래서 중생이라고 부른다. 그래서 여래는 일체법은 자아가 없고, 중생이 없고, 영혼이 없고, 개인이 없다고 설한다.

수보리여, 보살이 '내가 불국토를 장엄하게 만들어내겠다'고 말한다면, 역시 그를 보살이라고 불러서는 안 된다.

그것은 무슨 이유에서인가? 수보리여, 불국토의 장엄, 불국토의 장엄이라는 것은 장엄이 아니라고 여래가 설하였는데, 그래서 불국토의 장엄이라 부르기 때문이다.

수보리여, 보살이 법에는 자아가 없다, 법에는 자아가 없다고 완전히 믿게 되면, 여래 아라한 완전히 깨달은 분에 의해 그들은 보살 마하살이라고 불린다."

[해설]

이 절은 앞서 나왔던 내용들을 모두 조합하여 정리하고 있다. 마치 우리가 어떤 것을 학습할 때 중간정리를 하는 것과 같다. 이 절이 끝나고 나면 다시 새로운 내용이 나온다고 기대된다. 그래서 여기서 말하는 것을 정리해 보면 다음과 같다.

보살행을 가려는 사람은 모든 중생을 열반시킨다는 마음을 가지나, 어떤 중생도 열반에 들지 않았는데, 이는 중생이라는 관념이 있기 때문이다.

여래는 연등여래와 있을 때, 어떤 법도 알지 못하였고, 그렇기 때문에 연등여래는 석가모니여래가 될 것이라고 예언하였다.

여래란 생겨남이 없는 것이고, 그러한 것이 최고의 이치이다.

여래가 깨달은 법에는 진실도 없고 거짓도 없다. 일체법은 불법이다. 여래가 말한 큰 몸을 갖추었다는 것은 큰 몸이 아니다.

일체법은 자아가 없고, 중생이 없고, 영혼이 없고, 개인이 없다.

불국토의 장엄은 장엄이 아니고, 그래서 불국토의 장엄이라 부른다.

그리고 법에는 본성이 없다는 법무아(法無我)론을 가르치고 있다.

여기서 처음으로 명시적으로 법무아론을 거론하고 있다. 지금까지 무아(無我)의 설법으로 이루어졌는데, 이제 법에는 자아가 없다는 설법을 하고 있는데, 법무아론은 무아론이 무르익은 한참 후에 나온 이론이라고 하는 것이 통설이므로, 이 부분을 보면 대승의 사상이 본격 발전하기 직전의 경전이라고 보는 것이 옳을 것이다.

소명은 제목을 '결국에는 자아가 없다(구경무아분究竟無我分)'고 하였다.

[설명]

이때 장로 수보리가 세존에게 말하였다. "세존이시여, 보살의 길을 가는 자는 어떻게 머물러야 하고 어떻게 수행해야 하며, 어떻게 그 마음을 조절해야 합니까?"

세존께서 말하셨다. "수보리여, 보살의 길을 가는 자는 이렇게 마음을 내어야 한다. 내가 일체 중생을 무여열반의 세계에서 완전한 열반으로 이끌 것이다. 이렇게 그 중생들을 널리 열반하게 하여도, 어떤 중생도 전혀 열반에 들지 못하였다.

이제 앞의 내용을 반복하면서 중간 정리를 하는 것이다. 그런데 앞에서 아무것도 모를 때 시작한 것과 이제 가야 할 목적지를 알고 재검토하는 입장의 질문은 다른 것이다. 과연 붓다에게서 어떤 답이 나올 것인가.

보살의 길을 가는 자 – 구마라집과 진제는 이들을 '좋은 가문의 아들과 딸이 아뇩다라삼먁삼보리심을 내었으면'이라고 번역하였다. 원문에는 bodhisattva yāna saṁprasthitena, 즉 '보살승(菩薩乘)을 가는 자'라는 말밖에 없기 때문에, 그것을 단순히 의역한 것이라고는 볼 수 없고, 2절에서 번역한 것을 그대로 여기에서 사용한 것이기 때문에 그런 것이라 본다. 한역(漢譯) 중에서 현장본만이 원문과 같이 '보살승을 가는 자가 있다면'이라고 번역하고 있다. 현재 경전이 계속되고 있고, 앞에서 좋은 가문의 아들과 딸이 보살행을 시작하여 계속되는 가르침을 받고 있으며 어느 정도 배움이 있는 상태이기 때문에, 원문에서는 그냥 '보살의 길을 가는 자'라고만 한 것으로 보인다.

약간 달라진 점을 든다면, 2절에서는 보살의 길을 가려는 자가 자아의 관념 등이 있으면 보살이라 부를 수 없다고 하였는데, 이제는 그러한 가르침이 전부라는 관념에 빠지는 것을 경계하고 있다.

'내가 일체 중생을 무여열반의 세계에서 완전한 열반으로 이끌 것이다'는 부분을 원문 그대로 번역해 보면, '나로 인해서 일체 중생이 무여열반계로 궁극적인 열반에 들게 해야 한다'이다. 즉 일체 중생이 열반에 들게 되는 것이 나로 인한 것이라는 관념이 든다면, 아무도 열반에 든 자가 없는 것이다. 이 구절의 뒷부분에서는 '중생, 영혼, 개인'이라는 관념만 언급된다. 그러므로 지금 이 부분이 '자아가 있다는 관념'에 해당하는 부분이다. 따라서 '자아가 있다는 관념'이라는 것의 주요 내용 중 하나가 이 부분이다. 그래서 '나로 인해' 무엇이 생겼다 – '내가' 무슨 일을 했다 – 라고 생각하는 것은 여기 금강경에서 말하는 '없애야 할' 그런 생각인 것이다. 원래 '자아의 관념'이라는 것은 '자아가 있다는 관념'인데, 여기서 사용된 '자아의 관념'은 단순히 자아가 있다는 생각뿐 아니라, 자아로 인하여 무엇인가가 진행되었다는 생각을 말하고 있는 것이다. 즉 아상(我相), 아상(我想), '자아에 대한 집착', '자아가 있다는 관념' 혹은 '산냐' 등 어떤 표현을 사용했건 간에 그것들의 내용은 '자아가 있다는 관념'만을 의미하는 것이 아니라, '내가, 혹은 나로 인해서' 무엇이 되었다고 생각하는 것이다. 이렇게 분석할 경우에, 사람들이 또 새로운 관념에 빠지게 된다. 즉 '나는 없다, 그래서 중생을 이롭게 하고 해방시키는 것은 내가 아니다'라는 관념인데, 이제 여기에서는 '자아가 있다고 하더라도 내가 무엇을 한다 혹은 할 수 있다고 생각하는 관념' 또한 없애야 할 관념인 것이다. '자아의 관념'이란 뜻 속에 자아와 관련된 여러 개념이 들어 있기 때문에 자아의 관념을 단순하게 판단해서는 안 될 것이다. 한편 이 구절을 해석하면서 내가 없이, 나를 주인공으로 생각하지 말고, 무조건의 봉사를 강조하는 설명을 하는 책들이 많다. '자아의 관념'을 버리라는 가르침을 그대로 버리는 수행을 하면 될 터인데, 그것을 설명하기 위해서 새로운 관념을 만들어 제시하는 예가 너무 많은 것이다. 따라서 우리는 금강경에서 말하는 본문만이라도 실천하도록 노력해야 할 것이다.

바로 뒤에 설명하겠지만, 이 부분을 제외하고 아상(我相)이라는 부분을 직접 언급하는 번역은 구마라집이 유일하다. 산스크리트어본 뿐만 아니라 보리유지, 진제, 현장, 의정, 영문 번역가들의 경우도 이 뒤에서 아상(我相)이라는 것은 전혀 언급하지 않는다. 즉 이 부분은 아상(我相) 혹은 '자아의 관념'을 의미하는 곳이다.

그것은 무슨 이유에서인가?

수보리여, 만약 보살에게 중생의 관념이 생긴다면 그는 보살이라 불릴 수 없다. 영혼의 관념이나 개인의 관념이 생긴다면 그는 보살이라고 부를 수 없기 때문이다.

이제 여기에서는 '자아의 관념' 부분을 언급하지 않는다. 그것은 앞부분에서 '나는 중생들을 열반에 들게 해야 한다'는 부분이 '자아의 관념'에 해당하기 때문이다. 앞에서도 말한 바, 유일하게 구마라집만이 '아상인상중생상수자상이 있다면 보살이 아니다'고 번역하여 아상(我相)도 이 구절에 포함하였다. 아마 3절에서 나온 구절과 균형을 맞추려 한 것으로 보이지만, 금강경의 의도를 놓친 것으로 보인다. 보리유지는 '중생상인상수자상이 있다변', 진제와 의정은 '중생상이 있다면 보살이라 할 수 없다'고 하여 '중생상' 하나만 언급하며, 현장은 특유의 상(想)의 나열에 아상(我相)만 제외하고 있다. 산스크리트어본과 영문 번역가들은 여기의 번역과 같이 보고 있다.

그래서 금강경에서 '자아의 관념' 혹은 아상(我相)이 무엇을 뜻하는지를 앞의 구절로써 곰곰이 생각해 볼 가치가 있다.

또다시 한역본을 생각해 보면, 구마라집본으로 금강경을 접하는 사람들은 원문에 아상(我相), 즉 '자아의 관념'이 빠진 것을 알지 못하고, 왜 빠졌는지 생각조차 해볼 수 없을 것이다. 금강경을 피상적으로 이해하기에는 구마라집본이 좋은 교재이고 무난해 보이지만, 이렇게 파격적인 사상을 담고 있는 경전이 그런 식으로 표현되어서 과연 그 내용을 그대로 담아낼 수 있을까? 즉 논리의 차원을 넘어서는 지혜를 지혜 그 자체로 표현해 줄 것인지, 논리적인 틀에 맞게 표현해 줄 것인지의 문제인 것이다. 그래서 원문을 직역한다는 것은 지혜 그 자체로 우리에게 다가서는 것이고, 구마라집처럼 의역한 것을 보는 것은 구마라집이 제공하는 논리의 틀로 금강경을 접하는 것이다.

그것은 무슨 이유에서인가?

수보리여, 보살의 길을 가는 자라고 부를, 그러한 법이라는 것은 없기 때문이다.

자아나 중생에 대한 집착에 대한 경고를 하는 대신에 이제는 법에 대한 집착을 경고하고 있다. 보살행이라는 것은 중생을 해방시킨다는 서원까지 한 사람을 말한다. 내가 중생을 해방시킨다는 생각을 가지고 모든 중생을 해방시켜도 아무도 해방되지 않는다. 그것은 '자아의 관념'이 있기 때문이다. 물론 나중에 나오지만 중생조차도 존재하지 않는다는 생각, 즉 중생의 관념도 없어야 진정한 관념이 생긴다. 그러한 관념이 사라지지 않는 한 결국 아무도 해방되지 않는다. 그래서 왜 아무도 해방되지 않는지에 대한 답이 여기에 제시된다.

그리고 이제는 보살행을 간다는 그런 것도 없다는 것이다. 내가 보살행을 간다고 하는 관념이 생긴다면, 보살행을 가는 것이 아니다.

수보리여, 이를 어떻게 생각하는가? 여래가 연등여래의 곁에서 '최상의 바른 깨달음'을 깊이 알게 된 그 어떤 법이라도 있는가?

이렇게 말해지자, 장로 수보리는 세존에게 말하였다. 제가 세존께서 설하신 것의 의미를 알기로는, 여래가 연등여래 아라한 바르게 깨달은 분의 곁에서 '최상의 바른 깨달음'을 깊이 알게 된 그 어떤 법도 없습니다.

10절에서 나온 구절이 반복되고 있다. 금강경의 전반부는 중생의 관념을 없애면서 다른 중생을 해방하는 것에 관해 어떻게 할지의 방법을 설명하고 있다. 여기서부터는 해방시킨다는 관념을 없애는 방법을 설명하고 붓다로서의 관념마저 없애는 방법을 설명한다.

장로 수보리가 대답하면서, '세존이시여'라고 대답하는 것이 원문에는 없는데, 뮐러와 레드파인은 이 부분이 있는 것으로 번역하였다. 현장과 콘체는 없는 것으로 번역하였다. 문맥상 그 호칭이 없어도 의미가 통한다. 그런데 구마라집본에는 불야세존(不也 世尊)이라고 전제하는 부분이 있다. 여태까지 세존의 질문에 그런 식으로 답하여 왔기 때문에 우리는 이 구절에도 익숙하다. 다만 내용의 차이는 없으므로 원문과 같이 번역한다.

이렇게 말해지자 세존께서 장로 수보리에게 말하셨다.

그렇다 수보리여, 그러하다. 수보리여, 여래가 연등여래 아라한 바르게 깨달은 분의 곁에서, 최고의 바른 깨달음을 깊이 알게 된 그 어떤 법은 없다.

만약 수보리여, 어떤 법이 여래에 의해 깊이 알아졌다면, 연등여래께서 나에게 "젊은 바라문이여! 그대는 미래에 석가모니라는 이름을 가진 여래 아라한 바르게 깨달은 사람이 될 것이다"라고 예언하지 않았을 것이다. 여래 아라한 바르게 깨달은 분이 '최고의 바른 깨달음'과 같은 법을 자각하지 못하였기 때문에, 연등여래는 그러한 예언을 한 것이다.

앞의 구절에서 수보리의 대답에 맞추어, 여래가 연등여래로부터 전수받은 '어떤 법'은 없다고 확언해 주고 있다. 10절에서 붓다의 '가르침' 혹은 '깨달음'의 편린이나마 맛볼 수 있는 문맥을 기대했는데, 갑자기 불국토의 장엄이 나오는 바람에 논리의 비약이 있었던 것을 보았다. 그런데 여기서 이제 새로운 생각의 자료를 던져준다. 즉 '어떤 법을 여래가 이미 알고 있었다면' 연등여래는 예언을 하지 않았을 것이라는 것이다. 10절에 나온 논의를 여기서 계속해 본다. 어떤 가르침이 어떤 성질을 가지고 있고, 어떠한 내용일 것인지를 이 구절들로 추정해 보는 것이다. 먼저 여래가 연등여래의 곁에서 자각하게 된 법이라는 것은 없다고 전제하였고, 그런 법을 알고 있었다면 수기를 받지 않았을 것이라고 하였다. 여기서 법이라는 것은 깨달음을 말하는 것이다. 여기서 나온 사실들 중에서 먼저 여래가 자각한 법이 없었다는 점을 보자. 여래가 아무런 법도 자각하지 않았다면 일반 사람과 다를 바가 없는 것이다. 그럼에도 여래라는 호칭을 사용하는 것은 일반 사람과 다르다는 것이다. 일반 사람과 여래의 차이는 깨달음에 국한해서 생각해야 하므로, 일반 사람은 깨달음 자체를 추구해 가는 입장이고, 여래는 깨달음을 완성한 사람이다. 그런데도 여래가 깨달은 법이 없다고 말하는 것은 무슨 이야기인가? 이 속에 해답이 있다. 즉 여래는 깨달은 사람이고 깨달은 법은 없는 것이니, 결국 언어로 표현할 수 없는 깨달음을 자각하면, 깨달았으면서도 깨달았다고 부를 어떤 법은 없는 것이다. 이 부분은 금강경의 서술 형식에 비추어 보면 확실히 그렇다고 할 수 있다. 즉 최고의 바라밀은 바라밀이 아니라고 여래가 설하는데, 그래서 최고의 바라밀이라 부른다는 구절을 보면, 최고의 바라밀이라는 이름은 가지고 있되, 그것이 최고의 바라밀이라는 이름과 부합하는 어떤 내용을 설명할 수 없기에 여래가 그것은 최고의 바라밀이 아니라고 설하는 것이다.

그런데 여래의 마음이 비어 있기 때문에 어떤 것을 깨달을 수 있는 단 하나의 생각도 없고, 외적인 세계는 소멸하였기 때문에 깨달을 수 있는 어떤 법도 없다. 그래서 주체도 없고 객체도 없기 때문에 연등불이 여래에게 붓다가 될 것이라고 예언하였다는 설명도 있다. 그런 설명은 나중에 살펴보기로 하자.

여기서 더 나아가서, 여래가 어떤 법을 알고 있었다면 예언을 받지는 않았을 것이라는 구절을 생각해 보자. 여래가 당시에 어떤 법을 자각하고 있다면, 예언을 하지 않았을 것이라는 뜻이다. 두 가지로 해석이 가능하다. 그 구절의 반대 해석상 당시 여래는 어떤 법을 모르기 때문에 예언을 받았다고 할 수도 있고, 어떤 법을 자각하고 있다면 예언을 줄 필요가 없었다고도 볼 수 있다(이런 해석이 맞는 것으로 보인다). 여기서 말하는 어떤 법은 '말로 표현할 수 있는 법'을 말하는가, '말로 표현할 수 없는 법, 즉 깨달음 자체를 말하는가'의 문제도 있다.

결국 예언을 한다는 것의 의미를 살펴볼 필요가 있다. 영문으로는 그냥 예언을 하였다고 번역했는데, 한자로 표시된 수기(授記)는 전통적으로 어떤 의미가 있는 것일까? 그것은 '부처가 그 제자(弟子)에게 미래(未來)의 증과(證果)에 대(對)하여 일일이 미리 지시(指示)한 예언적(豫言的)인 교설(敎說)'이다. 즉 예언을 했다는 말과 큰 차이가 없는 것이다.

좀 더 깊은 설명을 위해서 이 이후의 구절을 살펴보자.

예언 – 한자로 수기(授記)라고 표시하는데, 원어로는 '선언하다, 예견하다, 예언하다'의 뜻이다. 수기의 사전적 설명으로는 부처가 그 제자(弟子)에게 미래(未來)의 증과(證果)에 대(對)하여 일일이 미리 지시(指示)한 예언적(豫言的)인 교설(敎說)이라고 하는데, 그냥 예언이라고 번역한다.

그러한 예언 – 제일 마지막 구절은 원문에는 "수보리여, 여래가 연등여래아라한 바르게 깨달은 분의 곁에서 최상의 바른 깨달음을 깊이 알게 된 그런 법이란 없기 때문에 연등여래가 '젊은 바라문이여, 그대는 미래에 석가모니라는 이름을 가진 여래 아라한 정등각이 될 것이라'라고 예언한 것이다"를 같은 말의 중복을 피하여 '그러한'이라고 줄여서 표시하였다.

그것은 무슨 이유에서인가?
수보리여, 여래라 함은 '진정한 그러함'을 일컫는 말이기 때문이다.
수보리여, 여래라 함은 '생겨남이 없는 법'을 일컫는 말이기 때문이다.
수보리여, 여래라 함은 '법마저도 없어짐'을 일컫는 말이기 때문이다.
수보리여, 여래라 함은 '결코 생겨나지 않음'을 일컫는 말이기 때문이다.
그것은 무슨 이유에서인가?
생겨남이 없음이 최고의 원리이기 때문이다.

이 구절들은 연등불이 여래에게 미래에 붓다가 되리라고 예언한 이유를 밝히는 구절이다. 또 여래가 '최상의 바른 깨달음'을 자각하지 못했기 때문에 예언한 이유이기도 하다. 따라서 그런 측면으로 접근하여야 한다.

단순히 여래의 속성을 나열한 것을 설명하는 것만으로는 이 부분을 완전히 이해했다고 할 수 없다. 그렇지만 현재 설해지고 있는 이 부분의 문자의 뜻을 먼저 이해해야 한다.

여래란 '진정한 그러함'을 일컫는 말이다 – 현장은 진실진여(眞實眞如)라고 번역하였다. 그러나 이것을 그대로 사용하기에는 우리에게 맞지 않다. 중복의 느낌이 있으므로 풀어서 '진정한 진여'라고 옮기는 것이 더 좋을 것 같다. 원문은 bhūta- tathatāya인데, 앞의 bhūta는 true(진정한), real(사실의, 실제의)의 뜻이다. tathatā는 tatha(thus, 그러한)의 명사형으로 '그러함'이다. 이를 thusness, 콘체는 suchness라고 영역(英譯)하였는데 한자로는 진여(眞如)라고 번역된다. 여기서는 뒷부분의 번역들과 운을 맞추기 위해서 한글로 표현하여 번역한다.

진여(眞如)라는 것은 산스크리트어 뜻과 같이 '있는 그대로의 것'인데, 여래(如來)는 '그렇게 가신, 혹은 오신'이란 뜻의 tahaāgata이고, 진여는 tathatā(그렇게 있음)이란 뜻이므로, '그렇게 있음'에서 '가거나 오거나' 하는 분이 여래인 것이다. 보통 강조점이 윤회의 해방이고, 열반의 깨달음이면 '그렇게 가신'으로, 강조점이 다른 이를 가르치러 이 세계에 나타나는데 있으면 이렇게 오신 분이 된다. 그러나 여래가 오거나 가거나 오지 않거나 가지 않거나 관계없이 여래는 '진정하게 그렇게 있음의 상태'로 남는다. 그것은 여래가 모든 존재의 상태 중에서 과거 현재 미래를 포함하여 오거나 가거나와 같은 인식이 없는 상태이기 때문이다.

그런데 이 구절에 상당한 묘리(妙理)가 들어 있다고 보인다. 한역(漢譯)을 보면, 제법여의(諸法如義-구마라집), 진실여(眞實如-보리유지), 진여별명(真如別名-진제), 진실진여증어(真實、真如增語-현장), 실성진여지이명(實性真如之異名-의정)으로 모두 다른 번역을 하고 있다. 콘체와 뮐러는 true suchness, 레드파인은 what is truly real이라고 한다. 구마라집부터 순서대로 한글로 표현하면, 여래는 '모든 법과 같은 뜻', '진실과 같고', '진여의 다른 이름', '진실진여와 비슷한 말', '실성진여의 다른 이름', '진정한 진여', '정말로 실재인 것'의 뜻이다.

즉 모두 여래(如來)란 진여(眞如)와 같거나 비슷한 뜻으로 보는 것이다. 원래 여래를 Tathāgata, 즉 그렇게 오신 분, 혹은 가신 분이라고 보면, 그것이 Tathatā, 즉 '그렇게 있는'과 같은 뜻이라는 것에서 시사하는 바는 무엇인가? '그렇게 있다'고 하는 것은 사물의 본성, 실체 그 자체를 의미하는 것이고, 그런 상태에서 오신 분이기에 단순히 언어에 의해 형용되는 것을 파악한 것이 아니라, 사물 그 자체의 실상을 체험한 분으로서 오거나 가신 분이라는 뜻이 있는 것이다.

왜 지금 이 자리에서 여래가 무엇인지 말하고 있는 것인가? 바로 연등여래가 예언한 이유를 설명하기 원하기 때문이다. 즉 앞에서 언급한 바와 같이, 석가모니가 어떤 법을 알고 있다면 미래에 붓다가 될 것이라는 예언도 없었을 것인데, 그 이유는 여래는 '원래부터 정말로 있었던 존재', 즉 현상 세계 자체이기 때문에 어떤 법을 알고서, 혹은 깨달음을 자각하고서 여래가 된 것이 아님을 알려주고 있다.

이 부분 이후부터는 현장의 번역을 제외한 다른 한자본에는 나오지 않는다.

그러나 뮐러와 레드파인은 이 부분 이후에도 있는 것으로 번역하였다.

생겨남이 없는 법 – anutpādadharmatāyā를 '생성되지 않은 법의 성질'이라고 현장이 무생법성(無生法性)이라 번역하였는데, 한자 번역은 현장이 유일하다. 뮐러는 '기원이 없다'고 하였고, 레드파인은 '시작이 없는 법'이라고 번역하였다. 전체적인 뜻은 '법은 생겨나지 않고 원래부터 있다'는 뜻을 알려주기 위함이다.

법마저도 없어짐 – 현장은 영단도로(永斷道路-도로가 영원히 끊어짐)로 번역하였고, 뮐러는 '모든 법이 파괴됨'으로, 레드파인은 '법의 종말'로 번역하였다. 그 뜻은 '법마저도 없어지는 것'이다. 즉 여래란 법마저도 없어진 것을 일컫는 말이다.

결코 생겨나지 않음 – 여기서는 법을 언급하지 않고, 결코 생겨나지 않는 것을 일컫는 말이라고 한다. 현장은 필경불생(畢竟不生)이라고 번역하였는데, 뮐러는 '무엇이던 간에 기원이 없는 것', 레드파인은 '절대로 시작하지 않는 것'이라고 번역하였다. 그 뜻은 생겨난 적이 없으니 예전에도 그랬고 지금도 그대로 있다는 뜻이다. 논리 순서를 보면 '생겨남이 없는 법'이고, 그 '법마저 없어지고', '생겨난 적이 없이 여여(如如)히 있다'는 순서를 사용하여 마지막에는 '법'이라는 글자마저 사용하지 않고 있다.

이 부분의 전체적인 개요는 여래(如來)란 어떤 속성을 가지고 있는지를 설명하는 것이고, 앞 구절의 문제에 대한 이유의 부분이기도 하다. 그래서 '생겨나지도 않고, 법마저도 없어지고, 생겨난 적도 없는 것'이 여래의 속성이므로, 원래 여래는 '그렇게 오고 가는 분'이고, 어디서 온 적도 없고, 어디로 가지도 않으니 항상 여여(如如)한 분인 것이다.

그렇기 때문에 앞부분에서 연등여래가 세존에게 나중에 석가모니 붓다가 될 것을 예언한 것은 따로 없던 여래가 생겨난 것도 아니고, 법마저도 사라진 상태의 항상 있는 그대로의 모습을 예언한 것이라 볼 수 있다. 그런데 이것만으로는 여래가 깨달은 법이 없기 때문에 붓다가 될 것이라 예언한 이유에 대한 완전한 설명은 되지 않는다. 즉 왜 여래는 그렇게 있는 분인데, 어떤 법을 자각하면 붓다가 될 것이라는 예언을 얻지 못하느냐의 문제는 해결되지 않는 것으로 보인다. 그래서 이 부분은 결국 저 유명한 '금강경의 논리'로 해결해야 될 문제가 된다.

그 전에 다른 곳에서 진여(眞如)에 대해서 어떤 말을 하는지 살펴보도록 하자.

지혜의 완성 700송에서 문수보살은 말한다. 진여를 통해서 여래를 봅니다. 차별이 없음을 통해 여래를 봅니다. 비관찰에 의해서 여래를 봅니다. 생성되지 않은 측면과 비실재의 측면으로 여래를 봅니다. 진여는 무엇이 이루어지는 것이 아니고, 이루어지기를 그만두는 것도 아닙니다. 진여는 어떤 곳에 머물지 않습니다. 진여는 과거 미래 현재가 아닙니다. 진여는 둘이 없으며, 둘도 아닙니다. 진여는 더럽힘도 없고, 더럽혀지지도 않습니다. 진여는 생성도 없고 소멸도 없습니다[124].

수보리여, "어떤 자라도 여래 아라한 '바르게 깨달은 분'이 '최상의 바른 깨달음'을 자각하였다고 말한다면, 그는 거짓을 말하는 것이다." 수보리여, 그는 있지도 않은 사실로써 나를 비방하는 것이다.

그것은 무슨 이유에서인가?

수보리여, 여래가 최상의 바른 깨달음을 얻었다고 할 어떤 법은 없기 때문이다.

여래 아라한 '바르게 깨달은 분'이 무상정등각(無上正等覺)을 자각하였다고 말하는 것이 왜 거짓이고, 그것이 비방하는 것이 될까? 좋은 의도로 그런 말을 하는 것인데 그것조차 거부하는 것일까? 물론 이 의미에는 그러한 깨달음은 없다는 것을 확실히 강조하기 위한 것이고, 비방(誹謗)한다는 용어를 사용하여 극도로 집중하라는 의미가 있다고 보인다. 즉 결론은 여래가 깨달았다고 할 만한 어떤 법은 없기 때문인 것이다. 이때 '그런 법은 없다'고 강조되는 이유는 무엇인가? 왜 붓다는 끊임없이 깨달을 만한 법은 없는 것이라고 반복하고 있는가? 그것은 중생들이 끝없이 무언가 깨달음이라는 법이 있을 것이라고 생각하여 그러한 관념을 만드는 것을 예방하기 위한 것이다.

124) 我觀如來卽眞如相無動無作, 無所分別無異分別, 非卽方處非離方處, 非有非無, 非常非斷, 非卽三世非離三世, 無生無滅, 無去無來, 無染不染、無二不二, 心言路絶

문제는 '깨달음이라고 할 법'이 없다면 무엇을 깨달음이라고 할 것인가, 깨달음이라고 하는 자체도 없는 것인가이다. 그런데 지금까지 계속되는 내용들을 보면, 말로 표현할 수는 없지만 깨달음이라는 것은 있는 것 같다. 그렇지 않다면 붓다가 이렇게 금강경을 강의하지 않았을 것이고, 연등여래가 미래에 석가모니 붓다가 될 것이라 예언하지 않았을 것이다. 그러나 깨달음이 있다고 말하는 순간, 그것은 또 하나의 관념을 만들기 때문에 '있을 것 같다'고 표현하는 것이다. 깨달음이 있을 것 같다면 그 내용은 무엇일까? 최상의 바른 깨달음이라는 어떤 법이 없다는데 약간의 실마리가 있을 것 같다. 즉 깨달음이란 어떤 법이 아니다. 깨달음이란 어떤 것이 아니다. 법의 속성은 무엇인가? 크게 무위법과 유위법으로 나누어서 여러 인연이 만나서 생성하고 소멸하는 속성이 있는 유위법이 깨달음에 속하지 않음은 누구나 알 수 있다. 생멸의 변화를 떠나 항상 존재하는 진리의 세계인 무위법이 깨달음에 가장 유사할 것 같은데, 그것조차 부정되는 것이다. 즉 깨달음이란 항상 존재하는 진리의 세계와도 다른 것이다. 앞서 7절에서 '성인은 무위를 통해서 나타난다'고 하였는데, 이제 깨달음이라고 할 법이 없다는 것은 무위마저 부정하는 것일까?

깨달았다고 자각하는 어떤 순간이 있다면, 그것은 깨달은 것이 아니라는 것이 답이 된다. 이는 '흐름에 든 자'가 '흐름에 들었다'고 생각하면, 흐름에 든 것이 아닌 것과 마찬가지이다. 즉 금강경을 전체적으로 보면 서로 연관되어 있는데, 우리가 그것을 자각하지 못하는 것과 마찬가지이다.

결국 앞의 의문에 대한 답으로써 깨달음이 있다고 붓다가 생각하고 있다면, 이는 깨닫지 못한 것이고 연등여래는 예언을 하지 않는 것이 맞고, 붓다 스스로 깨달은 어떤 법도 없다고 생각하기 때문에 연등여래가 비로소 예언을 할 수 있는 것이다.

더욱이 수보리여, 여래가 자각하고 가르친 법에는 진실도 없고 거짓도 없기 때문이다. 그래서 여래는 일체법이 불법(佛法)이라고 설한다.

그것은 무슨 이유에서인가?

수보리여, 여래는 일체법은 법이 아니라고 설하였기 때문이다. 그래서 일체

법을 불법(佛法)이라 부른다.

앞서 "깨달았다고 할 어떤 법은 없다"고 하였는데, 그 이유는 '그 어떤 법'이 진실도 없고 거짓도 없기 때문이라는 것이다. '그 어떤 법'은 없다고 전제하였고, 이제는 다시 '그 어떤 법'이 있는 것처럼, 그것이 진실도 거짓도 없다고 한다. 즉 진실과 거짓을 말할 수 있는 속성이 없다. 우리가 진실이나 거짓을 말할 때는 그것이 증거에 비추어 진실이나 거짓으로 판가름 난다. 그러므로 지금 여기에서 말하는 '그 어떤 법'은 진실이나 거짓을 판별할 수 있는 기준이 없다고 보인다. 진실이나 거짓을 판별할 수 있는 기준이 없다는 것은, 그것이 절대적이라는 뜻이므로 비교할 바가 없다는 뜻이다. 우리가 사물에 대해서 '크다, 작다, 많다, 적다, 빠르다, 느리다'의 묘사를 하는 진술을 한다면, 그것은 어떤 것에 비해서 '크다, 작다' 등의 의미를 가지고 있다. 또 사실을 알리는 진술의 경우와 같이, '빛의 속도가 진공에서 초속 30만 킬로미터(실제로는 299,792,458m/s)'라고 하는 것은 검증 가능하므로 진실과 거짓을 알 수 있다. 그런데 붓다가 자각하고 가르친 법, 그것은 검증해 볼 수가 없다는 선언을 한 것이다. 이 선언에는 말로 표현할 수가 없다는 뜻도 있다. 즉 말로 표현할 수 없고, 검증할 수도 없는 것은 어떤 것이 있을까? 보통 불가(佛家)에서는 '사과를 베어 먹었을 때의 그 맛'은 말로 표현하여도 정확하게 전달되지 않는다는 표현을 많이 한다. 즉 언어로는 사과의 맛을 느끼는 대로 진술할 수 없다는 것이다. 그 맛을 정확하게 알기 위해서는 사과를 베어 먹어봐야 한다는 것이다. 그러나 "사과가 신맛과 꿀맛이 있다"라고 표현하면, 듣는 사람은 어느 정도 익었으며 좋은 품종인지 알 수 있다. 물론 정확한 사과 맛은 모르지만, 대강의 사과 맛은 추측이 가능한 것이다. 그래서 우리도 지금 붓다가 말하는 것을 기초로 하여 '깨달음'이란 것을 대강이라도 추측해 보려는 것이다. 그런데 사과를 한번이라도 먹어본 사람에게나 그런 설명이 가능하고, 과일을 먹어본 사람에게만 그런 것이 추측 가능한 것이지, 과일을 한 번도 먹어보지 않은 사람은 어떠한 설명으로도 추측이 가능하지 않다. 그러므로 깨달음에 대해서 한 번도 생각해 보지 못한 사람에게는 이런 설명이 전혀 무용(無用)할 것이다.

깨달음이란 어떤 상태를 말하는 것일까? 깨달음이란 무엇에 대해서 깨닫는다는 것일까? 깨달음은 보통 '표층의식을 소멸시켜 심층의식을 자각해 가고, 최심층 의식도 소멸시키는 동시에 그 자신의 실존에서 모든 중생에 해당하는 근본 진리를 아는 지혜를 얻는 것'이다. 불교에서는 십이연기법의 이치를 이해하여 세상의 인과관계를 아는 것을 말한다.

깨달음은 원래의 초기 불교에서 보리(菩提-Bodhi)라는 용어를 사용하는데, 이는 '깨어남'과 '이해'를 의미한다. 깨어난 사람은 갈애(渴愛)와 고통과 윤회로 구속된 우리의 마음에 대한 통찰을 얻는 사람이다. 그리고 열반으로 이끌 영감(靈感)을 역시 얻게 된다. 대승불교에서 사용하는 지혜(Prajñā)는 우리의 진정한 본성에 대한 통찰을 얻는 것이고, 앞서 본 바와 같이, 우리 속에 있는 여래장(如來藏)이나 불성(佛性)을 자각하는 것을 말한다. 선불교에서는 우리의 진정한 본성을 보는 것이다. 티베트 불교에서 깨달음이란, 모든 한계가 마음에서 제거되고 개인의 긍정적 잠재력이 완전히 자각되는 것을 말한다.

한편 깨달음은 인간과 세계, 세계 자체 내의 인과관계의 본질을 인식하는 것이라고도 볼 수 있다. 이것을 붓다는 일체지지(一切智智)라고 표현하였는데, 과연 그렇다면 깨달음이란 마음의 본성을 찾는 것과 일체지지(一切智智)를 모두 포함하는 것일까? 깨달음은 무엇에 대한 것이기에 말로 표현하여 전달할 수도 없고 진실도 거짓도 없는 것일까?

일체법은 불법(佛法) - 그런데 경전에는 진실도 거짓도 없기 때문에 일체법이 불법(佛法)이라고 하였다. 모든 법은 진실도 거짓도 없고, 진실도 거짓도 없는 법은 불법(佛法)인 것이다. 진실도 거짓도 없는 법이라는 것은 진위(眞僞)를 판단할 수 있는 대상이 없는 것에 대한 것이므로, 이런 법들은 바로 불법(佛法)이라는 것이다. 그러므로 여기서 말하는 법들은 다른 것에 의존하지 않고 존재하는 법을 말하며, 바로 무위(無爲)법을 말하는 것이다. 불법과 보살법, 성문법, 독각법에는 차별이 없다고 하였으니 그것들도 모두 불법(佛法)이다.

일체법은 법이 아니고, 그래서 불법(佛法)이다 - 역시 금강경의 논리에 따른 말이다. 그 뜻은 무엇일까? 일체법은 법이 아니라는 말은, 법이라는 관념에 사로잡힐 것을 우려하면서 법이라는 언어를 말하는 것이 아니고, 법이라는 언어

밑의 진정한 법을 인식하기를 바라는 것이다. 그러한 정제 과정을 거친 뒤에는 그것이 불법이라는 것을 인식할 수 있는 것이다.

수보리여, 그것은 마치 사람이 몸을 갖추고, 큰 몸을 가진 것과 같다.

장로 수보리가 말하였다. 세존이시여, 여래께서 사람이 몸을 갖추고 큰 몸을 가진 것이라 설하였는데, 세존이시여, 그것은 여래께서 몸이 아니라고 설하였습니다. 그러므로 몸을 갖추고 큰 몸을 가진 것이라 말하여집니다.

금강경이 일정 부분 진행되면서 수보리의 깨달음도 진행되었다. 그래서 붓다가 앞에서 나온 사례 중 사람이 몸을 갖춘, 큰 몸의 이야기를 꺼내자, 수보리는 당장 붓다의 가르침대로 대답을 한다. 즉 그 몸은 몸이 아니라고 설하였고, 그래서 몸을 갖추고 큰 몸을 가진 것이라 답하는 것이다. 이 부분에서 수보리가 점점 깨달아가는 과정을 보여주고 있다. 왜 몸을 말하는지는 붓다의 법신(dharma-kaya)과 관련이 있다. 즉 법신(法身)은 몸이라고 할 수도 있고, 공간이나 시간을 차지하지 않고 모든 장소에 다 있기 때문에 단순한 몸을 넘어서는 것으로 볼 수도 있다. 또 형체를 가지지 않았으니 몸이 아니라고 할 수도 있다. 그러나 그것이 몸은 아니지만 몸을 갖추고 큰 몸을 가진 것이라 부를 수 있는 이유는, 위대한 몸이고 진여(眞如)의 몸이기 때문이다.

세존께서 말하셨다. 그렇다 수보리여, 보살이 '내가 중생들을 열반에 들게 하리라'고 말한다면, 그를 보살이라고 불러서는 안 된다.

그것은 무슨 이유에서인가?

수보리여, 보살이라 부를 어떤 법이 있는가?

수보리가 대답하였다. 그렇지 않습니다. 세존이시여, 보살이라 부를 그 어떤 법은 없습니다.

세존께서 말하셨다.

수보리여, 중생, 중생이라는 것, 여래는 중생이 아니라고 설하였다. 그래서 중생이라고 부른다.

그래서 여래는 일체법은 자아가 없고, 중생이 없고, 영혼이 없고, 개인이 없다고 설한다.

내가 중생들을 열반에 들게 하리라 - 내가 중생들을 열반에 들게 하리라고 보살이 말한다면 그는 보살이 아닌데, 그것은 '내가'라는 관념을 가졌기 때문이라고 앞에서 말했다. 그런 관념이 없는 보살이라면 모든 중생을 열반에 들게 하고도 '나로 인해' 그들이 열반에 들었다는 관념이 들지 않아야 한다고 하였다. 즉 '누구로 인해', '무엇이 이루어졌다'는 관념 없이 '해야 할 일'을 묵묵히 하는 것이 '모든 관념을 떠난' 최상의 상태가 이루어진 것이다.

그런데 이 구절에서 또 새로운 해석의 기준이 있는데, 보살이라고 불러서는 안 된다는 것과 중생이 아니라는 부분이다. 보살이 중생을 열반에 들게 하리라는 말을 한다면 그를 보살이라 불러서는 안 되는데, 붓다는 그 이유가 무엇인지를 물었다. 그리고 그 이유를 대답하지 않고, 다시 보살이라 부를 어떤 법이 있는지를 묻고 있다. 즉 그 뒤의 질문은 앞의 질문에 대한 이유를 말하는 부분이다. 그러므로 보살이라 부를 법도 없기 때문에 보살이 중생을 열반에 들게 할 수 없다는 것이고, 또 그 뒤에 계속되는 '중생은 없다'는 부분도 앞의 질문의 이유 부분으로써, 중생이 없기 때문에 열반으로 이끈다는 것은 잘못되었다는 대답이다. 결국 보살이 중생을 열반으로 이끄는 것은 보살도 없고, 중생도 없고, 그것을 이끈다는 나도 없기 때문에 명제 전체가 성립하지 않는다는 것을 말한다.

중생, 중생이라는 것, 여래는 중생이 아니라고 설하였다. 그래서 중생이라고 부른다 - 중생의 원어로는 '중생들'이라는 것이 정확한 번역이지만, 한국어에서는 '중생' 자체가 복수의 뜻을 가지고 있고, 실제로 복수로 사용되기 때문에 중생이라 번역한다. 중생들은 중생이 아니라고 설하였기 때문에 중생이라 부른다.

이 부분은 구마라집이 번역하지 않았다. 이 부분이 없으면, 보살이 중생을 열반에 들게 하리라고 하는 것은 보살이라 부를 수 없는 일을 하는 것이고, 일체법은 자아, 중생, 영혼, 개인이 없다는 구절이 바로 나오게 된다. 그래서 중간에 이 부분을 넣으면 오히려 뜻이 불명료하다고 보고 삭제한 것으로 보인다.

그런데 원문대로 해석하면, 보살이 중생을 열반에 들게 한다고 생각한다면 보살이라 할 수 없는데, 그 이유는 보살이라 부를 법이 없기 때문이고, 이때의 중생은 중생이 아니기 때문이고, 일체법은 자아, 중생, 영혼, 개인이 없기 때문이라는 것으로 해석된다. 즉 보살도 없고 중생도 없기 때문에 '누가 누구를 열반에 들게 한다는 것'은 불가능한 명제이다. 이런 맥락을 고려하지 않으면, 구마라집처럼 '중생은 중생이 아니고, 중생이라고 부른다'는 구절은 중복일 뿐이므로 삭제하게 된 것으로 보인다. 이 부분을 3절의 해당 구절과 비교해 보자.

이렇게 수많은 중생들을 궁극의 열반으로 이끌었지만, 어떤 중생도 궁극의 열반에 들지 못했다. 무슨 이유에서인가? 수보리여, 만약 보살에게 중생의 관념이 생긴다면, 그는 보살(菩薩)이라고 불릴 수 없기 때문이다.

그것은 무슨 이유에서인가? 수보리여, 그에게 '자아의 관념'이 생기거나 '중생의 관념'이나 '영혼의 관념'이나 '개인의 관념'이 생긴다면 그를 보살이라고 부를 수 없기 때문이다.

3절의 위 구절을 보면, 어떤 중생도 궁극의 열반에 들지 못했는데 그 이유는 보살에게 중생의 관념이 생겼기 때문이다. 그리고 보살은 자아, 중생, 영혼, 개인의 관념이 생겨서는 안 된다고 이유를 밝히고 있다. 우리가 생각의 순서를 밝힐 때는 자아로부터 시작하는 것이 통례인데, 3절에서는 중생 구제라는 말을 하기 때문에 중생의 관념이 생겨서는 안 된다는 말이 먼저 나온 것으로 보인다. 그리고 중생의 관념이 있기 때문에 중생을 열반으로 이끈다는 관념도 생긴 것이다. 그리고 '중생의 관념'은 제외하고, '자아, 영혼, 개인의 관념'이 생긴다면 보살이라 부를 수 없다고 한 것이다. 결국 네 가지 관념을 중복 없이 모두 언급한 결과가 된 것이다.

여기 17절에서는 역시 '중생, 중생은 중생이 아니다'는 구절 다음에 자아, 중생, 영혼, 개인이 없다는 것을 다시 강조하고 있다. 3절과 흡사한 구조이다.

다만 중생의 관념, 자아의 관념 등 뒤에 붙이는 관념(saṁjñā)이라는 말이 없다. 즉 17절에서는 중생의 관념이 아니라, 중생이 없다는 것을 직접적으로 말하고 있는 것이다. 금강경의 진전에 따라 이제 관념의 문제를 직접적인 현실의 문제로 언급함으로써 듣는 자의 이해도가 높아졌음을 알려주고 있다.

일체법은 자아가 없고, 중생이 없고, 영혼이 없고, 개인이 없다 – 3절에서 보았듯이 '자아가 있다는 관념, 중생이 있다는 관념, 영혼이 있다는 관념, 개인이 있다는 관념'에 빠지면 보살이 아니라고 하였는데, 이제 여기서는 일체법에는 '자아, 중생, 영혼, 개인'이 없다고 한다. 즉 일체법에는 그러한 것들이 없기 때문에 그러한 것들이 있다는 관념에 빠지면 보살이 아닌 것이다. 일체법에는 그러한 것들이 없기 때문에 그러한 것들이 있다는 관념에 빠지지 않아야 보살이 된다. 일체법을 이런 식으로 사용한다면, 여기서 말하는 일체법은 '진실, 원리, 이치'의 뜻이 된다. 그래서 진실이 아닌 것이 존재한다는 관념에 빠지면 보살이 아닌 것이다. 그런데 보리유지와 현장은 '자아'라는 부분이 없다. 즉 아상(我相, 我想)을 의도적으로 생략한 것으로 보인다. 이는 앞에서 '내가 중생을 구제한다는 관념이 있으면 보살이라 할 수 없다'는 부분이 '자아라는 관념'을 의미하기 때문에 중복을 피해 이 부분이 삭제된 것이 아닌가 생각되는데, 다른 번역본에는 모두 들어가 있다.

수보리여, 보살이 '내가 불국토를 장엄하게 만들어내겠다'고 말한다면, 역시 그를 보살이라고 불러서는 안 된다

그것은 무슨 이유에서인가?

수보리여, 불국토의 장엄, 불국토의 장엄이라는 것은 장엄이 아니라고 여래가 설하였는데, 그래서 불국토의 장엄이라 부르기 때문이다.

10절에서 불국토의 장엄을 이룩하리라고 한 부분을 반복하고 있다. 10절에서도 말하였듯이, 장엄이 장엄이 아니고 그래서 장엄이라 부른다는 의미를 다시 생각해 보고 반복하여 강조하는 것이다. 그러나 10절에서는 불국토를 장엄

하게 하는 것은 사실이 아니라고 하였는데, 이제는 그렇게 말하면 보살이 아니라고 하였다. 이는 10절에서의 설명에 추가하여, '내가', 혹은 '나로 인해서'라는 관념을 가지고 있기 때문에 보살이 아니라는 뜻도 들어가 있다.

수보리여, 보살이 법에는 자아가 없다, 법에는 자아가 없다고 완전히 믿게 되면, 여래 아라한 완전히 깨달은 분에 의해 그들은 보살 마하살이라고 불러진다.

법에는 자아가 없다 – 원문으로 보면 이 부분은 '자아가 없는 법들, 자아가 없는 법들'이라고 번역되는데, 문맥을 서술적으로 만들어 이해하기 쉽도록 하였다. 구마라집은 '무아법이라는 것을 통달하면(通達無我法者), 현장은 '무아법(無我法)을 깊게 믿으면'이라고 하였다. 그러나 진제(眞諦)의 번역인 제법무아(諸法無我–모든 법에는 내가 없다)라는 용어가 귀에 익숙하므로, 진제의 번역을 여기에 사용한다. 즉 '일체법에는 자아가 없다'이므로 이렇게 번역한다. 다만 복수를 사용하지 않아야 읽기가 쉬우므로 그렇게 한다.

제법무아(諸法無我) – 이는 불교 삼법인(三法印)의 하나인데, 불교의 모든 바탕에 제법무아의 생각이 자리 잡고 있다. 즉 모든 법은 서로의 연기(緣起)에 의해 관련되어 있으므로, 그 자체의 속성이라 할 만한 것이 없기에 그런 것이 있다고 생각하는 것은 망상에 지나지 않는다고 한다. 원래 초기 불교부터 붓다는 자아(自我)라는 것은 오온의 집적에 지나지 않으므로, 자아가 존재하지 않는다고 설하셨다. 그러한 논리를 차용하여 대승불교에서 세상을 구성하는 것들은 자체 독립적으로 존재하지 않고, 모든 것이 서로의 조건에 의해 연결되어 있다(연기緣起)는 사상으로, 일체의 법은 본성이 없다는 이론으로 발전시켰다. 그래서 아공법공(我空法空), 인무아법무아(人無我法無我)라는 주장을 하게 된 것이다. 물론 이 때 사용하는 법이라는 용어는 세상을 구성한다고 알려진 실체를 말한다. 법무아(法無我)라는 것이 근거가 있는지 과연 사실인지는 이 책에서 따지지 않겠지만, 이런 주장이 경전에 들어와 있는 것으로 보아서 대승(大乘)의 영향력이 금강경에 자리 잡고 있는 것으로 보아야 한다. 한 가지 참고할 것은 초기의 무아론인 인무아(人無我)의 경우에는 내가 오온으로 구성되어 있기 때문에 무아로 본 것이고, 법무아(法無我)의 경우에는 그것이 무엇으로 구성되어 있다는 주장이 아니고, 일체법은 연기(緣起)론에 의하여 서로 구성되므로 그 자체의 본성이 없다는 주장이므로, 그 주장의 기초가 다르다는 점을 인식하고 있으면 된다.

완전히 믿게 되면 – adhimucyate를 다른 곳에서는 믿는 것으로 번역하였는데, 여기서는 '완전히 믿다'로 번역한다. 구마라집은 통달(通達)이라 하고, 현장, 의정은 신해(信解)라고 하였는데, 단순히 '믿다'라는 번역으로는 강한 뜻을 밝히기 힘들고, 실제로 원어는 '확신하다', '믿다'의 뜻이 있으므로, 강한 뜻을 사용하기로 한다.

18절
오안(五眼)에 의해서 마음의 흐름을 보라

세존께서 말하셨다. "수보리여, 어떻게 생각하느냐? 여래에게 육안(肉眼)이 있는가?" 수보리가 말하였다. "그렇습니다. 세존이시여, 여래에게 육안이 있습니다."

세존께서 말하셨다. "수보리여, 어떻게 생각하느냐? 여래에게 천안(天眼)이 있는가?" 수보리가 말하였다. "그렇습니다. 세존이시여, 여래에게 천안이 있습니다."

세존께서 말하셨다. "수보리여, 어떻게 생각하느냐? 여래에게 혜안(慧眼)이 있는가?" 수보리가 말하였다. "그렇습니다. 세존이시여, 여래에게 혜안이 있습니다."

세존께서 말하셨다. "수보리여, 어떻게 생각하느냐? 여래에게 법안(法眼)이 있는가?" 수보리가 말하였다. "그렇습니다. 세존이시여, 여래에게 법안이 있습니다."

세존께서 말하셨다. "수보리여, 어떻게 생각하느냐? 여래에게 불안(佛眼)이 있는가?" 수보리가 말하였다. "그렇습니다. 세존이시여, 여래에게 불안이 있습니다."

세존께서 말하셨다. "수보리여, 너는 어떻게 생각하느냐? '갠지스 큰 강에 있는 모래알들만큼 많은'이라는 구절에서 여래가 모래알들을 설한 적이 있느냐?"

수보리가 대답하였다. "그렇습니다. 세존이시여, 그렇습니다. 잘 가신 이여,

여래께서 모래알들을 설하였습니다."

세존께서 말하셨다. "수보리여, 너는 어떻게 생각하느냐? 갠지스 큰 강의 모래알들만큼의 갠지스 강이 있고, 그 많은 강들의 모래알들만큼의 세계들이 있다면, 그 세계들은 많다 하겠는가?"

수보리가 대답하였다. "그렇습니다. 세존이시여, 그렇습니다. 잘 가신 이여, 그 세계들은 많다 하겠습니다."

세존께서 말하셨다. "수보리여, 그 많은 세계들의 중생들, 나는 그들의 여러 가지 마음의 흐름을 지혜로 알고 있다.

그것은 무슨 이유에서인가? 수보리여, 여래가 설한 마음의 흐름, 마음의 흐름이라는 것은, 흐름이 아니라고 여래가 설하였다. 그래서 마음의 흐름이라 부른다.

그것은 무슨 이유에서인가? 수보리여, 과거의 마음은 얻을 수 없고, 미래의 마음도 얻을 수 없고, 현재의 마음도 얻을 수 없기 때문이다."

[해설]

여기서는 붓다의 다섯 가지 눈에 대한 설명을 보게 된다. 붓다의 다섯 가지 눈을 오안(五眼)이라고 하는데, 이는 육안(肉眼), 천안(天眼), 혜안(慧眼), 법안(法眼), 불안(佛眼)이다. 육안은 육체적 눈으로써 일반적인 사람들의 눈이다. 천안은 그 육안이 공간적으로 확장되어 육안으로 볼 수 없는 것도 보게 된다. 혜안은 그 보이는 것들 사이의 관계를 이해하는 눈이다. 법안은 그 관계들의 비어 있음을 알게 되는 눈이다. 불안(佛眼)은 그러한 공(空)함 속에서도 붓다의 자비로 그러한 것을 본다.

그런데 이곳에서 눈에 대해 말하는 것은 단순한 눈의 소개가 아니다. 이 눈으로 보는 것에는 지혜가 있느냐의 문제를 제기하고 있는 것이다. 즉 '본다'는 것은 '안다'는 것과 통하기 때문에, 현재 경전의 내용을 어느 정도 아는지의 단계를 이 눈에도 적용시킬 수 있다.

모든 법이 비어 있고, 자아가 없다는 것을 보는 것만으로는 부족하다. 보살이 다른 중생을 해방시키는 것은 중생들이 집착하고 있는 법에 자아가 없는 것을 사용하여야 한다. 그래서 붓다는 법안과 불안을 소개한다.

그리고 갠지스 강의 모래알과 같은 입자들만큼 많은 세계가 있다면, 그것이 많은지 다시 묻는 장면이 나온다.

마지막으로 '마음의 흐름'을 붓다가 알고 있다는 것을 강조하는데, 유명한 구절인 과거의 마음도 얻을 수 없고, 현재의 마음도 얻을 수 없고, 미래의 마음도 얻을 수 없다는 선언을 한다.

소명은 제목을 '일체를 똑같이 보다(일체동관분一體同觀分)'로 하였다.

[설명]

세존께서 말하셨다. 수보리여, 어떻게 생각하느냐? 여래에게 육안(肉眼)이 있는가?

수보리가 말하였다. 그렇습니다. 세존이시여, 여래에게 육안이 있습니다.

육안(肉眼) – 육체적 눈을 말한다. 육체적 눈의 한계는 표면 뒤를 뚫어보지 못한다는 점이다.

대반야바라밀다경 제8권에서, 붓다는 사리불에게 말하기를, 보살마하살이 육안이 있으면, 100유선나(踰繕那)의 거리를 명료하게 볼 수 있고, 육안을 깨끗하게 하면 200유선나, 300, 400, 500 등의 유선나를 명료하게 볼 수 있다. 더 깨끗하게 하면 일섬부주(一贍部洲-대륙)를 볼 수 있고, 점점 더 2대륙, 3대륙을 볼 수 있다. 점차 소천세계(小千世界), 중천세계, 대천세계를 볼 수 있다고 하였다.

세존께서 말하셨다. 수보리여, 어떻게 생각하느냐? 여래에게 천안(天眼)이 있는가?

수보리가 말하였다. 그렇습니다. 세존이시여, 여래에게 천안이 있습니다.

천안(天眼)은 한자로는 하늘의 눈이지만, 원어로 보면 divya-cakṣu로, 사전에는 divine eye(신의 눈)로 나온다. 한자 번역가들은 신이 하늘에 사는 것이라 하여 천안(天眼)으로 번역하였다. 뮐러만이 신안(神眼)으로 번역하고, 콘체와 레드파인도 heavenly eye(천안)라고 번역하였다.

천안은 초자연적인 힘 중의 하나이다. 정신적 수행의 명상으로 길러진 능력에 의해 생기는 것이다. 육안이 표면만 보는 것에 비해, 천안은 외부적 외양 외에 내적인 것도 볼 수 있는데 종이나 벽을 투시하기도 한다. 그렇게 볼 수 있는 능력은 하늘의 신들이 가진 능력이고, 이는 삼매(三昧)나 명상의 높은 단계를 수행한 사람에게 취득된다.

대반야바라밀경 제8권에서, 붓다는 사리불의 질문에 답하여 보살이 천안(天

眼)으로 볼 수 있는 것을 말하고 있다.[125] 보살은 천안(天眼)으로 각 10방향에 있는 갠지스 강의 모래알만큼의 많은 세계들에 있는 모든 중생의 생사(生死)를 안다고 답한다.

세존께서 말하셨다. 수보리여, 어떻게 생각하느냐? 여래에게 혜안(慧眼)이 있는가?

수보리가 말하였다. 그렇습니다. 세존이시여, 여래에게 혜안이 있습니다.

혜안의 원어는 prajña-cakṣu로 뜻은 '지혜의 눈', 음은 '반야의 눈'이다. 금강경의 이름이 금강반야바라밀다경이므로 반야의 눈, 즉 혜안이 가장 최고의 눈일 것 같은데 그렇지 않다.

혜안은 형태가 없는 세계에서도 그 관계를 인식한다. 주로 법을 인식한다고도 말하는데 이는 법안(法眼)이 따로 제시되므로 생략한다. 보통 말하기를 혜안에 의해서는 중생의 차별적인 특징이 소멸되기 때문에 중생을 보지 않는다. 혜안은 지혜 자체를 포함하여 모든 법에 대한 집착이 없어진 것이다. 그러나 혜안은 사물들을 구분하지 않기 때문에 중생들을 해방시킬 수 없다.

혜안은 무색계(無色界)에서도 대상을 인식한다. 그것은 그것의 본질적인 공(空)함을 인식하는 것이다. 혜안은 소승(小乘)의 길을 수행한 사람이 가지는 능력이지만, 대승의 길을 가는 보살이나 다른 사람도 가질 수 있는 능력이다. 혜안은 선과 악을 보지 않고, 오염되었는지 깨끗한지를 보지 않고, 세속적인지 초현세적인지를 보지 않는다. 수보리는 이전에 공(空)의 원리를 이해하여 이런 능력을 가지게 되었다. 그러나 수보리의 이러한 이해는 소승의 이해에 불과했다. 그래서 그는 법안(法眼)과 불안(佛眼)을 인식은 하지만 아직 개인적 경험은 없다.

대반야바라밀다경 제8권에서 붓다가 말하기를, 혜안(慧眼)을 가지면 법이 유

125) 사대왕중천(四大王衆天), 三十三天(삼십삼천), 夜摩天(야마천), 도사다천(睹史多天), 악변화천(樂變化天), 他化自在天(타화자재천)이고, 천안을 깨끗하게 하면, 범중천(梵衆天)범보천(梵會天), 대범천(大梵天), 더 깨끗하게 하면, 광천(光天), 무량광천(無量光天), 극광정천(極光淨天), 정천(淨天), 소정천(少淨天), 무량정천(無量淨天), 편정천(遍淨天), 광천(廣天), 소광천(少廣天), 무량광천(無量廣天), 광과천(廣果天), 무상유정천(無想有情天), 무번천(無煩天), 무열천(無熱天), 선현천(善現天), 선견천(善見天), 색구경천(色究竟天)을 볼 수 있다고 한다.

위(有爲)인지 무위(無爲)인지를 보지 않고, 번뇌를 증가시키는 법인지 소멸시키는 법인지를 보지 않고, 세속의 법인지 세속을 떠난 법인지를 보지 않고, 죄가 있는 법인지 없는 법인지를 보지 않고, 오염된 법인지 깨끗한 법인지를 보지 않고, 형체가 있는 법인지 없는 법인지를 보지 않고, 과거 미래 현재의 법인지를 보지 않고, 욕계 색계 무색계에 있는 법인지를 보지 않고, 선법인지 불선법인지를 보지 않는다(중략). 혜안을 깨끗하게 하면 일체법에 있어서, 보지도 않고 안 보지도 않고(非見非不見), 듣지도 않고 안 듣지도 않고(非聞非不聞), 깨닫지도 않고 안 깨닫지도 않고(非覺非不覺), 알아채지도 않고 알아채지 못하는 것도 아니다(非識非不識). 사리자여! 이것이 보살이 깨끗한 혜안을 얻는 것이다[126]고 한다.

세존께서 말하셨다. 수보리여, 어떻게 생각하느냐? 여래에게 법안(法眼)이 있는가?

수보리가 말하였다. 그렇습니다. 세존이시여, 여래에게 법안이 있습니다.

법안(法眼)은 법을 보는 눈이라고 한다. 법안은 타인을 해방시키는 수단을 인식하는데 오직 보살만이 가지고 있다. 혜안이 모든 사물의 공(空)함을 보는 데 비해, 법안은 임시의 현실에 대한 실제, 외관의 실재를 본다. 그래서 보살은 법안으로 다른 중생의 성취 단계와 수행의 정도를 보게 된다.

대반야바라밀다경 제8권에서, 법안으로써 보살이 알게 되는 것은 이 사람이 믿음을 따르는지(隨信行), 법을 따르는지(隨法行), 공(空)에 머물러 있는지(住空), 특징이 없는 것에 머물러 있는지(住無相), 원하지 않음에 머물러 있는지(住無願)이다.

공해탈문(空解脫門)으로부터 오근(五根)이 나오고, 오근으로부터 무간정(無間定-장애가 없는 집중)이 나오고, 무간정으로부터 해탈지견(解脫知見)이 나온다. 해탈지견에 의해서 그는 세 가지 굴레를 끊게 된다. 예류과(預流果)를 증득한 사람이 끊는

126) 諸菩薩摩訶薩得淨慧眼, 不見有法若有爲, 若無爲, 不見有法若有漏, 若無漏, 不見有法若世間, 若出世間, 不見有法若有罪, 若無罪, 不見有法若雜染, 若淸淨, 不見有法若有色, 若無色, 不見有法若有對, 若無對, 不見有法若過去, 若未來, 若現在, 不見有法若欲界繫, 若色界繫, 若無色界繫, 不見有法若善, 若不善, 若無記, 不見有法若見所斷, 若修所斷, 若非所斷, 不見有法若學, 若無學, 若非學非無學, 乃至一切法若自性, 若差別都無所見。舍利子! 是菩薩摩訶薩得淨慧眼, 於一切法非見非不見, 非聞非不聞, 非覺非不覺, 非識非不識。舍利子! 是爲菩薩摩訶薩得淨慧眼。」

세 종류의 굴레인 견결(見結-유신견有身見;내 몸이 있다고 보는 것, 변집견邊執見;두 극단에 치우친 견해, 사견邪見;잘못된 견해), 계취결(戒取結-보통 계금취戒禁取라고 하는데 잘못된 계행을 올바른 것이라 집착하는 것), 의결(疑結-진리에 대하여 망설이는 것)을 벗어버린다. 그리고는 그는 '흐름에 든 자(預流果)'가 되어 예류과(預流果)를 얻는다. 그리고 감각적 욕망과 탐욕, 분노가 없어지면서 '한번만 온 자'가 되어 일래과(一來果)를 얻는다. 다시 수도(修道)한 후에 욕망과 탐욕, 분노가 완전히 없어지면 '다시는 돌아오지 않을 자'가 되어 불환과(不還果)를 얻는다. 더 높이 수도하여 오순상분결(五順上分結)이 다하면 아라한과를 얻는다. 색탐(色貪), 무색탐(無色貪), 무명(無明), 만(慢), 도거(掉擧)를 오순상분결의 굴레라 한다.

더욱이 법안을 가진 보살은 그 사람이 완전한 깨달음을 이룰지 말지 예언하고, 수행에 물러설지 말지(不退轉), 신통력을 가질지 말지, 그가 갠지스 강의 모래알과 같이 많은 세계(佛世界)를 각 10방위에 여래를 공양공경할지 말지를 안다. 또 중생을 해방시킬지 말지, 붓다의 곁에 설지 말지, 한정된 수명을 가질지 아닐지, 깨달음을 이룬 후 보살의 승단을 가질지 말지를 안다.

그리고 이 보살이 최후의 열반을 할지 말지, 깨달음의 경계에 설지 말지를 알게 된다. 이것이 보살의 완전히 순수한 법안(法眼)이다.

세존께서 말하셨다. 수보리여, 어떻게 생각하느냐? 여래에게 불안(佛眼)이 있는가?

수보리가 말하였다. 그렇습니다. 세존이시여, 여래에게 불안이 있습니다.

불안은 붓다의 눈이라는 뜻이므로, 붓다가 세상을 보는 시각을 의미한다. 붓다의 시각으로 세상을 본다면, 깨달은 자의 눈으로 보는 것이기에 깨달음이 무엇인지 가늠하게 해주는데, 보통 법안(法眼)으로 보는 것에 자비(慈悲)의 시각이 추가된 것이라는 설명을 한다.

또 다른 설명을 보면, 불안(佛眼)은 모든 것을 본다. 그것은 현재의 사물뿐만 아니라 과거 미래의 것도 본다. 지혜의 눈으로 붓다는 모든 것 속의 공(空)을 보고, 법안(法眼)으로 그 밑에 자리 잡고 있는 모습을 보고, 불안(佛眼)으로 그 둘의 중간적인 길을 본다고도 한다. 그렇게 하여 공(空)의 원리와 법의 실재가 비이원론으로 통합된다.

대반야바라밀다경 제8권에서 불안을 가지는 경우에, 보살이 보리심에 장애 없이 금강명정(金剛喻定)에 들어서면 일체상지(一切相智–the knowledge of all modes)를 얻고, 붓다의 10가지 힘(佛十力), 사무소외(四無所畏–the four grounds of self–confidence), 사무의해(四無礙解–the four analytical knowledges), 대자(大慈), 대비(大悲), 대희(大喜), 대사(大捨), 십팔불불공법(十八佛不共法–18 special Buddha dharmas) 등의 무량무변불가사의한 공덕을 얻게 된다.

이때 무장무애한 해탈의 불안(佛眼)을 성취한다.

이러한 오안(五眼)을 정화하기 위해서 육바라밀(六波羅密)을 닦아야 한다. 왜냐하면 육바라밀에 모든 선법(善法)이 들어 있기 때문이다. 성문(聲聞), 독각(獨覺), 보살, 여래의 선법이 모두 들어 있다. 어떤 선법(善法)을 굳게 지킬 것이냐고 하면 반야바라밀다, 즉 지혜의 완성을 굳게 지켜야 한다. 그것이 모든 바라밀의 어머니이기 때문이다. 보살이 오안(五眼)을 깨끗하게 하면, '최상의 바른 깨달음'을 얻을 것이다.

세존께서 말하셨다.

수보리여, 너는 어떻게 생각하느냐? '갠지스 큰 강에 있는 모래알들만큼 많은'이라는 구절에서 여래가 모래알들을 설한 적이 있느냐?

수보리가 대답하였다. 그렇습니다. 세존이시여, 그렇습니다. 잘 가신 이여, 여래께서 모래알들을 설하였습니다.

13절에서 나온 먼지 입자의 수가 많은지를 묻는 것과 같이, 이제는 갠지스 강의 모래를 설한 것에 대한 질문이다. 갠지스 강의 모래는 그 많음을 비유하기 위해서 다시 끌어낸 것이다.

세존께서 말하셨다.

수보리여, 너는 어떻게 생각하느냐? 갠지스 큰 강의 모래알들만큼의 갠지스 강이 있고, 그 많은 강들의 모래알들만큼의 세계들이 있다면, 그 세계들은 많다 하겠는가?

수보리가 대답하였다. 그렇습니다. 세존이시여, 그렇습니다. 잘 가신 이여, 그 세계들은 많다 하겠습니다.

세존께서 말하셨다. 수보리여, 그 많은 세계들의 중생들 나는 그들의 여러 가지 마음의 흐름을 지혜로 알고 있다.

갠지스 큰 강의 모래알도 많은데, 그 모래알과 같은 수의 갠지스 강이 있으며, 그러한 강들의 모래알과 같이 많은 세계가 있다면, 그러한 세계도 엄청나게 많을 것이고, 각 세계마다 있는 중생들의 수는 더 엄청나게 많을 것이다. 그러한 중생들의 생각의 흐름을 붓다는 지혜로 알고 있다.

마음의 흐름 - 보통 한역(漢譯)에서 심(心)을 사용하기에 마음으로 번역을 많이 하고, 원문도 cittadhārāṁ이라서 '마음의 흐름'이라고 번역한다. 그러나 이것은 우리 어감에는 맞지 않다. 보통 마음은 영어로는 mind, soul 등을 의미하고, 생각은 think의 의미를 가지므로 구분이 된다. 즉 마음은 의식을 포함하여 잠재의식, 무의식까지도 포괄하는 단어이며, 생각은 보통 의식적 작용을 말하는 것이다. 여기에 보통 한자 번역가들은 마음이라고 표현하였는데, 영어 번역자들은 thought(생각)으로 번역하였다. 생각의 흐름이라는 표현이 익숙하지만, 나중에 과거심, 현재심, 미래심의 용법과 같이 맞추기 위해서 '마음의 흐름'이라고 번역한다(그러나 사실 과거의 생각, 현재의 생각, 미래의 생각이라고 하는 것이 맞을 것 같다). 구마라집은 단순히 심(心)이라고 하였으나, 보리유지는 심주(心柱-마음이 머무는 것), 진제는 심상속주(心相續住-마음이 상속되어 머무는 것), 현장은 심류주(心流注-마음이 흐르는 것), 의정은 심류전(心流轉-마음이 흘러 움직이는 것)이라고 하여 그 뜻을 모두 살리고 있다.

불교에서 마음(6식 또는 8식, 즉 심왕心王-마음의 왕이니 마음을 주재하는 것을 지칭한다)은 무위법이 아닌 유위법이다. 즉, 인연 화합의 산물이다. 마음은 고정되어 있지 않으며, 온갖 경계들과 마음 작용들과의 관계 속에서 모든 유위법이 겪는 생주이멸

(生住異滅)의 4상(四相)의 생멸변화를 인과의 법칙에 따라 경험하면서 찰나에서 찰나로 흘러가는 유동체이다. 마음의 이러한 찰나에서 찰나로의 천류(遷流)를 특별히 가리켜 상속(相續) 혹은 심상속(心相續)이라고 한다. 불교의 인간관에서 볼 때, 일생의 한순간 단면에서는 5온의 개별 혹은 화합이 '나'라고 하는, 인간 존재의 주체 또는 자아로 간주되지만, 일생 전체에 있어서는 이 같은 심상속(心相續)이 인간 존재의 주체 또는 자아로 간주되기도 한다. 또한, 이 같은 심상속이 전생과 금생 그리고 후생으로 이어지는 윤회의 주체 또는 자아로 간주되기도 한다.

그들의 여러 가지 마음의 흐름을 지혜로 알고 있다 – 그 수많은 중생들의 마음의 흐름을 알고 있다는 선언은 무엇을 말하는 것일까? 여기에 대해서 설명한 사람이 없다. 대반야바라밀경에 의하면, 이 반야바라밀다는 여래로 하여금 세계 속으로 인도하지만, 그러한 지혜는 형태에서 일체지(一切智)까지도 보여주지 않는다. 그것은 무슨 이유에서인가? 반야바라밀 자체도 반야바라밀 속에 존재하지 않고 그 속에서 이해될 수도 없다. 그러니 형태나 다른 오온도 마찬가지 아니겠는가. 또 여래는 집중된 생각과 산만한 생각을 현명하게 안다. 그리고 형태가 있거나 없거나 인식되거나 아니거나, 인식이 없는 것이 아닌 것이나, 10방향의 이 세계 체계나 다른 세계 체계에 있는 것만큼 많은 중생의 생각에 적용된다. 여래는 어떻게 그럴 수 있는가? 법성(法性-dharmahood)을 통해서 가능하다. 어떤 종류의 법성을 통해서 가능합니까? 그것은 법성조차도 이해될 수 없는 법성을 통해서 가능한 것이다. 집합되고 산만한 생각은 하물며 얼마나 적겠는가?

탐진치(貪瞋癡)가 있는 생각은 실제로 그런 생각이 아니다. 그것은 실제의 생각은 파악될 수 없고, 생각을 구성하는 다르마(법)도 파악될 수 없다. 탐진치가 아무리 적을지라도. 여래는 어떻게 탐진치가 없는 생각을 현명하게 알 수 있는가? 탐욕이 없다는 특징을 가진 생각은 탐욕이 존재한다는 특징이 있는 생각과는 다르다. 그것은 왜 그런가? 두 생각이 만날 수 없기 때문이다. 이것은 진(瞋)과 치(痴)에도 적용된다.

즉 여래가 마음의 흐름을 다 안다는 것은, 마음이 조합되는 원리를 다 안다는 뜻이 아닐까 하는 사견을 제시한다. 특히 그 마음의 흐름을 아는 이유가 지혜라고 하였으니, 이 견해도 근거가 없는 것이 아닐 것이다. 그리고 특별히 마음이 아니라 마음의 흐름을 언급한 이유를 뒤에서 더 자세하게 보겠다.

그것은 무슨 이유에서인가?
수보리여, 여래가 설하신 마음의 흐름, 마음의 흐름이라는 것은, 흐름이 아니라고 여래가 설하였다. 그래서 마음의 흐름이라 부른다.
그것은 무슨 이유에서인가?
수보리여, 과거의 마음은 얻을 수 없고, 미래의 마음도 얻을 수 없고, 현재의 마음도 얻을 수 없기 때문이다.

이 부분에 대해 제대로 설명한 사람이 없다. 어떤 사람은 마음이라 하지 않고 마음의 흐름이라 하였으니, 마음이라는 고정된 실체를 부인하는 것으로 어떤 관념에 빠지지 말라는 것이라고 설명을 한다. 어떤 사람은 단순하게 과거는 지나갔으니 그때의 마음은 알 수 없는 것이 당연하고, 현재는 현재라고 생각하는 순간 지나간 과거가 되니 알 수 없는 것이 당연하고, 미래는 아직 오지 않았으니 알 수 없는 것이 당연하다는 논리를 전개한다. 또는 이 구절을 해석하는 것이 힘들었는지 대부분의 학자들은 구절의 뜻을 설명하지 않고, 덕산 스님의 일화를 소개하는 것으로 그치기도 한다.

그런데 그 일화라는 것이 이 구절의 뜻을 밝히는 것이 아니라 더욱 신비롭게 할 뿐이다. 떡을 먹고 싶다는 마음이 어디에 있느냐고 묻는 질문에 대답을 하지 못했다는 결과를 보여줌으로써 모두를 경탄케 만들었다고 하는데 우선, 떡을 먹고 싶은 마음을 생각해 보자. 배가 고파서 무언가 먹을 것을 찾고 있을 때, 근처에 떡을 파는 할머니가 있다면 무언가를 먹고 싶다는 욕구가 떡을 먹고 싶다는 구체적인 마음으로 변해 간다. 그것이 마음의 흐름이다. 배가 고프면 떡이 먹고 싶다는 마음이 전에도 있었고, 미래에도 있고, 지금 있는 것이 아니라, 시간과 공간의 변화에 따라 마음이 흘러서 떡을 먹고 싶다는 마음으로 표현되는 것이다. 그러므로 그 떡을 먹고 싶다는 마음이 머릿속이나 마음속 어딘가에 존재하고 있었던 것이 아니다. 이런 면에서 먹고 싶은 마음이 무엇인지 대답하지 못한 덕산 스님은 심리학을 아직 배우지 못하였을 뿐이고, 대답을 종용한 할머니도 그와 같은 마음이 실재하는 데가 어디인지 몰랐기 때문에 질문을 한 것이다. 그래서 이것을 해석하는 몇 가지 입장을 살펴본다.

마음은 과거 현재 미래로 쪼갤 수 없다는 입장 - 마음은 현재의 마음이 지나간 것이 과거의 마음이고, 앞으로 올 마음이 미래의 마음이므로, 현재의 마음이 집적된 것이라는 견해이다. 그래서 과거의 마음은 지나갔고, 미래의 마음은 오지 않았고, 현재의 마음은 찰나에 지나지 않으므로, 그 마음을 얻으려는 순간 지나가 버린다는 논리인데, 이런 논리는 수행에 전혀 도움이 되지 않는 견해이다. 그리고 이 이론은 붓다가 마음의 흐름을 모두 안다는 앞 구절의 선언을 해명하지 못하고 있다. 특히 구마라집의 번역에 따라 이 글을 접한 사람들은 해석의 미궁에 빠져들 수밖에 없다.

나중에는 이 논리를 발전시켜 한역(漢譯)이 아닌 원문의, 혹은 진제나 현장의 구절에서 그 차이를 파악하여 마음의 흐름과 마음은 다르고, 마음은 흐름이기 때문에 찰나의 마음과는 달리 파악할 수 있다는 설명을 하고 있는데, 그것이 무엇을 말하는지 제대로 해명하지 못하고 있다.

마음을 연기설에 의해 해석하려는 입장 - 즉 마음이 흘러가는 것을 마음이 연기의 법칙에 따라 일어나고 사라지는 것으로 파악하는 견해이다. 이는 마음의 흐름과 마음의 관계를 해명하기 위해서 만든 이론으로 보인다. 한역(漢譯)에서 앞에 나온 '마음의 흐름'을 진제는 심상속주(心相續住), 현장은 심류주(心流注), 의정은 심류전(心流轉)라고 번역한 것으로, 마음(心)과는 차별화하여 해석하는 것이다.

이 이론을 더 발전시켜, 마음은 흐름이므로 고정불변한 마음은 없다는 주장을 하기도 한다. 그래서 탐진치(貪瞋癡)의 삼독(三毒)도 고정된 실체가 아니고, 그 마음의 흐름에 따라 생기고 없어지는 것을 관찰하면 그것이 없는 청정한 마음이 가능하다는 논리로까지 발전한다. 이 논리의 문제점은 이 논리에 따를 경우, 마음의 흐름은 잡을 수 있지만 마음은 잡을 수 없다는 말만 필요한데, 과거의 마음도 잡을 수 없고, 미래, 현재의 마음도 잡을 수 없다는 말은 무슨 의미인지 설명을 못하는 것이다.

마음이라는 것은 마음 자체로 존재가 가능하지 않은, 마음의 흐름일 뿐이라는 시각이다. – 현대 심리학의 성과를 염두에 둔 주장이다. 즉 마음은 우리 속에 어떤 벽돌이 쌓이듯 생각들이 쌓여 있는 것이 아니라 육체와 정신과 환경이 때와 공간에 따라 만들어냈다가 사라지는 것이다. 그러므로 마음이라는 것이 하나의 마음으로 실재하는 것은 찾을 수 없다는 것이다. 예를 들어[127] 시장에서 떡 가게를 지나다가 떡을 먹고 싶다는 마음이 생긴다면, 그 마음은 우리 속의 어느 곳에 떡을 먹고 싶다는 마음의 벽돌이 있다가 시장에서 그 벽돌을 한 장 들추어내는 것이 아니다. 식사한 지 오래되어 시장기를 느끼면 그것은 본능이 요구하는 무언가를 먹겠다는 생각이 있다가 마침 떡 가게를 지나다가 떡을 먹고 싶다는 마음이 생긴 것인데, 이는 먹어야 된다는 마음과 눈으로 포착한 떡이 결합되어 떡을 먹고 싶다는 마음이 생긴 것이다. 물론 눈으로 떡을 보지 않고, 떡의 향기를 맡아서 그런 마음이 발생할 수도 있다. 그래서 어떤 마음이 생기기 위해서는 정해진 마음이 있는 것이 아니라 신체의 상황, 정신적 상황, 환경적 상황에서 시간과 공간이 만들어내는 것이므로, 이런 것이 마음의 흐름인 것이다.

이렇게 마음을 파악하는 것은 미국의 심리학자 윌리엄 제임스가 1890년대에 처음 사용한 개념이다. 인간의 의식은 정적인 부분들이 배열되어 구성된 것이 아니라, 동적인 이미지와 관념이 죽 늘어선 것이라고 본다. 어떤 특정한 사물을 보는 순간 그 사물과 연관된 잊혀 있던 과거의 여러 사건 및 생각들을 기억해 내고 그대로 물 흐르듯이 기록해 나간다. 이러한 의식의 연상 작용은 논리성을 가지되 논리적인 인과관계에 얽매이지 않으면서 물의 흐름과 같이

127) 덕산 스님의 일화를 패러디한 것이다. 모두 덕산 스님의 일화에서 무슨 가르침이 있는 양 인용하고 있는데, 사실 떡 가게 할머니의 질문은 궁금해서 물은 것일 뿐이다. 떡을 먹고 싶다는 마음이 어느 마음이냐는 질문은 과거 현재 미래의 마음을 묻는 것이고, 당연히 현재 먹고 싶다는 마음일 것이다. 현재의 마음이라고 대답하지 못하는 것은, 현재의 마음을 얻을 수 없다는 금강경의 구절에 사로잡혀 있는 것을 말한다.

유연하고 자유롭게 뻗어 나간다. 의식의 흐름에 따라 우리가 사물을 인식하는 마음은 이야기 전개 중심이 아니라, 개인의 주관적인 세계, 은밀한 심리세계, 억눌려 있던 잠재의식의 세계로 나아간다. 그래서 '마음의 흐름'은 강물처럼 시시각각 변하면서 흐르는 인간의 의식을 말하기 때문에, 그 마음을 글로 표현하면 앞뒤가 논리적인 체계를 가지지 못하고 문법에 맞지 않기도 하다.

물론 이렇게 본다면, 마음의 흐름과 마음의 관계는 제대로 파악할 수 있지만, 그 마음을 과거 현재 미래로 나누어 얻을 수 없다고 말한 것에 대한 설명은 제대로 되지 않는다.

금강경의 후반부가 나중에 추가된 것이라 본다면, 대승(大乘)의 기치를 높이 걸고, 당시의 주류라고 할 정도의 설일체유부를 비판하는 내용이 들어갔다고 보아야 한다. 우리는 소승(小乘)과 대승(大乘)이 단지 중생을 구제하는 목표를 가진 보살의 존재에서 차이가 있는 것으로 보지만, 세상을 보는 시각도 차이가 있다. 그 와중에 상좌부의 전통을 이어받은 설일체유부의 영향력이 거대했기 때문에 그 설일체유부의 핵심 내용을 비판하고자 하는 구절로 보인다.

원래 힌두고전철학의 한 학파인 상카(sāṃkhya, 수론數論)철학은 '모든 사물은 영원히 존재하지만 끊임없이 변화하며, 아무것도 새로 나타나거나 사라지지 않는다'고 주장한다. 그들은 우주가 의식(Puruṣa)과 물질의 현상적 영역(prakriti), 두 가지로 구성되는 것으로 보고, 지바(Jiva)는 의식(푸루사)이 욕망의 끈끈이를 통해 물질에 메여 있고 이 매듭의 끝에 해탈이 있다고 본다. 상카철학은 신(Ishvara)이 궁극적 원인임을 부정한다. 상카철학은 해탈 이후에 무엇이 일어나는지 설명하지 않고 신(神)에 관한 어떤 것도 언급하지 않는데, 해탈 이후에는 개인과 우주적 정신의 본질적인 구분이 없기 때문이다.128)

그러나 불교에서는 모든 것이 찰나적으로만 실재하고 상주(常住)하는 본체는 전혀 없다고 주장한다. 즉 불교는 고유성 이론을 부정한다. 그러므로 불교는 찰나성 또는 동시적 존재의 이론을 주장하는 것이다. 그래서 모든 실체는 동시

128) http://en.wikipedia.org/wiki/samkhya

적인 독립된 요소들로 흘러넘친다. 그래서 부파불교의 제학파중 대중부, 화지부, 경량부와 같은 학파들은 순간적인 감정들과 생각을 구성하는 모든 요소들인 다르마를 실재론적으로 열거하면서, 사물에 '머무르는 본질'이 없다는 관념과 지속되는 것은 아무것도 없다고 하여 무상(無常)의 이론으로 오로지 현재만이 존재하고, 과거는 이제 없고 미래는 아직 실재로써 나타나지 않았다고 주장한다.[129)]

설일체유부는 정통의 상좌부에 연원을 두어 이에 반론을 제기한다. 이 중 구사론의 시간 이론을 보면, 그들은 원자론적 이론을 주장한다. 시간을 측정하는데 가장 짧은 순간은 하나의 원자가 다른 원자로 변하는 것과 일치한다고 하여 시간과 공간을 항상 상관적으로 파악하고 있다. 그래서 과거와 미래가 실재한다고 주장하는 것이다. 현재는 그 근간을 과거에 두고 있으며 그 결과는 미래에 있기 때문이다. 과거와 미래라는 개념은 그 실재가 분리되지 않고서는 우리에게 일어나지 않을 것이기 때문에 시간의 세 시기는 따로따로 존재해야 한다고 주장한다. 물론 삼세(三世) 자체가 영원히 현존하는 것을 의미하지는 않고, 시간이 진짜 본체임을 뜻하는 것도 아니다. 다만 모든 사물이나 요소들이 현재처럼 과거와 미래에 실재하지만, 한 시기로부터 다른 시기로 지속되지는 않음을 뜻한다.[130)]

아상가(Asanga, 무착無着)의 동생으로 초기에 설일체유부에 속하여 구사론을 지은 세친(世親, Vasubhandu)은 요가짜라학파의 창시자로 알려져 있지만, 처음에는 정통 설일체유부론으로 단련되었다. 그의 맏형인 아상가와 같이 불교 가르침의 6대 주석가로 꼽히는데, 형식논리에 관심이 많아 인도 인식론적 전통에서 형식논리의 기원자가 되었다. 이런 점에서 그의 논법은 관심을 가질 만하다.

삼세(三世)가 존재한다고 생각하는 그의 논법은 바수미뜨라논법(Vasumitra)이다. 이는 기능과 위치의 차이를 보는 것으로, 숫자에 있어서 같은 숫자라도 100의 자리냐, 10의 자리에 있느냐에 따라 그 의미가 달라진다고 하는 것이다. 이런 논법으로 과거 현재 미래도 그것들이 차지하는 위치에 따라 기능이 다르

129) 다카쿠스 준지로, 불교철학의 정수, 82면
130) 다카쿠스 준지로, 불교철학의 정수, 83면

다는 것이다.[131] 즉 이에 의하면, 시간의 세 시기에 대하여 개별적 가치를 부여할 수가 있다. 미래는 아직 기능하지 않은 단계이고, 현재는 실제로 기능하는 단계, 과거는 기능이 끝난 단계이다. 단계의 차이 때문에 세 시기는 현격하게 분리되어 있으며, 그들 속에 있는 모든 사물과 요소는 진짜 실재이다. 그래서 시간의 세 시기는 실재하며, 어느 순간이든 모든 요소의 본질도 그러하다. 자아(自我)는 공(空) 하지만 그 자아의 요소인 다르마는 실재한다. 그래서 설일체유부는 따로따로인 찰나적 실재(즉, 찰나적 과거 현재 미래)의 연속성을 의미한다는 것이다.[132]

이러한 기초 지식으로 설일체유부의 주장을 살펴보면 과거, 현재, 미래를 합쳐서 삼세(三世)라고 하는데, 일체의 법은 이 삼세에 걸쳐 실재한다는 것이 삼세실유법체항유(三世實有法體恒有)혹은 찰나삼세론이다. 근본 불교의 무상설, 무아설과 모순되는데, 현재세를 하나의 찰나로 보고 법체는 항상 있지만, 찰나멸로써 미래에서 현재를 통과하여 과거에 낙사(落謝)한다고 설명한다(모든 법들은 순간적 현재에서뿐 아니라 바로 그 현재에 선행하는 순간적 과거와 그 순간적 현재에 뒤따르는 순간적 미래에 걸쳐 존재한다는 것이다 – 즉 아주 짧은 순간의 과거와 미래를 인정하는 점에서 찰나삼세이다).[133] 모든 유위법은 이런 양상으로 존재한다(과거와 미래 없이 현재만이 존재한다는 것은 생각하기 힘들다). 법들이 생멸한다는 점을 인정하면서도, 그것은 우리가 인식할 때 미래로부터 현재로 움직여 오며, 우리가 인식하기를 멈출 때 현재에서 과거로 움직여 간다. 그러므로 법들은 현재에서뿐 아니라 모든 시간의 계기에서 존재한다.

그리고 또 불교에서 마음을 어떻게 보는지도 여기에 관련이 있다. 불교는 행위와 행위자가 분리되지 않고, 지각과 지각자가 분리되지 않는다. 의식의 이면에 의식하는 주체가 따로 있는 것이 아니다. 마음이란 단지 대상에 의한 의식의 덧없는 상태일 뿐이다. 의식하는 주체는 영속하지 않는다. 신체의 어떠

---

131) 그의 나머지 세 가지 논법은 다르마뜨라따논법(Dharmatrāta – 종류와 결과의 차이를 말하는 것으로, 금 조각으로 세 가지 다른 물품을 만들지만 그 각각이 금의 성질을 가진다는 점), 고샤 논법(Ghoṣa – 목표와 요인의 차이로써, 세 사람의 다른 하인으로부터 동일한 봉사를 받는다는 점), 붓다데바의 논법(Buddhadeve – 입장과 관계의 차이를 말하는 것으로, 여자는 자식에 대한 어머니, 부모에 대한 자식, 남편에 대한 부인이 되는 것)이 있다.

132) 다카쿠스 준지로, 불교철학의 정수, 84면

133) http://ko.wikipedia.org/wiki/설일체유부

한 조직도 두 개의 연속적인 순간에 대하여 동일하게 유지되지 않는다는 것은 과학적으로도 입증되기 때문에 불교는 마음의 움직임도 그와 똑같다고 주장한다.[134] 그래서 이러한 덧없음에 붙어 있는 마음이라는 것도 비록 과거 현재 미래는 존재한다고 하더라도, 그 과거와 현재와 미래에 붙어 있는 마음은 알 수 없다고 선언할 수 있는 것이다.

위와 같은 논의를 결론지으면, 과거 현재 미래는 존재한다고 주장하는 설일체유부의 논리를 그 과거 현재 미래에 마음을 붙여서 각 과거심, 현재심, 미래심은 얻을 수 없다고 한 것이다.

마음과 마음의 흐름의 관계를 이렇게 본다면, 우리가 포착할 수 있는 것은 마음의 흐름이다. 마음이라는 것은 순간적으로 생멸하고 변화하기 때문에 그 순간적인 마음은 여러 가지 요소에 의한 결합이므로 마음을 얻을 수가 없는 것이다.

대반야바라밀경[135]에는 반야바라밀로 인하여 여래는 다른 중생의 무한한 마음을 지혜롭게 안다. 어떻게 그럴 수 있는가? 이러한 마음과 관련하여 그는 그것을 있는 것으로 보지 않고, 그것을 없는 것으로 보지도 않고, 그것이 계속되지 않는 것으로 보지도 않고, 계속되지 않는 것이 아닌 것으로 보지도 않기 때문이다. 그것은 왜 그런가? 그것들이 확고하게 자리 잡은 기초가 존재하지 않기 때문에 무한한 마음의 흐름은 머무르지 않기 때문이다.

마지막으로, 경전에 서술된 것을 중심으로 보면 마음의 흐름은 흐름이 아니기 때문에 과거 현재 미래의 마음을 얻을 수 없다고 한다. 그렇다면 마음의 흐름이 흐름이라면 과거 현재 미래의 마음을 얻을 수 있는가?

금강경의 논리로 보면, 마음의 흐름이 흐름이 아닌 것은 진정한 마음의 흐름만을 포착하기 위한 것이고, 그렇게 흐름이 아닌 것이 정리된 후에야 마음의

---

134) 다카쿠스 준지로, 불교철학의 정수, 85면

135) Conze, The Large Sutra on Perfect Wisdom, 330p

흐름이 남는 것이다.

찰나에 생멸하는 마음은 마음의 흐름이 만들어낸 것이고 흘러간 마음만 남는 것이다. 그래서 그런 찰나의 마음이 현재 생겼다고 하더라도 그 마음을 얻을 수는 없는 것이고, 그런 현재의 마음이 발생했던 흐름은 알 수 있다는 것이다. 이를 과거심과 미래심에 적용하면 과거심을 알 수 없는 이유는 지나갔기 때문에 그런 것이 아니라, 과거의 마음의 흐름이 만들어낸 포말(泡沫) 같은 마음의 물방울은 이미 터져버렸기 때문에 얻을 수 없고, 미래심을 얻을 수 없는 이유는 아직 발생하지 않았기 때문이 아니라, 미래의 마음의 흐름이 순간적으로 미래심을 만들겠지만, 그것은 순간에 사라지므로 얻을 수 없는 것이다.

결국 문맥으로 보면, 마음은 포착하기 힘들지만 마음의 흐름은 포착 가능하다는 뜻이다. 금강경의 논리에 대입하면, 마음의 흐름이라는 것의 진정한 뜻은 단순히 언어에 의한 '마음의 흐름'이 아닌 것을 깊이 인식하여 흐름이 아니라고 직접적으로 파악한 후에 그 흐름을 알 수 있는 것이다.

바다를 비유로 들어 깊은 바다와 얕은 바다의 물의 흐름이 마음의 흐름이라고 생각하자. 물의 흐름이 바다 표면에서 순간적인 물방울과 파도를 만들어내지만, 그것은 사라져버리고 누구도 잡을 수 없는 것이다. 파도와 물방울을 만들었던 얕은 바다의 흐름은 움직이지 않는 것 같은 깊은 바다의 흐름과 연동되어 있고, 그런 움직이지 않는 것 같은 물을 흐름이 아니라고 파악한 뒤에는 그것이 결국 흐름이었다는 것을 인식할 것이다.

대반야바라밀경[136]에 의하면 과거의 시기는 과거의 시기에 대해 비어 있고, 미래의 시기는 미래에 대해 비어 있고, 현재의 시기는 현재에 대해 비어 있다. 시간의 세 시기가 똑같은 것은 그것들이 모두 비어 있기 때문이다. 그래서 시간의 세 시기가 같은 것은 보살의 길, 대승의 길이 모두 똑같다고 한다.

136) Conze, Large Sutra, 240p, 31, 349, 363p

19절
공덕은 쌓이지도 않고, 쌓인 것도 없다

"수보리여, 너는 어떻게 생각하느냐?

만약 어떤 좋은 가문의 아들과 딸이 이 삼천대천세계를 칠보로 가득 채우고, 여래 아라한 '바르게 깨달은 분들'에게 보시를 한다면, 실로 그 좋은 가문의 아들과 딸은 이로 인해서 큰 공덕을 쌓겠느냐?"

수보리가 대답하였다. "큽니다. 세존이시여, 큽니다. 잘 가신 이여."

세존께서 말하셨다. "그렇다 수보리여, 그러하다. 그 좋은 가문의 아들과 딸은 이로 인해서 큰 공덕을 쌓을 것이다.

그것은 무슨 이유에서인가?

수보리여, 공덕, 공덕이 쌓인 것은 '쌓인 것'이 아니라고 여래가 설하였기 때문이다. 그래서 공덕이 쌓인 것이라고 부른다.

수보리여, 만약 공덕이라는 것이 있다고 한다면, 여래는 공덕, 공덕이라고 설하지 않았을 것이다."

[해설]

수십억 개의 우주를 칠보로 가득 채우는 공덕이 얼마나 큰지 말하고 있다. 앞의 여러 절에서는 삼천대천세계를 칠보로 가득 채우는 공덕보다, 이 법문에서 네 구절의 게송이라도 뽑아 배우고 독송하고 이해하고 남들에게 가르치는 공덕이 훨씬 크다는 말을 하였는데, 이제는 칠보로 보시하는 공덕이 크다는 이야기만 한다.

그런데 그 공덕이 얼마나 큰지를 말하면서 공덕의 존재 여부를 말하는 금강경의 논리가 다시 시작된다. 즉 공덕은 공덕이 아니요, 그래서 공덕이라는 것이다.

그렇다면 이 공덕은 크다는 것일까? 공덕 자체가 존재하지 않는데, 그 이름만 공덕에 불과하다는 것일까?

붓다가 물질적 보시와 정신적 보시를 비교하던 8절과는 다르게 오로지 물질적 보시의 공덕만을 말하는 이유는, 듣는 자로 하여금 오로지 공덕에만 집중하도록 하기 위함으로 보인다. 즉 공덕이 크다는 것의 의미와 공덕 자체의 의미에만 집중하여, 과연 공덕이 무엇인가를 생각하게 하는 것이다.

여기서 유의할 점은, '공덕이 있다고 한다면'이라는 부분이다. 이때까지 이런 식의 가정을 한 구절은 없었기 때문에, 우리는 이 구절을 보면서 새로운 해석의 가능성을 가지게 된다. 이러한 가정은 단순히 없기 때문에 있다는 가정을 하는 것이 아니다. 우리가 현상으로 느끼는 공덕의 본질이 없는 것이라는 뜻을 포함하고 있다. 이는 30절에서 자세히 설명된다.

소명은 제목을 '법의 세계로 통하게 되다(법계통화분法界通化分)'로 하였다.

[설명]

수보리여, 너는 어떻게 생각하느냐?

만약 어떤 좋은 가문의 아들과 딸이 이 삼천대천세계를 칠보로 가득 채우고, 여래 아라한 '바르게 깨달은 분들'에게 보시를 한다면, 실로 그 좋은 가문의 아들과 딸은 이로 인해서 큰 공덕을 쌓겠느냐?

수보리가 대답하였다. 큽니다. 세존이시여, 큽니다. 잘 가신 이여.

8절과 똑같은 질문을 하고 똑같은 대답을 하고 있다. 이 부분만 보면 8절에서 나온 부분과 다르지 않고, 그 뜻을 새기는 우리도 같은 뜻으로 새겨가게 될 것이다. 그러나 어느 순간 무언가 달라졌다고 느낄 때, 이미 대화는 우리의 예상을 깬 곳으로 흐르고 있다. 8절에서의 질문은 수보리가 지혜를 적용하기 위해 단순히 준비를 하는 것이었고, 지금 여기서는 그 진정한 대답을 기대한다.

여기까지 붓다는 이 경전에서 보시(布施)를 여섯 번째 언급하고 있다. 8절에서 그는 칠보의 보시보다 우리의 본성을 보여주는 법문의 보시를 강조하였다. 그리고 11절에서도 칠보의 보시보다 이 경전을 이해하는 공덕을 강조하였다. 그리고 이 절에서는 칠보의 보시에 대하여 다른 것과 비교하지 않고, 보시 자체에 대한 언급만 하고 있는 것이 특색이다.

좋은 가문의 아들과 딸 – 앞에서와는 달리 여기에서 구마라집 보리유지, 진제, 의정은 사람–인(人)으로 표현하였다. 현장과 산스크리트어본은 이 책의 번역과 같이 '좋은 가문의 아들과 딸'이라고 한다. 무슨 차이가 있을까? 원문의 의미는 앞서 나온 8절을 반복하는 것이고, 현장을 제외한 다른 한자 번역본은 초심자가 아니라, 원숙한 일반인으로서의 보시를 의미하는 것으로 보인다. 그렇다면 이 구절의 해석도 달라져야 할 것이다. 우리는 원문에 따라 해석하기 때문에 계속되는 구절이 의미의 심층화가 있다고 생각한다.

삼천대천세계를 칠보로 가득 채우는 보시를 한다면 공덕이 매우 클 것이다. 우리는 평상시의 생각에 따라 이 구절을 생각하도록 하자. 그런 공덕이 작을 것이라고 반문하는 것은 아직 가르침을 배울 자세가 되지 않은 것이다. 붓다의 논리가 제시하는 바에 따라, 그것에 몸을 싣고 끌고 가는 데로 따라가 보도록 하자.

세존께서 말하셨다. 그렇다 수보리여, 그러하다. 그 좋은 가문의 아들과 딸은 이로 인해서 큰 공덕을 쌓을 것이다.

그것은 무슨 이유에서인가?

수보리여, 공덕, 공덕이 쌓인 것은 '쌓인 것'이 아니라고 여래가 설하였기 때문이다. 그래서 공덕이 쌓인 것이라고 부른다.

수보리여, 만약 공덕이라는 것이 있다고 한다면, 여래는 공덕, 공덕이라고 설하지 않았을 것이다.

붓다의 대답도 우리와 똑같다. 좋은 가문의 아들과 딸이 많은 공덕을 쌓을 것이라고 한다. 공덕이 크다는 것과 많다는 것은 차이가 없다고 앞에서 말하였다. 공덕을 하나의 덩어리로 보면 크다고 할 수 있고, 공덕이 여러 개 모인 것들의 합(合)으로 보면 많다는 말을 사용할 수 있다. 원어 bahu도 두 가지 뜻을 모두 가지고 있다.

그런데 붓다의 대답이 그냥 크다고 끝나는 것이 아니라는 점을 유의해 보자. 이 부분을 산스크리트어로 정확하게 번역하면, '공덕이 쌓인 것은 쌓인 것이 아니라고 여래가 설하였고, 그래서 공덕이 쌓인 것을 만들 것이다'이다.

공덕이 쌓인 것은 '쌓인 것'이 아니라고 여래가 설하였기 때문이다– 이 부분은 공덕이 크다는 말에 대한 이유 부분이다. 그런데 그 논리가 묘하다. 공덕이라는 것이 쌓인 것이 아니면 공덕은 큰 것일까? 공덕이라는 것은 쌓이는 것이 아니라는 뜻이 될 수도 있다. 그러나 이는 쌓인 공덕의 본질을 형용하는 말이다. 그래서 쌓인 공덕은 사실상 쌓인 것이 아니라는 뜻이다. 공덕이라는 것을 가상의 것으로 보면, 그것은 쌓인 것이 아니라는 성질을 말하는 뜻은, 그것이 시각적이나 언어적으로 쌓여가는 그런 덩어리가 아니라 내재적인 무형의 공덕이기 때문에 덩어리라 할 수 없고, 그러한 공덕은 크기로 따질 수 있는 것이 아니다. 그렇기 때문에 그 공덕의 크기를 가늠할 수 없다는 뜻이 들어가 있다. 금강경의 논리로 보면, 공덕이 쌓인 것은 현상적으로 나타나 있는 것이므로, 그 쌓였다는 것을 부정하면서 진정으로 쌓인 공덕의 실체를 파악한 뒤에야 '공덕'이라 부르는 것이다.

공덕이라는 것이 있다면 여래는 공덕을 설하지 않았을 것이다 – 이렇게 공덕이라는 것이 있다고 가정하는 것은 공덕이 없다는 것을 알려주기 위함이 아니다. 공덕이 있다고 하는 현상 속에서 살아가고 있지만, 사실 공덕의 본체는 비어 있다는 점을 자각하게 만드는 뜻이다. 그런 점을 인식하면, 공덕을 설하는 뜻을 알 수 있다. 일반 서술문으로 보면 공덕은 없다–여래가 공덕에 대하여 설하는 것은 공덕이 없기 때문이다. 그래서 공덕이 없는 이유는 공덕의 공(空)함이던, 공덕 자체의 허구이던 둘 중의 하나이다. 현장의 번역에 의하면, '이 인연으로 생기는 복덕이 매우 크다. 그 이유는 복덕이 있다면, 여래가 복덕에 대하여 말하지 않았을 것이기 때문이다'이다. 즉 복덕이 크다고 말한 뒤, 복덕은 없는 것이라는 이유로 인하여 그렇게 큰 것이라는 결론을 내린다. 이는 복덕의 허구라기보다는 복덕의 공(空)함으로 인하여 복덕이 없다고 할 수 있고 대신에 무한히 클 수 있다는 것을 말한다.

그런데 이 구절에서 연상되는 것은 17절에서 연등여래가 예언할 때, '붓다가 어떤 법을 알고 있었다면 석가모니 붓다가 될 것이라고 예언하지 않았을 것이다'라는 구절이다. 즉 공덕이라는 것이 있다면, 공덕이 크다고 하지 않았을 것이고, 붓다가 어떤 법을 알고 있다면, 붓다가 될 것이라 예언하지 않았다는 것이다.

그리고 이 구절은 나중에 28절에서 나오는 '공덕을 받을 수는 있으나, 집착하여서는 안 된다'는 것과 관련이 있다.

구마라집은 순서를 다르게 기술하였다. 修菩提 若福德有實 如來不說 得福德多. 以福德無故 如來說 得福德多 복덕이 실로 있다면, 여래는 복덕을 많이 얻는다고 설하지 않고, 복덕이 없기 때문에 여래는 복덕을 많이 얻는다고 설한다.

20절
몸의 형상도, 특징을 갖춤도 없다

"수보리여, 어떻게 생각하느냐? 여래가 몸의 형상을 구족한 것에 의해 보일 수 있는가?"

수보리가 대답하였다. "세존이시여, 그렇지 않습니다. 여래는 몸의 형상을 구족한 것에 의해 보일 수는 없습니다.

그것은 무슨 이유에서인가?
세존이시여, 몸의 형상을 구족한 것, 몸의 형상을 구족한 것은 구족한 것이 아니라고 여래가 설하셨으니, 그래서 몸의 형상을 구족한 것이라 부릅니다."

세존께서 말하셨다. "수보리여, 어떻게 생각하느냐? 여래가 특징을 갖춘 것에 의해 보일 수 있는가?"

수보리가 대답하였다. "아닙니다. 세존이시여, 특징을 갖춘 것으로는 여래가 보이지는 않습니다.

그것은 무슨 이유에서인가?
세존이시여, 여래가 설하신 특징을 갖춘 것은 특징을 갖춘 것이 아니라고 여래께서 설하셨는데, 그래서 특징을 갖춤이라고 부릅니다."

[해설]

여기에 사용된 몸의 형상을 보통 한자어로 색신(色身)이라고 하는데, 이 한자는 우리에게는 정확한 뜻을 알려주지 못하고 어감도 좋지 않다. 육체적 몸을 구족하고 있는 것으로 여래를 볼 수 있는지에 대해서 우리는 직감적으로 아니라고 알고 있다. 그런데 경전에서는 여래가 육체적 몸을 구족한 것은 구족한 것이 아니라고 여래가 설하였고, 그래서 육체적 몸을 완전히 갖추고 있다는 논법에 유의하여야 한다.

여래가 여래라는 특징을 갖추기 때문에 여래인가의 문제도 마찬가지이다. 여래는 특징을 갖추고 있기 때문에 여래가 아니고, 특징을 갖춘 것이 아니라고 설하였다. 그래서 특징을 갖추고 있다는 구절을 유의해야 한다. 5절에서와 똑같은 문장을 가지지만, 그래서 특징을 갖추고 있다는 구절이 여기에 새로 추가되었다.

설명에서도 나오지만, 이제 5절에서 특징은 특징이 아니라는 붓다의 단언이 있었고, 모든 특징은 허망하다고 하였다. 하지만 지금 금강경이 한참 진행된 여기에서는 특징은 특징이 아닌데, 그래서 특징이라 부른다는 구절을 부가하고 있다. 그 의미는 이제 그래서 특징이라 부르는 이유를 이해할 수준이 되었다고 보기 때문이다.

이렇게 치밀하게 설법의 수준을 맞추는 것을 음미해 보는 것은 금강경을 이해하는 또 다른 즐거움이라 하겠다.

소명은 제목을 '몸의 형상에서도 떠나고, 특징에서도 떠나고(이색이상분離色離相分)'라 하였다.

[설명]

수보리여, 어떻게 생각하느냐? 여래가 몸의 형상을 구족한 것에 의해 보일 수 있는가?

몸의 형상 – 몸의 형상인 rūpa–kāya(형체의 몸)를 색신(色身)이라는 한자어로 번역한 것은 중국인에게는 어울리는 용어겠지만, 우리에게는 좋은 어감을 주지 못한다. 육신(肉身)이라는 용어를 사용할 수도 있지만, 산스크리트어 rūpa가 형체, 형상의 뜻을 나타내므로 적절하지 못하다. 정확하게 한국어로 번역하면 '형상으로 나타난 몸(형상의 몸)'이란 뜻이다. 왜 색(色)이라는 용어를 사용하여 색신(色身)으로 번역하였는지 생각해 볼 필요가 있다. 색(色)이라는 글자는 빛깔, 색채라는 뜻으로 거의 사용되고 있고, 그것에 모양과 상태라는 뜻도 있지만 거의 사용되지 않는다. 색신(色身)이라고 할 때는 모양, 상태를 말하지만, rūpa가 형태, 형체의 뜻을 가지고 있으므로, 형태나 모양은 거의 모든 것이 빛에 의해서 드러난다. 색이 표방하는 빛에 대해서는 4절에서 상세히 설명하였다. 색(色)이 가장 중요한 외면의 형상을 나타내는 수단이지만, 그런 의미로 색신(色身)을 파악하고 우리는 '몸의 형상'이든 '육신'이든 문맥에 맞게 사용하면 된다.

구족한 – 원문에서 parinişpattyā를 번역한 것으로, perfection(완성)을 의미하는데 이는 완전히 갖추고 있다는 뜻이다. 그러므로 원문의 rūpa–kāya–parinişpattyā를 '형체의 몸의 완성'이라고 새긴다. 한역(漢譯)은 구마라집 등이 구족(具足–충분히 갖추다), 현장은 원실(圓實), 의정은 원만(圓滿)이라 하였는데 비슷한 뜻이다. 그런데 현장과 의정은 용어가 바뀐 것에 따라 제대로 번역하였다. 현장은 5절에서 단순히 갖추다라는 의미를 구족(具足)이라고 하였기 때문에 용어를 바꾼 것으로 보인다. 구족이라는 용어는 잘 쓰지 않는 용어지만, 완전히 갖추다라고 길게 하는 것에 비해 간명하므로 이를 사용한다. 완비(完備)는 어울리지 않는다.

수보리가 대답하였다. 세존이시여, 그렇지 않습니다. 여래는 몸의 형상을 구족한 것에 의해 보일 수는 없습니다.

그것은 무슨 이유에서인가?

세존이시여, 몸의 형상을 구족한 것, 몸의 형상을 구족한 것은 구족한 것이 아니라고 여래가 설하셨으니, 그래서 몸의 형상을 구족한 것이라 부릅니다.

반야심경에서 색(色, rūpa)은 공(空)이라는 구절을 보면(색즉시공色卽是空), 형상을 가진 몸은 결국 공(空)하다고도 볼 수 있다. 따라서 형상을 가진 것으로는 무엇을 볼 수 있다는 결론을 내릴 수 없다.

이 부분에서 학자들은 붓다 몸의 형태를 거론하면서 법신(法身)을 거론하고 있다. 몸의 형상을 갖춘 것은 색신(色身)이지만, 갖춘 것이 아닌 것은 법신(法身)이라고 해석한다. 또 수많은 보시와 공덕을 쌓아 보신(報身)을 갖추었지만 아직 법신(法身)의 경지에 이르지 못한 것을 표현한다고도 말한다. 그러나 다른 곳의 지식을 여기 부분의 해석에 원용할 필요는 없으며, 그냥 '몸의 형상을 구족한 것'으로는 여래를 볼 수 없다고 이해하면 된다.

한편 이 부분은 5절의 '특징이 갖춰진 것으로 여래를 볼 수 있느냐'는 질문과도 관련이 있다. 그것은 뒤에 나온다.

몸의 형상을 구족한 것은 구족한 것이 아니다 – 몸의 형상을 완전히 갖추고 있는 것은 완전히 갖춘 것이 아니라고 하는 이유는 무엇일까? 예의 금강경의 논리에 따르면, 몸의 형상을 완전히 갖추었지만 겉으로 보이는 것의 실상은 언어로 표현된 것과 분리해서 보아야 한다는 것이다. 그래서 언어로 표시된 '구족'은 구족한 것이 아닌 것으로 인식하게 되면, 몸의 형상을 진정하게 구족한 것만이 남게 되고, 그래서 몸의 형상을 구족한 것이라고 말해지는 것이다.

세존께서 말하셨다. 수보리여, 어떻게 생각하느냐? 여래가 특징을 갖춘 것에 의해 보일 수 있는가?

특징이라고 번역한 것은 원어로 락사나lakṣaṇa를 번역한 것인데, '독특한 특징이나 기호'를 말한다. 구마라집 등이 번역에 상(相)을 사용하였기 때문에 한자로 그렇게 사용하지만, '특징'이라고 하는 것이 머리에 쏙 들어온다.

여래가 어떤 특징을 갖추고 있다는 것이 보이면 여래인 줄 알 수 있는가의 문제이다. 정말로 여래는 어떤 특징을 가지고 있을까? 외면적인 특징이 있을지 궁금하기도 하다. 보통 붓다 자신을 닮은 사람을 상정하여 그 사람의 특징을 여래의 특징이라고 묘사할 수도 있지만, 여기서 붓다는 그것을 단호히 거부하며 외면적인 특징은 없는 것이라는 대답을 기대하며 질문한다.

수보리가 대답하였다. 아닙니다. 세존이시여, 특징을 갖춘 것으로는 여래가 보이지는 않습니다.

그것은 무슨 이유에서인가?

세존이시여, 여래가 설하신 특징을 갖춘 것은 특징을 갖춘 것이 아니라고 여래께서 설하셨는데, 그래서 특징을 갖춤이라고 부릅니다.

특징을 갖춤 – 이를 현장은 제상(諸相)구족(具足)이라고 번역하였는데, 앞에서처럼 그 상(相)은 특징을 말하고, 구족(具足)이라는 한자 용어도 그냥 '갖춤'으로 번역한다. 앞서 사용한 구족(具足)은 '충분히 갖추다'의 의미로 사용한 것이고, 여기는 그냥 '갖추다'의 의미로 사용하여야 한다. 원문에서 parinişpattyā라고 한 것은 구족(具足)으로 번역하고, 단순히 특징을 갖추는 saṁpad는 '갖추다'로 번역한다. 현장은 앞의 것을 원실(圓實-온전히 맺다)이라고 하고, 뒤는 구족(具足)이라고 번역하였는데, 앞의 것이 구족으로 뒤의 것은 단순히 '갖추다'로 하는 것이 옳다. 구마라집 등은 모두 구족이라고 번역하였다.

특징을 갖춤이 아님 – 원어로 alakşaṇa-sampad인데, 제일 앞의 a가 부정적인 뜻이므로, '특징이 아님을 갖춤(비특징을 갖춤)'이라고 할 것인지, '특징을 갖춤이 아님'으로 할 것인지의 문제가 있다. 그런데 콘체는 '특징이 아닌 것을 갖추지 않음(no-possession of no- marks)'이라고 이중 부정으로 해석하여 뜻이 이상하게 변한다. 콘체의 번역이 틀린 것으로 보인다. 5절에서는 특징이 아님을 갖춤이라고 보았지만, 여기서는 '특징을 갖춤이라 부른다'는 구절이 뒤에 있어서 5절과 달리 표현한 것이다. 뭘러도 표현을 바꾸고 있다.

그래서 특징을 갖춤이라 부릅니다 – 이 절의 뒷부분은 5절의 앞부분과 거의 유사하다. 실제로 '그래서 특징을 갖춤이라고 부릅니다'의 구절만 여기서 추가되어 있다. 이것으로 미루어 보면, 5절에서 금강경을 시작하는 입장에서, 관념을 없애기를 강조하였고, 그래서 단순히 특징을 갖추는 것은 특징을 갖추지 않은 것으로 보라는 붓다의 단언(斷言)을 믿고 따르게 한 것이다. 물론 5절에서는 붓다의 그런 단언 후에, 특징을 갖춘 것은 허망하고, 특징이 없는 것을 특징으로 보라는 설명을 덧붙인 것이 있지만, 여기서와 같이, 그래서 특징을 갖춘 것이라 부른다는 구절은 없다. 그렇다면 이제 일정한 수준이 된 금강경의 청강생들을 위해서 붓다는 한 단계 높은 설법을 하고 있는 것이다. 이런 시각으로 5절과는 달라진 구절을 보면, 우리도 새로운 시각이 열리게 된다. 즉 특징이 특징 아님을 완전히 이해하고 난 후인, 지금에 이르러서는 겉으로 드러난 특징의 실체를 꿰뚫어보고 다시 '그래서 특징이라고 부른다'는 구절을 이해할 수 있게 되었다.

금강경에서 누누이 강조하고 있는 것은 물질적 보시의 가치보다 네 구절로 된 게송이라도 배우고 이해하고 남에게 가르치는 무형의 보시를 매우 높게 본다. 그렇기 때문에 20절에서 외관의 특징으로 여래를 본다는 것은 무의미하다고 재삼 강조하는 것이고 그 골자만 이해하면 된다. 그런데도 법신(法身), 보신(報身), 화신(化身)의 개념을 제시하며 '몸을 갖춤'과 '특성을 갖춤'은 아직 법신(法身)을 볼 능력이 없는 사람에게 보여주는 설법이라고 설명하는 사람도 있는데 이는 군더더기에 불과하다.

21절
가르침도 없고, 중생도 없다

세존께서 말하셨다.

"수보리여, 어떻게 생각하느냐? 여래에게 '내가 법을 가르쳤다'고 하는 생각이 생기겠는가?"

수보리가 대답하였다. "아닙니다. 세존이시여, 여래에게 '내가 법을 가르쳤다'는 생각이 생기지 않습니다."

세존께서 말하셨다.

"수보리여, 여래가 법을 가르쳤다고 말하는 누구라도 그는 거짓을 말하는 것이며, 나를 곡해한 것이다. 수보리여, 그는 있지도 않는 것에 집착한 것이다.

그것은 무슨 이유에서인가?

수보리여, 설법, 설법, 설법이라고 이름 붙일 수 있는 그 어떤 법은 없기 때문이다."

이와 같이 말해지자, 장로 수보리는 세존에게 말하였다.

"세존이시여, 미래에 최후의 시간에 최후의 시기에 최후의 500년에, 선법이 붕괴할 때에, 이런 형태의 법을 듣고 깊이 믿게 되는 중생들이 있겠습니까?"

세존께서 말하셨다. "수보리여, 그들은 중생이 아니고, 중생이 아닌 것도 아니다.

그것은 무슨 이유에서인가?

중생, 중생이란 수보리여, 여래는 그들 모두가 중생이 아니라고 설하였다. 그래서 중생이라 부른다."

[해설]

다시 붓다는 '법을 가르침'에 대해서 언급한다. 앞에서는 가르친 법은 없다고 하였는데, 이제는 가르친다는 생각도 없다는 것이다. 이것은 지금까지의 금강경의 가르침에 비추어 보면, 가르침을 받는 상대도 존재하지 않게 되었고, 가르침을 주는 '가르침 자체'도 없었고, 이제는 '가르치는 주체의 가르친다는 생각'도 없어졌다.

이 구절을 보면서 과연 금강경이 13절에서 끝나고, 뒷부분은 보충 정도만 한 것일까 하는 의문이 든다. 논리적 순서에 따라서 설법이 이어지고 있다는 느낌을 감출 수가 없다.

또 미래의 최후의 시대에 법을 듣고 믿을 사람이 있을지의 질문에 대한 답변에서도 발전적 답변이 나온다. 즉 아무런 중생이 없다는 것이다. 앞에서 '법'을 듣고 놀라고 두려워하지 않으며 거부하지 않으면 무한한 공덕을 얻는 중생이 있을 것이라는 답변이 있었는데, 이제는 그런 중생도 없다는 것이다. 금강경의 진행에 따라 점점 설법의 수준이 높아지고 있으며, 어딘가에서 최후의 가르침이 나올 것 같은 예감을 가지게 해준다.

금강경의 시작 부분부터 네 가지 관념을 없애기를 권유받아 왔는데, 이제는 모든 관념을 끊는다는 것이 무엇인지를 밝혀주고 있는 느낌이다.

모든 것이 '나라는 관념'으로 시작하여, '관념이라는 관념'은 모두 끊어진 상태의 붓다의 지고한 상태를 나타내는 말이라는 점을 유의하면서 이해하도록 하자.

소명은 제목으로 '설하는 자도 없고 설해지는 것도 없다(비설소설분非說所說分)'고 하였다.

[설명]

세존께서 말하셨다.

수보리여, 어떻게 생각하느냐? 여래에게 '내가 법을 가르쳤다'는 생각이 생기겠는가?

수보리가 대답하였다. 아닙니다. 세존이시여, 여래에게 '내가 법을 가르쳤다'는 생각이 생기지 않습니다.

여래가 법을 가르친다는 생각이 들지 않는 이유는 뒷부분에 나온다. 가르친 법이 없기 때문이다. 가르친 법이 없으니 법을 가르친다는 생각도 없다. 그러나 금강경을 통해서 붓다는 얼마나 많은 말씀을 하였던고! 이제 와서 가르친다는 생각이 없었다고 하는 것은 그냥 이야기만 했다는 뜻은 아닐 것이고, 뒷부분과 관련지어 보면 이 말씀 속에는 또 다른 깊은 뜻이 있는 것으로 보인다.

그것은 역시 누누이 강조되어 오듯이 '내가' 혹은 '나로 인해서' 무슨 설법이 있었다는 생각이 없는 것이다. 그렇기 때문에 '나'라는 부분이 빠져버리니 '내가 가르친다는 생각'이 없을 수밖에 없다. 즉 '가르친다'는 생각은 있는지의 여부는 나와 있지 않지만, '내가'라는 부분이 빠졌으니 '내가 법을 가르친다'는 생각도 들지 않는 것이다. 즉 '나' 혹은 '자아'라는 관념이 없어진 상태의 여래를 보여준다.

제자들을 위해서 최고의 법문을 설하면서도 '나라는 관념'이 빠진 상태의 설법이기 때문에 '가르침'은 영원함이 남는 것이다.

세존께서 말하셨다.

수보리여, 여래가 법을 가르쳤다고 말하는 누구라도 그는 거짓을 말하는 것이며, 나를 곡해한 것이다. 수보리여, 그는 있지도 않는 것에 집착한 것이다.

그것은 무슨 이유에서인가?

수보리여, 설법, 설법, 설법이라고 이름 붙일 수 있는 그 어떤 법은 없기 때문이다.

법을 설하지 않았기 때문에 법을 설하였다고 하는 것은 거짓이고, 여래를 곡해한 것이라는 구절은 강조하는 문구이다.

곡해한 것이다 – 이 단어를 비방(誹謗)이라고 번역한 것들이 있는데 잘된 번역은 아니다. 법을 설하지 않았으면 그런 주장은 거짓이라고 하는 것은 이해가 되는데, 비방하는 것이라는 것은 너무 심한 표현이 아닐까? 법을 남들에게 자세히 설명해 주는 공덕이 얼마나 큰지 앞에서 계속 강조하였는데, 붓다가 법을 설하였다고 하는 것은 붓다에 대한 경의의 표시일 수도 있고, 법을 설한 것이 나쁜 것이 아니므로 비방이라는 표현보다 '오도(誤導)'하는 것이라는 표현이 적당하지 않을까. 그런데 오도(誤導)는 남을 잘못 이끄는 것이므로, 붓다의 진의를 왜곡한 것이라는 의미에서 곡해(曲解)라고 표현한다.

콘체도 misrepresent(잘못 전하다)라고 번역하였고, 레드파인도 misconception(오해하다)이라고 하였다.

이와 같이 말해지자, 장로 수보리는 세존에게 말하였다.

세존이시여, 미래에 최후의 시간에 최후의 시기에 최후의 500년에, 선법이 붕괴할 때에, 이런 형태의 법을 듣고 깊이 믿게 되는 중생들이 있겠습니까?

세존께서 말하셨다. 수보리여, 그들은 중생이 아니고, 중생이 아닌 것도 아니다.

그것은 무슨 이유에서인가?

중생, 중생이란 수보리여, 여래는 그들 모두가 중생이 아니라고 설하였다. 그래서 중생이라 부른다.

이 부분은 재미있는 일화가 있다. 위 번역은 산스크리트어 번역이지만, 이 부분에 해당하는 구마라집의 원번역(403년)은 원래 없었다고 한다. 영유(靈幽)라는 승려가 822년 갑자기 죽어서 영계에 갔는데, 저승의 왕인 야마가 생전에 좋은 일을 한 것을 말해 보라고 하자, 금강경을 오랜 세월 읽었다며 영유가 그것을 증명하기 위해서 금강경을 모두 암송하자, 야마는 "너의 경전은 일부분이 없다. 그것은 호주(濠州)의 종리사(鐘離寺)의 돌에 새겨져 있으니, 네가 다시 돌아와 가르칠 수 있도록 10년을 더 주겠다"고 하였다. 영유는 갑자기 살아났고, 황제에게 보고하여 그 돌기둥을 발견하여 보니, 바로 보리유지의 번역본이었다. 그때부터 구마라집이 놓친 부분을 암송하게 되었다. 여기에 의문을 제기하는 사람도 있는데, 824년에도 여전히 구마라집의 빠진 부분을 사용하였고, 그 수정은 다음 세기에 일어났다는 것이다. 과연 구마라집본과 보리유지본의 이 부분은 똑같고, 구마라집이 사용한 장로(長老)수보리라는 말 대신 보리유지가 사용하는 혜명(慧命)수보리라는 용어를 사용하고 있다.

재미로 볼 수도 있지만, 개인적으로 볼 때 구마라집본으로만 사용하던 사람 중 누군가가 몇 백 년이 지나서 그 부분이 없는 것을 발견하고, 마땅히 대체할 구절이 없으니 보리유지본을 넣어서 보충한 것이라 보인다.

그런데 이를 연구한 사람 중 일부는 장로 수보리라는 말을 사용하다가 혜명 수보리라고 하였으니 왜 여기서 용어를 바꾸었는지, 그것에 무슨 의미가 있는지에 대하여 여러 이론을 전개하기도 하는데, 모두 그 전제가 잘못되었다는 점을 지적하고 싶다.

6절에서 붓다는 "그런 말을 하지 말라. 그때에 이 경전의 구절을 듣고 진실한 마음을 내는 중생들이 있을 것이다." 그때에 공덕을 쌓고, 계를 지키고, 지혜를 갖춘 보살 마하살들이 있어서 이와 같은 형식으로 경전 안의 구절들이 말하여지면 진실한 생각에 도달할 것이라고 하였다.

그런데 이 절에서 이제는 그들은 중생도 아니고 중생이 아닌 것도 아니므로, 수보리의 질문은 적확하지 않다는 점을 지적한다. 즉 바로 앞에서 가르침도 없고, 가르치는 자도 없다고 하였으니, 이제는 가르침을 받는 대상인 중생도 없다는 것이다. 즉 중생이 있다는 관념도 가지지 말라는 의미이다.

이 구절의 해석에 있어서 중생이 아니라고 하는 점은 그들이 중생이 아니라 성인의 몸을 가지고 있고, 중생이 아닌 것도 아니라고 하는 점은 그들이 여전히 아직 성인의 깨달음을 얻지 못했기 때문이라고 한다. 또 하나의 해석은 중생은 실제로 중생이 아니라 오온(五蘊)의 조합으로 나타나기 때문에 그 본질이 비어 있고, 그래서 중생이 아니라고 하고, 중생이 아니라고 하기에는 그 비어 있음의 원인으로부터 중생으로 나오기 때문에 중생이 아닌 것도 아니라는 표현을 쓴다고 한다.

의정은 이 구절의 해석에 대한 단서를 추가하였는데, 즉 믿음을 내는 것이 있는 자는 중생이 아니요, 중생이 아닌 것도 아니다(有生信者。彼非衆生, 非非衆生)는 번역을 하였다. 이에 따르면, 믿음을 낸 자는 이미 중생의 단계를 벗어나고 있고, 아직 중생의 범주를 떠난 것도 아니라는 의미이다. 이렇게 보면 의정의 번역은 먼저의 해석과 같다고 보인다.

22절

법도 없고 깨달음도 없다

"수보리여, 너는 어떻게 생각하느냐? 여래가 최상의 바른 깨달음을 깊이 알게 된 그 어떤 법이 있느냐?"

장로 수보리는 대답하였다. "아닙니다. 세존이시여, 여래가 최상의 바른 깨달음을 깊이 알게 된 그 어떤 법은 없습니다."

세존께서 말하셨다. "그렇다 수보리여, 그러하다. 거기에는 최소한의 법도 발견되지 않으며, 얻어지지 않는다. 그래서 최상의 바른 깨달음이라 부른다."

[해설]

가르침도 없고, 가르친다는 사람도 없고, 배운 사람도 없고, 이제는 깨달음도 없다는 논리로 발전되고 있다. 아무런 깨달음이 없으면, 가르칠 수도 없고 가르칠 사람도 없고, 배울 사람도 없다.

그런데 주의를 기울여 보아야 할 구절은, 아무런 법도 발견되지 않았고, 얻어지지 않았기 때문에 '최상의 바른 깨달음'이라 부른다는 대목이다. 즉 최고의 깨달음은 무슨 자그마한 법이라도 발견되지 않는 상태의 것을 말한다고 하는 점이다. 여기서 말하는 법은 이치나 원리의 의미가 아니고, 어떤 마음의 상태를 말하는 것으로 보인다. 즉 구사론에서 말하는 75법 중에서 기본적으로 유위법(有爲法)을 의미한다. 무위법(無爲法)까지 포함하는지는 아직까지 확실하지 않지만, 유위법들 중 하나라도 그것이 깨달음이라고 자각하는 순간, 그것은 깨달음이 아닌 것이다. 즉 부연(敷衍)하자면, 이런 상태도 '어떤 관념이 없는 상태'를 의미하는 것으로 지금까지의 금강경의 논리와도 일맥상통한 것이다.

소명은 제목을 '얻을 법이 없다(무법가득분無法可得分)'고 하였다.

[설명]

수보리여, 너는 어떻게 생각하느냐? 여래가 최상의 바른 깨달음을 깊이 알게 된 그 어떤 법이 있느냐?

장로 수보리는 대답하였다. 아닙니다. 세존이시여, 여래가 최상의 바른 깨달음을 깊이 알게 된 그 어떤 법은 없습니다.

세존께서 말하셨다. 그렇다 수보리여, 그러하다. 거기에는 최소한의 법도 발견되지 않으며, 얻어지지 않는다. 그래서 최상의 바른 깨달음이라 부른다.

여기서 말하는 법(法)은 실재를 짓는 벽돌과 같은 구성 부분이다. 보통 75개 법이 있다고 하는데, 이 법들은 감각과 느낌, 마음의 다양한 심리적 기능과 상태를 포함한다. 또 열반이나 공간도 포함한다. 따라서 최소한의 법도 발견되지 않았다는 것은 그것들이 깨달음에 차지하는 부분이 없기 때문이다. 깨달음이 공간적인 차원에 있다면, 그러한 법은 공간을 차지하지 않는 것이고, 깨달음이 시간적 차원이라면 그러한 법은 시간 속에서도 존재하지 않는 것이다. 혹은 전체 공간에 골고루 퍼져서 인식될 수 없고, 혹은 전체 시간대 속에 항상 존재하기 때문에 역시 시간 속에서 찾을 수 없다. 깨달음은 어떤 공간을 차지하거나 시간 속에 존재하는 것일까? 공간은 전후좌우 상하 방향을 말하지만 전통적으로 3차원만을 고려하고 있다. 여기서 말하는 공간은 그러한 3차원을 의미하는 것이다. 그러한 차원을 넘어서는 최근의 10차원(최근에는 11차원을 정설로 하고 있다)을 의미한다면, 공간 속에 존재하지 않는 것들이 없다고 할 수 있을 정도의 포괄적인 공간이고, 3차원을 넘어서는 공간은 우리가 거의 인식할 수 없고, 아직 현대 과학으로도 인식하기 힘든 차원들이므로, 여기서는 일응 3차원의 공간을 말하는 것이다.

시간은 전통적으로 과거 현재 미래의 시계열적인 흐름을 의미하기 때문에, 시간 속에 존재한다는 것은 그런 흐름에 따라 생멸(生滅)하는 존재를 의미한다.

따라서 우리가 알고 있는 거의 모두가 여기에 포함되는 것이다. 그리고 75개의 법 중에서 공간과 시간에 독립적인 것으로는 허공(虛空), 택멸(擇滅-해탈, 열반), 비택멸(非擇滅-저절로 멸이 획득되는 것)의 무위법을 보통 들고 있다. 허공은 공간 자체이므로 공간에 속하지 않는다고 보고, 열반인 택멸과 비택멸은 공간에 포함되지 않는다. 그리고 이러한 무위법(無爲法)은 시간의 흐름에 독립하여 존재하는 것으로 간주되고 있다.

깨달음이 시간과 공간을 초월한 것이라면, 시간과 공간에 걸쳐서 존재하는 법들이 깨달음과는 별개의 존재이고, 여기에 깨달음이 존재하지 않는 것이 이해가 간다. 따라서 깨달음은 이러한 차원을 초월한다고 보면 지금까지의 붓다의 설법이 모두 이것을 예상하여 행해진 것이라 보인다.

최소한의 법 - 원문의 aṇur api dharma는 최소한의 법이라고 해석되는데, 진제를 제외한 한문 번역가들은 그냥 '적은 법', 진제는 '작은 먼지와 같은 법-미진(微塵)법'이라고 하였다. 콘체는 '최소한의 법(the least dharma)', 뮐러는 '가장 작은 것(the smallest thing)', 레드파인은 '최소의 법(the slightest dharma)'이라고 번역하였다.

그리고 특기할 만한 것은 진제의 번역에서, '그래서 최상의 바른 깨달음이라 부른다'의 다음에 그 깨달음이 모두 같고(평등평등-平等平等), '모든 붓다의 깨달음에 차이가 없으니, 그래서 최상의 바른 깨달음이라 부른다'는 구절을 추가하였다.[137] 진제 자신의 이 구절 해석을 보충하는 것이라 하겠다. 진제의 견지에서 이 구절을 해석하면, 깨달음은 평등하며 모든 붓다의 깨달음에 차별이 없고, 그래서 '최상의 바른 깨달음'이라 부른다가 된다. 23절에 법들이 평등하다는 법문이 계속되는데, 진제는 이 22절의 뜻을 명확하게 하기 위해 23절의 내용의 일부를 22절에 추가한 것으로 보인다.

137) 是故說名阿耨多羅三藐三菩提平等平等, 復次須菩提, 諸佛覺知無有差別, 是故說名阿耨多羅三藐三菩提

23절
선법으로 깨달음을 이루라

"다시 또 수보리여, 그 법은 모두 같으며, 거기에는 어떤 차별도 없다. 그래서 최상의 바른 깨달음이라 부른다.

자아도 없고, 중생도 없고, 영혼도 없고, 개인도 없이 모두 같으니, 그 '최상의 바른 깨달음'은 일체의 선법(善法)에 의해서 깊이 자각된다.

그것은 무슨 이유에서인가?

수보리여, 선법, 선법이라는 것은, 여래가 법이 아니라고 설하였다. 그래서 선법이라 부른다."

[해설]

법이 차별이 없다는 것을 말하고 있다. 보살, 성문(聲聞), 독각(獨覺), 여래(如來)의 법에 차별이 없다. 차별이 없다는 것은 무슨 의미인가? 그들에게 똑같은 상태라는 것이다. 차별이 없기 때문에 '최상의 바른 깨달음'이라고 불린다. 차별이 있다면 어떤 것이 더 높은 상태이기 때문에 똑같이 '최상'이라고 불릴 수 없다. 어떤 면에서 차별이 없는가? 그 깨달음 속에는 자아도 없고, 중생도 없고, 영혼도 없고, 개인도 없다. 그런 면에서 차별이 없다. 그런 깨달음은 선법(善法)을 자각함에 의해서 차별이 없게 되는 것이다. 그 이유는 선법(善法)이 법이 아니기 때문에 선법이라 부르기 때문이다.

22절에서 붓다는 깨달음에는 최소한의 법도 없다고 하였다. 그러한 법이 없기 때문에 아무런 차별도 없다. 그래서 자아도 없고, 중생도 없고, 영혼도 없고, 개인도 없으니, 모든 것이 차별이 없는 것이다.

소명은 제목을 '마음을 깨끗하게 하고 선법을 행하라(정심행선분淨心行善分)'고 하였다. 많은 사람이 본문의 내용을 고려하지 않고, 깨끗한 마음으로 선(善)을 행하라고 번역하는데, 전혀 관련 없는 번역이라고 보인다.

[설명]

다시 또 수보리여, 그 법은 모두 같으며, 거기에는 어떤 차별도 없다. 그래서 최상의 바른 깨달음이라 부른다.

거기에는 – 원어로 na tatra인데, 한자 번역으로 현장이 어기중간(於其中間–그 가운데에는)이라고 번역한 외에는 다른 번역본에는 그런 표현 없이 바로 '이 법은 평등하고 아래위가 없다'라고만 하였다. 약간의 의미 차이가 있는데 현장의 번역에 의하면, '이 법은 평등하고, 그 가운데는 불평등이 없다'이다. 영문 번역본과 같이 해석하면, '이 법 속에는 차이점이 없다'고 명확한 표현을 한다. 다른 한자 번역본이 '이 법은 아래위가 없다'라는 결론을 내렸는데, 그것을 '법들 사이에'라는 의미가 있는 것이라고 해석하면 같은 뜻이 된다.

모두 같으며 – 원어 sama를 번역한 것인데, 영어의 same으로 변하여 그 뜻도 같다는 뜻이다. 한자 번역은 모두 평등(平等)이라고 하였는데 의미상 차이는 있다. 콘체는 self-identical(똑같은), 뮐러는 no difference(차이가 없는), 레드파인은 undifferentiated(구분할 수 없는)의 의미로 번역하였다. 즉 이 법은 같다고 하는 것과 이 법은 평등하다고 하는 것의 의미는 다르다. 한자어로 평등이라고 쓸 수밖에 없다는 것을 고려하면, 같다는 뜻을 평등이라고 표현한 것이라 보인다.

차별이 없다 – 이 부분을 구마라집, 보리유지, 진제, 의정은 고하(高下)가 없다고 번역한다. 현장은 불평등이 없다고 번역하였다. 즉 평등이 '같다'는 뜻의 한자어라면, '차별이 없다'라는 뜻이므로 현장이 원문과 같이 번역한 것이다.

자아도 없고, 중생도 없고, 영혼도 없고, 개인도 없이 모두 같으니, 그 '최상의 바른 깨달음'은 일체의 선법(善法)에 의해서 깊이 자각된다.

자아, 중생, 영혼, 개인이 없다 – 현장은 이런 단순한 표현보다 자아성, 유정성 등이 없다고 표현하였다. 뒤에 성(性)자를 붙여서 그런 성질이 없다고 표현하였는데, 그것이 의미를 파악하는데 더 정확하리라고 본다. 그러나 그냥 '자아가 없다'라고 표현하면, 지금까지 금강경을 읽어온 사람이라면 무슨 뜻인지 금방 파악되므로 뒤에 성(性)자를 붙이지 않고 번역한다.

모두 같으니 – 법에 이런 요소들이 없다는 것 때문에 차별 없이 모두 똑같다고 말할 수 있다. 특히 이런 요소가 없는 법은 특성이 없다는 것이다. 그리고 이런 특성이 없기 때문에 모든 좋은 법(善法)의 원천이고 모든 중생이 깨달음의 세계로 들어갈 수 있는 것이다.

선법(善法) – 원어 cuśala dharmā인데, 꾸살라는 꾸사라는 풀에서 나온 말로, 예언자들이 비밀의 문을 찾는데 사용하였고, 명상을 할 때 풀을 깔아서 방석처럼 사용하던 것이었다. 그래서 명상으로 지혜를 얻는데 그 명상은 꾸사라는 명상의 도구로부터 나온다고 하였다. 따라서 꾸사는 명상을 하는데 유익하다고 하여 유익한 법을 의미하는데, 이를 한자로 선법(善法)이라고 표현한 것이다.[138)]

일체 선법에 의해서 깊이 자각된다 – 즉 '최상의 바른 깨달음'은 선법을 수행하면서 깊이 자각된다고 하는 것이다. 유익한 선법을 수행하면서 '최상의 바른 깨달음'으로 간다는 뜻이므로, 여기 이 부분에서 실제로 수행하는 방법을 제시해 주는 것이라 하겠다. 따라서 '관념'을 없애면서 선법을 닦는 것이야말로 최상의 바른 깨달음(무상정등각無上正等覺)'을 이루는 비결이라고 하겠다.

이러한 법의 차별 없음에 대하여 대반야바라밀경의 관련 구절을 보면 다음과 같다.

지혜의 완성 8,000송에서 다르모드가타(Dharmodgata) 보살은 대답하기를, 완전한 지혜는 단 하나의 맛을 가지고 있는데, 일체법이 하나이고 똑같은 맛이기 때문이라고 한다.

---

138) 보통 선법(善法)으로 들고 있는 것은, 5계(五戒) 10선(十善) 3혜(三慧) 4혜(四慧) 4성제(四聖諦) 3학(三學) 5온설(五蘊說) 12연기설(十二緣起說) 8정도(八正道) 37도품(三十七道品) 6바라밀(六波羅蜜)이다. 즉 자신과 세상을 이익되게 하는 법이나 도리를 말한다.

대반야바라밀경 575권(지혜의 완성 700송)에서 붓다가 문수보살에게 대답하기를, 만약 대양(大洋)의 각 구석에서 네 사람이 물을 긷는다면, 그들이 길은 모든 물은 하나의 맛, 똑같은 맛이다. 즉 짠맛이라고 대답한다. 그래서 여래가 가르친 어떤 법이라도 단 하나의 맛인데, 즉 생성되지 않는 맛, 비존재의 맛, 공평의 맛, 해탈의 맛(解脫味), 적멸의 맛(寂滅味)이라고 한다.

지혜의 완성 8,000송에서 수보리가 말하길, 만약 모든 법이 차별이 없다면 유익한 것과 아닌 것을 어떻게 구분할 수 있는지를 묻자 붓다는, "내가 보살행을 가던 과거에, 나는 어떤 법도 얻지 못하였다. 그와 같이 일체법에 집착이 없는 상태로, 보살은 그들이 처음 깨달음의 생각을 낳았던 때로부터 그들이 최종적으로 최상의 바른 깨달음을 자각할 때까지 수행하여야 한다. 모든 법의 자성에 관한 기술을 연마함에 있어 그들은 그것에 의해 깨달음을 얻고, 다른 이를 가르치고, 불국토를 창조한다"고 대답한다. 따라서 선법(善法)은 수행 과정에서 도움이 되는 것을 말한다고 하겠다.

그것은 무슨 이유에서인가?
수보리여, 선법, 선법이라는 것은, 여래가 법이 아니라고 설하였다. 그래서 선법이라 부른다.

여기서 선법(善法)이라는 것을 유익한 법이라고 생각하면 되는데, 보통 이 구절은 '유익한 법'은 '유익한 법' 자체로 만족할 수 있는 법이 아니고, '최상의 바른 깨달음'이 '유익한 법'에 의해서 달성될 수 있으므로 그 목적을 달성하면 '유익한 법'이라는 것도 버려야 할 뗏목과 같은 것이다. 그래서 '유익한 법'이 아니라고 설해진다. 그러나 '최상의 바른 깨달음'으로 가기 위한 가장 유용한 수단이므로, '유익한 법'이라고 불린다는 것이다.

법이 아니라고 – 이 부분을 구마라집과 보리유지는 '비선법(非善法)'이라고 번역하였는데, 즉 '선법은 선법이 아니라고'의 뜻이다. 금강경의 앞서 나온 구문들과 대응되는 번역이긴 하지만, 원문은 '법이 아니라고' 번역해야 한다. 그 뜻도 달라진다. 원문대로 보면, '유익한 법은 법이 아니라고' 해석되고, 그럴 경우 그 뜻 속에 '유익한 법'이라고 하지만, '법은 아니다'라는 뜻도 있다고 볼 수 있기 때문에 해석이 훨씬 쉬워진다. 이런 점을 감안하여 생각하면, 구마라집과 보리유지의 번역도 충분히 이해가 된다.

또 앞에서 나왔듯이, 땅의 먼지입자는 먼지입자가 아니고, 그래서 땅의 먼지입자라고 한 부분의 설명과 같이, 선법의 법이라는 현상을 부정하는 것으로 보고(즉 해체해서 보고), 진정한 선법을 나타내기 위함으로 볼 수도 있다. 이렇게 보면, 선법 전체를 부정하는 것이 아니고, 다르마적인 성질을 부정하는 것으로 보게 되는 것이니 이렇게 보는 것이 더 정당할 것으로 보인다.

24절
법문을 가르치는 공덕은 무한하다

"그리고 또다시 수보리여, 여자나 남자가 삼천대천세계의 수메루산 왕만큼 많이 쌓인 칠보를 모아서 여래 아라한 바르게 깨달은 분들에게 보시를 한다면,

그리고 좋은 가문의 아들과 딸이 이 반야바라밀다의 법문으로부터 단지 네 구절로 된 게송을 뽑아서 남들에게 가르쳐준다면,

수보리여, 이 공덕에 비하여 저 앞의 공덕은 백분의 일에도 미치지 못하고 비교조차도 되지 않을 것이다."

[해설]

다시 물질적 보시와 법문의 보시를 비교하고 있다. 이러한 비교는 6번째로 나온 것이다. 처음에 우주의 십억 세계를 칠보로 채우는 보시와 법문의 보시를 비교하였고, 그 다음 셀 수 없는 우주를 칠보로 채우는 보시, 세 번째 갠지스 강의 모래 수와 같은 목숨을 희생하는 것, 네 번째 13절에서 갠지스 강의 모래 수와 같은 겁(劫) 동안 자아 존재를 희생하는 것, 다섯 번째 셀 수 없는 붓다를 모시는 공덕과 비교하였다. 이제 우주의 수메루산 왕들과 같은 양의 칠보를 보시하는 것과 법문을 보시하는 것을 비교한다. 경전이 진행될수록 물질적 보시의 양이 줄어든다는 견해도 있지만, 중간에 물질적 보시에서 육체적 희생도 출현하였기 때문에 그러한 규칙성을 발견할 필요는 없다. 단지 붓다가 계속 반복해서 보여주는 비교를 따라가다 보면 어느 순간 법문을 공부하는 것이 얼마나 중요한지, 그리고 이해한 법문을 남들에게 알려주는 공덕이 얼마나 큰지 은연중에 체득된다. 그리고 그렇게 체득된 후에는 그것이 생활 속에 자리 잡게 되고, 매사를 대할 때에도 경전의 가르침이 생각나고 그렇게 행동하게 된다.

금강경의 내용이나 줄거리 요지를, 무슨 소설 속의 이야기처럼 알고 있는 것과 금강경을 배우고, 이해하고, 남들에게 자세히 가르쳐주기 위한 노력은 천양지차이라고 보인다. 이상하게도 금강경을 읽고 공부하다 보면 점점 붓다의 설법이 몸속으로 들어와서 자리 잡는 느낌이 들 것이다. 이것이 금강경의 신묘한 효력이라는 느낌이 든다.

소명은 제목을 '복덕과 지혜는 서로 비교가 되지 않는다(복지무비분福智無比分)'고 하였다.

[설명]

그리고 또다시 수보리여, 여자나 남자가 삼천대천세계의 수메루산 왕만큼 많이 쌓인 칠보를 모아서 여래 아라한 바르게 깨달은 분들에게 보시를 한다면,

그리고 좋은 가문의 아들과 딸이 이 반야바라밀다의 법문으로부터 단지 네 구절로 된 게송을 뽑아서 남들에게 가르쳐준다면, 수보리여, 이 공덕에 비하여 저 앞의 공덕은 백분의 일에도 미치지 못하고 비교조차도 되지 않을 것이다.

수메루산 왕 - 원문에는 수메라박 파르바타라즈낙Sumeravaḥ parvatarājā naḥ이라 되어 있고, 번역에 약간의 혼란이 있다. 파르바타parvata는 산(mountain)이고, 라자rājā는 왕(king)이므로, 이것을 수메루산들이 여러 개 있고, 그것들의 왕에 해당하는 산을 말하는 것인지, 산의 왕이라 할 만한 수메루산을 말하는 것인지이다. 한자 번역본은 대체로 '모든 수미산 왕'으로 번역하였고, 콘체는 '산들의 왕인 모든 수메루', 뮐러는 '산들의 왕인 수메루들', 레드파인은 '모든 수메루산들'이라고 번역한다.

수메루산이라는 것은 하나만 있는 것이 아니다. 즉 각 세계마다 산들 중에 제일 큰 수메루산이 하나씩 있으며, 우주는 10억의 세계(삼천대천세계)로 이루어져 있으므로 10억 개의 수메루산이 있다. 그래서 여기 이 구절은 수메루산 왕들의 양만큼 많은 칠보로 보시를 하는 것으로 해석해야 한다.

네 구절로 된 게송 - 보통 사구게(四句偈)라고 표현하지만, 너무 가벼운 느낌이 들어서 사용하는 것이 어색하다. 원어의 gatha는 시구(詩句, verse)를 게송으로 번역하였는데, 가사(歌詞)라는 한국말과 통하기도 한다. 그런데 보통 가사라면 노래 가사를 말하므로, 여기서는 게송이라는 말이 적당하겠다.

다시 엄청나게 많은 칠보로 보시하는 공덕과 네 구절로 된 게송을 남들에게 가르쳐주는 공덕을 비교하고 있다. 금강경 앞부분에서는 '네 구절로 된 게송을 배우고 이해하여 남들에게 자세하게 가르쳐주는 공덕'을 비교 대상으로 하였는데, 여기서는 '남들에게 가르쳐주는 공덕'만을 비교하고 있다. 그 이유는 이미 금강경의 설법이 완연히 진행되어 '배우고 이해하고'의 단계를 지난 것이기

때문에 그런 것으로 보인다. 하지만 한자 번역본은 여전히 '받아 지니고 독송한다'는 구절을 넣었지만 영문 번역본들은 원문과 같이 번역하였다.

칠보와 법문의 보시 - 수메루산 왕들만큼의 칠보로 보시하는 자는 원문에는 '여자나 남자'이고, 법문을 보시하는 자는 '좋은 가문의 아들과 딸'이다. 그런데 현장은 처음과 다음의 보시하는 자를 모두 '좋은 가문의 아들과 딸'로 번역하였다. 나머지 한자 번역본들은 두 번 모두 단순히 '사람'이라고 번역하였다. 영문 번역은 모두 이 책과 같이 번역하였다. 앞에서도 언급하였지만, 원문에서 그렇게 차이를 두는 이유는 분명해 보인다. 칠보로 보시하는 사람은 일반적인 남녀를 가리키고, 법문을 보시하는 자는 이제 보살행을 가려는 '좋은 가문의 아들과 딸'이기 때문이다.

법문을 보시하는 경우에 모든 한자 번역본은 금강경 내지 사구의 게송을 언급하고 있지만, 원문에는 경전이 아니라 '법문 dharma-paryād'을 나타내고 있다. 영문 번역가들도 '법문'이라고 번역하였다. 그 외 소소한 차이가 있지만 생략한다.

백분의 일에도 미치지 못하고 비교조차도 되지 않을 것이다 - '백분의 일' 구절 다음에 한자 번역본들은 16절에서 붓다를 모셨던 공덕과 법문을 보시하는 공덕을 비교하면서 예로 들었던 백분의 일 다음의 '천분의 일, 10만분의 일, 1억분의 일, 100억분의 일, 10조분의 일, 10만 구지나유타분의 일, 측정할 수도 없고, 계산할 수도 없고' 등의 구절을 번역가의 편의에 따라 나열하고 있다. 그러나 원문과 영어 번역본들은 이 책과 같이 간략하게 되어 있다.

비교조차도 되지 않을 것이다의 원문은 upaniṣadam으로, 16절에서는 이를 '비밀스런 의미'라고 번역하였지만, 여기서는 16절과 달리 '비교할 수도'라는 구절이 앞에 없으므로 '비교'라는 콘체의 번역을 사용하는 것이 문맥에 맞는다고 본다. 앞서 현장도 유비(喩比-견주어 깨우치다)로 번역하였다.

25절

중생은 해방되지 않았고, 해방될 중생도 없다

"수보리여, 너는 어떻게 생각하느냐?
실로 여래가, 나로 인해 중생들이 해방되었다고 생각하겠느냐? 수보리여, 참으로 이렇게 보아서는 안 된다.

그것은 무슨 이유에서인가?
수보리여, 여래는 어떤 중생도 해방시키지 않았기 때문이다.

수보리여, 만약 여래가 어떤 중생을 해방시켰다면, 그것은 참으로 여래에게 자아에 대한 집착이 있고, 중생에 대한 집착이 있고, 영혼에 대한 집착이 있고, 개인에 대한 집착이 있는 것이다.

수보리여, 자아에 대한 집착은 집착이 아니라고 여래가 설하였다.

그러나 어리석은 보통 사람들은 그것에 집착하여 있다. 수보리여, 어리석은 보통 사람들은 사람들이 아니라고 여래가 설하였다. 그래서 어리석은 보통 사람들이라고 부른다."

[해설]

중생들을 해방시켰다고 생각하는 여래는 없다. 여래가 중생들을 해방시켰다고 하는 것은 여래에게 자아에 대한 집착, 중생에 대한 집착, 영혼에 대한 집착, 개인에 대한 집착이 있는 것이다. 즉 그렇게 해방시켰다고 생각하는 자는 여래라 불릴 수 없다.

이 부분은 앞에서 보살이 자아가 있다는 관념 등이 있으면 보살이라 부를 수 없다는 구절과 맥락이 닿아 있다.

즉 금강경이 후반부로 가면서, 이제는 보살이 가져야 할 마음을 넘어서 여래의 마음까지 보여주는 것에 의해, 청중들로 하여금 어떻게 마음을 조절하고, 관념을 없애야 하는지를 보여준다.

3절의 보살이 가져야 할 마음으로, '자아가 있다는 관념'을 없애야 한다면서 여래에게는 '자아에 대한 집착'을 없애기를 요구한다.

해방시킬 중생이 없기 때문에 여래가 중생들을 해방시켰다고 생각하는 것은 집착이 있는 것이다.

어리석은 보통 사람은 자아에 집착하여 자신들이 무언가를 하였다는 생각을 한다. 그러나 그것은 자아에 집착해 있기 때문이고, 집착할 자아가 없으니 그들은 실제로는 집착해 있는 것이 아니다. 그래서 그들은 어리석은 보통 사람이 아닌 것이다.

그러나 그럼에도 그들은 여전히 자아에 집착하여 있다. 그래서 그들은 결국 어리석은 보통 사람이라고 불린다.

소명은 제목을 '가르침은 가르친 바가 없다(화무소화분化無所化分)'고 하였다.

[설명]

수보리여, 너는 어떻게 생각하느냐? 실로 여래가, 나로 인해 중생들이 해방되었다고 생각하겠느냐? 수보리여, 참으로 이렇게 보아서는 안 된다.

그것은 무슨 이유에서인가?

수보리여, 여래는 어떤 중생도 해방시키지 않았기 때문이다.

수보리여, 만약 여래가 어떤 중생을 해방시켰다면, 그것은 참으로 여래에게 자아에 대한 집착이 있고, 중생에 대한 집착이 있고, 영혼에 대한 집착이 있고, 개인에 대한 집착이 있는 것이다.

해방시키다 – 원문 빠리모찌따parimocita는 liberated(해방되다), emancipated(자유로워지다)의 뜻으로, 구마라집은 당도(當度), 현장은 당도탈(當度脫), 콘체는 set free(자유롭게 하다), 레드파인은 rescue(구제하다)로 번역하였다. 중생을 고(苦)의 굴레에서 벗어나게 하는 뜻을 가졌기 때문에 해방시킨다로 보는 것이 좋겠다.

중생들을 해방시키는 여래 – 여래는 설법이나 가르침에 의해 중생들을 해방시키려고 노력한다. 그러나 그런 여래조차도 '중생들을 해방시킨다고 생각한다면', 자아에 대한 집착, 중생에 대한 집착, 영혼에 대한 집착, 개인에 대한 집착이 있는 것이라는 결론을 내린다. 이는 처음 가르침을 받는 중생이 없다고 하였고, 가르침 자체도 없다고 하면서, 가르침을 주는 생각도 없다고 하였다가, 해방의 가르침을 주는 여래에게 아무런 관념이 생기지 않아야 한다는 확실한 가르침이다.

그만큼 어떤 관념이 생긴다는 것에 대한 경고이고, 깨달음은 그런 관념이 없는 가운데 유익한 법(선법善法)을 수행하여야 다다를 수 있지만, 깨달음에 다다른 이후의 여래가 되어서도 어떤 관념이 생겨서는 안 된다고 하는 것이다.

지금까지의 관점은 보살이 그런 관념이 생기는 것을 막는데 치중했다면, 이제는 여래의 관점에서도 그런 관념이 생기지 말아야 하는 점을 보아야 한다.

대승(大乘)불교의 관점에서 보는 시각도 참조할 만하다. 예를 들어 아버지는 아들에게 먹으라고 말할 수 있을 뿐이다. 아이들 자신이 먹어야 한다. 아버지는 그들을 위해 먹을 수 없다. 여래는 법을 깨치고 붓다가 되었다. 붓다가 된 후에, 그는 중생을 해방시키기 위해 법을 가르쳤다. 중생을 해방시킬 수 있는 것은 붓다가 아니다. 만약 붓다가 중생을 해방시킬 수 있으면 중생은 노력할 필요가 없다. 중생은 본래 여래이다. 그러나 본성이 오온에 가려져 있어 눈이 멀어 있다. 그러나 눈이 멀었을 뿐이지 잃어버린 것은 아니다. 중생은 자성을 잃어버릴 수 없고, 자성은 중생을 떠날 수 없다.

자아에 대한 집착과 자아가 있다는 관념 – 원문에 ātma-grāho라고 되어 있어서 그 뜻은 '자아를 잡는' 즉 '자아에 대한 집착'이라고 번역함이 정당하다. 그런데 구마라집은 '아상(我相)이 있는'으로 번역하였다. 이는 보리유지도 마찬가지이지만, 진제와 현장은 아집(我執), 아등집(我等執)으로 원문과 같이 번역하였고, 의정은 독특하게 '아견(我見)이 있으면'으로 번역하였다. 구마라집의 '아상(我相)이 있으면'의 뜻은 '내가 있다는 관념이 있으면'의 뜻이고, 아집(我執)은 '내가 있다는 것에 집착하는'의 뜻이므로 그 몰입(沒入)의 정도가 다르다. 물론 '집착'한다는 것이 더 '나라는 것'에 몰입하여, 그 반대되는 증거가 있어도 '내가 있다'는 것을 사수(死守)할 가능성이 높은 것이다.

수보리여, 자아에 대한 집착은 집착이 아니라고 여래가 설하였다. 그러나 어리석은 보통 사람들은 그것에 집착하여 있다. 수보리여, 어리석은 보통 사람들은 사람들이 아니라고 여래가 설하였다. 그래서 어리석은 보통 사람들이라고 부른다.

어리석은 보통 사람들 – 구마라집은 범부지인(凡夫之人), 보리유지는 모도범부생(毛道凡夫生–모발이 바람에 날리듯 근성이 우둔하고 중심이 없는 사람), 진제는 영아범부중생(嬰兒凡夫衆生–어린이와 같은 어리석은 중생), 현장은 우부이생(愚夫異生–어리석은 보통 사람), 의정은 우부중생(愚夫衆生–어리석은 중생)으로 각각 번역하였다. 원문은 bāla(child, 어린이) pṛthag(differently, 다른, separately, 분리된) janā(person, 인간)으로 '어린이와 같이 어리석은 여러 인간'이라고 번역이 된다. 현장의 이생(異生)은 different person을 직역한 것임을 알 수 있는데, 한자어로는 이생(異生)이 중생이라는 뜻이다. 콘체는 foolish common people(어리석은 보통 사람)이라고 번역하였고, 레드파인은 foolish people(어리석은 사람들)이라고 하였다. 뮐러는 '어린이와 어리석은 사람'이라고 나열식의 번역을 하였다. '어리석은 보통 사람'이라는 콘체의 번역이 가장 정확해 보인다.

어리석은 보통 사람들이 집착하는 것은 '자아에 대한 집착'인가? 이 부분의 해석은 조심할 필요가 있다. 금강경의 후반부가 전반부의 반복에 불과하다는 편견이 있어 거의 모든 서적이 후반부에 나오는 것들을 제대로 해석하지 않고 모두 간단히 흘려보내는 느낌이 든다. 문장 구조를 보면, '자아에 대한 집착은 집착이 아니다'고 여래가 설하였는데, 어리석은 보통 사람은 그것에 집착되어 있다는 것이다. 여기서 '그것에'를 받는 것이, '자아'인가? '자아에 대한 집착'인가? '자아에 대한 집착은 집착이 아니다'인가? 일단 '그것에' 집착되어 있으니, 두 번째 것은 고려하지 않아도 될 것으로 보인다. '그것에'를 '자아'라고 보느냐, '집착이 아닌 것에 대한 집착'으로 보느냐의 문제인 것이다. 두 문장을 연결하는 관계부사로 진제를 제외한 한자 번역본은 이(而)를 사용하여 '그러나', '그리고'라는 양쪽으로 해석될 수 있다. 콘체와 뮐러는 yet(그러나)를 사용하여 여래가 설법한 내용을 어리석은 사람들이 반대로 생각함을 알려준다. 뮐러는 and(그리고)를 사용하여 앞부분이 계속되는 구조로 파악하였다. 원문은 sa(그것은) ca(그리고)의 순서로 연결되었기에 원문대로 해석하면, '여래는 자아에 대한 집착은 집착이 아니라고 설하였고 그리고 어리석은 사람들은 그것에 집착되어 있다'이다. 문장만 가지고 보면 역시 '그리고'라는 접속부사를 사용하여도 양쪽으로 해석될 수 있다. 문맥으로 보면, '중생들이란 없으니 여래는 중생들을 해방시켰다는 생각을 가지지 않는다 – 그런 생각이 있으면 여래도 자아 등에 대한 집착이 있는 것이다 – 자아에 대한 집착은 집착이 아니다 – 어리석은 사람이 그것에 집착한다'로 되어 있다. 여기서 보살이 자아가 있다는 관념이 있으면 보살이 아니라고 하였던 앞의 구절에서 보면, 보살조차도 자아에 대한 관념을 버려야 하는데, 어리석은 사람이 자아집착을 넘어서 자아집착이 없는 것에 대한 집착을 버려야 할 정도의 수준이 아닌 것임이 분명하므로, 일반적인 해석처럼 '자아에 대한 집착'을 말하는 것으로 본다.

자아에 대한 집착은 집착이 아니다 – 자아(自我)라는 것은 원래 비어 있고, 없는 것이기 때문에 자아에 대한 집착은 망상(妄想)일 뿐이다. 그것은 없는 것에 대한 집착이기 때문에 실제로는 집착이 아닌 것이다. 그러나 이것에 집착하는 것은 어리석은 보통 사람이기 때문이다. 그래서 집착을 벗어나면 어리석지 않은 사람이 되는 것이다.

어리석은 보통 사람은 사람이 아니다 – 어리석은 사람은 진짜 어리석은 것이 아니라, 단순히 어리석은 자라 불릴 뿐이다. 강을 건널 때 뗏목을 사용해야 하는데 어리석은 자는 뗏목 없이 강을 건너려고 하기 때문에 어리석은 자인 것이다. 또 붓다의 가르침에 매달려 뗏목에만 머물려는 것은 강을 건너는 도구에는 올라탔는데, 저 언덕에 가지 않으려는 것과 같은 것이다.

그래서 어리석은 보통 사람들이라고 부른다 – 따라서 어리석은 보통 사람들이 그 명칭만 어리석은 보통 사람이라는 것을 인식하면서, 그들이 없는 것에 대한 집착을 하는 것이기 때문에 실제로는 집착이 아닌 것을 우리는 알 수 있다. 그러나 그들은 여전히 그것에 집착하고 있기 때문에 우리는 그들을 어리석은 보통 사람이라고 부르는 것이다.

26절

특징을 갖춘 것에 의해 여래가 보이지는 않는다

“수보리여, 너는 어떻게 생각하느냐? 여래가 특징을 갖춘 것에 의해서 보일 수 있는가?”

수보리가 대답하였다. “아닙니다. 세존이시여, 제가 세존께서 설하신 뜻을 이해하기로는, 특징을 갖춘 것에 의해서 여래가 보이는 것은 아닙니다.”

세존께서 말하셨다. “맞다 맞다, 수보리여, 그렇다, 수보리여, 그러하다. 네가 말한 그대로다. 특징을 갖춘 것에 의해서 여래가 보이는 것은 아니다.

그것은 무슨 이유에서인가?

또다시 수보리여, 만약 특징을 갖춘 것에 의해서 여래가 보인다면, 전륜성왕도 역시 여래가 될 것이기 때문이다. 그러므로 특징을 갖춘 것에 의해서 여래가 보이는 것은 아니다.”

그러자 그때 세존께서 이 게송을 말하셨다.

나를 형상에 의해 보았던 자
소리로 쫓아갔던 자,
그릇된 노력을 하였으니
그들은 나를 보지 못할 것이다.

붓다는 법에 의해 보여야 한다.
법신(法身)이 실로 스승들이기 때문이다.
법이란 것은 이해될 수 없다.
누구도 그것을 이해할 수 없는 것이다.

[해설]

특징을 갖춘 것으로 여래를 볼 수 있는지에 대한 질문은 이제 네 번째이다. 처음 5절에서 보살행을 출발할 때 '특징이 없는 것을 특징으로 한다'는 결론을 내렸고, 13절에서는 32가지 특징(32상)을 갖춘 것에 대한 질문이 있었다. 20절에서는 몸의 형태를 구족한 것, 즉 색신(色身)으로 여래를 볼 수 있는지 물었었다.

이제 여기에서는 특징을 갖춘 것으로 여래를 보아서는 안 되는 이유를 보여주고 있다. 즉 특징이라는 것은 고유한 것이 아니다. 여래와 전륜성왕은 특징을 갖춘 것이 같다고 하는 것이다. 그런 한편으로 여래는 전륜성왕과 비교할 수 없는 가치를 지닌 인물임을 은연중에 보여주고 있다.

그리고 게송이 있다.

이 게송은 지금까지의 설법을 요약한 것이지만, 이 게송만 외워서는 별 의미가 없는 듯하다. 또 금강경의 설법을 좇아서 열심히 공부한 사람이라면, 이 게송이 간단하고 쉬워 보이기 때문에 이 게송으로 자신의 공부의 가늠자를 만들 수도 있다.

두 번째 게송은 법신(法身)이라는 용어가 공식적으로 등장하였고, 여기서 말하는 법은 깨달음을 의미하는 것이고, 깨달음은 이해될 수 없다는 것을 명확하게 말하고 있다. 붓다는 법에 의해 보여야 하고, 법신이 스승이라고 하고는, 법이란 것은 이해될 수 없다고 한다. 또 누구도 그것을 이해하지 못한다고 한다. 이 부분은 해석하지 않을 것이다. 지금까지 금강경의 구절을 좇아오고 이해하였다면 자신만의 해석이 있을 것이고, 보통 운문체의 글은 운율에 몸을 맡기고 운율을 읊는 것으로 그 역할을 다하기 때문이다.

소명은 제목을 '법신은 특징이 없다(법신비상분法身非相分)'고 하였다.

[설명]

수보리여, 너는 어떻게 생각하느냐? 여래가 특징을 갖춘 것에 의해서 보일 수 있는가?

수보리가 대답하였다. 아닙니다. 세존이시여, 제가 세존께서 설하신 뜻을 이해하기로는, 특징을 갖춘 것에 의해서 여래가 보이는 것은 아닙니다.

특징을 갖춘 것에 의해서 - 특징은 원문에 lakṣaṇa으로 특징, 기호, 표지(mark, sign, characteristic) 등의 뜻이다. 한자로는 상(相)을 사용하여 외관으로 보이는 것을 나타낸다. 구마라집은 그 의미를 명확하게 하기 위하여 '32상(相)으로'라고 번역하였고, 현장은 '제상구족(諸相具足), 즉 모든 상을 잘 갖춘'으로 번역하였다. 물론 특징을 갖춘 것이라는 의미는 붓다의 32상을 말하는 것이다. 이는 앞서 나왔기에 생략한다.

불법(佛法)에는 두 종류가 있다. 하나는 잠정적인 것이고, 다른 하나는 궁극적인 진실이다. 잠정적인 것과 관련하여 우리는 32상을 말하고, 궁극적인 것으로서 '특징이 없는 것'을 말한다. 그리고는 두 가지 길이 있다. 공덕을 쌓는 길로 유도하는 길과 지혜를 함양하는 길이다. 공덕의 길은 32상을 언급하고, 지혜의 길은 특징이 없는 것을 말한다.

제가 세존께서 설하신 뜻을 이해하기로는, 특징을 갖춘 것에 의해서 여래가 보이는 것은 아닙니다. - 이 구절은 원문의 순서에 따라 번역되었는데 구마라집은 이 구절을 생략하고, 단순히 '그렇습니다. 32상으로 여래를 볼 수 있습니다'라고 대답하는 것으로 번역한다. 완전히 반대로 대답한 것으로 번역하였다. 구마라집이 이 원문이 틀린 것을 보았거나 번역을 제대로 못한 것으로 볼 수는 없기 때문에, 일부러 틀린 대답을 함으로써 붓다의 설법을 강조하는 형식을 취한 것으로 보인다. 즉 '제가 세존께서 설하신 뜻을 이해하기로는'이라는 구절을 뺀 후에, '32상으로 여래를 볼 수 있습니다'로 대답한 것이다. 만약 '설하신 뜻을 이해하기로는'의 구절이 있는데도 틀린 대답을 하였다면, 해공제일(解空第

一)이라는 명성은 이 부분에서 완전히 깨어졌을 것이다. 일부러 '설하신 뜻을 이해하기로는'의 구절을 없는 것으로 번역하였으니, 이 부분에서 구마라집의 경지 또한 금강경을 편집할 실력이 되는 분이라 할 것이다. 그런데 '그렇습니다'를 뜻하는 부분의 한자를 여시여시(如是如是)라고 하였는데, 이 용어는 경전에서 항상 붓다가 수보리에게 '맞다'고 할 때 사용하는 말이다. 26절에서도 붓다가 수보리에게 여시여시(如是如是)라고 하는 구절을 말하는 주체만 바꾸어놓은 것이다. 즉 그 분위기까지는 바꾸어 번역을 하지는 못하고, 자구수정만 한 것으로 보인다. 보리유지의 번역에서 불언(佛言) 여시여시(如是如是)라는 부분에서 불언(佛言)을 수보리언(須菩提言)으로 바꾼 것에 불과하다. 그래서 읽다가 보면 수보리가 여시여시(如是如是)라고 하는 구절에서 멈칫하게 된다. 수보리가 붓다에게 말하는 어투가 상당히 건방지다고 생각되고 생소한 느낌이 든다. 물론 단순히 읽어온 사람과 책을 쓰기 위해 지금까지 자구(字句) 하나하나를 대조해 온 사람의 느낌은 다를 것이다. 아마 원문을 바꾸면서 새로운 단어를 사용하기가 부담스러워 단순 편집만 하였기 때문에 이런 결과가 나온 것으로 보인다.

세존께서 말하셨다. 맞다 맞다, 수보리여, 그렇다, 수보리여, 그러하다. 네가 말한 대로다. 특징을 갖춘 것에 의해서 여래가 보이는 것은 아니다.

그것은 무슨 이유에서인가?

또다시 수보리여, 만약 특징을 갖춘 것에 의해서 여래가 보인다면, 전륜성왕도 역시 여래가 될 것이기 때문이다. 그러므로 특징을 갖춘 것에 의해서 여래가 보이는 것은 아니다.

전륜성왕(轉輪聖王) – rājā(king, 왕) api(강조하는 말, 바로 그런) cakra(wheel, 바퀴, disc, 원반) vartī(roll, 돌리다)이다. 즉 '바퀴를 돌리는 바로 그런 왕'이므로 전륜성왕이라 번역한다. 콘체와 레드파인은 '우주적 왕'으로 번역하였는데, '바퀴를 돌린다는 것'이 어떤 의미인지 알려주기 위한 번역으로 보인다. 뮐러는 '바퀴를 돌리는 왕(wheel-turning king)'이라고 직역하였다. 여기서 바퀴는 전차(戰車)의 바퀴를 말하는 것으로, 고대에서는 전쟁에서 가장 위력적인 전투력을 가진 것이므로 전차를 운용하는 데 가장 실력이 있는 왕이 세계를 지배하는 것이므로 세계의 지배자를 일컫는 말이라 하겠다.

과거의 전차는 기원전 3500년경에 바퀴가 발명되었고, 그 뒤 기원전 2500년경부터 전투용으로 사용되었다. 당시에는 4륜 전차로 방향의 전환이 어렵고, 바퀴로 사용된 것은 통나무를 잘라 만들어 매우 무거웠으며, 수레를 끄는 말도 2마리였다. 이런 취약점을 보완하여 2륜 전차가 기원전 2300년경에 개발되었다. 이 전차는 수메르, 히타이트, 고대 이집트, 로마, 페르시아제국, 인도에서 사용되었는데, 전차의 수로 전력을 평가하기도 하였다.

리그베다에는 전차가 많이 등장한다. 기원전 2000년경에 출현한 것으로 보이는데, 그곳에 서술된 전차 종류는 2마리 말로 이끄는 것과 4마리 말이 끄는 2륜 전차 두 가지가 있다. 전차는 보통 6개의 바퀴살을 가지고 있다.

붓다는 32가지 특징(32상)을 갖춘 것으로 알려져 있는데, 전륜성왕 또한 그런 특징이 있다. 예언자가 석가모니 탄생 전에 태어날 아기는 '전륜성왕'이나 '붓다'가 될 것이라 예언하였는데, 양자(兩者)의 육체적 특징이 같다는 것이다. 그러므로 특징을 갖추고 있는 것만으로 그가 여래인지 전륜성왕인지 구분할 수 없는 것을 말하고 있다.

장로 수보리가 세존에게 말하였다. 제가 세존께서 설하신 뜻을 이해하기로는 특징을 갖춘 것에 의해서 여래가 보이는 것은 아닙니다.

이 부분은 앞에서 나온 것이고 중복된 구절이다. 아마도 구마라집이 앞부분을 편집한 것도 이런 중복을 없애기 위한 의도에서였을 것이다. 그런데 앞부분과 다른 점은 수보리에게 '장로'라는 호칭을 붙인 점이다. 그러므로 이 부분의 무게감이 더해졌고, 붓다의 설명에 수보리가 '장로'로서 결론을 지으면서 청중에게 강한 인상을 준다. 그런데 보리유지, 진제, 현장, 의정본은 이 부분이 없고, 구마라집만이 이 부분이 있다.

그러자 그때 세존께서 이 게송을 말하셨다.

나를 형상에 의해 보았던 자
소리로 쫓아갔던 자,
그릇된 노력을 하였으니
그들은 나를 보지 못할 것이다.

붓다는 법에 의해 보여야 한다.
법신(法身)이 실로 스승들이기 때문이다.
법이란 것은 이해될 수 없다.
누구도 그것을 이해할 수 없는 것이다.

이 게송 – 원문의 ime(these, 이들)는 복수이다. 그래서 뮐러는 '이 두 게송'이라고 번역하였는데, 구체적으로 두 개인지, 세 개인지를 나타내는 용어는 원문에 없다. 번역의 매끄러움을 위해 '이들 게송'을 '이 게송'으로 한다.

게송의 한자본으로 구마라집본이 유명하므로 암송해 두는 것도 좋다.
약이색견아(若以色見我), 만약 형체로 나를 보려하거나
이음성구아(以音聲求我), 음성으로 나를 찾으려 하면
시인행사도(是人行邪道), 이 사람은 사도를 행하는 것이니
불능견여래(不能見如來) 여래를 보지 못할 것이다.

운문은 산문의 긴 부분을 요약하기 위한 것이므로, 이 게송이 이 절만을 요약한 것인지, 경전 전체를 요약한 것인지의 논의가 있다. 26절이 요약을 필요할 정도로 그렇게 긴 것이 아니고, 붓다가 절을 나눈 것도 아니므로, 이 절 속에서 좁게 볼 필요는 없다. 그렇다고 전체를 망라하여 요약한 것도 아니므로, 알려주고 싶은 핵심 내용을 요약한 것이라 본다.

형상에 의해 보았던 자 – 외부의 대상을 받아들이는 수단(six sense-objects)인

색성향미촉법(色聲香味觸法) 중의 첫 번째인 형상(색色)을 통하여 여래를 보려는 것을 말한다. 원문은 '형상으로 보았던 자'라고 번역되지만, 한글로 뜻을 명확하게 하기 위해 저렇게 번역하였다.

소리로 쫓아갔던 자 - 여섯 가지 감각 대상 중 두 번째인 소리에 의해 여래를 추구하는 것에 대한 언급이다. 그 뒤의 나머지 감각대상은 생략하였는데, 두 가지를 나열한 것만으로도 그 뒤에 계속되어 같은 뜻임을 알 수 있다.

이것은 앞과 같이 '소리에 의해'라고 번역하는 것이 명확한 뜻이기는 하나, '소리로'라고 함으로써 그 뒤의 쫓아가다는 방향을 보여주는 효과가 있어 이렇게 번역한다. 쫓아간다는 뜻의 원문이 anvayuḥ인데, 이는 followed(따라가다)의 뜻이다. 그래서 한자 번역들은 현장을 제외한 모두가 구(求)하다라는 번역을 하는데, 현장은 심(尋-찾다)을 사용하였다. 콘체는 follow(따라가다), 뮐러는 '듣다', 레드파인은 seek(찾다)로 번역하였다. 뮐러의 번역은 '소리로 따라가는 것'이니 소리로 듣다로 번역한 것으로 보이는데, 단순히 듣는 것만 의미하는 것이 아니라, 그 소리를 이용하여 여래를 찾으려는 것이므로 채택하기 힘들다. '소리로 쫓아갔던 자'라고 하면, 소리에 의해 소리 나는 방향으로 찾아가고 따라가는 느낌을 모두 줄 수 있기 때문에 이렇게 번역한다.

그릇된 노력을 하였으니 - 원문의 mithyā는 '그릇된, 거짓의(false)'의 뜻이다. 또 pra(forward, 앞으로, forth, 멀리) hāṇa(gone, departed, 가버린), prasṛtā(set out, 출발하다), 따라서 '출발하여 그릇되게 앞으로 가버린'의 뜻이다. 이를 줄여서 번역하였다. 현장은 생리사단(生履邪斷-나쁜 끊어짐을 밟기 시작하였다)이라 번역하였는데, '잘못된 길로 가게 되었다'의 뜻이다.

이 부분의 prahāṇa를 pradhāṇa로 보고, '앞으로 내딛다'의 변형이고, 그 뜻도 '노력, 정진'으로 보면서, 잘못된 노력으로 나아간다고 번역하는 견해가 있다. 그렇게 번역하여도 '앞으로 내딛다'를 노력으로 번역하는 것과 '앞으로 가버린'을 같은 뜻으로 번역한 것의 차이이다. 그런데 이 게송의 문맥을 보면, 형체나 소리로 여래를 보았던 자는 '앞으로 가는 길'을 제대로 가지 못하는 것이므로 잘못된 노력을 하는 것이다.

한자본들이 '사도(邪道)를 간다'라고 번역하는데, 의정은 '잘못된 견해가 일어나고', 현장은 '어긋나 끊어진 것을 밟기 시작하다'라고 번역하고 있다. 현장의 번역에서 '어긋나 끊어진 것을 밟기 시작하는 것'을 '사도를 가기 시작하는 것'으로 볼 수도 있다. 그런데 대반야바라밀경 등에서 사도(邪道)라고 하면 붓다가 아닌 다른 마왕 등을 추종하는 것을 사도라고 하는데, 여기에서는 여래 보기를 간절히 원하는 사람들이 단지 방법을 잘못 찾았을 뿐이기 때문에, 한자어 뜻으로야 길이 어긋난 것이라는 뜻이지만, 우리가 사도(邪道)라고 하면 상당히 나쁜 의미를 주므로 잘못된 길로 간다는 정도가 적당하다.

법에 의해 붓다를 보아야 한다.
법신(法身)이 실로 인도자이기 때문이다.
그리고 법성(法性)은 알 방법이 없으므로,
알아챌 수가 없는 것이다.

이 두 번째 게송은 구마라집본에는 없다. 여기 나오는 법신(法身, dharma-kāya)과 법성(法性, dharmatā)이라는 두 용어는 처음 나오는 용어이기 때문에 이를 근거로 이 부분은 나중에 추가된 구절로 보기도 한다. 구마라집 번역 이후 그 뒤의 산스크리트어판에서 붙여진 것으로 본다.

법신(法身)이라는 개념이 처음 나오게 된 것은 기원전 1세기경에 형성된 Aṣṭasāhasrikā Prajñāpāramitā(지혜의 완성 8,000송)에서 유래한다. 지혜의 완성 8,000송이 처음 중국어로 번역된 것은 2세기경이다. 많은 학자들은 대승운동이 마하상기카학파(Mahāsāṃghikas-대중부)의 일원인 짜이티카(Caitika)파[139]에서 처음 개발된 것으로 보고 있다. 이 지혜의 완성 8,000송은 크리쉬나 강 유역의 안드라 지역에 있는 남부 마하상기카 학파에서 유래하였다고 믿는다. 콘체가 이를 강력하게 주장하였다. 그러나 일본학자들은 문맥과 주제를 비교한 후에

139) 제다부(制多部), 대중부의 분파 중 하나이다. 이들은 남부 인도의 산악 지역을 통해 급격히 증가하였다. 이 파와 여러 분파는 안다카(Andhaka)라고 불리는데 안드라 지역을 의미한다. 주요 주장은 아라한이 오류가 있고 무지로 빠졌다고 보며, 붓다의 초월적이고 초자연적임을 강조하였다. 많은 학자들은 대승의 반야바라밀의 가르침이 이 학파에서 유래된 것으로 본다.

금강경이 지혜의 완성 8,000송보다 더 이른 시기라고 주장하고 있고, 그레고리 쇼펜도 강조점의 변화가 암송에서 문서로 전환한 것을 들어서 일본학자들과 같이 보고 있다.

지혜의 완성 8,000송에서 법신을 언급하는 부분을 보면, 113면에서, 붓다는 여래의 유물로 가득 찬 잠부드비파(贍部洲)와 반야바라밀다가 쓰인 문서 중에 어느 것을 택할 것인지 묻는데, 신(神)들의 왕인 사크라Sakra(천제석天帝釋)는 반야바라밀다(지혜의 완성)를 택한다. 즉 진실한 의미에서 지혜의 완성이 여래의 몸이기 때문이고, 여래가 말하듯이 법신(法身)이 붓다이고, 개별적 몸이 붓다의 몸이라고 보아서는 안 된다고 말하였기 때문이다. 수행자들은 여래가 법신(法身)을 성취한 깃으로 보아야 하고, 일체 여래 아라한 깨달은 분이 반야바라밀다로부터 나왔고 진여(眞如) 법계(法界) 법성(法性)을 통달하여 법신을 성취하였다. 법신으로부터 나왔기 때문에 붓다라 칭한다.

따라서 법신(法身)이란 붓다의 법을 성취한 몸을 말하는 동시에 법의 가르침을 말하는 것이다.140) 이와 대응되는 보신(報身)과 화신(化身)의 개념이 있지만, 그런 분류를 할 필요가 있는지 의문시 되어 생략한다.

법성(法性) – 진여(眞如), 자성(自性)이라고도 표현되는데, 선불교에서 특히 중요시되는 개념이다. dharmatā를 현장이 법성이라고 번역하였는데, dharma를 추상 명사화하여 '법이라는 것'을 한자로 표현한 것이다. 영어로는 thusness(그러함), suchness, true nature of reality(실재의 진정한 본성) 등으로 번역되지만, Tathatā가 가장 유명하다. 즉 Tathagata가 '그렇게 오신(가신) 분' 즉 여래(如來)로 번역되었는데, 타타타는 '그렇게 있음'의 뜻이다. 왕년에 '타타타'라는 노래도 있었는데, 이런 깊은 뜻이 있었음을 지금에서야 알게 된다.

---

140) 앞에서도 언급한 바 있지만, 법이라는 용어는 불교에서 여러 의미로 사용된다. dharma를 법으로 번역하여 현실세계의 법률의 법과 혼동되는 것이 가장 안타까운데, 특히 법으로 생활한 지 오래된 필자의 경우가 더 그렇다. 불교에서 법이란 우주의 질서와 법칙, 연기의 원리를 말하는 것과 법칙에 의한 세상을 의미하는 경우가 있고(제법무아, 일체법이라고 사용할 때의 법이다), 법칙을 가르치는 것을 말하는 경우(즉 불법이라고 표현할 때의 법), 우리가 인식할 때의 그 대상이 되는 것(75법이라고 할 때의 법)이 있는데, 여기서는 붓다의 깨달음을 의미하는 뜻으로 사용되었다.

27절
법은 소멸하거나 끊어지지 않는다

"수보리여, 너는 어떻게 생각하느냐? 여래가 특징을 갖추었기 때문에 '최상의 바른 깨달음'을 자각했겠느냐?

수보리여, 너는 참으로 이렇게 보아서는 안 된다. 그것은 무슨 이유에서인가?

수보리여, 실로 여래가 '최상의 바른 깨달음'을 자각한 것은 특징 갖춤을 통해서가 아니기 때문이다.

또다시 수보리여, 보살의 길을 가는 자가 어떤 법이 소멸하거나 끊어진 것을 인식하였다고 말하는 자가 있다면, 수보리여, 참으로 그렇게 보아서는 안 된다.

그것은 무슨 이유에서인가?
보살의 길을 가는 자는 어떤 법이 소멸하거나 끊어진 것을 인식하지 않기 때문이다."

[해설]

붓다는 이 경전의 처음부터 매일의 실행을 보여주었다. 음식을 구걸하러 시내로 가고, 쉬라바스티 외곽의 거주하는 곳으로 오고, 앉고, 앞을 향해 집중하였다. 5절에서, 붓다가 취득한 특징에 의해서 여래를 볼 수 있는지에 대하여, 붓다는 특징 없는 것을 특징으로 한 것으로 여래를 볼 수 있다고 하였다. 즉 특징들은 단순히 수행의 인과관계에 수반되는 것이다. 27절에 와서는 붓다가 수보리에게 특징을 갖춘 것이 깨달음의 자각을 포함하는지를 물으면서 수보리가 대답하기 전에 그 인과적인 관계를 부정한다.

그런데 27절을 보면서 구마라집 번역과 대조를 해보는 것은 이 절의 내용을 파악하는 데 필수적인 것으로 보인다. 뒤에 설명에서 자세히 나오지만, 구마라집은 원문에 없는 추가 부정의 말을 대답 속에 넣어서 매우 다른 관점을 보여준다. 즉 붓다의 특징과 깨달음의 획득에 대하여. 구마라집은 그런 특징을 갖추거나 갖추지 않은 것이(한문 번역의 해석도 학자에 따라 다르다) 붓다가 깨달음을 자각했기 때문이 아니라는 것을 또 부정한다. 즉 이중부정을 한다. 구마라집과 그의 해석을 따르는 사람은 이 처음의 절은 경고로써 복덕은 비어 있으며, 그래서 붓다가 되는 것과 관련이 없다는 점을. 그리고 그들은 두 번째 부분에서 법은 소멸하거나 끊어진 것에 대한 관점을 버릴 것을 말하고 있다. 그래서 구마라집과 그 추종자들에 따르면 27절은 공과 존재에 대한 중도의 호소라고 하는 것이다.

그러나 구마라집을 제외한 모든 중국본, 원문인 산스크리트본, 또 영역본 들에서 일치하는 것은 이 책의 번역과 같이 해석하여, 27절은 어떤 종류의 법에 대한 집착의 경고이고, 또 그런 장애를 극복하고, 그 과정에서 법에는 끝도 없고 시작도 없다는 것을 보여주는 것을 말하는 것으로 본다. 이런 시각은 이 금강경이 반야경 300송으로 불러지듯이, 그 내용들의 보고(寶庫)인 반야경 8,000송, 반야경 25,000송에서 끝없이 반복되는 '법은 시작도 끝도 없고, 생성도 소멸도 없다'는 내용을 간략히 정리한 것으로 본다.

소명은 '끊어지지도 않고, 없어지지도 않다(무단무멸분無斷無滅分)'라는 제목을 달았다. 이 제목은 뒤 구절의 내용을 정리한 것인데, 법이 소멸하거나 끊어지지 않았다고 생각하라는 것을 표시한 것이다.

[설명]

수보리여, 너는 어떻게 생각하느냐? 여래가 특징을 갖추었기 때문에 '최상의 바른 깨달음'을 자각했겠느냐?

수보리여, 너는 참으로 이렇게 보아서는 안 된다. 그것은 무슨 이유에서인가?

수보리여, 실로 여래가 '최상의 바른 깨달음'을 자각한 것은 특징 갖춤을 통해서가 아니기 때문이다.

금강경을 번역하면서 여러 책자를 보게 되는데, 재미있는 것은 아직도 구절들이 제대로 번역되지 않고 있다는 것이다. 지금 이 부분까지 번역한 분들은 14절부터 그 앞의 반복이라고 생각하였던지, 아니면 지쳤는지 금강경에서 설법되는 붓다의 진의를 거꾸로 번역하고 있다는 점이다. 특히 구마라집본의 공과(功過)는 약간 극단적이다. 중생들을 흥미롭게 하여 금강경의 세계로 빠져들게 하고는(그 유려한 문체와 운율을 보시라), 나름대로의 축약 과정에서 의미가 거꾸로 되기도 한다는 점이다.

위 부분에서 구마라집본[141]을 보면, 여막작시념(汝若作是念), 여래불이구족상고득(如來不以具足相故得~) 구절에서, '여래는 **특징을 갖추었기 때문에** ~를 얻은 것은 아니라고 **생각한다면**'의 구문이다. 계속해서 막작시념(莫作是念), 여래불이구족상고득~(如來不以具足相故得~)으로, '특징을 갖춤으로써(以具足相故)'를 먼저 해석하여 여래는 ~를 **얻지 않았다**(如來不以具足相故得~)로 해석한다는 것이다. 김용옥의 『금강경 강해』 342면은 이런 번역을 그대로 책에 표시하였다. 그 책에서 직접 산스크리트어본도 참조하였다고 하며, 뒤의 해석을 강하게 비판하면서 제시한 번역이라고 하는데, 그 뜻은 '특징을 갖추었기 때문에 깨달음을 얻은 것이 아니라는 것은 틀린 것이다'라는 뜻이다. 문장 전체를 부정하는 말이 있기 때문에 그 문장의 뜻은 문장의 일부를 부정하거나 전체를 부정하는 뜻이 모두

141) 汝若作是念, 如來不以具足相故得阿耨多羅三藐三菩提, 修菩提, 莫作是念, 如來不以具足相故得阿耨多羅三藐三菩提

있다.

기존의 금강경 해석은 '여래는 **특징을 갖추지 않아서** ~를 얻었다(如來不以具足相故得~)'고 번역하는데, 이것은 그 뜻을 잘못 알고 번역한 것이니 틀렸고, 앞의 해석이 맞는다는 것이다. 앞의 번역이 원문에 비슷하게 느껴져서 뒤의 해석을 폄하(貶下)하는 경향이 있다.

전통적인 금강경 해석으로 보면, 막작시념(莫作是念) 여래불이구족상고득(如來不以具足相故得~)을 '여래는 특징을 갖추지 않았기 때문에 깨달음을 얻었다고 생각하지 말라'는 뜻이 된다. 물론 이것은 원문의 뜻과는 다르지만, 오히려 처음 제시한 해석보다 원문의 뜻에 더 가까운 듯 보이고 우리에게 새로운 시각을 열어주는 느낌이 든다. 그래서 이 해석을 호의적으로 보면, '특징을 갖춤으로 깨달음을 얻은 것이 아니니 특징을 갖추지 않은 것으로 깨달음을 얻는다'는 생각도 멀리하라는 뜻으로 해석이 가능하다. 즉 어느 쪽의 생각에도 집착하지 마라는 뜻이다. 이러한 해석은 남회근의 『금강경 강의』 545면도 그렇고, 『조계종 표준 금강경 바로 읽기』 280면에도 그렇다.

뒤에서 보겠지만 구마라집이 이렇게 이중부정을 사용하여 원문과 다른 뜻으로 한 것은, 뒤 구절을 해석하는데 자신만의 시각이 있었기 때문이라고 판단된다.

그러나 위의 번역들이 과연 원문이 의미하는 바와 같이 '특징을 갖추었다고 깨닫는 것이 아니라'는 점과 같을까? 앞의 해석은 '특징을 갖추었다고 깨닫는 것이 아니라'는 생각을 하지 말라는 뜻이고, 뒤의 해석은 '특징을 갖추지 않은 것으로 깨달음을 얻는다'고 생각하지 말라는 뜻이므로, 원문과는 다른 결과가 된다.

그런데 이기영 역 『금강경』 157면은 '여래는 특징을 갖춘 까닭에 깨달음을 얻은 것이 아니라는 생각을 하지 말라, 특징을 갖추지 않은 까닭에 깨달음을 얻은 것이라 생각하지 마라'고 번역하였다. 이 번역은 여래불이구족상고득(如來不以具足相故得~)에서 앞부분은 불(不)이 득(得)에 걸리는 것으로 해석하였고, 뒷부분은 불(不)이 고(故) 앞에까지만 걸리는 것으로 해석한 것이다. 이런 번역도 가능하기 때문에 원문에 맞추려는 노력이 돋보인다. 산스크리트어 원문을 신경 쓰지 않는다면, 이렇게 번역하는 것이 뜻이 명확하고, 좀 더 수련이 된 사람을 대상으로 한 설법의 느낌이 든다.

결론적으로 볼 때, 마치 구마라집의 번역과 이 책의 원문 번역이 같은 것으로 착각할 수 있는데, 그것은 구마라집 번역이 이중부정을 넣었기 때문에 그것을 좇아서 읽다가 그 앞의 정확한 의미를 생각지 않는 인간의 망각 능력 때문이다. 즉 구마라집 번역을 다시 보면, '여래는 특징을 갖추었기 때문에 깨달음을 **얻은 것은 아니라고** 생각하지 말라'이다(깨달음).[142] 이 구조는 한문을 어떻게 해석하더라도 바뀌지 않는다. 그런데 원문은 '여래는 특징을 갖추었기 때문에 깨달음을 **얻은 것이라고** 생각하지 말라'고 하여야 한다. 이렇게 강조한 곳을 보면, 원문과 완전히 반대되는 뜻이다.

구마라집의 번역을 제외한 모든 한자 번역본과 영문 번역본이 산스크리트어본과 같이 번역을 하고 있고 그 내용도 명확하다. 내용이 단순하여 이설(異說)이 생길 여지가 없으므로, 구마라집의 번역을 이용한 모든 해석은 원문과 비슷하게 만들 수는 있을지언정 같은 뜻으로 만들 수는 없는 것이다. 특히 진제는 위 번역에 추가하여 '여래가 완전히 갖춘 특징을 통해 깨달음을 얻지 않았다'라는 부연 설명을 하는 구절을 가지고 있다.

특징 갖춤 – 현장은 제상구족(諸相具足)이라는 표현을 사용하는데, 이는 모든 특징을 완전히 갖춘다는 뜻이다. 한자의 강점은 하나의 글자로 우리말의 3글자에 해당하는 단어를 축약할 수 있다는 점이므로, 한글로 번역할 때는 줄이는 과정에서 의미가 변형될 수 있다. 그렇지만 한글은 조사를 자유자재로 사용할 수 있으므로 그 뜻을 정확하게 표현하는 장점도 있다. 따라서 한글로 완전한 뜻을 나타내면서 조사까지 정확히 첨부하면 정확한 번역이 되겠지만, 읽는 사람의 고통이나 뜻의 난만(爛漫)함을 고려하면, 적당한 단어를 사용하되 정확한

142) 구마라집본에는 ~부분을 아뇩다라삼먁삼보리(阿耨多羅三藐三菩提)라고 하였지만, 그 뜻은 무상정등각(無上正等覺)이고, 한글로 '최상의 바른 깨달음'이며, 여기 설명하는 곳에서는 단순히 깨달음으로 표시한다.

조사를 사용하는 것이 좋다. 이 부분의 산스크리트어는 lakṣaṇa sampada인데, 앞의 것이 '특징'이고, 뒤의 것은 '갖춤'이다. 20절에서 말한 바와 같이 원문에 pariniṣpattyā가 나오면 구족(具足)으로 번역하고, saṁpad가 나오면 갖추다로 번역하는 것이 맞다. 그래서 이것은 '특징을 갖추면'이 된다. 그러나 약간의 운율을 곁들이려면, '특징 갖춤', '특징을 갖춤'으로 번역하는 고초가 있게 된다.

여래가 무상정등각(無上正等覺-최상의 바른 깨달음)을 자각한 것은 특징 갖춤(32상을 가짐)에 의해서가 아니라, 육바라밀의 성취에 의한 것임은 이제 누구나가 알게 되었다. 따라서 깨달음은 외관의 특징이나 정해진 운명에 의한 것이 아님을 이제 네 번째로 가르치고 있다. 붓다의 32상은 그의 전생의 공덕에 의한 것이고, 이제 여기서 성취한 깨달음은 단순히 공덕만으로는 이룰 수 없는 것이지만, 이미 그런 공덕이 있기 때문에 현생에서 깨달음을 얻게 된 것이다. 그러면 석가모니 정도의 공덕이 없는 중생은 어떻게 깨달음을 얻을 것인가?

또다시 수보리여, 보살의 길을 가는 자가 어떤 법이 소멸하거나 끊어진 것을 인식하였다고 말하는 자가 있다면, 수보리여, 참으로 그렇게 보아서는 안 된다.

그것은 무슨 이유에서인가?

보살의 길을 가는 자는 어떤 법이 소멸하거나 끊어진 것을 인식하지 않기 때문이다.

어떤 법이 소멸하거나 끊어진 것 - 법이 소멸하거나 끊어졌다고 말하기 위해서는 법이 생성의 단계를 거쳐야 한다는 것을 의미한다. 법이 소멸하고 끊어진다는 것은 무슨 말일까?금강경의 초기부터 계속해서 자아나 중생이나 영혼이나 개인이 존재한다는 관념을 버릴 것을 가르침의 핵심으로 해왔기 때문에 이제 이런 것은 존재하지 않아야 한다는 관념에 잡힐 가능성을 경계하고 있다.

결국 법이란 생성하지도 소멸하지도 않는 것이고, 그래서 보살행을 출발하는 자는 어떤 법도 존재하지 않았고, 현재 존재하지 않고, 앞으로도 존재하지 않는 것을 자각하여야 하는 것을 말한다.

그런데 여기 주의할 점이 있다. 법이 소멸하고 끊어지는 것을 구마라집은 단멸상(斷滅相)이라고 번역하였기 때문에 이 단멸상에 집착하지 말 것을 말한 것이라면서, 이 구절과 대칭되는 바로 앞 구절은 그래서 특징이 없어야 여래를 볼 수 있다는 구절의 뜻이라고 해석하는 것이다. 그렇기 때문에 구마라집의 번역 중 전통적인 금강경 해석과 같이 '특징을 갖추지 않았기 때문에 깨달음을 얻은 것이라고 생각하지 마라'는 해석이 이 구절의 뜻을 나타내는 것으로 해석하는 경향이 있다. 아마 구마라집도 그런 의도가 있었기 때문에 이렇게 번역한 것으로 보인다. 그러나 앞에서도 말했지만, 원문의 뜻은 명확하기 때문에 '특징을 갖추었기 때문에 깨달음을 얻었다고 생각하지 말라'고 해석하는 것이 정당하고, 지금 이 뒷부분에 와서 앞부분의 구절 때문에 법이 소멸하고 끊어지는 현상이 생길 것을 우려하여, 다시 그 반대의 생각을 하지 말라고 경고하는 것이다. 구마라집의 번역은 앞부분을 뒷부분의 경고를 미리 설명해 주는 역할을 하는 것으로 보았고, 이 책에서는 앞부분의 가르침에 집착하여 법의 소멸과 끊어짐에 또 집착하게 될 것임을 경고하는 것으로 보는 것이다.

28절
공덕에 집착하지 말고, 받도록 하라

"또다시 수보리여, 만약 좋은 가문의 아들과 딸이 갠지스 강의 모래알과 같이 많은 세계를 칠보로 가득 채워, 여래 아라한 바르게 깨달은 분들에게 보시를 한다면,

또 보살이 자아도 없고 생겨남도 없는 법에서 인욕(忍辱)을 이룬다면, 그것으로 인해 측정할 수 없고 셀 수 없는 큰 공덕을 쌓을 것이다.

다시 또 수보리여, 보살 마하살은 공덕을 받아서는 안 될 것이다."

장로 수보리가 말하였다. "세존이시여, 참으로 보살이 공덕을 받아서는 안 되는 것입니까?"

세존께서 말하셨다. "수보리여, 받을 수는 있지만, 집착하여서는 안 된다. 그래서 받는다고 말한다."

[해설]

또다시 갠지스 강의 모래알과 같은 수의 세계를 칠보로 보시하는 것과 비교하는 것이 나온다. 이번에는 비교 대상이 다르다. 이제까지 칠보로 보시하는 물질적 보시와 정신적 보시를 주로 비교하였다면, 이제는 금강경을 배우고 익히는 단계를 넘어서 인욕바라밀을 이루는 단계와 비교한다.

인욕바라밀을 이루는 단계는 대단히 어렵다. 자아도 없는 법과 생겨나지도 않는 법 속에서 이루어야 하기 때문이다. 특히 그 주된 이유는 비교할 만한 대상이 없기 때문에 그런 것이다.

여기 또 공덕에 대한 좋은 말이 나온다. 공덕을 쌓는 데 집착하지 말아야 한다. 집착하여 만들어진 공덕은 까르마의 영향을 받는다. 공덕은 수행 과정에서 저절로 쌓이는 것이지 공덕을 쌓기 위한 의도적 행위는 또 다른 까르마를 낳는다.

그래서 공덕을 받는다는 말은 집착하지 않은 공덕에서 그 효과를 받는 것이다.

소명은 제목을 '받지도 탐하지도 않다(불수불탐분不受不貪分)'고 하였다. 소명은 구마라집본에 의거하여 제목을 달았기 때문에, 그 본문의 내용에 대한 요약도 구마라집의 번역 내용을 사용하였지만, 설명을 읽어보면 제목도 잘못된 것임을 알게 될 것이다.

[설명]

다시 또 수보리여, 만약 좋은 가문의 아들과 딸이 갠지스 강의 모래알과 같이 많은 세계를 칠보로 가득 채워, 여래 아라한 바르게 깨달은 분들에게 보시를 한다면, 또 보살이 자아도 없고 생겨남도 없는 법에서 인욕(忍辱)을 이룬다면, 그것으로 인해 측정할 수 없고 셀 수 없는 많은 공덕을 쌓을 것이다.

좋은 가문의 아들과 딸 – 이 부분을 구마라집만이 보살로 표현하고 있다. 뒤 부분의 보살이 인욕(忍辱)을 이루는 것과 비교하기 위함이라 보인다. 보살이 하는 행위만으로 비교한다면 구마라집의 번역이 맞을 것이다. 그러나 단순하게 좋은 가문의 아들과 딸이 칠보로 보시하는 것과 보살이 인욕을 이루는 것을 비교한 것이라 보아도 크게 비교의 대상을 그르친 것이라 할 수는 없다.

칠보로 가득 채우는 보시 – 칠보를 보시하는 것은 이제 엄청난 물질적 보시를 하는 것으로 바꾸어 생각해도 될 정도로 많이 나왔다. 그래서 물질적 보시라고 통칭하여도 될 것이다.

자아도 없고 생겨남도 없는 법에서 인욕을 이루다 – 법의 성질을 은연중에 드러낸다. 그래서 법이란 무엇인지를 이것으로 추정해 볼 수 있다. 법에는 자아가 없다는 것으로 한자로는 무아(無我)라고 쓴다. 불교의 삼법인(三法印) 중 하나인 무아(無我)는 '나는 없음'이라는 것이 다른 모든 대상에까지 확장되어 사용하게 된 개념이다. 그래서 법(法)이라는 것에도 법의 속성이 결국은 없다는 뜻으로 사용된다. 여기 경전에 이 말이 직접 언급됨으로써, 법은 자아가 없다는 것을 공식화하였다. 법에 자아가 없다는 이유를 설명하는 이유로, 모든 것이 연기(緣起)로 이루어져 있기 때문에 그 자체의 고유한 본성이 없다는 것을 들고 있다. 그러나 연기법에 의한 법의 무아이론의 전개는 엉터리라고 주장하는 유력한 견해들도 많다. 즉 12연기는 우주의 법칙을 말하는 것이 아니고, 단지 괴로움의 발생 구조와 소멸을 설명하는 것인데, 이를 만병통치약처럼 모든 것을 설명하는 데 사용하고 있다는 것이다. 사실 자아가 없다는 논리가 오온의 계합으로 생긴 것이라면, 다른 모든 것도 무언가가 조건 지워져 생긴 것이라는 논리로 확장되고, 그 유사한 구조로 12연기를 거론하지 않을 수 없는 분위기였으니 그런 주장도 일리가 있기는 하지만, 엄밀하게 본다면 그 12연기는 관련이 없다고 할 수 있다. 그냥 세상의 모든 것이 다른 것들로 인해 이루어졌다고 보는 것으로 족할 것이다. 그리고 금강경에서 명시적으로 법에는 자아가 없다고 공식적으로 밝힌 것으로 보면 된다.

생겨남도 없는 법 – 법은 생겨나지도 없어지지도 않는다. 생겨남이 없다는 것은 원래 있었던지, 아직도 없던지 두 가지 경우밖에 없다. 그런데 중생들은 법은 생겨났다가 사라지는 것으로 생각하는 망상에 빠진다. 법은 자아가 없기 때문에 생겨날 수도 없고 없어질 수도 없다. 없는 것을 있다고 하는 것은 망상이요, 없는 것이 사라졌다고 하는 것도 망상이다. 구마라집본에는 법이 생겨남이 없다는 구절이 없다. 생겨남이 없다는 것을 한자어로 무생(無生)이라고 하였는데, 콘체는 fail to be produced(생성이 되지 않다), 뮐러는 uncreated(창조되지 않은), 레드파인은 birthless nature(태어남 없는 본성)이라고 하였다.

그러면 여기서 말하는 법은 어떤 의미의 법일까? 앞에서 언급한 바와 같이 '세상을 구성하는 기본 요소들'을 의미한다. 그런 것들은 그 자체 본성이 없고, 생겨나지도 않았다는 것이다. 그러니 법이 아닌 것들(비법非法), 즉 기본 요소들이 아닌 것들은 당연히 자아가 없음이 더 명확하다.

인욕을 이루다 – 자아도 없고 생겨남도 없는 법에서 인욕을 이룬다고 했는데 여기서 인욕은 무엇일까? 원문 kṣāntiṃ에서 kṣānti가 인내를 의미하는 것이고, 한자 용어로 인욕(忍辱)이라고 사용한다고 앞서 14절에서 말한 바 있다. 인욕(忍辱)바라밀을 지칭하는 것이므로, 금강경에서 지금까지 말하던 보시(布施)바라밀의 단계를 넘어선 다음 단계의 바라밀이 이제야 나타난다. 금강경 전체에서 육바라밀 중 3개의 바라밀만 언급된다. 보시, 인욕, 지혜의 바라밀이다. 어떻게 보면 이 세 가지는 서로 연관되어 있다. 무언가를 보시한다는 것은 보시하는 자의 손실이고, 보시하는 자는 그 손실을 참음으로써 인내를 완성하고, 그 참는 과정에서 손실과 인내에 대한 지혜를 완성한다.

인욕바라밀을 언급하는 이 부분에서 지금까지의 쉬운 개념들보다 다른 차원이 높은 형태의 설법이 이루어지고 있는데, '법에 자아가 없다'는 구절과 '생겨남이 없는 법'이란 개념이 그것이다.

그런 개념을 제시하면서 그런 법 속에서 인욕바라밀을 이룬다고 하였으니, 그것은 무슨 뜻일까? 무아(無我)라는 개념을 주창하고 그것을 지킴으로써 힌두교의 비난과 모욕을 감수해야 한다는 점에서 인내심을 가지고 그것을 완성해 나가는 모습을 보여준다고 해석하는 견해도 있다. 붓다 사후 500년이 지나 무아(無我)의 이론을 비판하는 힌두교에 대항하여 대승불교를 위로하기 위한 구절로 생각하는 것이 이해가 되기도 한다. 과연 어떤 일이 벌어졌기 때문에 이런 구절이 들어갔을까? 무아(無我)라는 파격적인 통찰은 일반인들이나 보통의 종교로는 갈파할 수 없는 놀라운 깨달음이기에, 그런 통찰을 비웃고 반대되는 논지를 주장하면서 무아(無我)의 논리를 조롱하는 경우가 생길 경우에도 붓다의 가르침을 믿고 묵묵히 그것을 인내하면서 수행하도록 미리 마음의 준비를 시키는 구절로 이해한다. 그래서 우리는 지금 나오는 구절을 글자 그대로 이해하기로 한다. 즉 법에는 자아가 없고, 생겨난 바 없으며, 그 속에서 인욕을 이루어나간다고.

전체적으로 27절, 28절을 통하여 설법의 차원이 달라진 것 같고, 앞구절과 뒷구절의 논리적 필연성을 고려하지 않고, 대승불교의 핵심사상이 끼워진 것으로 보인다.

다시 또 수보리여, 보살 마하살은 공덕을 받아서는 안 될 것이다

공덕을 받는다는 것은 공덕이 쌓인 효과를 받게 되는 것을 말한다. 원문을 해석하면, 공덕이 쌓인 것을 받아서는 안 된다는 것이니 쌓여 있는 공덕에 기대어 깨달음을 추구해서는 안 된다는 뜻이다. 이 부분은 진제본이 그 뜻을 명확하게 해주는데 '대승의 길을 가는 사람은 복덕의 무더기를 잡는데 집착하지 마라-행대승인불응집취복덕지취(行大乘人不應執取福德之聚)'라고 번역하였다. 이 번역은 직역이 아니지만 진제가 문맥을 살핀 후에 그런 뜻이라고 번역한 것으로, 저자의 생각과도 같다. 다만 '대승의 길을 가는 사람'이라는 표현은 너무 벗어난 번역인데, 이는 원문에 단순히 '보살'이 아니라 '보살 마하살'이라고 되어 있으니, '마하살'이 등장하는 경우에 대승(大乘)이라고 번역한 것이다.

원문의 parigrhītavyaḥ은 to be taken hold of(잡다, 쥐다), got into possession(소유하게 되다)의 뜻이다. 여기 사용된 동사, parigraha(obtain, 받다)는 전통적으로 왕으로부터 받은 승려의 선물을 묘사하는데 사용된다. 그런데 이 경우 누구를 왕으로 보아야 할 것인가? 그것은 지혜의 완성, 모든 붓다의 어머니를 말한다.

장로 수보리가 말하였다. 세존이시여, 참으로 보살이 공덕을 받아서는 안 되는 것입니까?

세존께서 말하셨다. 수보리여, 받을 수는 있지만, 집착하여서는 안 된다. 그래서 받는다고 말한다.

용어의 문제 - 원문에서 parigraha는 receive, accept(받다), grasp(잡다)의 뜻으로 여기서는 '받는다'로 번역하였고, udgrahītavyaḥ는 '위로 꽉 잡다'의 뜻으로 '집착하다'로 번역하였다. '받는다'를 한자 번역본에서 구마라집은 수(受), 진제는 섭지(攝持-당겨 지니다)라고 하고, 현장은 '받다'와 '집착하다' 두 가지 모두 섭수(攝受)라는 용어를 사용한다. 영문 번역본은 acquire(취득하다), obtain(얻다)을 사용하였다. '집착하다'의 한문 번역본은 탐착(貪著), 취(取), 집취(執取) 등의 용어를 사용하고, 영문으로 seize upon, grasp 등의 번역을 하였으니 이 책의 번역과 같이 보고 있다.

구마라집본의 오류 - 구마라집은 나름대로 원문의 뜻을 살리기 위해 원문을 편집하려다가 27절에서 보듯이 어떻게 해석하더라도 원문과 같아질 수 없는 실수를 저질렀는데, 이 부분에서도 마찬가지의 결과를 보여준다. 구마라집본의 문장을 보면,

수보리가 붓다에게 말하기를, 세존이시여, 어찌하여 보살은 복덕을 받지 않습니까(운하보살불수복덕云何菩薩不受福德)? 수보리여, 보살이 복덕을 만든 바(보살소작복덕

菩薩所作福德), 탐하거나 집착해서 안 되고(불응탐착不應貪著), 그래서 복덕을 받지 않는다고 한다(시고설불수복덕是故說不受福德).

즉 보살이 복덕을 받지 않는다고 하면서, 그 이유는 복덕에 탐착(貪着)하지 말아야 하고 그래서 복덕을 받지 않는다는 것이다.

그런데 원문은 복덕을 받지 않아야 하는데 수보리가 재차 묻게 되자, 결국 붓다는 복덕을 받기는 하되 복덕에 집착하지 말아야 하고, 그래야 복덕을 받는다고 대답한 것이다. 구마라집 번역은 금강경의 논리 구절을 원용한 것 같은 느낌이 들고, 그 속에 현묘한 가르침이 있을 수는 있다. 즉 보살소작복덕(菩薩所作福德)의 부분을 '보살이 공덕을 쌓는바'라고 해석하면 '집착하지는 마라'라고 해석하여 비슷한 뜻이 된다. 그러나 명시적으로 공덕을 받는다는 말을 하지 않고 있는 것이다.

국내외의 거의 모든 금강경 번역문이 구마라집본을 사용한 결과, 어떻게 해석을 하더라도 틀린 결론이 날 수밖에 없었고, 실제로 번역본들이 모두 틀린 것으로 나타난다.

한역(漢譯)들을 살펴보면, 구마라집을 충실히 따르는 보리유지조차도 '복덕을 받되 집착하지 말고, 그래서 복덕을 받는다고 한다'라고 번역하였다. 이는 진제, 의정본도 마찬가지다. 현장은 위의 두 개념을 같은 단어 섭수(攝受)를 사용하여 뜻이 모호하기는 하지만, 마지막 문장의 '그래서 받는다고 한다'라는 해석은 동일하다. 영문 번역본들도 모두 위와 동일하다. 즉 구마라집본만이 틀린 결론을 내리고 있다.

드디어 붓다의 진의가 드러난다. 공덕을 쌓는 것에 집착하여 깨달음을 등한시하지 말 것을 당부하는 것이다. 공덕을 쌓는 것에 집착하는 것은 보시를 하는 것이다. 그것도 보시할 재물만 많으면 물질적 보시로 공덕을 쌓을 수 있는 것이다. 그렇기 때문에 지금까지 물질적 보시보다 정신적 보시가 비교할 수 없을 정도로 크다고 반복 또 반복한 것이다.

그래서 받는다고 말한다 – 공덕의 결과를 받는 것은 공덕을 쌓는 데 집착하지 않는 것이다. 그것에 집착하지 않기 때문에 공덕을 받는다고 말하였으니 지금까지의 금강경의 논리와는 다르게, 여기서는 공덕에 집착하지 않기 때문에 (공덕의 결과를) 받는다는 표현이 너무 적절한 문장 구성이 되었다. 앞에서도 보았지만, 구마라집만이 '그래서 복덕을 받지 않는다고 말한다'라고 번역하였다.

이 부분을 전체적으로 생각해 볼 거리가 있다. 16절에서 붓다는 경전을 배우고 이해하는 공덕이 엄청나다고 언급하였고, 19절에서는 공덕은 없기 때문에 공덕이라 부른다고 하였다. 그런데 지금 여기서는 공덕을 쌓는 데 집착하지 말라는 가르침을 내린다. 처음에 공덕을 받지 말라고 하고는 수보리가 재차 그 의미가 무엇인지 묻자, 공덕을 받는 것은 막을 수 없지만 공덕을 쌓는 데 집착하지 말아야 하고, 그래서 공덕을 받는다고 말하는 것이라는 가르침이다.

이 공덕들은 모두 같은 것인가? 16절과 19절에서 말하는 공덕은 까르마의 결과이고 자성이 없는 것들이다. 그러나 28절에서 말하는 공덕은 까르마의 결과가 아니다. 즉 그것은 공덕이 아닌데 어떤 까르마도 없이 발생한 것이기 때문이다. 공덕을 쌓는 데 집착하여 쌓인 공덕은 까르마에 속하는 것인데, 붓다는 여기서 까르마를 벗어나는 공덕에 대하여 언급하는 것이다. 결국 금강경의 마지막 부분에 와서야 점점 설법의 수준이 높아지고, 처음에 생각했던 단순히 공덕을 쌓는 단계에서 진정한 공덕을 쌓는 단계를 제시하고 있는 것이다.

29절

여래는 가지도 오지도 않는다

"또다시 수보리여, 여래는 가거나 오거나 서거나 앉거나 눕는다고 누가 말한다면, 수보리여, 그는 내가 설한 뜻을 이해하지 못한 것이다.

그것은 무슨 이유에서인가?

수보리여, 여래란 어디로 가지도 않고, 어디로부터 온 것도 아니다. 그래서 여래 아라한 바르게 깨달은 분이라고 부른다."

[해설]

여래의 속성에 대해서 말하고 있다. 여래는 육신을 가진 존재라면 누구나 하는 행동을 하지 않는다. 가지도 오지도 서지도 앉지도 눕지도 않는다는 것이다. 즉 이 절의 앞 구절은 여래를 육신을 가진 존재로서 하는 행동에 초점을 맞추고 있다. 그리고 뒷부분은 육신이 아닌 개념적 여래의 속성에 대해서 말하고 있다. 즉 여래는 가지도 오지도 않는다는 속성을 가지고 있다.

그런데 문장 구조상 뒷부분은 앞부분에서 서술한 것의 이유를 말하고 있다. 어디로 가지도 않고 어디서 온 것도 아닌 속성을 가지고 있기 때문에 여래도 육신의 행동을 하지 않는 것이다.

그러면 이 여래가 육신으로서의 행동을 하지 않으므로, 여기서의 여래는 육신 자체를 언급하기보다 육신을 움직이는 육신 속의 어떤 것을 가리키는 것으로 보인다. 그래서 진짜 여래라는 뜻의 진여(眞如) 개념이 여기서 도출이 된다.

소명은 제목을 '여래의 모습은 고요하다(위의적정분威儀寂靜分)'고 하였다.

[설명]

또다시 수보리여, 여래는 가거나 오거나 서거나 앉거나 눕는다고 누가 말한다면, 수보리여, 그는 내가 설한 뜻을 이해하지 못한 것이다.

그것은 무슨 이유에서인가?

수보리여, 여래란 어디로 가지도 않고, 어디로부터 온 것도 아니다. 그래서 여래 아라한 바르게 깨달은 분이라고 부른다.

여래라는 단어의 뜻이 '그렇게 가신 분', '그렇게 오신 분'의 두 가지로 해석될 수 있음은 앞에서 언급하였지만, 여기서 말하는 여래는 단어의 뜻이 아니다. 깨달은 분으로서의 여래는 그 깨달음의 속성을 가졌기 때문에, 여래가 무엇을 의미하는지를 여래의 거동이나 형태로 파악하려는 중생들에게 여래의 진정한 의미를 확실하게 말해 주고 있다.

즉 여래가 가거나 오거나 서거나 앉거나 눕는다고 파악한다면, 그것은 여래를 잘못 이해한 것이다.

여기에 구마라집의 번역본은 운율이 있기 때문에 한번 음송할 만하다.

약유인언(若有人言) 여래(如來) 약래약거(若來若去), 약좌약와(若坐若臥), 시인불해아소설의(是人不解我所說義) – 그런데 구마라집은 '서다'를 번역하지 않았다. 운율에 맞추기 위함으로 보인다.

여래는 가고 옴이 없기 때문에 그를 따르려는 시도도 헛된 것이 될 것이고, 법에는 자아가 없고 생겨남이 없으니 진정으로 오고 가는 것도 없다. 그래서 여래뿐만 아니라 법을 추종하려는 모든 시도도 헛된 것이 될 것이다.

여래란 어디로 가지도 않고 어디서부터 오지도 않았기 때문에 여래라 부른다. 이 구절이 핵심이다.

지혜의 완성 8,000송 264면에서 다르모드가타는 말하기를, 여래는 확실히 어디서 오지도 않고 어디로 가는 것도 아니다. 왜냐하면 진여(眞如)는 움직이지 않고, 여래는 진여이기 때문이다. 생성되지 않는 것도 오거나 가지 않는다. 여래는 생성되지 않은 것이기 때문이다. 우리는 열반(reality-limit)[143]의 오고 감을 알 수 없다. 그리고 여래는 열반과 같다. 같은 말이 공(空)에 대해서도 말해질 수 있다. 여래는 이러한 법의 밖에 있지 않기 때문이다. 이러한 법과 진여(眞如)와 일체법의 진여, 여래의 진여는 단순히 이 하나의 진여이다. ~중략

다르모드가타가보살(曇無竭菩薩)은 말한다. 여래를 형태와 소리로 찾으려는 자는 모두 어리석다. 그렇게 찾는 것은 여래가 오고 가는 것을 상상하는 결과가 된다. 여래는 그의 형체의 몸으로 보일 수 없기 때문이다. 법신은 여래이고 법의 진정한 본성은 오거나 가지 않는다. 마법사에 의해 사라진 코끼리, 말, 전차나 보병(步兵)의 몸에도 오고 감은 없다. 그와 같이 여래에게도 오는 것도 없고 가는 것도 없다.

잠자는 사람이 꿈속에서 하나, 둘, 셋, 일천에 이르는 여래를 볼 수 있지만, 깨어나면 단 하나의 여래도 보지 못한다. 여래가 가르치듯이, 일체법은 꿈과 같다. 일체법이 실제로 있는 것으로 알고 있는 모든 사람은 여래가 지적하였듯이, 이름에 의한 몸과 형체상의 몸을 통해서 여래에 집착하는 것이고, 결과적으로 그들은 여래가 오고가는 것을 상상한다. 그런 사람은 어리석은 보통사람이고, 항상 육도윤회에 속하여 지혜의 완성이나 붓다의 법으로부터 떨어져 있다.

현장본에는 대반야바라밀경의 내용을 약간 보여주듯이, '여래는 바로 진실이고, 진여(眞如)와 같은 말이다'라는 구절을 추가하고 있다.

---

143) 소승에서의 열반을 뜻하는 reality-limit(bhūta-koti)을 사용하였다. 이것은 일반적인 열반과 비슷하였지만, 이제는 붓다의 완전하고 궁극적 열반과는 다른 아라한의 소승적 열반으로 뜻이 바뀌었다. 그래서 요즘은 reality limit이라는 용어를 사전에서도 찾기 힘들다.

30절
덩어리로 뭉쳐진 것의 모습을 떠나서

"또다시 수보리여, 좋은 가문의 아들과 딸이 삼천대천세계의 땅의 먼지들만큼 많은 세계를, 셀 수 없는 힘으로 가루로 만들어, 그것을 원자들의 집합체라고 부른다면, 수보리여, 어떻게 생각하느냐? 그 원자들의 집합체는 참으로 거대하지 않겠는가?"

수보리가 대답하였다. "그렇습니다. 세존이시여, 그러합니다. 잘 가신 이여, 그 원자들의 집합체는 거대합니다.

그것은 무슨 이유에서인가 하면, 세존이시여, 만약 원자들의 거대한 집합체가 있는 것이라면, 세존께서 원자들의 집합체라고 말하지 않았을 것이기 때문입니다.

그것은 무슨 이유에서인가 하면, 세존이시여, 여래가 설하신 이 원자들의 집합체는 집합체가 아니라고 여래가 설하셨습니다. 그래서 원자들의 집합체라 부르기 때문입니다.

그리고 여래가 설하신 삼천대천세계라는 것은 세계가 아니라고 여래가 설하셨는데, 그래서 삼천대천세계라 부릅니다.

그것은 무슨 이유에서인가 하면, 세존이시여, 만약 세계라는 것이 있다면, 그것은 덩어리로 뭉쳐진 것이기 때문입니다. 그리고 여래가 설하신 덩어리로 뭉쳐진 것은, 뭉쳐진 것이 아니라고 여래가 설하셨습니다. 그래서 덩어리로 뭉쳐졌다고 말합니다."

세존께서 말하셨다. “그런데 수보리여, 덩어리로 뭉쳐진 것은 말로 할 수 없고, 표현할 수도 없다. 그것은 법도 아니고 비법(非法)도 아니다. 그러나 다만 어리석은 보통 사람들이 집착할 뿐이다.”

[해설]

이 부분의 해석에 있어서 번역가들은 참으로 어려움을 겪는 것으로 보인다. 원문을 어떻게 해석할지에 따라 금강경의 결론 부분이 달라지기 때문이고, 또 결론의 뜻을 맞추기 위해서 무리한 해석론과 엉뚱한 자기 개인의 사견만 나열하는 경우도 많다. 그것은 뜻이 명료하지 않으니 아무래도 설명이 많아지는 것과 같다.

삼천대천세계를 부수어 가루를 내어 그것의 제일 작은 입자들을 모은 집합체를 예로 들고 있다.

원자들의 집합체가 과연 큰가? 어떤가? 집합체가 크다면 집합체라고 표현하지 않았을 것이다.

삼천대천세계는 이런 것들을 뭉친 것과 같이 본다면 세계가 아니다.

덩어리로 뭉쳐진 것은 뭉쳐진 것이 아니다.

덩어리로 뭉쳐진 것에 대해 말로 할 수 없고 표현할 수도 없다. 그것은 사물 자체이다. 그러나 그것은 법도 아니고 비법도 아니다. 어리석은 사람들이 집착할 뿐인 것이다.

독립적으로 존재하는 아무것도 없기 때문에 영원한 실체도 없고, 깨달음의 길에 아무런 장애가 없다. 어리석은 사람은 비록 이 길을 걷기를 거부하지만. 그들은 장애물 외에 아무것도 보지 못한다. 붓다는 그 과정에서 나타난 것을 보고 이것을 가르침으로 바꾸었다.

소명은 제목을, '하나로 합쳐진 것은 모습을 떠나(일합이상분一合離相分)'라고 하였다.

[설명]

또다시 수보리여, 좋은 가문의 아들과 딸이 삼천대천세계의 땅의 먼지들만큼 많은 세계를, 셀 수 없는 힘으로 가루로 만들어, 그것을 원자들의 집합체라고 부른다면, 수보리여, 어떻게 생각하느냐? 그 원자들의 집합체는 참으로 거대하지 않겠는가?

이 부분의 해석에 있어서 구마라집본으로 볼 경우, 확실히 원문을 잘못 번역한 것으로 보인다. 먼지라는 것은 그러한 먼지의 수와 같은 많은 세계를 표현하기 위한 수단이고, 그렇게 많은 수의 세계를 갈아서 가루로 만드는 것인데, 한역(漢譯)들은 그 가루의 크기를 먼지로 제시하여 혼동을 주고 있다. 그래서 그런 전제로 잘못된 결론을 내리는 것이 대부분이다.

구마라집은 '선남자 선여인이 삼천대천세계의 작은 먼지를 부순다면, 이 작은 먼지들은 많지 않겠는가?'이다. 금강경이 끝나가는 시점에 나온 발상으로는 너무 평범하고, 원문을 제대로 번역하지 못하였다. 그래서 이 30절의 뒷부분도 그 작은 먼지들이 많이 있고, 단순히 먼지는 먼지가 아니고, 세계는 세계가 아니라는 구절로 끝난다. 그리고 뒷부분의 해석이 앞부분의 전제와는 따로 놀고 있는 느낌이다.

원문은 위의 번역과 같이 '무수한 세계를 갈아서 가루로 만들어 원자들의 집합체로 본다면 어떨까?'라는 구성을 가지고 있다. 그렇기 때문에 그 이후의 해석도 뒤에서 보듯이 무리 없이 쉽게 이해가 된다.

현장의 번역은 애매한 점이 있다. 현장본을 풀어보면, '삼천대천세계의 대지에 있는 극히 작은 먼지들과 같은 양의 세계를, 이와 같이 무수한 세계의 물체들로써 극히 작은 것들이 모인 것과 같은 양으로 만들면, 이 극미취(極微聚)는 많지 않겠는가? 즉 현장본에는 부수어서 가루로 만드는 번역이 빠져 있기에 나머지도 명확한 설명을 하는 번역을 보여주지 못한다.

진제도 잘못 해석한 부분이 보인다. 그의 번역의 골자는 '삼천대천세계의 땅의 많은 작은 먼지를 불로 태워 재로 남은 것을 합쳐 작은 먼지가 모인 것과 같이 묵환을 만들다'이다. 즉 원문의 '먼지와 같이 많은 세계'를 단순히 '먼지'로 보았기 때문에 먼지를 불로 태워 재로 만든다는 번역을 보여준다. 그렇지만 그 묵환을 만든다는 구상은 원문에 상당히 근접하였다.

땅의 먼지들 - pṛthivīrajāṁsi를 13절에서는 땅의 먼지입자들이라고 번역하였으나, 여기서는 입자의 성질을 언급하는 곳이 아니라 먼지와 같은 수의 세계를 표현하기 위한 것이므로, 그냥 땅의 먼지들이라고 번역한다.

가루 - 원어 maṣiṃ의 maṣi는 ink(먹물), powder(가루, 분말), black powder(묵분), 불로 태워 남은 잿가루 등의 뜻이 있다. 그래서 진제는 소성회말합위묵환(燒成灰末合爲墨丸-불로 태워 재로 남은 것을 합쳐서 묵환을 만들다)이라 번역한다. 의정은 부수어 묵진(墨塵-검은 먼지)을 만든다고 번역했다. 그러나 여기서 '검다'는 뜻을 사용할 필연성은 없어 보이고 '가루'라는 뜻이 맞는데, 묵진(墨塵)이라고 번역하여도 이해에 방해가 되지는 않는다. 진제가 사용한 묵환(墨丸)이라는 용어는 '검은 알약'이라는 뜻으로, 뭉쳐서 검은 알약으로 만든다는 것이니 여기의 해석에 상당히 참고가 되는 번역이다.

원자들의 집합체 - 빠라마아누paramāṇu는 가장 미세한 원자(현대 과학 용어로는 아원자亞元子)이고, 성질을 나타내는 최소 단위의 원자(元子)인 아누anu의 7분의 1이다.[144] 그런데 여기서 빠라마아누를 아원자라고 표현한다면 현실성이 떨어져 2500년 전의 설법이 오히려 가벼워질 것 같다. 극소입자라고 표현하는 것이 좋을 것 같지만, 한글로 글자 수가 많고 읽어내기에도 불협화음 같은 느낌이 들기 때문에 원자로 번역한다. 그런데 원문에서 빠라마아누paramāṇu를 제시한 것은 가장 거대한 삼천대천세계들과 가장 극미한 파라마아누를 대비시켜 우리에게 사고의 충격을 주기 위함이 아닌가 생각된다. 세계를 가장 작은 입자

---

144) 13절에서 언급하였지만, 설일체유부의 구사론에서 원자론적 이론으로 세 가지 원자의 실재를 주장한다. 가장 미세한 원자로서의 파라마아누paramā-aṇu, 형상으로서의 원자인 아누aṇu, 미세한 티끌로서의 원자 라자스rajas이다. 파라마아누를 7개 합친 것이 아누로 형상의 원자이고, 이것은 입방체로 되어 있다. 이 형상의 원자 일곱으로 미세한 티끌의 원자를 구성한다.

가루로 만드는 상상은 사실 상상이 되지 않는 개념인 것이다. 빠라마아누와 같이 붙여서 만든 삼짜야saṃcaya(gathering 모인 것, accumulation 누적)는 그 뜻이 '함께 모인 것'으로 '집합체'라고 번역한다. 그런데 이것이 정확하게 왜 이런 예를 들었는지 생각할 만한 면이 있다. 원문의 뜻은 삼천대천세계의 먼지와 같은 수의 세계를 가루로 만든 극소입자들을 일종의 집합체로 생각하자는 의미이다.

이것에 대한 번역을 보면, 한역(漢譯)으로 구마라집은 미진중(微塵衆-작은 먼지의 집합), 진제는 린허취(鄰虛聚-가상의 먼지가 모인 것), 현장과 의정은 극미취(極微聚-극도로 작은 것을 모은 것)라 하였고, 영역(英譯)으로 콘체는 collection of atomic quantities(원자들의 집합), 뮐러는 mass of smallest atoms(가장 작은 원자들의 덩어리), 레드파인은 multitude of atoms(수많은 원자들)이라고 하였다.

즉 이 말은 가루로 낸 세계를 가루에 해당하는 원자들을 집합체로 생각하자는 것이다.

거대하지 않겠는가? - 원래 대부분의 번역들이 '많다'를 사용하여 번역하였다. 즉 삼천대천세계를 먼지로 만들어 그것들을 모아서 집합체로 만들면, 그것들이 많다고 번역되었으니 여기서 말하는 집합체를 의미하는지 그것을 구성하는 원자들을 의미하는지 혼동이 온다. 그러나 자세히 검토해 보면, 가루로 된 것을 하나의 집합체로 가정하는 뜻임이 분명하다. 그렇다면 이 질문의 많다는 것은 큰 것을 말하는 것이다. 한역(漢譯)들은 전부 많다(多)를 사용하여 번역하였고, 원문의 bahuḥ도 많다는 뜻이다. 그러나 콘체는 enormous(거대한), 레드파인은 great(거대한)를 사용하였다. 막스 뮐러는 이를 절충하여 a mass of many atoms(수많은 원자들의 덩어리)라고 하였다. 이는 '많다'는 의미를 살리면서 원문의 취지를 벗어나지 않기 위함이다. 현대적 교육을 받은 우리들은 많다와 크다를 엄격하게 구분하기 때문에 단어 한 글자만 달라도 느낌이 다르다. 그래서 여기에서는 크다는 뜻을 사용하면서 무수한 세계를 가루로 만들었으므로 '거대하지 않겠는가'로 번역한다. 그리고 앞에서도 보았지만, 한역(漢譯)들은 bahu를 모두 많다고 번역하였기 때문에 공덕이 쌓인 것이 많다고 하였지만, 영역(英譯)들은 모두 공덕이 쌓인 것이 크다고 번역한 것도 이 부분의 해석에 참고가 된다.

삼천대천세계의 땅의 먼지들만큼 많은 세계를 가루로 만든다면 – 삼천대천세계로 비유하는 수들 중에서 가장 많은 수가 될 것이다. 갠지스 강의 모래입자 수와 같은 갠지스 강이 있다면, 그러한 강들의 모래입자 수는 10의 32승이었다. 그런데 삼천대천세계는 보통 10억 개의 세계라고 하고, 그 세계 속에는 갠지스 강과 같은 여러 강들, 여러 산들이 있을 것이고, 각 강이나 산에는 모래가 무수히 많을 것이다. 그것들을 부수어 먼지로 만든다는 것이니 그 수가 가장 많을 것이다.145)

이 부분을 구마라집은 간략히 '세계를 부수어 작은 먼지로 만든다면'이라고 번역하였다. 그러나 진제는 '태워서 재로 만들고, 합쳐서 묵환으로 만든다면(燒成灰末。合為墨丸)'이라고 하여 금강경이 의도하는 바는 알았으나, 그 앞부분 번역에 실수가 있었다는 점은 앞에서 설명하였다.

그 원자들의 집합체는 참으로 거대하지 않겠는가? – 당연히 거대할 것이라는 대답을 기대하고 하는 질문이다.

수보리가 대답하였다. 그렇습니다. 세존이시여, 그러합니다. 잘 가신 이여, 그 원자들의 집합체는 거대합니다.

그것은 무슨 이유에서인가 하면, 세존이시여, 만약 원자들의 거대한 집합체가 있는 것이라면, 세존께서 원자들의 집합체라고 말하지 않았을 것이기 때문입니다.

원자들의 거대한 집합체가 있는 것이라면 – 한역(漢譯)들은 모두 실유(實有)라고 번역하여 그 존재가 있는지 여부를 강조하고 있다. 그런데 여기 원문으로 번역하는 경우의 문제가 있는데, 원자들의 집합체가 거대한 것인지를 묻는 것으로 번역할 수도 있다. 막스 뮐러본에 의하면, sacedbhagavan bahuḥ

145) 앞에서 모래입자의 크기를 1밀리미터로 가정하였는데, 먼지는 보통 0.1 내지 10마이크로미터의 크기이므로, 평균 1마이크로미터로 볼 경우, 모래의 1,000분의 1 크기이므로 그 수가 상상 이상으로 많을 것이니, 그에 해당하는 많은 세계들의 수는 더 엄청날 것이다.

paramāṇu- saṁcayo'bhaviṣyat로 되어 있는데, 이는 '원자들의 집합체가 거대하다면'으로 번역되며, 다른 산스크리트어본은 bahuḥ paramāṇu가 빠진 sacedbhaga- van saṁcayo'bhaviṣyat라고 되어 있어서, '집합체가 있는 것이라면'의 뜻이 되고, 한역(漢譯)들은 모두 이를 참조하여 번역한 것이라고 한다.[146] 그런데 한국에서 산스크리트어를 번역한 책을 보면, 막스 뮐러본으로 번역하면서도 '원자들의 거대한 집합체가 있는 것이라면'으로 번역한다. 이는 콘체의 산스크리트어본도 같고, 콘체 자신도 이 책과 같이 번역하였다.

그런데 바로 앞의 대답에서 수보리는 원자들의 집합체가 거대하다고 대답하였기 때문에 문맥상 '원자들의 집합체가 거대하다면, 세존께서 원자들의 집합체라고 말하지 않았을 것이기 때문입니다'라고 번역하는 것이 정상이다. 그래서 이런 점까지 감안하여 이 책과 같이 번역하는 것이 옳다고 보고, 그 뜻도 '거대한 원자들의 집합체'의 실유(實有)에 대한 언급에 중점을 두지 않고, '원자들의 **거대한** 집합체가 있다'는 점에 초점을 맞춘 해석을 해야 한다고 본다. 지금까지 금강경의 취지에 비추어 보아도 이렇게 번역하는 것이 맞다.

그렇게 되면 그 뜻은 바로 뒤에도 나오지만, 원자들의 집합체가 가상의 것이기 때문에 거대하다고 할 수 있다.

이 부분에 대한 흥미로운 번역으로, 먼저 진제의 번역에서 그는 '가상의 먼지-린허취(鄰虛聚)가 있는 것이라면, 세존께서 가상의 먼지라고 이름 하여 설하지 않았을 것입니다[147]'라고 하는데, 이 뜻은 그 이름을 가상의 먼지라고 하였으니 없는 것을 전제한 것이 아니냐는 뜻이다. 즉 일종의 동어반복적 번역이 되어 우리에게 무슨 의미를 주지는 못한다. 그리고 의정의 번역은 이 부분의 뜻을 나타내려고 하는 의도가 보인다. 즉 '모인 것이라는 성질이 있는 것이라면, 여래께서 극도로 작은 것이 모인 것이라고 설하지 않았을 것입니다'[148]라고 한다. 즉 의정은 가루의 성질이 아니라, 그 가루들을 모은 성질이 무엇인지에 집중하여 번역한 것이다.

---

146) 이기영 역해, 금강경, 215면
147) 若鄰虛聚是實有者。世尊則不應說名鄰虛聚
148) 若聚性是實者, 如來不說爲極微聚極微聚

그것은 무슨 이유에서인가 하면, 세존이시여, 여래가 설하신 이 원자들의 집합체는 집합체가 아니라고 여래가 설하셨습니다. 그래서 원자들의 집합체라 부르기 때문입니다.

원자들의 집합체는 가루로 만든 입자들이 모여 있는 것을 가상한 것이고, 이러한 가상도 그러한 현상을 가진 것으로 보아야 한다. 따라서 이러한 현상으로서의 원자들의 집합체는 집합체로서의 현상을 제거하고 보아야 하는 것을 말한다. 즉 집합체라는 것을 부정하는 것이 아니고, 모여 있는 성질을 부정하는 것이다. 이런 면에서 앞부분의 의정이 '모여 있는 성질이 실제로 있는 것이라면'이라고 번역한 것은 그런 뜻이다. 그러한 성질을 제거한 후에 진정한 원자들의 집합체라는 것을 알 수 있다. 여기서 세존께서 '원자들의 집합체'라고 부르는 의미는 크다는 의미를 주기 위함이 아니라, 세상 모든 것이 들어가 있는 하나라는 의미이다. 30절의 전반부는 후반부의 거대한 구상을 설명하기 전에 생각을 가다듬게 하는 부분이라 보인다.

그리고 여래가 설하신 삼천대천세계라는 것은 세계가 아니라고 여래가 설하셨는데, 그래서 삼천대천세계라 부릅니다.

이 부분까지 왔을 때 주목해야 할 부분은 이 설법의 논리적 순서이다. 즉 처음에 거대한 원자들의 집합체 → 원자들의 집합체 → 집합체라는 순서로 대상을 해체하면서 설명하고 있다. 그래서 집합체를 부정하면 원자들의 집합체가 부정되고, 원자들의 집합체를 부정하면 거대한 원자들의 집합체로서의 거대성도 부정된다. 이렇게 모두 부정한 후에야 삼천대천세계의 세계성을 부정하고 있다.

이제 원자들의 집합체의 개념을 삼천대천세계에도 적용한다. 그래서 삼천대천세계는 세계들의 집합체로 보는 것이다. 그러한 삼천대천세계를 구성하는 세계는 세계가 아니라는 같은 결론을 내린다. 왜냐하면 그 구성분자인 세계를 부정함으로써, 세계라는 현상적인 개념을 모두 제거하기 위한 것이다. 삼천대천세계는 이렇게 가루로 만든 원자들의 집합체에 들어가 있고, 그 집합체로서의 성질도 부정되었고, 원자들의 집합체성도 부정되었기 때문에 일정한 체계를 가진 세계라는 성질도 부정될 수밖에 없다. 그래서 세계라는 성질이 부정되니 삼천대천세계도 그 고유한 성질만 남게 되는 것이다.

한편 이 세계라는 성질에 대해서, 이미 13절에서 세계는 세상의 체계로써 체계가 아니라고 부정되었기 때문에 세상의 체계인 세계성도 부정되었고, 다시 삼천대천세계가 부정되었다는 것을 상기하자. 그러므로 삼천대천세계를 구성하는 세계를 부정하는 구조가 13절과 30절에서 서로 다른 논리로 종횡으로 엮여 있다.

재미있는 것은 이를 언어의 문제로만 볼 수도 있다는 점이다. 즉 세상의 체계에서 체계만을 부정하여 진정한 세상의 체계라 부르고, 삼천대천세계에서 '세계'만을 부정하여 진정한 삼천대천세계라 부르는 것이다. 이는 바로 앞에서 본, 원자들의 집합체에서 '집합체'만을 부정하여 원자들의 집합체라는 본래의 모습을 보여주는 것도 같은 예이다. 이는 초기불교의 해석원리 중 해체해서 보기라는 해석과도 맥락이 닿는 것이다. 모든 것을 해체해서 본다면 결국은 아무것도 없다는 것을 알게 되는 것이다. 그러나 언어의 문제로만 대상을 분석하는 것은 그 실체와는 아무런 관련이 없다는 것이 일반적인 상식인데도 실재로는 잘 들어맞는다. 그것은 언어가 실체와 완전히 괴리된 것이 아니고, 실체를 일부 모방하는 개념이기 때문이다.

그것은 무슨 이유에서인가 하면, 세존이시여, 만약 세계라는 것이 있다면, 그것은 덩어리로 뭉쳐진 것이기 때문입니다. 그리고 여래가 설하신 덩어리로 뭉쳐진 것은, 뭉쳐진 것이 아니라고 여래가 설하셨습니다. 그래서 덩어리로 뭉쳐졌다고 말합니다.

현재 삼천대천세계의 세계성을 부정한 상태이다. 그런데 여기서 다시 세계성이 인정된다면, 그것은 바로 '덩어리로 뭉쳐진 상태'이기 때문이라는 답변을 달고 있다. 덩어리로 뭉쳐진 것을 세계로 보면, 세계는 있는 것이다. 여기서 덩어리로 뭉쳐진 것이라고 보느냐, 아니냐에 따라 세계가 존재하기도 하고, 없기도 한 것이다.

그런데 이 30절에서 제시되는 가르침의 논리적 순서에 주목해 볼 필요가 있다. 즉 수많은 세계를 가루로 만들어 그 원자들의 집합체로서의 집합체성을 부정하면서 세계를 부정하는 것을 제시하였는데, 이제 세계를 긍정하면서 다시 원래의 논리로 돌아가지 않고(즉 원래의 집합체를 긍정하면서 가루로 만들기 전의 상태로 돌아가는 논리를 보여주지 않고), 덩어리로 뭉친 것에 대한 논의를 시작하는 것이다. 즉 세계의 세계성을 부정하다가 긍정하는 가정을 하면서, 30절의 앞부분과 뒷부분을 서로 연결시키는 구조를 보여준다. 그렇게 본다면, 원자들의 집합체와 덩어리로 뭉쳐진 것의 관계를 어떻게 볼 것인지 결정해야 하는 것이다. 논리적으로 판단하면 원자들의 집합체와 덩어리로 뭉쳐진 것의 관계는 같다고 보아야 하고(즉 A가 B라고 설명하다가, 그 B가 C라고 가정하는 것은 A와 C가 동격일 수밖에 없다), 단지 청중의 이해를 위해서 설법의 사례와 용어를 바꾸는 것이라고 보아야 한다.

그래서 앞서 수많은 세계를 갈아서 가루로 만들어 원자들의 집합체로 만든 사례를 연상하면서 이 부분을 해석하면, 그것을 세계를 갈아서 덩어리로 뭉친 것으로 보면 그 속에 세계가 있는 것이다.

세계가 있다면 그것은 덩어리로 뭉쳐진 것이기 때문입니다 – 그 덩어리 속에는 세계 전체를 갈아서 만든 입자가 있으니 문자 그대로 이해가 된다. 원문은 단순히 '세계가 있다면'이라고 번역되지만, 한역자들은 실유(實有)라는 표현을 하여 무언가 철학적 의미가 있는 뜻으로 표현하였다. 세계를 모두 해체하여 집합체로서의 성질을 부정했지만, 이제는 세계가 존재한다면 그 해체된 원자들이 덩어리로 뭉쳐져야 존재하는 것으로 볼 수 있다. 즉 세상의 체계에서 체계가 짜여야 세계가 존재하듯이 덩어리로 뭉쳐져 짜인 것으로 생각하면 된다.

덩어리로 뭉쳐진 것 – 이 용어를 정확하게 번역하여야 이 구절을 제대로 이해할 수 있다. 이 용어를 어떻게 번역할 것인지 크게 세 가지로 나눌 수 있다. 먼저 한역(漢譯)들의 경향, 영역(英譯)들의 경향, 차례대로 본다.

한역(漢譯)의 경우, 구마라집과 보리유지는 일합상(一合相-하나로 합쳐진 모습), 진제는 취일집(聚一執-하나로 잡아 모인 것), 현장은 일합집(一合執-하나로 합쳐 잡은 것), 의정은 취집(聚執-잡아서 모인 것)이라고 하였다. 즉 한역(漢譯)들은 세계를 갈아서 가루로 만든 것이 하나로 뭉쳐져 있는 모습을 연상하면서 번역한 것으로 보인다.

영역(英譯)의 경우, 콘체는 seizing on a material object(물질적 대상에 집착), 뮐러는 belief in matter(물질에 대한 믿음), 레드파인은 attachment to an entity(실체에 대한 집착)라고 하였다. 예를 들어 콘체는 원문의 piṇḍa에 여러 가지 뜻이 있다면서 lump, ball(덩어리), morsel of food given in alms(보시로 주어진 작은 음식), livelihood(생계, 활기), body, person, individual(개인, 사람), material object(물질적 대상)의 다섯 가지를 제시하면서[149] 물질적 대상으로 번역하였다. 결국 영어로 번역한 사람들은 모두 삔다(piṇḍa)를 물질이나 실체로 보고 그것에 집착하는 것, 혹은 맹신하는 것으로 해석하였다. 그래서 콘체의 경우 간략히 번역해 보면, '만약 세계가 있다면 그것은 물질적 대상에 집착하는 것이고, 그것에 집착하지 않는 것이 여래가 가르친 것이다'는 번역이 된다. 물론 30절의 제일 앞에서부터 수많은 세계를 갈아서 가루로 만들고, 그것들을 원자들의 집합체로 만들었기 때문에 이제는 물질적 세계관을 경계하는 가르침이라고 이해 못할 바는 아니다.

영역자들은 아마도 6절에 나왔던 ātmagrāho(자아집착) bhavet, sattvagrāho(중생집착), jīvagrāhaḥ(영혼집착), pudgalagrāho(개인집착), bhavet(~이 되다)에 영향을 받아 삔다piṇḍa에 대한 집착으로 번역할 것을, 물질에 대한 집착으로 해석한 것이라 보인다.

원문의 piṇḍagrāho에서 piṇḍa는 덩어리(lump) 혹은 물질을 말하지만 덩어리라는 뜻으로 많이 사용되고, grāha_h는 seizing(집착), holding(잡기)이므로 물

149) Edward Conze, Buddhist Wisdom, 66p

질 혹은 덩어리에 대한 집착, 혹은 덩어리로 뭉쳐진 것이라고 번역된다.

이것을 어떻게 볼 것이냐는 결국 문맥으로 보아야 할 것이다. 현재의 위치를 가늠하기 위해 문장의 구조를 살펴본다. 30절이 시작되면서부터 세계를 가루로 만들어 원자들의 집합체로 보았다. 거대한 원자들의 집합체는 원자들의 집합체가 아니고, 또 집합체도 아니다. 그리고 삼천대천세계는 세계가 아니다. 그 이유는 세계가 있는 것이라면???(1) 때문이다. 그리고 ???(2)를 부정한다. 그 다음 세존은 ???(3)는 말로 할 수 없고 표현할 수도 없고 법도 아니고 비법도 아니고, 어리석은 보통 사람이 집착할 뿐이다.

???(1)과 ???(2)에 대해서는 현재 후보로 오른 것들이 모두 들어갈 수 있다. 그러나 ???(3)에 대해서는 {물질에 대한 집착은 말로 할 수 없고 표현할 수 없다. 덩어리에 대한 집착은 말로 할 수 없고 표현할 수 없다. 덩어리로 뭉쳐진 것은 말로 할 수 없고 표현할 수 없다}로 보면, 앞의 두 가지는 뜻이 통하지 않는다. 즉 이 부분은 덩어리로 뭉쳐진 것이라고 번역하는 것이 맞다. 말로 할 수 없고 표현할 수 없다는 것은 그것이 뭉쳐진 것이기 때문이지(즉 대상 혹은 사물의 성질이기 때문이지), 집착이라는 개념이기 때문은 아니다.

또 내용적으로도 현재 세계를 가루로 만든 원자들의 집합체를 상정하면서 그것이 거대한지 물어보았으며, 또 삼천대천세계와 세계의 관계를 물어보고 있다. 즉 간단히 말해서 전체와 부분을 비유하면서 전체 속의 부분을 어떻게 파악할 것인지, 그리고 부분들의 합인 전체는 어떤 위치를 차지하고 있는지에 대한 담론이 진행 중인 것이다. 그런데 갑자기 물질적 세계관을 의미한다는 것은 논리적으로 맞지 않는 해석이나 번역이라고 본다. 특히 세계를 갈아서 가루로 만든 비유를 들었기 때문에 그것이 하나로 뭉쳐진 것과 세계와의 관계를 의미하는 것으로 번역하는 것이 훨씬 훌륭한 내용을 가질 수 있으므로 콘체와 영어 번역가들의 번역은 제외하기로 한다. 그런데 '한 덩어리로 뭉쳐진 것'이라고 표현하는 것과 '덩어리로 뭉쳐진 것'이라 표현하는 것이 어감이 다르다. 앞의 것은 '하나'에 관심이 집중되고, 뒤의 것은 '덩어리'에 집중이 된다. 그래서 '덩어리로 뭉쳐진 것'이라고 번역한다. 이는 의정의 번역과 유사하다.

덩어리로 뭉쳐진 것은 뭉쳐진 것이 아니다 – 세계가 있다는 가정 하에 덩어리로 뭉쳐진 것을 말하고 있는데, 뭉쳐졌다는 점을 부정하는 것은 뭉쳐졌다고 개념적으로 파악하고 있는 것을 부정하여, 진실로 뭉쳐진 것을 도출하기 위함이다. 이 구절은 상당히 의미심장하다.

경전 앞부분에서 보이는 금강경의 논리는 우리가 개념적으로 의심하지 않고 사용하는 사례들을 들고 있기 때문에, 일반적인 해석으로는 풀기가 힘든 논리였다. 즉 장엄한 불국토의 예를 들어보자. '장엄한 불국토는 장엄하지 않다'는 말은 장엄과 불국토가 결합된 의미를 나타내지만, 그중 장엄만을 부정하여 불국토의 개념 속에 우리가 통속적으로 아는 장엄의 의미를 제거하였고 진정으로 장엄한 불국토를 제시하였다. 그것을 곰곰이 생각해 보면, 우리는 이미 장엄이라는 단어와 개념을 알고 있고 그런 상태에서 장엄이라는 개념을 부정하는 것은 통상적으로 이해하기 힘들었지만, 계속되는 법문을 읽으면서 이제는 금강경의 논리를 알게 되었다. 장엄이라는 것은 이미 사용하는 개념인데, 그 장엄이라는 것을 분석하면 그것은 개념일 뿐이다. 그래서 그러한 개념을 버리도록 '장엄을 부정'하는 것이다. 그런 뒤에야 불국토의 장엄이라 부를 수 있다.

지금 여기와의 차이는 '덩어리로 뭉쳐진 것'은 우리가 개념을 나타내는 단어로 사용하는 용어가 아니다. 따라서 '덩어리로 뭉쳐진 것'과 '장엄'의 차이 때문에 장엄을 분석했던 금강경의 논리를 바로 대입하기가 꺼려졌던 것이다. 그러나 뭉쳐진 것이라는 것도 하나의 개념이므로 장엄과 같이 보는 것은 아무 문제가 없다. 다만 우리는 이미 세계를 가루로 만들어 원자들의 집합체라는 것에서 그것을 다시 뭉치는 것으로 보아야 하므로, 일단 뭉친다면 그것을 다시 뭉쳐지지 않은 것으로 보기가 심리적으로 매우 힘들다. 이것이 붓다가 바로 이제야 가루로 된 원자들을 뭉치는 예로 보여주는 이유이다. 즉 장엄이라는 의미는 씩씩하고 웅장하며 위엄 있고 엄숙한 것을 말하는데, 이런 개념은 원래부터 있었던 것이 아니다. 원래 어떤 개념도 없이 살던 시절부터 인류가 살아가면서 의미전달이나 사회생활의 필요에 의해서 비슷한 의미들을 모은 뒤에 그것을 뭉쳐서 사용하는 개념이고, 그런 표현으로 정착된 것인데, 이제는 장엄이라는 것이 마치 원래부터 존재하는 것처럼 생각하면서 살고 있고, 그러한 상태에서 장엄이라는 개념을 부정하기가 힘들었지만, 금강경의 논리에 따라 장엄마저도 부정하는 것을 이해하게 되었다. 그에 따라 이제 여기 제시된 덩어리로 뭉쳐진 것도 마찬가지로 뭉쳐져서 세상의 체계를 형성하는 역할을 하게 되지만, 세상의 체계에서 체계를 부정하듯이 뭉쳐진 것을 부정하는 것도 아무 문제가 없다.

결국 이 구절의 진정한 의미는 다른 곳에 있는 것으로 보인다. 뭉쳐진 것에 익숙해져 있는 우리의 삶은 그것을 부정하여 세계라는 것을 사실상 부정할 수 있게 된 것이다. 즉 세계라는 것은 그 구성성분을 분해하면 그 본질은 아무것도 없다는 점을 보여준다. 특히 덩어리로 뭉쳐진 것은 원래 원자들의 집합체에 불과하였던 것을 뭉친 것이니 그 뭉쳐진 것을 부정하면 원래의 모습으로 돌아가는 것이다. 이것은 단순히 개념으로 사용하던 장엄이라는 말과는 달리, 전 세계를 해체하고 다시 뭉치는 예를 직접적으로 보여주는 가르침이라 하겠다.

그래서 덩어리로 뭉쳐졌다고 말합니다 – 이제 세계가 존재하는 이유는 덩어리로 뭉쳐졌기 때문이라는 것을 단적으로 알려준다. 이러한 세계는 언제든지 원래의 상태인 원자입자들의 집합체로 돌아갈 수 있고(물론 이렇게 인식하기 위해서는 엄청난 수련이 필요하겠지만), 우리가 세계를 현상으로 인식하는 경우에는 덩어리로 뭉쳐진 형태로 보이지만, 세계의 본질을 직시하는 경우에는 뭉쳐지기 전의 상태로 보이는 것이다.

구마라집본은 세계가 실제로 있다면(실유實有) 그것은 일합상(一合相)이고, 여래가 설하신 일합상은 일합상이 아니요, 그 이름이 일합상이라고 한다. 원문의 어감과 번역본에서 느끼는 생각은 많이 다른 듯하다. 그러나 여기서 사용하는 상(相)이라는 말이 원문에는 전혀 없다. 원문에는 단지 piṇḍa-grāho, 덩어리로 뭉쳐진 것이라는 뜻밖에 없다. 그런데 번역에서 상(相)을 사용하여 일합상(一合相)이라고 하였으니, 이를 또 일합(一合)이라는 관념에 집착한 것을 말하는 것으로 착각한 사람도 있고, 또 여기에 기반을 두고 설명하는 책도 있다.

세존께서 말하셨다.

그런데 수보리여, 덩어리로 뭉쳐진 것은 말로 할 수 없고, 표현할 수도 없다.

그것은 법도 아니고 비법(非法)도 아니다. 그러나 다만 어리석은 보통 사람들이 집착할 뿐이다.

말로 할 수 없고 표현할 수도 없다 – avyavahāro는 speak의 부정으로써 '말로 할 수 없다'고 번역하고, an(부정) abhilap(expression)는 '표현할 수 없다'고 번역한다. 구마라집은 단순히 불가설(不可說)이라고 하였는데, 현장은 불가언설(不可言說), 불가희론(不可戲論)이라고 하였다. 콘체는 '사실적인 내용이 없는 언어적 관행과 말로 하는 표현'으로, 뮐러는 '언급할 수 없고, 표현할 수 없는'으로 번역하였다.

즉 사물의 특징이 소멸되어 본질로만 이루어진 가루들을 뭉친 것이므로, 그것에 대해서 말로 할 수 없고 표현할 수도 없는 것이 당연하다. 그런데 앞서 콘체 등 영문 번역가들이 '덩어리로 뭉쳐진 것'을 '물질적 대상'의 집착이라고 하였는데, 집착이란 부분만 뺀다면 이들의 견해에 따라도 그것을 말로 할 수도 없고 표현할 수도 없다는 점은 같은 결과가 된다.

그것은 법도 아니고 비법도 아니다 – 비법도 아니라는 것을 풀어 쓰면, '법이 아닌 것도 아니다'인데, 오히려 그 부정의 부정을 따라가다 보면 본질을 놓칠 여지가 있어서 그냥 원문의 adharmaḥ를 비법(非法)으로 번역한다. 왜 법도 아니고 비법도 아닌 것일까? 그런데 이 구절은 한역판에는 나타나지 않는다(다르마굽타의 번역은 이 책의 번역과 같이 나온다).[150] 진제는 시법비가언법(是法非可言法–이 법은 말로 할 수 없는 법)이라는 구절을 보여주므로 30절의 이해를 제대로 한 것으로 보인다. 다만 진제는 '덩어리로 모여진 것'을 말로 할 수 없다는 표현 대신 이것을 법(法)으로 본 것이다. 그래서 이 구절의 '덩어리'는 법인가, 법이 아닌가의 문제의 결론은 법도 아니고 비법도 아닌 것이다. 필자가 볼 때, 한역(漢譯)들이 이 부분을 번역하지 않은 것은 이 절의 제일 처음 '세계를 갈아서 덩어리로 만드는 부분'을 제대로 번역하지 않았기 때문에 뒷부분의 구절을 번역하면서 해

---

150) 世尊言。搏取如是。善實。不世俗語不可說非法非非法。彼小兒凡夫生取。

석에 애로를 느낀 것으로 보인다. 세계의 구성분자를 법으로 보는데(즉 기본 구성 단위로서의 법의 개념), 그것들이 모여 있는 것은 법인데도 법도 아니고 비법도 아니라는 것을 어떻게 번역에 넣을 수가 있겠는가? 그래서 번역할 수 없었던 것이 아닌가 생각된다.

세계를 갈아서 덩어리로 뭉치면, 그것은 세계 속의 법도 같이 갈아져 버렸으니 그것이 뭉쳐진 것을 법이라고 할 수도 없고, 그렇다고 법이 아니라고 할 수도 없다는 뜻을 말한다.

이에 반해 영문 번역가들은 모두 이 구절을 그대로 번역하였다. 앞서 말하였지만, '세계를 갈아서 그 가루를 덩어리로 만든다'고 해석하였으므로 이 구절의 뜻을 무리 없이 수용할 수 있기 때문이다. 다만 그 덩어리로 뭉쳐진 것을 '물질적 대상'으로 본다는 점은 잘못된 것이라고 앞에서 말하였다.

어리석은 보통 사람들이 집착한다 – 이 덩어리로 뭉쳐진 것은 법도 아니고 비법도 아닌데도 어리석은 보통 사람들이 집착하게 되는 것이 왜 어리석은가? 그것이 법인 것으로 착각하여 집착하는 것이다. 이 절에서 어리석은 보통 사람들이 집착하는 것을 끝내는 말로 하는데, 이 구절이 있으므로 한역(漢譯)들이 번역하지 않은 것을 명확히 알 수 있다. 대부분의 한역(漢譯)들이 '한 덩어리'는 말로 표현할 수 없고, 어리석은 보통 사람들이 집착한다고 번역했는데, 말로 설명할 수 없으면 왜 어리석은 사람들이 집착하는지 설명이 없는 것이다. 원문과 같이 '이것은 법도 아니요, 비법도 아니다', 그런데도 어리석은 보통 사람들이 집착한다고 끝맺음을 하는 것이 논리적 귀결이다.

30절 번역을 마치고 생각해 보니, 이 절의 내용은 마치 아인슈타인의 사고실험을 연상케 하는 거대한 구상을 보여주고 있다. 우주 전체를 대상으로 하는 사고실험이다. 읽는 분도 그런 생각이 들지 않을까?

31절
일체법을 알고, 보고, 믿어야 한다

"그것은 무슨 이유에서인가?
수보리여, 어떤 사람이 여래가 '자아의 관점'을 설하였고, '중생의 관점', '영혼의 관점', '개인의 관점'을 설하였다고 말한다면, 수보리여, 실로 그는 바르게 말하는 것이겠는가?"

수보리가 대답하였다. "아닙니다, 세존이시여, 그렇지 않습니다. 잘 가신 이여, 바르게 말하는 것이 아닙니다.
그것은 무슨 이유에서인가 하면, 세존이시여, 여래가 설하신 그 자아의 관점은, 관점이 아니라고 여래가 설하셨습니다. 그래서 자아의 관점이라고 부릅니다."

세존께서 말하셨다.
"과연 그렇다, 수보리여, 보살의 길을 가는 자는 일체법을 알아야 하고, 보아야 하고, 믿어야 한다. 그리고 법이라는 관념에 빠지지 말고 알아야 하고, 보아야 하고, 믿어야 한다.
그것은 무슨 이유에서인가?
수보리여, 법의 관념, 법의 관념은, 관념이 아니라고 여래가 설하였다. 그래서 법의 관념이라고 부르기 때문이다."

[해설]

여래는 앞에서 '자아의 관념'이 있으면 보살이라 부를 수 없다고 하였는데, 이 절에서는 '자아의 관점'을 가진다면 그것은 여래가 설한 것을 잘못 이해한 것이라 하고 있다.

여기서 '관점'이라는 것은 어떤 사물을 보는 시각을 말한다. 그래서 '자아의 관점'으로 사물을 본다는 것은, 사물을 자기에게 유리한지 불리한지로 판단하는 것을 뜻한다. 혹은 자기 자신만의 개인적인 시각으로 사물을 판단하는 것도 포함한다. 그래서 이런 관점도 버려야 할 것으로 설하는 것이다.

관점과 관념이 어떻게 다른지는 뒤의 설명에서 자세히 다루었는데, 문장을 전개하면서 관점이라는 용어를 사용하다가 법의 관념에 빠지지 않을 것을 경계하는 말 중에 다시 관념이라는 용어를 사용하고 있다는 점도 주의를 요한다.

보살행을 가는 자는 어떻게 해야 할지를 결론 내려주고 있다. 보살행을 가는 자는 법을 알고 보고 믿지만, 그 법의 관념에 빠져서는 안 된다. 법을 알고 보고 믿는 것의 구체적인 행동은 법문을 배우고 이해하고 남들에게 자세히 가르쳐주는 것이다. 그렇게 하여 보살행을 마칠 수 있는 것이다.

소명은 제목을 '생기지 않음을 보고 알다(지견불생분知見不生分)'라고 달았다.

[설명]

그것은 무슨 이유에서인가?
수보리여, 어떤 사람이, 여래가 '자아의 관점'을 설하였고, '중생의 관점', '영혼의 관점', '개인의 관점'을 설하였다고 말한다면, 수보리여, 실로 그는 바르게 말하는 것이겠는가?

31절을 30절에서 계속되는 구절로 본다면, 30절 일합이상분(一合離相分)의 내용을 보강하는 것으로 볼 수도 있다. 즉 세계를 갈아서 원자로 만들고, 그것을 뭉쳐 덩어리로 만들면, 우리가 가지는 관점에 따라 달리 보일 것이다. 세계와 원자를 똑같이 볼 수도 있고, 크기에 집중하여 여전히 다르게 볼 수도 있는 것이다. 이 설법을 들으면서 묘한 생각이 들지 않는다면 아직 경전의 내용을 이해하지 못한 것이다.

관점 – dṛṣti(see, 보다)를 한역(漢譯)들은 견(見)으로 번역하였다. 그래서 '자아의 관점'은 아견(我見)이고, 이때의 견은 견해(見解)라고 해석한다. 그러나 dṛṣti는 사전적 의미로 attitude, vision, eyesight이다. 견해는 view, opinion의 뜻으로 '(개인적인)의견을 가지다'는 뜻인데, 여기에서는 way of understanding, 즉 이해의 방법으로 보아야 한다. 그래서 관점이라고 번역한다.

4절에서 보았듯이 붓다는 이 네 가지에 대한 관념에 집착하는 것을 경고하였다. 여기서는 그것들에 대한 관점에 집착하는 것을 경계한다. 앞에서 말한 관념(觀念)은 서서히 머릿속에 침착(沈着)하여 그 영향을 알아차리기 힘든 면이 있는데, 관점은 우리가 당장 알아챌 수 있는 것을 말한다. 이 두 가지를 사전적 의미로는 쉽게 구분하기 힘들지만, 몇 가지 예를 들어보면 쉽게 구분된다.

금강경에서 말하는 법을 어떻게 볼 것인지는 관점에 따라 다양하다.

금강경에서 소승불교를 어떤 관점으로 보는가(여기서 관념이라는 말은 어울리지 않는다).

현재라는 것이 무엇을 의미하는지에 대한 잘못된 시간관념을 갖는다.

어리석은 보통 사람은 '자아에 대한 집착'이 무엇인가에 대한 관념이 바르지 못하다(여기서 관념을 관점으로 바꾸어 넣으면 어울리지 않는다).

위의 간단한 사례에서 보듯이, 관점이란 즉각적으로 보는 시각을 말하고, 관념이란 그 사람의 정신 속에 깊이 자리 잡혀 있는 어떤 생각을 표면으로 끄집어내는 것을 말한다. 그런데 견해라는 단어는 위에 예를 든 네 가지 모두에 들어가도 크게 빗나가지는 않으면서, 완전히 부합되는 뜻도 만들지 못한다. 즉 견해는 관점과 관념의 중간 정도의 자리에 있다고 보인다.

그것은 무슨 이유에서인가 - 소명은 금강경을 32분으로 구분하였다. 그런데 그 이후로 통합적인 금강경의 내용을 구분하여 해석하는 기류가 대종이고, 그래서 해석에 끊김이 생긴다. 지금 여기서 그것은 무슨 이유에서인가라고 묻는 것은, 그 앞에 무슨 내용이 있었는지 다시 상기하여 찾아보아야 하는 것이다. 앞의 30절의 마지막에서 덩어리로 뭉쳐진 것은 말로 할 수 없고, 표현할 수 없으며, 법도 아니고 비법도 아닌데, 어리석은 사람들이 집착할 뿐이라고 하였다. 여기서 '그것은'이라는 것이 어리석은 사람들이 집착하는 것을 의미하는지, 덩어리로 뭉쳐진 것이 법도 아니고 비법도 아닌 것을 말하는 것인지 약간 애매하다. 무엇을 지시하는지는 뒤의 문장을 해석해야 명확해진다.

'자아에 대한 관점' 등을 가르쳤다고 말하는 사람에 대해서 바른 말을 하는 것인지, 질문하는 것으로 보아서 어리석은 사람들이 집착하는 이유를 지시하는 것으로 보인다.

수보리가 대답하였다. 아닙니다, 세존이시여, 그렇지 않습니다. 잘 가신 이여, 바르게 말하는 것이 아닙니다.

그것은 무슨 이유에서인가 하면, 세존이시여, 여래가 설하신 그 자아의 관점은, 관점이 아니라고 여래가 설하셨습니다. 그래서 자아의 관점이라고 부릅니다.

어떤 관점을 가진다는 것은 그것이 어느새 관념화되어 버리기 쉬운 길을 시작하는 것이다. 그래서 항상 관점이 없는 공평무사한 마음으로 세상을 보아야 한다. 사람이 어떤 관점을 가지면 사물들이 가지고 있는 관점대로 보인다. 세상을 '자아의 관점'의 잣대로 보면, 보통은 자기에게 이로운 것은 좋은 것으로, 해로운 것은 나쁜 것으로 판단하게 된다. 그러나 사실은 어떠한가? 자기에게 해로운 것이 타인에게 이로운 경우가 얼마나 많은가? 같은 현상이나 사물이 나에게는 '나쁜 것'이고, 다른 사람에게는 '좋은 것'이라면, 그것은 사물이나 현상을 바르게 파악한 것이 아닌 것이다. 마찬가지로 '타인만 생각하는 관점'을 가지고 있다면 반대의 결과가 나올 것이다. 그래서 관점을 버려야 한다. 윤회의 바퀴에서 힘들어 하는 중생들을 위해서 관점을 없앤 후에 붓다는 법에 도달하였다. 법은 물론 우리의 생활에 기초를 이루고 있다. 욕망에 빠진 사람에게는 도덕성을, 망상에 빠진 사람에게는 지혜를 가르쳐서 그것에서 빠져나오도록 도와준다. 그러나 병이 나은 후에 약을 먹는 환자가 없듯이, 붓다의 법도 결국에는 팽개쳐야 할 것이다.

금강경을 처음 시작할 때에 우리 자신이 오온(五蘊)으로 구성되어 있어서 그것에 집착하였지만, 공덕을 쌓기 위해 보시를 수행한 것은 집착을 버리기 위한 훈련이었다. 그리고 불국토를 장엄하게 만들겠다는 보시를 수행한다. 그러나 붓다는 장엄한 불국토가 없다고 하여 그 집착을 부수어 버린다. 그리고 공덕을 쌓은 몸의 특징에 집착하는데, 여래는 특징이 없는 것이라고 하여 집착을 부순다. 그다음 법신에 집착하는 것조차 모든 법은 자아가 없다고 하였다. 그리고 세계가 존재한다는 관념마저 없애고, 이제는 세상을 보는 관점마저 부정한다. 그래서 모든 것을 부정하여 모든 관념은 없어지고 아무 생각도 남지 않는다.

자아의 관점 – 앞에서 관점과 관념이 다르다고 하였으니 자아의 관점과 자아의 관념은 무슨 차이가 있을까? 자아의 관점은 자아가 있다는 생각으로 세상을 보는 것을 말하고, 자아의 관념은 자아가 있다는 생각을 굳게 가지는 것을 말한다. 그래서 용어를 사용할 때에도 '저 사람은 나에게 해(害)가 될 것이라는 관점을 가지고 조심해야 한다'라고 할 때 '자아의 관점'이 있는 것이고, '나의 팔을 자른다 하여도 자아가 존재한다는 관념을 없앨 수는 없다'고 말한다면

'관념'이라는 용어가 사용되어야 하는 것이다.

그런데 원문에는 '자아의 관점'만 예시되었는데, 의정을 제외한 한역(漢譯)들은 나머지 관점들도 열거하고 있다. 영역(英譯)들도 원문과 같이 '자아의 관점'만 번역하였다.

자아의 관점은 관점이 아니라고 설하였고, 그래서 자아의 관점이라고 부른다 – 이 부분은 역시 금강경의 논리로 파악해 볼 수 있다. 즉 자아의 관점, 그것은 제대로 된 진정한 관점이 아니라는 것을 알아야 하고 그러고 나서 자아의 관점이라 부른다.

세존께서 말하셨다.

과연 그렇다, 수보리여, 보살의 길을 가는 자는 일체법을 알아야 하고, 보아야 하고, 믿어야 한다. 그리고 법의 관념에 빠지지 말고 알아야 하고, 보아야 하고, 믿어야 한다.

그것은 무슨 이유에서인가?

수보리여, 법의 관념, 법의 관념은, 관념이 아니라고 여래가 설하였다. 그래서 법의 관념이라고 부르기 때문이다.

보살의 길을 가는 자 – 원문을 한자식으로 번역하면, '보살의 수레에 타서 가는 자'이지만 우리 어감으로 '보살의 길을 가는 자'가 적절하다. 그런데 구마라집, 보리유지는 '아뇩다라삼먁삼보리심을 발한 자'라고 하였다. 보살의 길을 가는 자와 같다고 봐주어도 될 것이다.

일체법을 알아야 하고, 보아야 하고, 믿어야 한다 – 보살의 길을 가는 자는 일체법을 알아야 하고, 보아야 하고, 믿어야 한다. '알다', '보다', '믿다'의 경우, 한역(漢譯)과 영역(英譯) 거의 모두 이런 뜻으로 번역하고 있다. 이 구절은 보살의 길을 가는 자의 공부 단계를 보여준다고 보인다. 법을 알고, 보고, 믿어야 한다. 그런데 법을 본다는 것은 무엇일까? 법을 안다는 것은 법의 내용을 말하는 것이고, 법을 본다는 것은 법의 체계를 보는 것이고, 법을 믿는다는 것은 그것이 진실이라고 믿는 것이니 논리적 이해를 넘는 것을 말한다. 따라서 보살의 길을 가는 자는 이렇게 법의 내용과 체계 형식을 논리적으로 분석하고 그것이 사실이라면 논리적 이해와는 관계없이 믿어야 하는 것이다.

그런데 여기서 사용된 용어와 비슷한 사용법이 14절의 제일 말미에 나온다. 즉 법문을 배우고 독송하고 다른 사람에게 가르치는 사람을 여래는 붓다의 지식으로 알고, 붓다의 눈으로 그들을 본다는 구절이다. 이 부분에서 보살의 길을 가는 사람이 해야 할 것으로 열거되고 있는 법을 알고 보고 믿는 것이 의미하는 바는, 법문을 배우고 독송하고 다른 사람에게 자세히 가르치는 것과 같은 것임을 알 수 있다.

법의 관념에 빠지지 말고 – 이제 다시 관점이라는 용어를 관념이라는 용어로 바꾸어서 설명한다. 사실 '법이라는 관점'이라고 했다면 어울리지 않는 설명이 될 뻔했다. 그런데 위와 같이 공부하더라도 법의 관념에 빠지지 말아야 한다. 그렇게 법을 공부하되 법의 관념에 빠지지 않는다는 것은 무슨 뜻일까? 먼저 법의 관념에 빠진다는 것이 무슨 의미인지 생각해 보자. 법의 관념에 빠진다는 것은 법이 있다는 생각을 깊이 가지는 것이다. 법이 존재한다고 보기 때문에 법을 기초로 하여 주위의 모든 사물이나 현상을 파악하게 된다. 그런데 법이라는 것을 알고 보고 믿는 것과 법의 관념에 빠지지 않는 것은 모순 관계가 아닐까? 법이라는 것이 실재한다는 생각과 실재하지는 않지만 그 법을 알고 보고 믿는 것은 양립 가능한 일이다. 법이란 것은 뗏목의 비유에서 보듯이 깨달음을 얻은 후에는 버려야 할 것이기 때문에 저편으로 가기 전까지는 법이라는 수단을 통해서 수행할 수밖에 없는 것이다. 그래서 법을 알고 보고 믿으면서도 법이 실재한다는 관념에 빠지지 말라는 가르침을 내린다고 보인다. 그래야 법을 언제라도 버릴 수 있는 것이다. 법의 관념에 빠져버리면 나중에 그 법을 버릴 수가 없을 것이다.

법의 관념은 관념이 아니고, 그래서 법의 관념이라고 부른다 – 이 구절을 금강경의 논리로 보아야 하는데, 금강경이 끝나가는 지금에는 '관념이 아니라'는 구절이 '관념이라 할 만한 가치가 없는 것이고', 혹은 '아무런 관념이 아니고'라는 뜻으로 생각이 든다. 독자들도 같은 생각이 들지 않는다면, 지금까지의 설명으로 내용을 보충하여 해석하기 바란다.

32절
가르침은 드러내지 않고 하도록

"그리고 다시 또 수보리여, 보살 마하살이 측정할 수도 없고 셀 수도 없는 세계를 칠보로 채운 뒤 여래 아라한 바르게 깨달은 분에게 보시를 한다면, 그리고 좋은 가문의 아들과 딸이 이 반야바라밀다의 법문에서 단지 네 구절로 된 게송을 뽑아서 마음에 새기고, 제시하고, 독송하고, 이해하고, 남들에게 자세히 가르쳐준다면, 이것이 앞의 것보다 측정할 수도 없고 셀 수도 없는 더 많은 공덕을 쌓을 것이다."

"그러면 어떻게 가르쳐야 할 것인가? 드러내지 않는 것과 같이 하니, 그래서 가르친다고 부른다."

모든 만들어진 것은
별, 어둠, 등불
환영, 이슬, 물거품
꿈, 번개, 구름과 같이
이렇게 보아야 한다.

세존께서 이렇게 말하셨다.

연장자 수보리와 비구·비구니·우바새·우바이, 보살들, 그리고 전체 세계의 천-인-아수라-간다르바들이 세존이 설하신 것에 환희하고 기뻐하였다.

고귀한 능단금강, 신성한 반야바라밀다, 이것으로 끝낸다.

[해설]

드디어 금강경을 마칠 때가 되었다. 이 설법의 끝을 위하여 붓다가 준비한 것은 무엇인가?

또다시 세계를 칠보로 채우는 보시와 법문에서 네 구절의 게송이라도 뽑아서 마음에 새기고, 제시하고, 독송하고, 이해하고, 남들에게 자세히 가르쳐주는 공덕을 비교하고 있다. 즉 끝까지 법으로 하는 보시의 우위를 강조하고 있는 것이다.

그리고 남들에게 자세히 가르쳐주는 방법을 제시하고 있다. 그 방법은 드러내지 않는 것과 같이 하는 것이다. 그래서 가르친다고 부르는 것이다.

뮐러는 이 절에서 나오는 게송을 단순히 독립적으로 존재하는 게송이 아니라, 가르치는 방법으로 해석했다. 즉 뮐러에 의하면,

어떻게 가르칠 것인가? 하늘에 있는 별, 어둠, 등불, 환영, 이슬, 물거품, 꿈, 번개, 구름과 같이 우리는 세계를 보아야 하고 이렇게 가르쳐야 한다. 그래서 가르친다고 부른다고 번역하였다.

뮐러에 의한 번역은 서술적인 문장으로 논리성이 갖추어져 있고, 마지막 절을 이해하기도 쉽다. 그가 최초의 산스크리트어를 수집하여 정리한 점을 보면, 이러한 번역도 무시하지 못할 것이다.

그러나 산스크리트어를 새로 정리한 콘체와 다른 한자어 번역들 모두 본문과 같이 번역하였으므로 이를 따르기로 한다.

소명은 제목을 '만들어진 것은 진체가 아니다(응화비진분應化非眞分)'고 하였다.

[설명]

그리고 다시 또 수보리여, 보살 마하살이 측정할 수도 없고 셀 수도 없는 세계를 칠보로 채운 뒤 여래 · 아라한 · 바르게 깨달은 분에게 보시를 한다면, 그리고 좋은 가문의 아들과 딸이 이 반야바라밀다의 법문에서 단지 네 구절로 된 게송을 뽑아서 마음에 새기고, 제시하고, 독송하고, 이해하고, 남들에게 자세히 가르쳐준다면, 이것이 앞의 것보다 측정할 수도 없고 셀 수도 없는 더 많은 공덕을 쌓을 것이다.

칠보의 보시 – 칠보로 채우는 보시의 대상이 바뀌었다. 칠보로 세계를 가득 채우는 보시를 하는데 어느 정도의 세계냐 하면, 측정할 수도 없고 셀 수도 없는 많은 세계를 채우는 것을 말한다. 그것이 어느 정도인지 구체적인 분석을 할 필요는 없다. 표현이 달라진 것만 보아도, 우리는 이제 붓다의 진의를 알게 되었다. 엄청나게 많은 세계를 값진 보석으로 채우는 보시를 하는 것이다.

네 구절로 된 게송의 보시 – 정신적 보시를 대표하는 것으로 왜 4구냐 하면, 법문의 정수를 나타내는 최소 단위로써 4구가 필요하고(기본 구절이 4구이다), 물질적 보시가 워낙 엄청나기 때문에 법문 전체를 보시하는 것과 비교하여도 무리가 없지만, 대비(對比) 효과를 노리기 위해서 이렇게 극단적인 표현을 쓴 것이라고 앞에서 말하였다.

마음에 새기고 제시하고 독송하고 이해하고 남들에게 자세히 가르쳐주는 것 – 앞에서 법보시(法布施)의 기본형이 '법문을 배우고, 이해하고, 남들에게 가르치는 것'이라고 하였는데, '독송'도 포함시키고 있다.

보시를 하는 자 – 칠보로 보시하는 자의 경우, 구마라집은 '사람'을 언급하고 있고, 법문을 보시하는 자는 '좋은 가문의 아들과 딸, 보리심을 발한 자'로 하였다. 보리유지는 칠보로 보시하는 자가 보살마하살이고, 법문을 보시하는 자는 구마라집과 같다. 의정은 칠보의 보시자와 법문의 보시자가 그냥 '사람'이다. 진제와 현장은 원문과 같다. 법문의 보시자를 '좋은 가문의 아들과 딸'로 한 이유는, 새로 보살의 길을 가려는 마음을 낸 사람들을 위하여 그들이 무대의 주인공이라는 느낌을 주어 법문을 공부하기를 바란 것이라 보인다.

그러면 어떻게 가르쳐야 할 것인가? 드러내지 않는 것과 같이 하니, 그래서 가르친다고 부른다.

모든 만들어진 것은
별, 어둠, 등불
환영, 이슬, 물거품
꿈, 번개, 구름과 같이
이렇게 보아야 한다.

세존께서 이렇게 말하셨다.

모든 만들어진 것 – saṃskṛtaṃ을 번역한 것이다. 원래 이 구절은 시구(詩句)의 제일 마지막에 위치하는데, 한글 순서와 맞추기 위해 앞으로 돌려 번역하였다. 구마라집은 일체유위법(一切有爲法)이라고 하였는데, 다른 한역(漢譯)들도 유위법(有爲法)이라는 번역을 따랐지만, 원문에 법(法)이라는 말이 없으므로 현장은 제화합소위(諸和合所為)라고 하여 법(法)을 빼버렸다. 영역본들도 고민을 한 결과 콘체는 '조건들이 된 것'이라고 하였고, 뮐러는 '세계를 이렇게 보아야 한다'고 번역하고는 괄호 속에 '만들어진 모든 것'이라는 설명을 붙였다.

별, 어둠, 등불 – tārakā(star, 별), timira(darkness, 어둠, 사물을 두 개로 보이게 하는 병-백내장), dīpa(lamp, 등불), 그런데 이것들을 여러 가지로 번역하고 있다. 구마라집은 꿈, 환영으로, 진제는 어둠, 백내장, 등불의 환영으로, 보리유지와 현장과 의정, 콘체, 레드파인은 별, 백내장, 등불의 환영으로 번역한다. 뮐러는 이 책과 같이 번역하였다. 고대 인물들은 흐릿한 시야를 상당히 중요하고 낫기 힘든 병으로 보았기 때문에 다수가 번역하는 바가 맞을 가능성이 높지만, '어둠'이라고 번역하여도 별 무리가 없을 듯하기에 쉬운 번역을 하기로 한다. 그런데 한역(漢譯)은 이것들 중 아래의 몇 개를 생략하여 4언 절구 양식에 맞추고 있다.

환영, 이슬, 물거품 – māyā(illusion, 환영), avaśyāya(dew, 이슬), budbudaṃ(bubble, 거품)이다.

꿈, 번개, 구름 – svapna(dream, 꿈), vidyut(lightning, 번개), abhra(cloud, 구름)이다.

이렇게 총 9개의 예를 들고 있다. 즉 모든 만들어진 것들, 연기(緣起)에 영향을 받는 것들은 깜박이는 별빛이나 등불, 거품, 이슬처럼 사라지는 것으로 보아야 한다는 뜻이다.

이것들을 일별해 보면, 등불이 밝게 빛나지만 바람과 같은 형체가 없는 것에 의해 꺼질 수 있다. 어둠은 사물을 제대로 인식하지 못하게 한다. 하늘의 별은 황혼에 나타나 새벽에 사라진다. 환영은 마법사의 트릭에 지나지 않는다. 이슬은 보석처럼 보이지만 태양이 떠오르면 사라져버린다. 물거품은 그 속에 아무것도 없다. 꿈은 어떤 장면으로 우리를 이끌어 마음을 사로잡지만 깨어나면 가버린다. 번개는 찬란한 빛으로 우리를 놀라게 하지만 순간적으로 생겼다 사라진다. 구름은 얇은 공기로 형성되어 모양을 변하기를 멈추지 않고 사라져버린다. 즉 모든 만들어진 것들은 이런 것들이다.

一切有爲法 如夢幻泡影 일체유위법 여몽환포영

(모든 유위법은 꿈, 환영, 물거품, 그림자와 같고)

如露亦如電 應作如是觀 여로역여전 응작여시관

(이슬과 같고 또 번개와 같다)(구마라집의 게송)

구마라집의 게송은 금강경의 마지막 부분이라 사람들이 자주 읊기 때문에 아주 유명하므로 기억해 둘 만하다. 원문과 달리 일체유위법이 제일 앞으로 와서 순서대로 번역하여 읽으면 된다.

이 부분이 금강경의 내용을 요약한 것인지에 대한 논쟁이 있는데, 많은 사람들은 그것은 아니고 단순히 붓다가 청중들에게 마치는 인사를 하는 것이라고 본다. 즉 대반야바라밀경 제 576권 일명 나가실리본(지혜의 완성 500송)의 마지막 부분[151]은 금강경의 바로 앞인데 이 부분과 똑같이 끝난다. 나가실리본의 주요 내용은 문수보살이 걸식을 소재로 삼아서 반야사상을 전파하는 것이다. 나가실리본은 공(空)과 환영의 본질과 관련한 설명을 요약한 것이지만, 그 경전의 가르침을 요약하지는 않는다. 만약 게송으로 이 경전을 요약하기를 원했다면 26절에 나온 게송이 더 좋을 것이다. 그래서 이 부분은 단순히 붓다의 마치는 인사말 정도로 생각하면 될 것이다.

연장자 수보리와 비구비구니 · 우바새 · 우바이, 보살들, 그리고 전체 세계의 천-인-아수라-간다르바들이 세존이 설하신 것에 환희하고 기뻐하였다.

고귀한 능단금강, 신성한 반야바라밀다, 이것으로 끝낸다.

모든 것이 붓다에 의해 장로 수보리를 위해 말해졌고, 승려와 여승, 남녀 재가신자, 보살, 신들, 인간들, 아수라들, 세계의 간다르바(gandharvas)들 붓다가 말하신 것에 모두 기뻐하였다.

환희하고 – 이 구절은 원문의 āattamanāaḥ(enraptured, 황홀해진)의 뜻은 분명하나 세존이 말하신 쪽에 붙는 것인지, 바로 뒤의 수보리 이하의 청중들에 붙는 것인지 뮐러와 콘체본이 다르다.

우바새 우바이 – 재가신자 남녀를 일컫는 말이다. 한국에서는 잘 쓰지 않는 말이므로, 그 뜻만 알고 있으면 된다.

간다르바 – 원문의 gandharva를 한자로는 건달바(乾闥婆), 현장은 건달박(健達縛) 등으로 옮겼다. 간다르바는 불교 우주론에서 가장 낮은 서열의 천신으로, 사천왕 중 하나로 분류되어 동쪽을 수호한다. 이들은 음악적 재능이 있고 하늘을 날아다닐 수 있다. 나무와 꽃과 연결되어 있어 나무껍질, 수액과 꽃잎 등의 향기 안에 살고 있는 것으로 묘사된다. 수도승의 명상을 방해하는 거친 존재

151) 나가실리본의 게송은 爾時, 尊而說頌曰 : 如星翳燈幻, 露泡夢電雲, 於一切有爲, 應作如是觀이다. 이 부분의 게송은 현장의 금강경 게송보다 보리유지의 게송과 아주 흡사하다. 즉 보리유지는 一切有爲法 如星翳燈幻 露泡夢電雲 應作如是觀라고 하여 於一切有爲 대신에 一切有爲法이 들어가 있고 순서가 하나 바뀌었다. 현장은 그 자리에 諸和合所爲를 넣었다.

중의 하나라고 한다.

결론 부분에 청중 중에 재가신자들이 포함된 것이 특기할 만하다. 명백하게도 붓다의 가르침은 성문(聲聞)들 외에도 다른 그룹에도 전파된 것으로 보인다.

– 금강경(金剛經) 끝

|마치는 말 |

원래 이 책은 죽음의 공포를 느끼는 어르신들이 생전에 독송하고, 그 뜻을 바로 알게 하려고 구상하여 쉽게 읽을 수 있도록 금강경을 한글로 표현하려고 하였으나 그렇게 쉽게 표현되지 않았다. 그렇지만 한글로 되었으므로 우리의 청소년들이 읽으면 앞으로 살아가는 중에 좋은 마음의 좌표가 될 것 같고, 이런 마음들이 모여서 평온하고 정신적으로 풍요로운 나라를 만들 것 같은 생각도 들었다.

금강경 본문을 크게 인쇄하는 이유는, 그것을 강조하기 위한 것이 아니라 어르신들이 돋보기 없이 본문이라도 볼 수 있게 하기 위한 것이다. 영국에서는 인기 있는 책은 큰 활자판을 사용한 책이 따로 있어서 노인을 배려하는 것을 볼 수 있는데, 아직 한국의 현실은 그렇지 못하여 책 한권 속에 그것을 구현하려 한 것인데, 결과적으로 강조하는 효과를 볼 수 있다.

표현 과정 중에 기억이 나는 것을 들어보면 공덕이 많은 것인지, 큰 것인지 고민하였고, 또 공덕의 무더기, 공덕의 덩어리, 공덕이 쌓인 것, 공덕의 쌓임 등의 표현, 상을 구족하다, 제상구족, 상을 갖춤, 신상을 갖춤, 특징을 갖춤 등 사이에서 고민하기도 하였다. 30절에서 세계를 부수어 가루로 만드는 장면에서 상당히 감동을 받았다. 붓다의 거대한 구상을 같이 생각하면 누구나 감동을 받을 것으로 본다.

금강경의 번역본들을 첨부하지 못한 것이 아쉽다. 한역(漢譯)과 영역(英譯), 산스크리트어본까지 모두 100페이지가 추가되기 때문에 포기하였다.

이렇게 번역하고 보니, 금강경의 구절들이 마치 모듈화 되어 있는 느낌이다. 각 구절을 읽으면서 본인의 언어 사용 느낌에 맞추어도 될 것 같다. 비록 이 책의 번역문이 마음에 들지 않아도 저자가 몇 년 동안 고심하면서 만든 것이므로 같이 고민하여 바꾸기를 바란다.

[부록]

금강경에 나온 내용들의 분류

금강경의 내용들을 분류해 본다. 즉 깨달음에 대한 직접적인 설법(이것이 가장 직접적인 가르침이다), 금강경을 어떻게 대해야 하는지에 대한 설법, 그리고 깨달음 이후에 느낄 것에 대한 구절 등이 있고 그것들을 분류하여 생각해 본다. 예를 들어, "장엄한 불토는 장엄하지 않고 그 이름이 장엄이다"라는 말은 직접적 가르침이지만, "사구게(四句偈)라도 수지 독송하고 타인에게 설명해 준다면 그 복덕은 칠보로 보시한 것보다 엄청나게 크다"는 내용은, 지금 말한 내용을 계속 읽고 공부하라는 것이 아니고, 그 앞의 직접적 깨달음을 말하거나 금강경 전체를 언급하는 것이다. 그렇지 않으면, "사구게라도 수지 독송하라"는 말을 현실 생활에서 '독송'한다는 것은 일종의 동어반복이 아니겠는가? '사구게'에 대해서 한자로는 사구게(四句偈)라고 되어 있으니, '4개의 구절로 된 게송'이다. 이 사구게는 무엇을 말하는지 여러 가지로 제시되고 있지만, 기본적으로 금강경의 전체 내용 중 중요하다고 생각되는 구절들을 반복해 공부한다면, 차츰 붓다가 말하는 본지를 꿰뚫게 되고, 그중에서 중요한 것을 사구게로 끄집어내어 계속 수지 독송하는 방법이 중요한 것을 잃지 않는 방법이 될 것이다. 따라서 네 구절의 게송을 따로 뽑지는 않았다.

가르침의 내용에 따른 분류

붓다의 직접적 가르침이 있는 부분과 그 가르침의 중요성을 강조하고 비유하는 부분이 있고, 직접적 가르침도 내용에 따라 약간 분류가 필요해 보인다. 산스크리트어본을 번역한 것과 대응되는 구마라집의 한역(漢譯)을 같이 표시했다. 그래도 금강경을 알고 있다고 말하려면, 구마라집의 한역(漢譯) 중 중요한 것은 알아야 되기 때문이다.

(1) 집착을 끊어야 된다는 가르침

[구마라집역]

所有一切衆生之類 我皆令入 無餘涅槃 而滅度之 如是滅度 無量無數無邊衆生 實無衆生 得滅度者. 何以故 須菩提若菩薩 有我相 人相 衆生相 壽者相 卽非菩薩(3절)

– 존재하는 일체의 중생들을 내가 모두 무여열반으로 들게 하여 이를 멸도하려 했는데, 이와 같이 무량무수무변의 중생을 멸도하였으나 실제로 멸도를 얻은 중생은 없다. 왜 그런가? 수보리여, 만약 보살이 아상 인상 중생상 수자상이 있다면, 그것은 보살이 아니다.

[이 책의 번역]

중생의 세계에 존재하는 만큼 많은 중생들, 그 밖의 어떠한 중생의 세계로 알려진 것이라도 알게 되는 데로, 내가 그 모두를 아무것도 남지 않는 열반의 세계 속의 완전한 열반으로 이끌 것이다.

이렇게 수많은 중생들을 완전한 열반으로 이끌었지만, 어떤 중생도 완전한 열반에 들지 못했다.

그것은 무슨 이유에서인가? 수보리여, 만약 보살에게 중생의 관념이 생긴다면, 그는 보살(菩薩)이라고 불릴 수 없기 때문이다.

그것은 무슨 이유에서인가? 수보리여, 그에게 '자아의 관념'이 생기거나, '중생의 관념'이나 '영혼의 관념'이나 '개인의 관념'이 생긴다면 그를 보살이라고 부를 수 없기 때문이다.

전통적으로 한자 사이에 토씨를 넣어 읽는 방법은 좋은 방법이 아니다. 중국인들이 한자를 위와 같이 중국 발음으로 읽으면서 의사소통하는 것을 보면, 우리도 익숙해져야 하고, 익숙해지면 한자 구절을 의미 단위로 끊어 읽게 된다.

그렇게 읽으면 그와 관련된 단어나 문장 구조가 머리에 들어오면서, 읽으면서 바로 머리에 의미가 전달이 되는 것이다. 또 요즘 한자 발음을 중국식으로 쓰는 분들이 있는데 잘못된 것이라 생각한다. 세종대왕이 한글을 창제하신 당시의 한자 발음이 아직도 면면히 이어져 나오며 아무런 오류도 생기지 않는데, 중국에서 중국 사람들이 구어적 표현을 하느라 발음이 바뀌어 간 것을 우리가 추종할 필요는 없다. 중국어로 발음하고 싶으면 중국어를 배우면서 전체 문장을 중국어로 표기하고 발음해야 할 것이다.

금강경을 통독해 보면, 결국 이 부분이 핵심 중의 하나임이 분명해진다. 붓다는 모든 중생을 대상으로 설법하였지만 이 글을 읽는 우리는 일단 사람의 입장에서 생각해 보자.

구마라집은 samjna를 상(相)으로 번역했는데, 다음 절에서 외관이라는 말도 상(相)으로 번역한다. 구마라집과 진제, 의정(義淨)은 아상(我相)을 포함시키는데, 보리유지(Bodhiruci)와 다르마굽타는 아상(我相)을 포함시키지 않고 있다. 산스크리트어를 번역한 책 중에서 콘체본은 아상(我相)을 포함하지만 뮐러본은 그것을 넣지 않고 있다.

[구마라집역]

如來所說身相 卽非身相(5절)

여래가 설하신 바의 몸의 상은 몸의 상이 아닙니다.

[이 책의 번역]

특징을 갖춘 것은 특징을 갖추지 않은 것이라고 여래가 설하셨습니다.

붓다의 몸에 나타난 32가지의 특징을 붓다의 증거로 볼 수 있느냐의 문제이다. 특징을 갖춘 것은 특징이 아니고, 여래는 특징이 없는 것을 특징으로 한다고 5절에서 설명하였다.

[구마라집역]

凡所有相 皆是虛妄, 若見諸相非相 卽見如來(5절)

(무릇 있는 바의 상은 모두가 허망하다, 만약 모든 상이 상이 아님을 본다면, 그것이 여래를 보는 것이다.)

[이 책의 번역]

특징을 갖추었다고 하는 것은 그만큼 허망하다. 그리고 특징을 갖추지 않은 것은 그만큼 허망하지 않다. 이와 같이 특징이 없는 것을 특징으로 하여 여래를 보라.

원문의 뜻은 특징에 집착하지 말고, 그 본질을 뚫어보라는 의미가 강하게 있다. 그런데 구마라집역에 의하면, 세상 모두가 허망하고 그 모두가 허망함을 보게 된다면, 여래를 보리라는 것이다. 구마라집이 사용한 상(相)을 세상의 모든 형체로 해석하지 않고, 특징 내지 특성이라 생각할 수도 있지만, 구마라집의 서술 태도로 보아서 우리가 생각하는 뜻으로 그 번역을 넣었을 것으로 보인다. 물론 금강경을 통틀어 위와 같은 취지의 내용이 있을 수도 있지만, 여기 이 부분에서는 붓다가 금강경을 설하면서 말한 내용에는 그런 것이 없다. 붓다의 강설에 없는 내용을 넣은 것은 문제가 있다. 그 뒤를 이어, 진제도 같은 구절이 있고, 보리유지도 범소유상개시망어(凡所有相皆是妄語)라는 구절을 넣었다. 구마라집이 워낙 출중하게 번역하였고, 그 운율도 좋으니 기존의 번역을 참조한 분들이 그것을 차용한 것이 이해가 가지만, 붓다의 진의를 추적하는 우리로서는 동의할 수 없다. 현장의 경우에 붓다가 붓다의 증거로 가지고 있는 신상(身相)이 모두 허망하고, 그런 상을 가지고 있지 않은 것은 허망하지 않다고 번역한 것은 역시 그 치밀함이 빛나는 것이라 하겠다. 한자만으로 금강경을 대하는 사람은 구마라집의 번역을 대할 때, 세상의 모든 형체 있는 것들이나 형체 없는 것에 대한 관념의 상이 모두 허망하다고 느끼게 될 것인데, 이렇게 되면 살아있는 모든 것이 덧없다는 일반 시인 묵객의 상념에 찬 일시적인 감정의 표출밖에 되지 않는 것이다. 이는 말 그대로 허무주의를 표시하는 것이고, 붓다의 진의와는 많이 차이가 난다.

이 부분의 원문의 뜻은 특징을 가지고 붓다를 보는 것은 거짓이라는 것을 강조하는 내용이다. 따라서 구마라집이 이 구절을 넣은 것은 자신의 상념과 금강경 전체의 내용의 축약을 과도하게 표시한 것이라 하겠다.

마지막 부분의 '특징이 없는 것을 특징으로 하여 여래를 보는 것'과 구마라집의 '모든 상이 상이 아님을 본다면 여래를 보는 것'은 비슷해 보이지만, 뜻은 정반대의 결과가 되는 것을 음미해 보라.

[구마라집역]

是諸衆生 無復我相 人相 衆生相 壽者相 無法相 亦 無非法相, 何以故 是諸衆生 若心取相 卽爲着我人衆生壽者 若取法相 卽着我人衆生壽者(6절)

이 모든 중생은 다시 아상 인상 중생상 수자상이 없고, 법상도 비법상도 없다. 왜 그런가? 이 모든 중생이 마음에 상을 취하면, 그것은 아인중생수자에 집착하는 것이고, 법상을 취한다면 그것도 아인중생수자에 집착하는 것이다.

[이 책의 번역]

그들 보살 마하살들에게 '자아의 관념'이 생기지 않고, '중생의 관념', '영혼의 관념', '개인의 관념'이 생기지 않기 때문이다.

또한 수보리여! 그들 보살 마하살들에게 '법이 있다는 관념'이 생기지 않고, '법이 아닌 것이 있다는 관념'도 생기지 않기 때문이다. 또한 수보리여! 그들에게 '관념'도 '관념이 아닌 것'도 생기지 않기 때문이다.

수보리여! 만약 보살 마하살이 법이 있다는 관념이 생긴다면, 그것은 즉 자아집착이 되고, 중생 집착, 영혼 집착, 개인 집착이 있는 것이다. 만약 법이 아닌 것이 있다는 관념이 생기면, 그것은 역시 자아에 대한 집착이 있는 것이며, 중생에 대한 집착, 영혼에 대한 집착, 개인에 대한 집착이 있는 것이다.

[구마라집역]

不應取法 不應取非法. 以是義故 如來常說 汝等比丘 知我說法 如筏喻者. 法尙應捨 何況非法.(6절)

법을 취해서도 안 되고 법이 아닌 것을 취해서도 안 된다. 그래서 여래는 항상 설하기를, 너희 비구들은 내가 법은 뗏목과 같다고 설하는 것을 알아야 한다. 법도 버려야 하는데, 법이 아닌 것에 있어서랴!

[이 책의 번역]

법을 취해서도 안 되고, 법이 아닌 것을 취해서도 안 되기 때문이다.

그래서 여래는 이러한 함축적인 말씀을 설하셨다. '법문이란 뗏목과 같은 것임을 아는 자들은 법을 반드시 버려야 하거늘, 하물며 법이 아닌 것은 당연한 것이다.

[구마라집역]

諸菩薩摩訶薩 應如是生淸淨心 不應住色生心. 不應住聲香味觸法生心, 應無所住 而生其心(10절)

모든 보살 마하살은 마땅히 이와 같이 청정심을 내어야 하고, 색(色)에 머문 마음을 내어서는 안 된다. 성향미촉법에 머문 마음을 내어서는 안 된다. 마땅히 머무르지 않는 곳에서, 그 (진정한) 마음이 생긴다.

[이 책의 번역]

그래서 수보리여, 보살 마하살은 이와 같이 어느 것에도 의존하지 않고 그 마음을 내어야 한다. 형상에 의존하지 않고 그 마음을 내어야 한다. 형상이 아닌 것에도 의존하지 말고 그 마음을 내어야 한다. 소리, 냄새, 맛, 감촉, 법에도 의존하지 않고 그 마음을 내어야 한다."

청정심을 내어야 한다는 부분은 원문의 번역에서는 찾기가 힘들다. 구마라집이 문장의 순서를 바꾼 것은 10절에서 언급하였다. 형상이 아닌 것에 의존하지 않고 그 마음을 내어야 한다는 구절이 구마라집 번역에는 없다.

[구마라집역]

我相卽是非相, 人相衆生相壽者相 卽是非相, 何以故 離一切諸相 卽名諸佛 (14절)

아상은 상이 아니고, 인상 중생상 수장상도 상이 아니다. 왜 그런가? 일체의 모든 상을 떠나면, 바로 모든 부처라 부른다.

[이 책의 번역]

그 자아의 관념, 그것은 관념이 아니고, 중생의 관념, 영혼의 관념, 개인의 관념, 그것들은 관념들이 아니기 때문입니다. 그것은 무슨 이유에서인가? 붓다 세존들께서는 일체의 관념을 떠난 분들이기 때문입니다.

이 부분의 대조에서 원문의 번역은 읽으면서 내용이 머리에 떠오르지만, 구마라집역은 다시 설명이 필요하다고 느껴진다.

(2) 논리와 비논리의 경계를 허물라

[구마라집역]

如我解佛所說義 無有定法 名阿耨多羅三藐三菩提, 亦無 有定法如來可說 (7절)

제가 붓다가 설하신 뜻을 이해하기로는, 아뇩다라삼먁삼보리라 이름 할 정해진 법은 없으며, 또 여래께서 설하실 만한 정해진 법도 없습니다.

[이 책의 번역]

제가 세존께서 설하신 것의 의미를 이해하기로는, 여래가 '최상의 바른 깨달음'을 얻었다는 그 어떤 법은 없습니다. 또 여래가 설하신 그런 법도 없습니다.

[구마라집역]

如來所說法 皆不可取 不可說, 非法 非非法, 所以者何. 一切賢聖 皆以無爲法而有差別(7절)

여래가 설하신 법은 모두 얻을 수도 없고, 설할 수도 없습니다. 법도 아니고, 비법도 아닙니다. 왜 그런가? 일체현성은 모두 무위법으로써 차별을 두기 때문이다.

[이 책의 번역]

여래가 완전히 깨닫고, 가르친 바의 법은 가질 수도 없고, 말로 설명할 수도 없으며, 법도 아니고, 비법(非法)도 아니기 때문입니다. 그것은 무슨 이유에서인가? 고귀한 인물들은 무위(無爲)로 나타나기 때문입니다.

[구마라집역]

若人滿三千大千世界 七寶以用布施 是人所得福德 寧爲多不.

修菩提言, 甚多世尊, 何以故 是福德 卽非福德性. 是故如來說福德多.(8절)

만약 사람이 삼천대천세계를 칠보로 채워 보시를 하면, 이 사람이 얻은 복덕은 많지 않겠는가?

수보리가 말하였다. 많습니다 세존이시여, 왜 그런가 하면, 이 복덕은 복덕성이 아니고, 그래서 여래께서 복덕이 많다고 하십니다.

[이 책의 번역]

세존께서 말하셨다. "수보리여, 너는 어떻게 생각하느냐? 만약에 좋은 집안의 아들과 딸들이 삼천대천세계를 칠보로 가득 채워 '여래 아라한 바르게 깨달은 분들'에게 보시를 한다면, 이들은 이로 인해서 매우 큰 공덕을 얻겠는가?

수보리가 말하였다. "큽니다, 세존이시여, 큽니다. 잘 가신 이여. 이들은, 이로 인해서 공덕이 쌓인 것이 클 것입니다. 그것은 무슨 이유에서인가? 세존이시여, 여래께서 공덕이 쌓인 것이라고 설하신 것은, '쌓인 것이 아니라고' 말하십니다. 그래서 여래는 '공덕이 쌓인 것, 공덕이 쌓인 것'이라고 말하신 것입니다."

[구마라집역]

莊嚴佛土者 卽非莊嚴 是名莊嚴.(10절)

장엄한 불토는 장엄한 것이 아니고, 그 이름이 장엄이다.

[이 책의 번역]

불국토의 장엄, 불국토의 장엄이라는 것은, 여래가 장엄하지 않다고 말하셨고, 그래서 불국토의 장엄, 불국토의 장엄이라고 부른다.

[구마라집역]

是實相者 卽是非相, 是故如來說名實相.(14절)

이 실상이라는 것은 상이 아니고, 그래서 여래는 실상이라고 이름 하여 설합니다.

[이 책의 번역]

이 진정한 관념, 그것은 실로 진정한 관념이 아니기 때문입니다. 그래서 여래는 진정한 관념, 진정한 관념이라고 말하십니다.

구마라집역에서 실상은 상이 아니라는 번역을 보여주는데, 원문은 진정한 관념은 진정한 관념이 아니라는 문장이다. 즉 진정한 관념은 관념이 아니다로 하지 않았다. 이를 보면 구마라집은 그 뜻을 알고 사용한 것으로 보인다. 원문의 진정한 관념이란 관념 그 자체를 말하기 때문에 비상(非相)이라고 사용한 용어는 '진정한 관념'을 부정하기 위한 용어라고 보아야 한다.

[구마라집역]

所言一切法者 卽非一切法 是故名一切法(17절)

일체의 법이라고 하는 것은 일체법이 아니고, 그래서 일체법이라 이름 한다.

[이 책의 번역]

여래는 일체법은 법이 아니라고 설하였기 때문이다. 그래서 일체법을 불법(佛法)이라 부른다.

비슷하지만, 구마라집역은 그래서 일체법이라 한다고 된 부분이 원문의 번역에서는 일체법을 불법(佛法)이라 한다고 되었다.

[구마라집역]

人身長大 卽爲非大身 是名大身(17절)

사람의 몸이 장대하다는 것은 바로 큰 몸이 아니라는 것이고, 그래서 큰 몸이라 부릅니다.

[이 책의 번역]

여래께서 사람이 몸을 갖추고 큰 몸을 가진 것이라 설하였는데, 세존이시여, 그것은 여래께서 몸이 아니라고 설하였습니다. 그러므로 몸을 갖추고 큰 몸을 가진 것이라 말하여집니다.

[구마라집역]

若福德有實 如來不說 得福德多. 以福德無故 如來說 得福德多(19절)

만약 복덕이 실로 있다면, 여래는 복덕을 많이 얻는다고 설하지 않는다. 복덕이 없기 때문에 여래는 복덕을 많이 얻는다고 설한다.

[이 책의 번역]

만약 공덕이라는 것이 있다고 한다면, 여래는 공덕, 공덕이라고 설하지 않았을 것이다.

구마라집역의 뒷부분은 원문에 나타나지 않는다. 구마라집은 앞부분의 뜻을 부연 설명하고 있다.

[구마라집역]

如來說具足色身 卽非具足色身 是名具足色身(20절)

여래는 몸을 모두 갖추고 있다고 설하지만, 그것은 몸을 모두 갖추지 않는 것입니다. 이를 일러 몸을 갖추고 있다는 것입니다.

[이 책의 번역]

몸의 형상을 구족한 것, 몸의 형상을 구족한 것은 구족한 것이 아니라고 여래가 설하셨으니, 그래서 몸의 형상을 구족한 것이라 부릅니다.

[구마라집역]

如來說諸相具足 卽非具足是名諸相具足(20절)

여래는 모든 상(相)을 갖추고 있다고 설하지만, 그것은 갖추고 있지 않다는 것이고, 이를 일러 모든 상(相)을 갖추고 있다는 것입니다.

[이 책의 번역]

여래가 설하신 특징을 갖춘 것은 특징을 갖춘 것이 아니라고 여래께서 설하셨는데, 그래서 특징을 갖춤이라고 부릅니다.

[구마라집역]

說法者無法可說 是名說法(21절)

설법이라는 것은 설할 수 있는 법이 없는 것이고, 이를 일러 설법이라 한다.

[이 책의 번역]

설법, 설법, 설법이라고 이름 붙일 수 있는 그 어떤 법은 없기 때문이다.

[구마라집역]

彼非衆生 非不衆生 何以故 修菩提 衆生衆生者 如來說非衆生 是名衆生(21절)

그들은 중생이 아니고, 중생이 아닌 것도 아니다. 왜냐하면 수보리야 중생 중생이라는 것은 여래가 말하듯이 중생이 아니고, 그 이름이 중생이다.

[이 책의 번역]

그들은 중생이 아니고, 중생이 아닌 것도 아니다. 그것은 무슨 이유에서인가? 중생, 중생이란 수보리여, 여래는 그들 모두가 중생이 아니라고 설하였다. 그래서 중생이라 부른다.

[구마라집역]

我於阿耨多羅三藐三菩提 乃至無有少法可得, 是名阿耨多羅三藐三菩提(22절)

내가 아뇩다라삼먁삼보리에 있어서 얻을 수 있는 작은 법도 있지 않으며, 이 이름이 아뇩다라삼먁삼보리이다.

[이 책의 번역]

거기에는 최소한의 법도 발견되지 않으며 얻어지지 않는다. 그래서 최상의 바른 깨달음이라 부른다.

[구마라집역]

修一切善法 則得阿耨多羅三藐三菩提 修菩提 所言善法者 如來說非善法 是名善法(23절)

일체의 선법을 닦는 것이 아뇩다라삼먁삼보리를 얻는 것이다. 수보리여 이른바 선법이라는 것은 여래가 선법이 아니라고 설하였다. 그래서 선법이라고 부른다.

[이 책의 번역]

그 '최상의 바른 깨달음'은 일체의 선법(善法)에 의해서 깊이 자각된다. 그것은 무슨 이유에서인가? 수보리여, 선법, 선법이라는 것은 여래가 법이 아니라고 설하였다. 그래서 선법이라 부른다.

[구마라집역]

如來說有我者, 則非有我 而凡夫之人以爲有我, 修菩提, 凡夫者 如來說卽非凡夫(25절)

여래가 설하기로, 내가 있다는 것은 내가 있지 않음이다. 그러나 범부들은 내가 있다고 말한다. 수보리여, 범부라는 것은 여래가 말하되 범부가 아니다.

[이 책의 번역]

수보리여, 자아에 대한 집착은 집착이 아니라고 여래가 설하였다. 그러나 어리석은 보통 사람들은 그것에 집착하여 있다. 수보리여, 어리석은 보통 사람들은 사람들이 아니라고 여래가 설하였다. 그래서 어리석은 보통 사람들이라고 부른다.

[구마라집역]

如來者 無所從來 亦無所去 故名如來(29절)

여래란 어디서 온 바가 없고, 또 간 바도 없다. 그래서 여래라 부른다.

[이 책의 번역]

여래란 어디로 가지도 않고, 어디로부터 온 것도 아니다. 그래서 여래 아라한 바르게 깨달은 분이라고 부른다.

[구마라집역]

佛說微塵衆 卽非微塵衆 是名微塵衆(30절)

붓다가 설하신 작은 먼지의 무리는 작은 먼지의 무리가 아니라, 그 이름이 작은 먼지의 무리이다.

[이 책의 번역]

여래가 설하신 이 원자들의 집합체는 집합체가 아니라고 여래가 설하셨습니다. 그래서 원자들의 집합체라 부릅니다.

[구마라집역]

如來所說三千大千世界 卽非世界 是名世界(30절)

여래가 설하신 바의 삼천대천세계는 세계가 아니라 그 이름이 세계이다.

[이 책의 번역]

여래가 설하신 삼천대천세계라는 것은 세계가 아니라고 여래가 설하셨는데, 그래서 삼천대천세계라 부릅니다.

[구마라집역]

若世界實有者 則是一合相 如來說一合相 卽非一合相 是名一合相(30절)

만약 세계가 실제로 있는 것이라면 그것은 바로 하나의 합쳐진 상이고, 여래가 설하는 일합상은 바로 일합상이 아니며, 그 이름이 일합상입니다.

[이 책의 번역]

만약 세계라는 것이 있다면, 그것은 덩어리로 뭉쳐진 것이기 때문입니다. 그리고 여래가 설하신 덩어리로 뭉쳐진 것은 뭉쳐진 것이 아니라고 여래가 설하셨습니다. 그래서 덩어리로 뭉쳐졌다고 말합니다.

[구마라집역]

世尊說 我見人見衆生見壽者見 卽非我見人見衆生見壽者見, 是名我見人見衆生見壽者見(31절)

세존이 설하신, 아견인견중생견수자견은 아견인견중생견수자견이 아니고, 그 이름이 아견인견중생견수자견입니다.

[이 책의 번역]

여래가 설하신 그 자아의 관점은 관점이 아니라고 여래가 설하셨습니다. 그래서 자아의 관점이라고 부릅니다.

원문은 자아의 관점만 대답하였는데, 구마라집은 그 뒷부분이 빠졌다고 생각했는지 보충해서 넣어 번역하고 있다.

[구마라집역]

所言法相者 如來說卽非法相 是名法相(31절)

법상이라고 말하는 바는 여래가 설하되 법상이 아니고, 그 이름이 법상이다.

[이 책의 번역]

법의 관념, 법의 관념은, 관념이 아니라고 여래가 설하였다. 그래서 법의 관념이라고 부르기 때문이다.

(3) 보시를 할 때의 마음가짐과 보시의 효과

[구마라집역]

菩薩於法 應無所住 行於布施. 所謂 不住色布施. 不住聲香味觸法布施.(4절)

보살은 법에 머무르지 않고 보시를 해야 한다. 이른바 보시는 형상에 머무르지 않아야 하고, 소리 향기 맛 촉감 법에 머무르지 않아야 한다.

[이 책의 번역]

보살이 대상에 의존해서 보시를 해서는 안 된다. 그 어디에도 의존해서 보시를 해서는 안 된다. 형태에 의존해서 보시를 해서는 안 된다. 소리, 냄새, 맛, 촉감, 법에 의존해서 보시를 해서는 안 된다.

[구마라집역]

菩薩應如是布施 不住於相. 何以故 若菩薩 不住相布施 其福德 不可思量.(4절)

보살은 이와 같이 상에 머무르지 않는 보시를 해야 한다. 왜냐하면 보살이 만약 상에 머무르지 않는 보시를 하면, 그 복덕은 생각으로 잴 수 없기 때문이다.

[이 책의 번역]

이와 같이 보살 마하살은 대상이 나타내는 관념에 의존하여 보시를 해서는 안 된다. 그것은 무슨 이유에서인가? 수보리여! 보살이 의존하지 않는 보시를 하면, 수보리여, 그 쌓인 공덕의 크기는 쉽게 잴 수 없다.

[구마라집역]

菩薩無住相布施福德 亦復如是 不可思量. 須菩提 菩薩但應如所教住(4장)

보살이 상에 머무르지 않는 보시의 복덕은 생각으로 잴 수 없다. 수보리여 보살은 가르친 바대로 머물러야 한다.

[이 책의 번역]

만약 보살이 의존하지 않는 보시를 하면, 수보리여, 그 공덕이 쌓인 것의 크기를 쉽게 잴 수 없는 것도 마찬가지다. 수보리여! 보살의 길을 가는 자는 이와 같이 대상이 나타내는 관념에 의존하지 말고 보시를 해야 한다.

구마라집은 마지막 부분을 반복하지 않고, '가르친 바대로'라고 단순히 축약하였다.

(4) 보시의 복덕보다 뛰어난 복덕, 금강경의 묘용(妙用)

[구마라집역]

若復有人 於此經中 受持乃至 四句偈等 爲他人說其福勝彼(8절)

또 사람이 있어 이 경전을 받아 지니거나 사구게등을 타인을 위해 설해 준다면 그 복은 저 복보다 나을 것이다.

[이 책의 번역]

또 만약 이들이 이 법문에서 단지 사구로 된 게송이라도 뽑아내어 다른 이에게 자세히 가르쳐주고 설명해 준다면, 이로 인해 측정할 수 없고 헤아릴 수 없는 더 큰 공덕을 쌓을 것이다.

[구마라집역]

若善男子善女人 於此經中 乃至受持 四句偈等 爲他人說 而此福德 勝前福德(11절)

만약 선남자 선여인이 이 경전을 받아 지니거나 사구게등을 타인을 위해 설해 준다면 이 복덕은 앞의 복덕보다 나을 것이다(11장)

[이 책의 번역]

좋은 가문의 아들과 딸이 이 법문에서 단지 사구로 된 게송을 뽑아서 다른 이들에게 자세히 알게 하고 설명해 준다면, 이로 인하여 측정할 수 없고 헤아릴 수 없는 더 많은 공덕을 쌓을 것이다.

여기 한자의 순서가 잘못된 것으로 보이는데, 당시의 한문 사용례로는 가능한지 모르겠으나, 나중에 현장(玄奘)이 번역한 것에는 於此法門乃至四句伽陀, 受持, 讀誦, 究竟通利, 及廣爲他宣說라고 되어 있어 '이 법문내지 사구게에서 수지 독송…', 의정(義淨)이 번역한 글은 能於此經乃至一四句頌, 若自受持, 爲他演說, '이 경전내지 사구게에서 만약 받아 지니고, 타인을 위해 설한다면'라고 되어 있으니 산스크리트어의 표현이 정확함을 알 수 있다.

[구마라집역]

有人盡能受持讀誦. 當知 是人成就 最上第一希有之法(12절)

사람이 있어 능력이 다하도록 받아 지니고 독송한다면, 이 사람은 최상의 제일 놀라운 법을 성취한다는 것을 알라.

[이 책의 번역]

하물며 이 법문을 완전히 마음에 새기고, 독송하고, 철저히 이해하고, 다른 사람에게 자세히 설명해 주는 사람에게는 무슨 말을 하겠는가?

수보리여! 그들은 최고로 놀라움을 갖춘 자가 될 것이다.

[구마라집역]

若復有人 聞此經典 信心不逆 其福勝彼. 何況書寫 受持讀誦 爲人解說.(15절)

만약 다시 사람이 있어 이 경전을 듣고, 믿는 마음이 거스르지 않으면 그 복은 앞의 것보다 나을 것이다. 하물며 서사(書寫)하고 받아 지니고 독송하고 다른 이를 위해 해설해 준다면 오죽할까.

[이 책의 번역]

이 법문을 들은 후 거부하지 않는다면, 이것이 실로 그로부터 측정할 수 없고 셀 수 없는 커다란 공덕을 쌓은 것이다. 더구나 이것을 사경(寫經)하고 배우고 마음에 새기고 독송하고 이해하고 다른 이들에게 자세히 설명해 준다면 더 이상 무슨 말을 하겠는가?

[구마라집역]

以要言之 是經有不可思議 不可稱量無邊功德(15절)

이 경을 요약해서 말하면, 불가사의하고 끝없는 공덕으로 그 양을 잴 수 없다.

[이 책의 번역]

또다시 수보리여, 이 법문은 불가사의하고 비교할 수 없다.

원문에 요약하여 말한다는 뜻이 없음에도, 이 경전을 번역하는 구마라집은 앞에서 사용하지 않았던 불가칭량무변공덕이라는 말을 여기에 사용하고 있다. 즉 스스로의 경전에 대한 이해도가 높다는 뜻이겠다.

[구마라집역]

若人以此般若波羅密經 乃至四句偈等, 受持讀誦爲他人說, 於前福德百分不及一百千萬億分乃至算數譬喻所不能及(24절)

만약 사람이 이 반야바라밀경과 사구게 등을 받아 지니고 독송하고 다른 이를 위해 설해 준다면, 그 앞의 복덕은 100분의 1에 못 미치며, 백천만억 분의 1 내지 산수로 비유하기 불가능할 것이다.

[이 책의 번역]

그리고 좋은 가문의 아들과 딸이 이 반야바라밀다의 법문으로부터 단지 사구로 된 게송을 뽑아서 남들에게 가르쳐준다면, 수보리여, 이 공덕에 비하여

저 앞의 공덕은 100분의 일에도 미치지 못하고 비교조차도 되지 않을 것이다.

[구마라집역]

菩薩所作福德 不應貪著 是故說不受福德(28장)

보살은 복덕을 만든 바에 탐착해서는 안 되고, 그래서 복덕을 받지 않는다고 한다.

[이 책의 번역]

(복덕을)받을 수는 있지만 집착하여서는 안 된다. 그래서 받는다고 말한다.

이 부분의 뜻은 구마라집과 원문이 반대의 결론을 가져온다. 원문은 까르마에 연루되지 않고 공덕을 쌓기 때문에 그 공덕의 결과를 받을 수 있지만, 공덕을 쌓는 데 집착하는 것은 까르마의 영향을 받게 되므로 복덕을 받지 않는다고 설명하는 구절이다. 구마라집은 단순히 복덕을 받지 않는 이유는 탐착해서는 안 되기 때문이라고 한다.

[구마라집역]

持於此經乃至四句偈等, 受持讀誦爲人演說 其福勝彼(32절)

이 경전 내지 사구게 등을 소지하고, 받아 지니며 독송하고 타인을 위해 연설하면 그 복은 앞의 것보다 크다.

[이 책의 번역]

이 반야바라밀다의 법문에서 단지 사구로 된 게송을 뽑아서 마음에 새기고, 제시하고, 독송하고, 이해하고, 남들에게 자세히 가르쳐준다면, 이것이 앞의 것보다 측정할 수도 없고 셀 수도 없는 더 많은 공덕을 쌓을 것이다.

(5) 표현을 삼가라

[구마라집역]

若作是言 我當滅度 無量衆生 卽不名菩薩(17절)

만약 내가 한없는 중생을 멸도하리라 말한다면, 그것은 보살이라 이름 할 수 없다.

[이 책의 번역]

보살이 '내가 중생들을 열반에 들게 하리라'고 말한다면, 그를 보살이라고 불러서는 안 된다.

[구마라집역]

云何爲人演說 不取於相 如如不動(32장)

어떻게 다른 사람을 위해 연설할 것인가, 상을 취하지 말고 있는 그대로 움직이지 말라.

[이 책의 번역]

그러면 어떻게 가르쳐야 할 것인가? 드러내지 않는 것과 같이 하니, 그래서 가르친다고 부른다.

이 부분의 뜻은 원문의 내용이 확실히 명확하다.

(6) 비유적 표현

[구마라집역]

若菩薩 心住於法而行布施 如人入闇 卽無所見, 若菩薩心不 住法而行布施 如人有日 日光明照見種種色(14절)

만약 보살의 마음이 법에 머물러 보시를 하는 것은, 사람이 어둠에 들어가 보이는 바가 없는 것과 같고, 법에 머물지 않고 보시를 하는 것은 해가 있어 빛이 밝게 비추어 여러 가지 형체를 보는 것과 같다.

[이 책의 번역]

보살이 사물에 지배되어 보시를 하는 것은, 마치 사람이 어둠에 들어가서 아무것도 보지 못하는 것과 같다. 수보리여, 보살이 사물에 지배되지 않고 보시를 하는 것은 마치 눈이 있는 사람에게 밤이 새고 태양이 떠오를 때 가지가지의 형상이 보이는 것과 같다.

이 부분의 구절은 구마라집의 번역이 좋아서 비슷하게 원문을 바꾼 것으로 설명하였다.

[구마라집역]

若以色見我, 以音聲求我,
是人行邪道, 不能見如來(26절)

만약 형상으로 나를 보거나, 음성으로 나를 찾는다면
이 사람은 사도를 행하는 것이고, 여래를 보지 못하게 될 것이다.

[이 책의 번역]

나를 형상에 의해 보았던 자
소리로 쫓아갔던 자,

그릇된 노력을 하였으니

그들은 나를 보지 못할 것이다.

[구마라집역]

一切有爲法 如夢幻泡影

如露亦如電 應作如是觀(32절)

일체의 유위법은 마치 꿈과 환상과 물거품과 그림자와 같아서

이슬 같고 또 번개와 같아 마땅히 이와 같이 볼지어다.

[이 책의 번역]

모든 만들어진 것은

별, 어둠, 등불

환영, 이슬, 물거품

꿈, 번개, 구름과 같이

이렇게 보아야 한다.